개정증보판

성령이 답이다

개정증보판

성령이 답이다

지은이 | 서천석

1쇄 인쇄 | 2025년 11월 20일
1쇄 발행 | 2025년 12월 10일

펴낸곳 | 베다니출판사
펴낸이 | 오생현
등록번호 | 1992. 5. 6(제3-413호)

주소 | 서울시 송파구 새말로10길 18-1 베다니하우스 4층(우편번호 05810)
전화 | (02)448-9884~5
팩스 | (02)6442-9884

전자우편 | bethanyp@hanmail.net
홈페이지 | http://www.bethany.co.kr
북카페 | cafe.naver.com/bethanybooks

값 23,000원

ISBN 978-89-5958-266-2 (03230)

무기력한 믿음과 답답한 사역에서 출애굽 하라!

개정증보판

성령이 답이다

서천석 지음

베다니출판사

개정증보판 추천의 글

명성훈 박사

《성령이 답이다》 개정증보판이 나온 것을 축하합니다. 서천석 목사님의 《성령이 답이다》는 단순한 신앙서적을 넘어, 오늘날 한국교회가 다시금 '성령의 인도하심'이라는 본질로 돌아가야 함을 일깨워 주는 탁월한 영적 안내서입니다.

저는 이 책을 유튜브 〈영성책방〉BCGI, 성경적 교회성장연구소에서 소개하며 많은 성도들이 '성령 중심의 신앙 회복'이라는 메시지에 깊이 공감하는 것을 보았습니다. 특히 제가 섬기는 성시교회에서 이 책을 교재로 사용하며 소그룹 나눔과 제자훈련 과정에 적용했을 때, 성도들의 기도와 공동체의 분위기가 놀랍게 변화되는 경험을 했습니다. 각 장마다 실천적이고 균형 잡힌 영성의 방향을 제시해주고 있어 현장 목회와 성도들의 일상 모두에 실제적 유익을 주었습니다.

장로교 목회자이면서도 오순절 성령님에 대해 균형 잡힌 이해와 목회적 경험을 풍성하게 나누고 있는 이 책은 모든 목회자와 평신도들이 반드시 읽고 적용해야 할 대국민 필독서로 틀림없습니다. 혼탁한 이 시대에 진리의 길을 분별하고자 하는 이들에게, 성령님이 우리의 진정한 답이심을 다시금 확신시켜주는 귀한 책으로 강력히 추천합니다.

* 명성훈 박사: 2005년 '성시교회'를 개척하여 20년 동안 사역했다. 현재 성시교회 원로 목사와 퓨처처치 연구소장(Future Church Institute)으로 퓨처처치 무브먼트(Future Church Movement)를 이끌고 있다.

목차

제3부 성령충만

제4부 성령과 증인

초판 추천의 글

전 총신대학교 신학대학원장 – 차영배 박사

누가 내게 "가장 원통한 일이 무엇인가?"라고 묻는다면 "나는 그리스도인들이 성령으로 세례를 받지 않은 것"이라고 대답할 것이다. 사도행전 1:5절에 예수님께서 "너희는 몇 날이 못되어 성령으로 세례를 받으리라"고 하셨다. 성령세례는 주 예수를 구주로 믿는 모든 사람에게 주신 주님의 분부다. "성령으로의 세례." 곧 성령세례는 모든 그리스도인은 누구나 받아야 한다. 사도시대에만 필요한 것이 아니고 오늘날 우리에게는 더욱 절실히 필요하다.

로마서 14:17절에서 "하나님 나라는 먹는 것과 마시는 것이 아니요 오직 성령 안에 있는 의와 평강과 희락이라"고 했다. 성령세례를 받은 사람은 성령으로 충만함을 받기 위해 힘써야 한다. 성령으로 충만하지 않으면 의로움과 평강과 희락을 누리며 살 수 없기 때문이다.

이런 의미에서 나의 제자 서천석 목사님께서 쓰신 《성령이 답이다》는 한국교회의 성도들에게 참으로 유용하게 읽힐 수 있는 책으로 확신한다. 많은 분들이 이 귀중한 책을 읽고 큰 은혜와 유익이 있기를 기원한다.

미국 풀러신학교 교수 – 박기호 박사

그리스도인들 가운데 성령세례에 대한 두 가지 서로 다른 이해를 가지고 있다. 처음 믿을 때 성령세례를 받는다는 입장과 믿음 후에 받는 성령세례가 있다는 입장이다. 각 사람은 나름대로 성경을 이해한다.

나는 방언을 믿고 말한다. 성령세례를 받은 후에는 성령충만을 위해 힘써야 한다는 것이 나의 입장이다. 그리고 성령의 지배를 받으며 지속적으로 순종하여야 한다고 믿는다.

《성령이 답이다》는 거듭남, 성령세례, 성령충만에 대해 성경적으로 깊이 있게 다루어진 책이다. 저자는 성령세례와 성령충만을 모두 증인의 삶을 위한 것이라고 결론을 맺는다. 성령충만을 세계선교와 하나님 나라 도래와 연결한 점이 본서가 비슷한 종류의 책들과 다른 점이며, 이러한 내용의 책들 가운데 가장 훌륭한 책임을 인정하며 일독을 권한다.

전 칼빈대학교 신학대학원장 – 오성종 박사

《성령이 답이다》를 읽으며 많은 감동을 받았다. 단순한 은사론이 아니라 철저하게 성경에 근거하여 목회 현장에 적용할 수 있는 성령론을 쓴 것이다. 서천석 목사는 이 책으로 한국 교계에 크게 기여를 한 셈이다.

잘못된 교리적 선입견을 품고 아직도 은사중단론 입장에 서서 성령의 불을 꺼뜨리고 성령의 역사를 제한시켜온 목회자들과 평신도들이 적지 않은 것을 볼 때 안타까운 마음을 느낀다. 이제 그런 이들도 《성령이 답이다》 이 책을 읽으면서 눈이 열리고 성령세례를 체험하고 성령으로 충만하여 목회 사역과 삶 속에서 놀라운 유익을 얻게 될 것을 기대한다.

평택대학교 신학과 교수 – 김동수 박사

서천석 목사님의 《성령이 답이다》를 읽다 보면 어느새 책 속에 빠져들어 가게 된다. 성령론에 관한 책은 성경이 말하는 성령론에 대한 진리를 체험하고 쓴 것과 단순히 다른 책을 읽고 이론적으로만 쓴 책이 있다.

본서는 당연히 전자에 속하는 책이다. 저자는 자신의 경건 생활과 목회 현장에서 체험하고 깨달은 성령론에 관한 진리를 매우 설득력 있게 설파하고 있다. 본서는 다음과 같은 장점이 있다.

첫째, 본서는 특정 교파나 사람의 사상을 설파하는 것이 아니라 성경의 진리를 쉽게 설명하고 있다. 물론, 성경을 해석할 때 자신이 속한 공동체의 영향을 받지 않을 수는 없지만, 본서의 저자는 최대한 객관적으로, 또 다른 전통도 인정하면서 본서를 쓰고 있다. 그래서 본서는 어떤 특정 교파에 속한 목사가 쓴 자기 교파만을 위한 성령론이기보다는 성경을 사랑하는 목사가 모든 그리스도인을 위해 쓴 책으로 보인다.

둘째, 본서는 성령론에 관한 새로운 이론을 설파하는 책이라기보다는 기독교 역사상 잘 밝혀진 성령론을 목회적으로 잘 기술한 책이다. 폭넓은 독서와 교류를 통하여 저자는 성령을 체험한 여러 저자와 주위 사람들의 글과 말을 소개하고 있다. 예화와 일화 중 독자의 손바닥을 치게 하는 것들이 많다.

셋째, 본서는 독자 친화적으로 저술된 책이다. 저자는 독자들에게 책에서 거명된 사람들의 약력을 친절하게 소개하고, 자신이 말로 논증한 것들을 도표로 다시 한번 보여준다. 그래서 약간의 지성을 갖춘 독자라면 이 책을 쉽게 이해하고 받아들이게 될 것이다. 《성령이 답이다》는 매우 유익한 책이다. 일독을 권한다.

COME MISSION 대표 – 이재환 선교사

오랫동안 우리는 R. A. Torrey의 《성령세례》를 통해 성령님에 관해 안내받았다. 그런데 더 좋은 길을 안내하는 서천석 목사님의 책이 출판되었다. 성령님에 대한 궁금증을 풀어주는 좋은 책이다.

성령의 은사를 체험하고 신비 자체에 빠져 중요한 말씀을 떠나거나 가볍게 여기는 사례들이 일어나고 있다. 그러나 이 책은 그러한 위험에 빠지지 않도록 성령님의 역사를 잘 설명하고 있다. 성숙한 그리스도인이 되기 위한 성령충만이 어떤 것인지, 이 땅의 증인과 땅끝까지의 선교 사역을 위한 성령님의 강력한 권능이 어떤 것인지 바로 인도한다. 그리고 전도와 선교를 통해 오는 하나님 나라의 도래에 대해, 계시록 7:9절에서 말하는 영원한 예배자로서의 삶에 대해 잘 인도해 준다. 그래서 기쁘고 감사한 마음으로 추천한다.

풍성한교회 원로 목사 – 오태용 목사

영국의 유명한 로이드 존스 목사님께서 "성령님은 2천 년 동안이나 교회사에서 무시당해 왔다"고 했다. 존 비비어 목사님도 "불행히도 교회는 성령의 많은 것들에 대해 무지하다. 이것은 비참한 일이다"고 했다.

세계적으로 명성 있는 목사님들이 그렇게 말했다면, 우리나라의 교계 현실이라고 다를 바 있겠는가? 조직신학의 여러 주제들 가운데 성령론이 가장 취약하다는 말을 많이 듣는다. 그러다 보니까 이런저런 가르침들이 난무하고 교계를 어지럽게 하고 있지 않은가! 나 역시 보수주의 신학교에서 신학을 공부하고 30여 년 목회를 했지만, 미국 유학을 통해서 새롭게 성령님에 대해 공부를 하지 않았더라면 제한된 목회를 했을지도 모른다.

서천석 목사님의 저서 《성령이 답이다》는 시대적 요청에 부응한 책이라 생각한다. 목회 현장에서 실제로 성도님들이 고민하는 문제를 속 시원히 풀어주는 책이다. 성령세례와 충만을 선교와 연결한 점은 참으로 잘한 접근이다. 주님께서 사도행전 1장 8절 말씀을 주셨을 때 주님의 마음에 그리는 것은 세계복음화였다. 전도를 수직전도와 수평전도로 구분하여 설명한 부분이 마음에 든다. 교회들이 꼭 새겨야 할 대목이다. 모든 거듭난 하나님의 자녀들이 이 복된 영의 양식을 잘 먹고 성숙해져서 좋은 영의 열매들을 풍성히 맺을 것을 기대하며 기쁘게 추천한다.

《성령이 답이다》를 먼저 읽은 독자들의 찬사

동광교회 원로 목사(감사마을연구소 대표) – 이기재 목사

서천석 목사님은 제가 동광교회를 담임할 때 몇 년 동안 함께 사역했던 잊을 수 없는 사역자다. 얼마 전 저술한 책을 선물로 받고 적지 않은 충격을 받았다. 평소에 한국교회에 대해 늘 안타까운 마음을 가지고 기도하던 중 노회장 재임 기간 정기노회에서 설교한 제목과 부제가 그대로였기 때문이다. 이 사람이 내 속에 들어갔다 나온 것 같은 느낌이 들었다.

건강한 신앙 성장과 교회 부흥은 어떻게 시작되는가? 따분하고 무기력한 영적 상태에서 벗어나 거룩한 빛과 소금으로, 생동감 있는 그리스도인으로 세상에서 소망과 기쁨을 주는 존귀한 존재, 칭찬 듣는 교회가 되는 명료한 길은 무엇인가? 주님이 가르쳐 주시고 보여주신 그 방법과 길을 《성령이 답이다》가 제시하고 있어 모든 목회자와 성도들에게 일독을 권한다.

잠실양문교회 담임 – 서성범 목사

한 마디로 속이 시원하다. 그동안 그저 희미하게만 느껴졌던 진리의 한 부분을 이제야 확실하게 잡게 되어 기분이 참 좋다. 이 책은 지금까지 아무도 정리하지 못한 성령세례와 성령충만을 세계선교와의 관계에서 선명한 해답을 성경을 통해 제시하고 있다. 이 책을 통해 한국교회에 큰 울림과 반향이 있었으면 한다.

정현숙 집사

《성령이 답이다》를 읽는 동안 마치 새끼가 어미 품에 안겨 있는 듯 평온을 느끼며 나의 믿음을 차분하게 점검할 수 있었다. 내게 주신 방언의 능력을 누리지 못하고 있음을 깨닫고 안타까워하며 다시 방언기도를 시작하게 되었다.

밴스성형외과의원– 정일봉 대표원장

《성령이 답이다》는 그리스도인이라면 누구나 알아야 할 성령세례와 성령충만을 정확하게 이해하고 쉽게 받을 수 있도록 안내한다. 무기력한 신앙생활을 하는 사람이라면 이 책을 통해 성령의 권능을 회복하는 계기가 될 것을 확신한다.

전 강동구청 신우회장 – 김영진 장로

《성령이 답이다》는 하나님의 자녀인 우리가 성령의 열매를 맺고 증인의 삶을 살 수 있도록 길라잡이 역할을 해 준다. 특히 스토리텔링을 통한 설명과 도표는 주제의 핵심을 누구나 쉽게 이해할 수 있도록 나침반이 되어주고 있다.

위보령 한의원 원장 – 위보령 장로

《성령이 답이다》는 내가 읽었던 책 중에서 성령세례를 받고 성령충만을 유지할 수 있도록 가장 친절한 길잡이가 되어준 책이다. 특히 성령세례를 사모하고 또 방언을 시작한 분들에게는 교과서와 같은 귀중한 책이다.

마산 교회백화점 – 전용길 장로

일선에서 문서선교를 담당하는 한 사람으로 많은 기독 서적들을 대하고 독자들을 만나고 있다. 서천석 목사님의 저서 《성령이 답이다》를 읽고 난 후 독자들에게 이 책을 권했다. 그 결과 많은 독자로부터 은혜를 받았다는 인사를 받고 있다. 무기력한 믿음 가운데 있는 성도들과 답답한 사역을 하는 목회자들에게 이 책이 돌파구가 될 수 있다는 확신을 갖고 간곡히 추천한다.

홍석의 한의사

한국교회 그리스도인들은 그동안 빛과 소금의 역할을 감당하지 못했다. 수많은 질책과 비판은 있었지만, 해답은 아무도 제시하지 못했다. 하지만 이 책은 그리스도인으로서 빛과 소금의 역할을 감당할 수 있는 확실한 해답을 제시하고 있다.

신하경 전도사

세상의 가치관과 습관을 근절하고 말씀대로 삶을 재조정하는 것이 쉽지 않았다. 이런저런 방법으로 싸워보았지만 결국 실패를 반복했다. 때로는 극심한 혼란과 좌절을 겪기도 했다. 이 책을 통해 비로소 답을 찾고 승리를 경험하고 있다.

이장열 장로(약사)

기독교 신앙에서 가장 독특한 부분이 성령님에 관한 것이라고 생각한다. 올해 83세인 저는 성령 체험을 오랫동안 사모해 왔다. 신약성경에는 '성령의 세례를 받으리라', '성령이 임하시면', '성령의 충만함을 받고', '성령이 내려오시니', '성령을 받았느냐?' 등 다양한 표현이 존재하여 이해가 쉽지 않았으나, 서천석 목사님께서 《성령이 답이다》를 통해 성령님을 쉽고도 체계적으로 설명해 주신 덕분에 명확히 이해할 수 있었다. 감리교 장로로서 저는 요한 웨슬레 목사님의 회심과 성령세례, 성령충만에 대해 깊이 이해하게 되었으며, 또한 '방언중지설(은사소멸론)'을 주장하는 학자들이 있음을 알게 되었다. 향후 기회가 된다면 《성령이 답이다》를 공동구입하여 함께 읽고 목사님의 지도를 받으며 더 깊은 학습을 이어가고자 한다. 성령님에 대해 눈을 뜨게 해 주신 은혜에 감사드린다.

개정증보판 서문

《성령이 답이다》 초판이 출간된 후 책을 들고 은사이신 박희천[1] 목사님을 찾아갔을 때 들려주셨던 이야기다.

"서 목사님, 이제 돌 맞을 준비 단단히 하고 계세요."

"아니, 왜요? 교수님!"

"박윤선 박사님께서 '성령에 관한 책'을 쓴 후에는 돌 맞을 준비를 단단히 하고 있어야 한다고 말씀하셨지요. 그래서 전해드리는 이야기입니다."

"그럼, 교수님께서도 혹시 그런 경험이 있으십니까?"

"목회대학원에서 강의 중에 성령세례를 받아야 한다고 했다가 혀 잘릴 뻔했습니다."

"그래서 어떻게 하셨습니까?"

"사도행전 2장, 8장, 10장, 18장, 19장의 사례를 들어 성령세례의 필요성을 설명했지요."

"교수님의 설명을 들은 목사님들의 반응은 어땠습니까?"

---

1) 1927년 평안남도 대동군 김제면에서 태어난 박희천 목사는 평양신학교와 숭실대학교를 거쳐 미국 웨스트민스터신학교와 칼빈신학교에서 수학했다. 청년 선교의 산실이자 수많은 목회자를 배출한 내수동교회 원로 목사이다. 1975년부터 서울 내수동교회 담임으로 말씀을 전하며 1998년까지 23년 동안 목회를 했고, 총신대학교 신학대학원에서 28년 동안 교수로 봉직하면서 헬라어와 설교학, 성경해석학을 가르쳤다. '표준성경' 번역 위원으로 활동했으며, 저서로는 '나의 설교론', '사무엘상', '사무엘하' 외 수권이 있다.

"벌레 씹은 얼굴이었습니다."

그래서 나름대로 돌 맞을 준비를 단단히 하고 있었다. 당시 저자로서 책에 기록한 성경적 나의 주장에 당당함이 있었다. 그래서 책의 날개에 저자의 전화번호를 남겨 놓았는데 박희천 목사님의 이야기를 듣고 후회했다. 하지만 이름난 신학교 교수님들이나 신학자들로부터 호평을 받고 처음에는 몹시 당황했다. 지난 10년 동안 혹평하는 내용의 글이나 비난 전화는 단 한 통도 없었다.

서울 어느 교회 장로님은 이런 소식을 전해왔다.

"책이 너무 좋아서 30권을 사서 주위 사람들에게 선물했습니다. 그런데 아직도 줄 사람이 많습니다."

인천 어느 교회 집사님은 이런 소식을 전해왔다.

"책을 사서 읽고 너무 좋아서 우리 교회 부목사님들과 전도사님, 그리고 신학생들에게 선물했습니다."

또, 많은 분들이 이런저런 소식을 전해왔다.

"《성령이 답이다》를 읽다가 방언을 받았어요."

"우리 독서 모임에서 《성령이 답이다》를 읽고 토론했습니다."

"한국에 와서 이 책을 우연히 서점에서 발견했어요. 가능하면 많이 사서 중국에 가지고 가려고 합니다."

"영국에서 박사 학위를 받고 돌아온 목사님께서 기도원 서점에서 이 책을 발견해 읽고, 12권을 사서 함께 성경 공부하는 우리에게 나눠 주셨습니다."

"책에 사인을 해 주실 수 있나요? 우리 담임 목사님께 선물하려고 합니다."

한국교회를 돌아볼 때 어느 시대보다 무기력한 모습이다. 성도들도 어느 시대 그리스도인보다 무기력한 모습으로 살고 있다. 무기력한 교회를 향한 세상 사람들의 비난은 여전히 계속되고 가시 돋친 지적질은 줄지 않고 있다.

"당신들은 전능하신 하나님을 믿지 않나요? 그렇다면 전능하신 하나님을 보여줄 수 있나요?"

세상 사람들이 교회를 향해 조소嘲笑하며 던지는 질문이다. 불신자들은 현대교회에 무엇이 빠져있는지 우리보다 더 잘 알고 있다. 그들은 교회의 영적 능력 부재를 알고 있다. 그래서 빈정거리고 있다. 교회에 등을 돌린 세상은 교회 안에서 일어난 부정적인 뉴스를 접하면 눈 오는 날 날뛰는 강아지처럼 촐랑거리며 독설을 쏟아 놓고 있다.

"개독교."

"먹사."

기독교의 평판은 땅에 떨어졌다. 교회는 하나님의 능력을 많은 말과 신학과 교리로 포장해 놓고 있을 뿐 그것을 보여주지 못하고 있다. 교회는 진리를 설명하지만, 진리를 보여주지 못하고 있다. 하나님을 설명하지만, 하나님의 능력을 보여주지는 못하고 있다. 이런 교회를 세상은 두려워하지 않는다.

오늘날 교회의 영적 능력 부재로 말미암아 그리스도인들마저도 예배 참석에 흥미를 잃고 교회를 떠나고 있다. 교회는 우리끼리 앉아서 캠프파이어를 즐기는 곳이 되어서는 안 된다.

사도행전을 통해서 확인할 수 있는 것은 신약교회는 하나님의 말씀을 따르는 표적으로 확증했다. 세상은 그리스도인들이 전하는 복음말씀을 듣고 표적능력을 보았다.

"하나님이 참으로 너희 가운데 계시는구나!"

세상 사람들은 교회를 칭송했고 두려워했다. 하나님의 나타남, 즉 기사와 표적은 사람들로 하여금 경외심을 갖게 한다. 기사와 표적은 살아계신 하나님의 말씀을 확증하고 복음을 확장한다.

빌립은 초대교회 일곱 집사 중 한 사람이었다. 빌립으로 인해 사마리아에 큰 기쁨이 있었다. 사람들이 빌립이 전하는 말씀을 듣기만 한 것이 아니라 따르는 표적을 보았다. 그들은 따르는 표적을 통해 빌립이 전하는 하나님을 보았다.

어떤 설교가 좋은 설교인가? 빌립 집사처럼 말씀을 전할 때 따르는 표적이 있는 설교보다 더 좋은 설교가 있을까? 하지만 오늘날 메시지는 그 말씀을 확증하는 표적이 없다.

한국교회는 세상으로부터 몰매를 맞고 있다. 교회 부덕不德을 목격한 세상은 마치 하이에나처럼 물어뜯고 있다. 온갖 종류의 이단과 악한 자들의 방해와 공격에 직면해 있다. 사람의 눈으로 보면 교회는 절망이다. 어디에도 희망은 보이지 않는다.

지금 교회 안은 어떤가? 말기 암으로 죽어가는 젊은 남편과 아버지를 바라보는 자녀들의 절망을 어떻게 할 것인가? 귀신 들려 가정도 자녀도 팽개치고 날뛰는 여인은 어떻게 할 것인가? 난치병으로 죽어가는 자식을 바라보고 한숨을 짓는 부모는 어떻게 할 것인가? 한 달 동안 뛰어야 할 심장 박동이 하룻저녁에 다 뛰어버려 헐떡이며 죽어가는 젊은이의 고통은 또 어떻게 할 것인가? 고통 중에 있는 환자를 지켜보며 더 깊은 절망으로 빠져들고 있는 가족들은 어떻게 할 것인가? 교회는 이들을 구해야 하는 책임을 피할 수 있는가? 초대교회였다면 어땠을까? 이것이 과연 주님이 원하시는 신약교회의 모습인가? 하지만 어쩌란 말인가? 무능력을 통감하지 않을 수 없는 현실을 …. 현대교회는 사방으로 우겨쌈을 당하고 있다. 어찌 보면 답이 없다. 절망이다.

성령의 권능을 상실한 교회의 모습을 볼 때 목회자로서 말로 다할 수 없는 안타까움을 느낀다. 이것은 분명 혼자만의 안타까움은 아닐 것이다.

"교회의 권능은 어디로 간 것인가?"

"그리스도인의 권세와 권능은 어디로 간 것인가?"

"어떻게 무기력한 믿음과 답답한 사역에서 벗어날 수 있을까?"

> [롬 15:17-19] 그러므로 내가 그리스도 예수 안에서 하나님의 일에 대하여 자랑하는 것이 있거니와 18 그리스도께서 이방인들을 순종하게 하기 위하여 나를 통하여 역사하신 것 외에는 내가 감히 말하지 아니하노라 그 일은 말과 행위로 19 표적과 기사의 능력으로 성령의 능력으로 이루어졌으며 그리하여 내가 예루살렘으로부터 두루 행하여 일루리곤까지 그리스도의 복음을 편만하게 전하였노라

> [고전 2:4-5] 내 말과 내 전도함이 설득력 있는 지혜의 말로 하지 아니하고 다만 성령의 나타나심과 능력으로 하여 5 너희 믿음이 사람의 지혜에 있지 아니하고 다만 하나님의 능력에 있게 하려 하였노라

토마스 아퀴나스Thomas Aquinas[2] 박사는 이 구절은 바울 사도가 자

---

2) 토마스 아퀴나스 박사는 13세기 중세 기독교 최고의 신학자이자 스콜라 철학자이다. 또한 그는 자연 신학의 으뜸가는 선구자이며 로마 가톨릭교회에서 오랫동안 주요 철학적 전통으로 자리잡고 있는 토마스 학파의 아버지이기도 하다. 1225년경 이탈리아 남부의 아퀴노에서 귀족의 아들로 태어나 5세가 되던 해에 수도원에 봉헌되어 초등 교육을 받았으며, 14세에 나폴리대학에 입학했다. 파리대학교에서 신학을 전공한 그는 교수를 지낸 후

신이 전하는 복음을 논리와 철학보다는 표적과 기적을 통하여 확증했다는 것을 의미한다고 했다. 이것은 모세가 사용한 방법이다. 모세는 애굽 바로 왕의 술사들과 대결에서 하나님의 권능을 보여 줌으로써 자신이 하나님의 보냄을 받은 사람이라는 확실한 증거를 제시하였다출 7:8-12.

[막 16:17-20] 믿는 자들에게는 이런 표적이 따르리니 곧 그들이 내 이름으로 귀신을 쫓아내며 새 방언을 말하며 [18] 뱀을 집어 올리며 무슨 독을 마실지라도 해를 받지 아니하며 병든 사람에게 손을 얹은즉 나으리라 하시더라 [19] 주 예수께서 말씀을 마치신 후에 하늘로 올려지사 하나님 우편에 앉으시니라 [20] 제자들이 나가 두루 전파할새 주께서 함께 역사하사 그 따르는 표적으로 말씀을 확실히 증언하시니라

예수님의 제자들도 따르는 표적으로 말씀을 확증했다. 하지만 오늘날 우리는 올바른 교리와 신학, 올바른 말씀을 보유하고, 또 전하고 있지만, 그 말씀을 확증하는 증거는 제시하지 못하고 있다.

《성령체험Experiencing the Spirit》의 저자 로버트 하이들러Robert Heidler [3] 박사는 "중국의 5천만에서 7천 5백만 성도 대부분이 기적을 통해 하나님을 목격하고 예수님을 믿게 되었다"고 했다.

교회 잡지 《다리》 편집자 등 자오밍도 중국 전도의 절반은 하나님의 치유를 목격한 결과라고 했다.

동 대학에서 신학박사 학위를 받았다. 대표작으로 방대한 분량의 《신학대전》과, 《대이교도대전》, 《신학요강》등, 다양한 주해서를 남겼다.

3) 로버트 하이들러 박사는 척 피어스와 함께 국제사역 단체 시온의 영광(Glory of Zion)의 교사이며, 잇사갈스쿨의 학장이다. 이 시대 가장 뛰어난 성경 교사 중 한 사람으로서 달라스 신학교에서 신학 석사(Th.M.), WLI 박사이며 교수로서 국제 교육재단에서 커리큘럼을 담당해 왔다. 저서로는《네 자신을 자유케 하라》, 《믿음의 방패》(공저) 등이 있다.

어떻게 복음을 확증하고 확장할 수 있는가? 성령이 답이다. 어느 시대를 막론하고 성령의 권능 없이 사역을 온전히 이룬 사람은 없다. 사도들의 사역 핵심도 성령의 권능이었다. 하나님께서 약속하신 성령을 보내주신 목적이 무엇인가? 더 이상 무기력한 삶을 살지 않도록 하기 위함이다. 성령세례와 성령충만은 우리가 권능 있는 삶을 살도록 하나님께서 마련해 놓으신 종합 선물 세트다.

프롤로그

나를 찾아온 한 학생은 상담 중에 "나는 엄마 때문에 죽어도 교회에 안 다닐 것"이라고 했다.

"우리 엄마는 교회만 가면 일단 목소리부터 달라져요. 완전히 딴사람이에요. 표정도 바뀌어요. 이중 가면을 썼어요. 교회에선 천사표, 집에선 마귀표."

이중 가면, 두 얼굴, 두 목소리의 크리스천 엄마가 아니라 일관된 '작은 예수'의 모습을 보여줄 수는 없을까?

하버드대학교 조세핀 김김명화 교수의 칼럼 〈두 얼굴의 엄마〉에 나오는 내용이다. 이것은 내 이야기일 수도 있고, 우리 교회 성도들의 이야기일 수도 있다. 언제부터인가 우리는 마치 벌레 먹은 사과처럼 제값을 못 하는 그리스도인이 되었다. 그 학생 어머니인들 이중 가면을 쓰고 두 얼굴로 살고 싶었을까? 그런데 어쩌란 말인가? 그렇게 살만한 능력이 없는데…. 신앙과 삶의 불협화음은 과연 극복할 수 있을까?

3년 반 동안 예수님과 동행하며 최고의 스승으로부터 최고의 가르침을 받은 제자들, 그들은 예수님께서 행하는 수많은 표적과 기적의 현장에 있었다. 예수님께서 주신 권세와 권능으로 귀신을 쫓아내고 병든 자를 고치기도 했다. 예수님께서 잡히시던 날 밤, 제자들은 절대로 예수님을 배신하지 않고 끝까지 따르겠다고 굳게 맹세했다. 베드로는 자신의 목숨까지 걸었다.

하지만 불과 몇 시간 만에 그들의 맹세는 물거품이 되었다. 베드로도 다르지 않았다. 그의 결심과 의지도 한순간에 모래성처럼 무너졌다. 예수님을 모른다고 세 번이나 부인하고 저주까지 했으니 말이다. 신앙과 삶의 불협화음이 일어난 것이다.

신앙과 삶을 일치시키는 일은 가능할까? 만일 가능하다면 사람의 힘이나 노력으로? 아니면 탁월한 가르침으로? 그렇다면 예수님의 제자들에게 일어난 불협화음은 어떻게 설명해야 할까?

"말씀을 가르쳐도 사람이 변화되지 않아 미치겠어요."

점심 식사를 함께하다가 갑자기 내뱉은 친구 목사의 고백이다. 그는 제자훈련으로 유명한 대형 교회에서 부목사로 사역했다. 지금은 서울 강남에 있는 중형 교회 담임 목사다. 그런데 오랫동안 제자훈련을 실행해 온 결과가 너무 처참하다는 것이다. 한마디로 사람이 변화되지 않아 미칠? 지경이라고 했다. 제자훈련 사역의 실패를 자인하며 허탈해하는 모습이었다.

"목사님, 이론교육으로 수영이 가능할까요?"

"……"

"최고의 스승에게 탁월한 가르침을 받은 제자들이 예수님을 부인하고 저주까지 한 것은 어떻게 설명해야 하나요?"

"……"

"부활하신 예수님께서 제자들에게 거듭 당부하신 말씀이 무엇이죠?

성령의 권능을 입을 때까지 기다리라고 명령하신 이유는 뭘까요? 아무리 탁월한 가르침을 받은 제자라고 해도 그 말씀대로 살만한 능력이 없기 때문이 아닐까요?"

"……"

"설령 성령세례를 받고 성령의 권능을 가지고 있다고 해도 성령으로 충만하지 않은 사람에게 삶의 변화를 기대하는 것은 문제가 아닌가요?"

"오늘 목사님을 만나 제가 고민하던 답을 찾았습니다."

프랜시스 맥너트Francis MacNutt[4] 박사는 "대부분의 교회 성도는 성숙한 그리스도인이 되는 데 있어서 성령의 권능이 절대로 필요하다는 사실을 깨닫지 못하고 있다"고 했다.

다음 내용은 상담 코너에 실린 어느 그리스도인의 고백이다.

예수님을 믿으면 아픔과 좌절이 없는 줄 알았습니다. 늘 기쁘고 행복한 줄만 알았습니다. 아니 그렇게 보였습니다. 그러나 아니었습니다. 성경을 열심히 공부하고 기도생활에 더욱 힘써 이른바 신앙이 성장하면 아픔과 좌절이 없는 줄 알았습니다. 신앙 지식이 늘고 세월이 지나면, 아니 직분자가 되면 아픔도 좌절도 모두 극복하며 행복하게 사는 줄 알았습니다. 내가 본 직분자들은 그렇게 보였기 때문입니다. 그러나 그것도 아니었습니다. 성령의 은혜를 체험하면 이 모든 것을 다 극복하고 날마다 승리만 외치며 기쁘고 행복하게 사는 줄 알았습니다.

---

4) 프랜시스 맥너트 박사는 하버드대학교를 졸업(B.A)하고 가톨릭대학교에서 석사(M.F.A), 아퀴나스신학교에서 신학박사(Ph.D) 학위를 받았다. 1956년 사제 서품을 받은 후 설교학 교수로 사역했다. 은사갱신운동에 참여한 최초의 가톨릭교 사제 중 한 사람이다. 기독교로 개종하여 1980년 아내 주디스 스웰과 결혼하였다. 크리스천 치유사역단(Christian Healing Ministries) 설립자이며, 미국에서만 100만 부 이상 팔린 베스트셀러 치유(Healing)의 저자이다.

베드로처럼 목숨을 건 맹세는 아니어도 믿음으로 살겠다는 다짐과 각오도 수없이 해 보았습니다. 하지만 거듭된 실패를 경험하며 정죄감과 죄책감의 화살을 맞고 피투성이가 되어 있는 자신을 발견했습니다. "내가 과연 거듭난 그리스도인이 맞는가?"라는 생각에 구원의 확신마저 흔들린 적이 많습니다. 새로운 방법을 찾아 이곳저곳을 기웃거려 보았지만 얼마 못 되어 다시 제자리에 서 있음을 발견했습니다. 마치 늪에 빠져 허우적거리다 지친 사슴처럼 말입니다.

"내가 원하는 바 선은 행하지 아니하고 도리어 원하지 아니하는 바 악을 행하는도다. … 오호라 나는 곤고한 사람이로다. 이 사망의 몸에서 누가 나를 건져내랴"고 했던 바울 사도의 탄식이 바로 나의 탄식입니다. 신앙과 삶의 갈등에서 오는 아픔과 좌절에서 벗어날 수 없을까요? 과연 해답은 무엇입니까?

하나님의 자녀인 우리가 흔히 오해하는 것이 있다.

첫째는 그리스도인으로서 변화된 삶을 살지 못하는 것은 '진리의 말씀을 몰라서'라고 생각한다. 그렇다면 오랫동안 탁월한 가르침을 받아 충분한 성경 지식을 가지고 있지만, 여전히 그 말씀을 따라 살지 못하는 것은 어떻게 설명할 수 있을까? 지식이 사람을 변화시키는 것은 사실이다. 하지만 지식이 절대적일 수 없고 한계가 있다. 가르침을 받아 지식은 쌓을 수 있어도 성령의 권능 없이는 가르침을 삶으로 증명할 수 없다. 아니 말씀을 깊이 알면 알수록 그 말씀에 맞추어 살지 못하는 갈등과 죄책감은 더 심각할 수밖에 없다.

둘째로 우리가 자주 하는 또 하나의 오해가 있다. 뼈를 깎는 자성과 개혁을 통해 변화된 삶을 살 수 있다고 확신하는 것이다. 하지만 인간의 각성과 우격다짐도 한계가 있다. 내 힘과 능력을 다 동원해서 악다구니를 쓰며 버틴다고 하자. 며칠이나 갈까?

그렇다면 신앙과 삶의 어긋남, 갈등, 불협화음은 어떻게 해결할 수 있을까? 두 얼굴의 가면은 언제 벗어 던질 수 있을까? 생일 케이크에 꽂는 양초 개수가 늘어난다고 철이 든다는 보장을 할 수 없는 것처럼 세월이 신앙 성숙을 보장해 주지 않는다. 성령으로 충만하지 않으면, 누구도 빛의 자녀로서 삶을 살 수 없다.

신앙과 삶의 불협화음에서의 자유와 해방!

성령님이 해답이다.

성령의 권능을 의지하지 않고 변화된 삶을 추구하는 것은 한 손으로 수영하는 것과 같다.

이 책을 처음부터 사다리를 오르듯 차근차근 순서를 따라 읽을 필요는 없다. 1부에서 관심이 있는 장章을 한두 개를 골라 읽고 2부로 건너뛰어도 좋다. 성령충만한 삶을 살고 싶거나, 신앙과 삶의 격차에서 오는 문제로 갈등하며 씨름하고 있다면 3부를 먼저 읽을 것을 권한다. 성령의 은사, 특히 방언에 관심을 갖고 사모하고 있다면 2부를 먼저 읽어도 좋다.

《성령이 답이다》에는 수많은 성경 구절이 그대로 실려 있다. 이것은 문제의 해답을 하나님의 말씀에서 찾기 위함이다. 그리고 많은 비유예화와 간증이 들어 있다. 이유는 독자의 이해를 돕기 위해 스토리텔링 형식을 빌려 썼기 때문이다.

이상한 교회, 이상한 목사

60세를 훌쩍 넘어서 우리 교회에 등록한 분이 있다. 예수님을 구주로 영접하고 2주 만에 성령세례를 받고 방언을 했다. 그런데 문제가 생겼다. 그분은 여러 형제 중 맏이이지만, 제일 나중에 예수님을 믿었다. 성령세례를 받고 방언을 한 후 집에 돌아가 동생들에게 전화를 걸었다.

"나, 오늘 입에서 이상한 말소리 나오는 방언을 받았다."

"언니, 안수집사인 우리 남편도 아직 방언을 못 해. 방언을 받으려고 그렇게 노력을 하는데도…. 나도 방언을 받으려고 얼마나 열심히 기도하고 노력했는지 몰라. 그러다가 얼마 전에야 방언을 받았어. 근데 언니가 벌써 방언을 한다고? 좀 이상하다. 그렇지 않아?"

동생들은 하나같이 교회 나간 지 2주밖에 안 된 언니가 어떻게 방언을 받을 수가 있느냐고 의아했다. 그 교회가 좀 이상한 것 같다는 둥, 요즘 이상한 목사들이 많은데 그 목사도 이상한 것 같으니 조심하라는 등의 이야기를 했다.

그분이 성령세례를 받고 방언한 후 우리 교회는 이상한 교회, 나는 이상한 목사가 되었다. 사실 우리 교회는 대부분의 성도가 성령세례를 받고 방언을 한다. 그래서 오히려 방언을 못 하는 사람이 이상한 취급(?)을 받는다.

소문을 듣고 찾아오는 사람들

이상한 교회 소문을 듣고 방언을 받기 위해 이상한 목사를 찾아온다. 어떤 사람은 니고데모처럼 다른 사람의 눈을 피해 밤에 찾아오기도 한다. 가끔은 지방에서도 온다. 어느 날 밤에 또 한 집사가 찾아왔다.

이분도 역시 소문을 듣고 남몰래 찾아온 것이다. 그동안 방언을 하려고 여러 기도원에서 금식기도도 해 보고 몇 년째 이름난 집회도 찾아갔다. 하지만 아직 방언을 받지 못한다고 했다. 방언을 받고 싶은 마음이 간절한데 어떻게 하면 방언을 받을 수 있느냐고 물었다.

신앙을 점검해 보니 구원의 확신은 있었다. 그래서 성경을 펴서 성령세례는 예수님께서 분부하신 명령인데 성령세례를 받으면 방언을 할 수 있다고 설명했다. 또한 성령세례는 종합 선물 세트오래전 제과사들이 내놓은 인기 상품으로 다양한 과자가 들어 있는 선물 상자와 같아서 그 안에는 성령의 권능도 있고 방언도 있는데 성령세례를 받겠느냐고 물었다. 그분은 성령세례를 받고 난 후 그토록 소원하던 방언을 하기 시작했다.

성령세례를 받고 난 후 일어난 이상한 일들

2주 전 다른 사람의 낯을 피해 밤에 나를 찾아와 성령세례를 받고 방언을 한 후 돌아간 그 집사가 다시 찾아왔다. 성령세례를 받고 방언으로 기도한 후에 체험한 일을 이야기했다.

"목사님, 저는 수술을 앞둔 암 환자였습니다. 지난주에 병원에서 수술 전 최종 검진을 했습니다. 그런데 암은 없어지고 암이 있었던 곳은 수술 자국처럼 흔적만 남아 있다고 합니다. 그래서 6개월 후 재검진을 받기로 했습니다."

"그런 일이 있었군요. 할렐루야!"

"목사님, 감사합니다."

내가 맨 처음 그 집사를 만났을 때 그분이 수술을 앞둔 암 환자였다는 것을 전혀 알지 못했다.

한 번은 며칠 전에 방언을 받고 돌아간 분에게서 전화가 왔다. 들뜬

목소리였다. 오늘 병원에 가서 정기검진을 받았는데 이상한 일이 있었다는 것이다. 당뇨와 혈압, 지방간 때문에 합병증까지 생겨서 한 달에 한 번씩 정기검사를 받아 왔다고 했다.

그런데 오늘 검사에서 당뇨와 혈압이 정상으로 돌아와 의사가 이상한 일이라고 했다. 검사 결과로는 당뇨와 혈압약을 더는 복용하지 않아도 되지만, 그래도 모르니 최소한의 약만 먹으라는 처방을 받았다.

"목사님, 내일부터 새생명교회 새벽기도회에 나가면 안 돼요?"

"……"

"앞으로 2주 동안 새생명교회 새벽기도회에 나갈 거예요."

내 대답도 듣지 않고 전화를 끊었다. 그 집사는 성령세례를 받고 난 후 치유를 경험했다. 성령세례 안에는 치유의 선물이 들어 있었다.

나는 새벽기도회 때 말씀을 전한 후 약 30분 정도를 성도들과 함께 통성으로 방언기도를 한다. 방언기도를 마치고 강단 뒤쪽에서 기도하다가 뭔가 이상해서 고개를 돌렸다. 며칠 전부터 새벽기도회에 나오는 그 집사 얼굴이 찌그러져 있고 혀는 턱 밑까지 내려와 있었다. 귀신이 그 분을 붙들고 있음을 확신했다. 강단에서 내려와 다가갔다. 그때 나를 향해 앙칼지게 소리쳤다.

"나는 새생명교회가 싫~어."

"나는 서천석 목사가 싫~어."

갑자기 음산하고 공포스러운 분위기가 엄습하자 기도하던 성도들은 서둘러 자리를 떴다.

"너는 누구냐?"고 물었더니 대답이 없었다.

다시 언제 들어왔냐고 물었더니 대학교 2학년, 22살 때 들어왔다고 했다. 그 집사의 나이는 46세였다.

하지만 "어떻게 해야 하나"하는 걱정이 앞섰다.

첫째로 그분은 우리 교회에 속한 성도가 아니었다. 그렇다고 목회자가 무책임하게 귀신에 사로잡힌 사람을 내버려둘 수도 없는 노릇이었다.

둘째로 귀신이 언제 나갈지 모른다는 것이다. 축사 사역을 해 본 그동안 경험으로 볼 때 언제 끝날지 시간을 예측할 수 없었다.

"예수님의 이름으로 명령한다. 당장 나가."

"싫~어."

앙칼진 목소리로 강하게 반항하는 것으로 보아서 24년 동안 터를 잡은 귀신이 금방 나갈 것 같지 않았다.

셋째는 '예수님의 이름'에 반항하며 나가기를 거부하며 나를 노려보는 귀신이 너무 싫고 화가 났다. 그래서 분노하며 소리쳤다.

"어디서 건방지게 예수님의 이름에 싫다고 반항하는 거야."

동시에 가볍게 그 집사의 뺨을 때렸다. 바로 그 순간, 빳빳하게 서서 두 눈을 부릅뜨고 나를 쳐다보던 그 집사는 덥석 무릎을 꿇고 벌벌 떨며 반복해서 이렇게 말했다.

"잘못했습니다. 잘못했습니다. 나갈게요."

나는 입을 다물게 한 후 그분에게 그리스도인의 정체성 – 그리스도 안에 있는 자신이 누구이며, 어떤 권세와 권능을 갖고 있으며, 그 권세와 권능으로 무엇을 할 수 있는지 – 에 대해서 반복해서 들려줬다.

"예수님을 믿는 OOO는 하나님의 딸이다."

"OOO는 하나님의 생명을 가지고 있다."

"OOO는 예수님의 권세를 가지고 있다."

"OOO는 예수님의 권세가 있는 하나님의 딸이다."
"OOO는 더 이상 귀신의 권세를 두려워하지 않는다."
"하나님의 딸인 OOO는 귀신을 대적할 권세를 가지고 있다."
"OOO는 성령세례를 받아서 귀신을 정복할 성령의 권능을 가지고 있다."
"OOO가 예수님의 이름으로 명령하면 귀신은 떠나갈 수밖에 없다."
"OOO는 귀신을 발로 밟고 쫓아낼 권세와 권능을 가지고 있다."
"성령세례를 받은 OOO는 귀신을 쫓아낼 성령의 권능을 가지고 있다."
"OOO는 권세와 권능이 있는 하나님의 딸이다."
"OOO가 예수님의 이름으로 명령하면 귀신은 떠날 수밖에 없다."

약 3-5분 정도 지났을 때 그분은 마치 용수철처럼 갑자기 자리에서 튀어올랐다. 그리고 당당한 자세로 서서 귀신을 향하여 담대히 소리쳤다.

"나는 하나님의 딸이다. 나는 예수님의 권세를 가지고 있다. 나는 네가 싫어. 나가. 나는 성령의 권능을 가지고 있다. 나는 네가 싫어. 내가 예수님의 이름으로 명령한다. 더러운 귀신아, 내게서 지금 당장 떠나가라."

곧바로 귀신은 나갔고 그 집사는 악한 자의 속박에서 벗어났다. 그분은 자신 속에 24년 동안 숨어 있던 귀신을 예수님의 이름으로 쫓아냈다. 성령세례 속에는 귀신을 쫓아내는 권능이 있다.

이 사건은 내 목회 사역에서 최단 시간에, 가장 빨리, 가장 멋지게, 가장 즐겁게(?) 귀신을 쫓아낸 기록이다. 사실은 내가 귀신을 쫓아낸 것이 아니다. 나는 성령세례를 받은 그분에게 그리스도인의 정체성만 알려 주었을 뿐이다. 《성령의 답이다》가 출간된 후 이 부분을 읽은 목회자들이 이상한 교회, 이상한 목사의 축사 사역을 그대로 적용하여 똑같은 결과를 얻었다는 이야기를 종종 듣고 있다.

제1부

성령세례

사도들에게
절대로 예루살렘을 떠나지 말라고 하시며
이렇게 이르셨습니다.
"아버지께서 약속하신 것,
곧 너희가 내게서 들은 약속을 기다려야 한다.
요한은 물로 세례를 주었지만,
너희는 성령으로 세례를 받을 것이다.
이제 곧 받을 것이다."
|
사도행전 1:4-5《메시지성경》

1장

누구도 거부할 수 없는 왕의 명령

밀과 보리가 누렇게 익어 가는 초여름, 대낮부터 술에 취한 남자들이 말을 타고 밀밭을 마구 뛰어다녔다. 추수를 눈앞에 둔 밀밭을 망쳐 놓았다. 그 소식을 들은 임금님은 몹시 화를 내며 당장 그놈들을 잡아와 옥에 가두라고 했다. 그리고 어명을 내렸다.

"밀과 보리가 한창 익고 있는데 밭에 들어가 추수할 곡식을 짓밟는 사람은 누구든지 두 눈을 뽑도록 하라."

며칠 후 왕은 어떤 사람이 말을 타고 밀밭을 마구 질주하고 있다는 보고를 받았다. 왕은 크게 분노했다.

"내 명령을 거역한 그놈을 당장 잡아 와 두 눈을 뽑도록 하라."

그런데 왕 앞에 끌려온 사람은 바로 술에 취한 왕자였다. 왕은 추상 같은 목소리로 두 눈을 뽑으라고 했다. 이때 문무백관이 나서며 왕 앞에 엎드려 간청했다.

"장차 대를 이을 왕자의 두 눈을 뽑으면 어떻게 됩니까? 술에 취하여 저지른 죄이니 한 번만 용서해 주십시오."

"내 명령을 어긴 죄를 왕자라고 해서 용서해 준다면 어떻게 백성을 다스릴 수 있겠느냐?"

왕은 자신의 오른쪽 눈을 뽑았다. 그리고 왕자의 왼쪽 눈을 뽑도록 했다.

중국 고사에 나오는 이야기이다. 왕이 내린 명령은 누구도 거부할 수 없는 명령이다.

성령세례는 예수님의 명령이다

[행 1:4-5]] 사도와 함께 모이사 그들에게 분부하여 이르시되 예루살렘을 떠나지 말고 내게서 들은바 아버지께서 약속하신 것을 기다리라 5 요한은 물로 세례를 베풀었으나 너희는 몇 날이 못 되어 성령으로 세례를 받으리라 하셨느니라

[요 20:21-22] 예수께서 또 이르시되 너희에게 평강이 있을지어다 아버지께서 나를 보내신 것 같이 나도 너희를 보내노라 22 이 말씀을 하시고 그들을 향하사 숨을 내쉬며 이르시되 성령을 받으라

[눅 24:48-49] 너희는 이 모든 일의 증인이라 49 볼지어다 내가 내 아버지께서 약속하신 것을 너희에게 보내리니 너희는 위로부터 능력(권능)으로 입혀질 때까지 이 성에 머물라 하시니라

"아버지께서 약속하신 것을 기다리라", "성령을 받으라", "위로부터 권능으로 입혀질 때까지 이 성에 머물라"는 누구의 명령인가? 누구도 거부할 수 없는 만왕의 왕이신 예수님의 명령이다. 증인의 삶을 위해서 성령의 권능을 받아야 한다고 '분부'하셨다. 성령세례는 모든 그리스도인을 향한 예수님의 명령이다.

유진 피터슨Eugene H. Peterson[5] 박사는 누가복음 24:49절을 《메시지 성경》에서 "이제 이다음부터가 매우 중요하다! 내 아버지께서 약속하신 것을 내가 너희에게 보내주겠다. 너희는 그분이 오셔서 위로부터 오는 권능을 입을 때까지 이 성에 머물러 있어라"고 번역했다. 예수님께서는 성령의 권능을 받을 때까지 복음을 전하러 나가지 말라고 명령하셨다.

"나는 예수님을 믿고 물로 세례를 받았는데 성령세례를 받아야 하나요?"

"예수님을 믿고 구원받았다면 성령세례를 받은 것이 아닌가요?"

"성령으로 거듭난 하나님의 자녀들은 이미 성령세례를 받은 것이 아닌가요?"

신약성경은 거듭남과 성령세례는 명확히 구별한다

왜 우리는 거듭나야 하는가? 누가 죄와 사망과 심판 가운데 있던 우리를 거듭나게 하셨는가? 예수님께서는 '성령으로' 거듭나지 않으면 하나님 나라에 들어갈 수 없다고 하셨다. 사도 바울도 성령님을 통하여 우리가 예수님을 구주로 믿고 하나님의 자녀가 되었음을 증언한다.

[요 3:5-7] 예수께서 대답하시되 진실로 진실로 네게 이르노니 사람이 물과 성령으로 나지 아니하면 하나님의 나라에 들어갈 수 없느니라 6 육으로 난 것은 육이요 영으로 난 것은 영이니 7 내가 네게 거듭나야 하겠다 하는 말을 놀랍게 여기지 말라

[고전 12:3] … 또 성령으로 아니하고는 누구든지 예수를 주시라 할 수 없느니라

---

5) 유진 피터슨 박사는 성경 원어(히브리어와 헬라어)를 가르치며 35년 이상을 목사로 사역했다. 《메시지성경》은 10년 동안 하루에 6시간을 투자하여 원문을 오늘의 언어(영어)로 번역했다. 이 성경은 신뢰받는 신구약학 학자들의 감수를 받았다.

[롬 8:16] 성령이 친히 우리의 영과 더불어 우리가 하나님의 자녀인 것을 증언하시나니

구원, 곧 '거듭남'은 누구의 사역인가? 거듭남은 성령님의 사역이다. 그렇다면 '성령세례'는 누구의 사역인가? 신약성경에서 마태, 마가, 누가, 요한은 하나같이 성령세례는 예수님의 사역임을 밝힌다.

[막 1:8] 나(세례요한)는 너희에게 물로 세례를 베풀었거니와 그(예수님)는 너희에게 성령으로 세례를 베푸시리라(참고:마 3:11;눅 3:16;요 1:33)

[행 2:33] 하나님이 오른손으로 예수를 높이시매 그가 약속하신 성령을 아버지께 받아서 너희가 보고 듣는 이것을 부어 주셨느니라

거듭남은 성령님의 주권적 사역이고, 성령세례는 예수님의 주권적 사역이다.

예수님의 제자들을 보자. 그들은 언제 거듭났는가? 또 언제 성령으로 세례를 받았는가?

마태복음 16:13-19절에 나오는 내용이다. 예수님께서 제자들에게 물으셨다.

"사람들이 나를 누구라고 하느냐?"

"어떤 사람들은 세례자 요한이라고도 하고, 또 어떤 사람들은 엘리야라고 합니다. 또 어떤 사람들은 예레미야나 예언자 가운데 한 사람이라고 합니다."

"그러면 너희는 나를 누구라고 하느냐?"

예수님의 물음에 베드로가 대답했다.

"주님은 그리스도시며, 살아계신 하나님의 아들이십니다."

"요나의 아들 시몬아 네가 복되다. 너에게 이것을 알려 주신 분은 사람이 아니라, 하늘에 계신 나의 아버지시다. 또 내가 네게 이르노니 너는 베드로라 내가 이 반석 위에 내 교회를 세우리니 음부의 권세가 이기지 못하리라. 내가 천국 열쇠를 네게 주리니 네가 땅에서 무엇이든지 매면 하늘에서도 매일 것이요 네가 땅에서 무엇이든지 풀면 하늘에서도 풀리리라."

하나님께서는 성령을 통하여 "예수님은 그리스도시며, 살아계신 하나님의 아들이심"을 알게 하셨다. 이처럼 하나님께서는 성자와 성령과 긴밀한 영적 교감을 통해 일하신다.

베드로의 신앙고백에 동참한 제자들은 모두 거듭난 하나님의 자녀들이다. 예수님께서는 70인 제자들에게도 너희 이름이 하나님 생명책에 기록되었다고 말씀하셨다.

[눅 10:20] 그러나 귀신들이 너희에게 항복하는 것으로 기뻐하지 말고 너희 이름이 하늘에 기록된 것으로 기뻐하라 하시니라

성령세례를 아직 받지 않은 예수님의 제자들

거듭난 제자들은 이미 물로 세례를 받았다. 그들의 이름은 이미 하나님의 생명책에 기록되었다. 그뿐만이 아니다. 제자들은 예수님께서 주신 하나님의 영광을 이미 받았다. 예수님과 한 몸이 되었다. 예수님의 형제가 되었고, 하나님은 그들의 아버지가 되셨다. 하지만 아직 성령세례는 받지 않았다.

[요 17:22] 내게 주신 영광을 내가 그들에게 주었사오니 이는 우리가 하나가 된 것 같이 그들도 하나가 되게 하려 함이니이다

[요 20:17] 예수께서 이르시되 나를 붙들지 말라 내가 아직 아버지께로 올라가지 아니하였노라 너는 내 형제들에게 가서 이르되 내가 내 아버지 곧 너희 아버지, 내 하나님 곧 너희 하나님께로 올라간다 하라

예수님의 제자들은 무엇 하나 부족함이 없어 보인다. 그런데 부활하신 예수님께서는 제자들에게 "너희가 성령으로 세례를 받을 것인데 예루살렘을 떠나지 말고 아버지의 약속하신 것을 기다리라"고 분부하신다.

[행 1:4-5] 사도와 함께 모이사 그들에게 분부하여 이르시되 예루살렘을 떠나지 말고 내게서 들은바 아버지께서 약속하신 것을 기다리라 [5] 요한은 물로 세례를 베풀었으나 너희는 몇 날이 못 되어 성령으로 세례를 받으리라 하셨느니라

사도행전 1:4절의 "분부하다"(παραγγέλλω 파랑겔로)는 반드시 이행해야 할 만왕의 왕이신 예수님의 '절대명령'이다.

많은 그리스도인들이 성령세례의 중요성을 모른다

다음은 찰스 피니Charles G. Finney[6)]의 자서전 《The Autobiography of Charles G. Finny》에 수록된 글이다.

날이 어두워져 동료 변호사는 모든 정돈을 끝낸 후 작별 인사를 하고 퇴근했다. 내가 그를 출입문까지 배웅하고 사무실로 돌아왔을 때 내 마음은 '내 영혼을 하

6) 찰스 피니(1792-1875) 목사는 변호사로서 순조로운 삶을 시작하였으나 1821년 성령체험을 한 후 삶의 방향이 완전히 바뀌었다. 신학훈련을 마치고 장로교회 목사가 된 그는 '대각성 운동'을 통해 50만 명 이상을 구원한 현대 부흥운동의 아버지이다. 이 운동은 미국은 물론 영국까지 강타했다. 노년에는 오벌린대학 교수와 총장으로 하나님을 섬겼다.

나님께 쏟아 놓고 싶다'라는 생각으로 가득 차 있었다.

나는 기도하기 위해 사무실 뒷방으로 달려갔다. 주님 앞에 엎드려 내 영혼을 쏟아 놓았다. 이런 상태로 상당히 오랫동안 있었다. 그러나 나는 너무나 깊이 몰두해 있었기 때문에 무슨 말을 했었는지 전혀 기억이 나지 않았다. 이윽고 내 마음이 차분해져서 나는 사무실로 돌아왔다.

난로 곁의 의자에 앉으려는 순간 나는 강한 성령의 임재를 느꼈다. 그것은 전혀 예측하지 못했다. 그런 것이 나를 위해 존재한다고 생각해 본 적이 없었다. 누가 그런 말을 하는 것을 들어 본 적도 없었다. 성령은 나의 몸과 영혼을 꿰뚫고 지나는 것처럼 나에게 임하셨다. 마치 전류와도 같이 내게 흘러오고 또 흘러왔다. 정말이지 그것은 사랑의 파도와 같았다. 왜냐하면 다른 어떤 말로도 그것을 표현할 수 없기 때문이다. 그것은 바로 하나님의 숨결과도 같았다. 내 마음에 번져 나간 그 놀라운 사랑을 어떤 말로도 형용할 수 없다. 나는 기쁨과 사랑 가운데 큰 소리로 울었다. 말할 수 없는 큰 기쁨으로 울부짖었다. 이 물결이 몰려오고 또 몰려왔기 때문에 나는 소리치지 않을 수 없었다.

"이 물결이 계속 내게 밀려온다면 나는 죽겠습니다. 주여, 더 이상은 견딜 수 없습니다."

그러나 이미 죽음에 대한 두려움 따위는 내게 전혀 없었다. 성령의 권능이 내 위에 흐르고 나를 통과해 가는 이 상태가 얼마나 오래 계속되었는지 알 수 없다. 교회 찬양대원 한 사람이 나를 만나러 왔을 때는 늦은 저녁이었다. 내가 큰 소리로 울고 있는 것을 보고 그가 물었다.

"피니 씨, 뭐 잘못된 게 있습니까?"

나는 딱히 대답할 말이 없었다.

"혹시 어디 편찮으십니까?"

나는 큰 소리로 대답했다.

"아니요. 지금 너무 행복해서 죽을 지경이요."

찰스 피니는 세례를 받은 거듭난 그리스도인이었다. 교회 찬양대 지

휘자로 직업은 변호사였다. 하지만 그는 먹구름이 뒤덮고 있는 것 같은 영적 무력감에 짓눌려 있었다. 성령세례에 대한 가르침을 받은 적이 없었기 때문에 성령세례가 있다는 것을 알지 못했다.

예수님은 절대 권위를 지닌 만왕의 왕이다

"분부하다"는 왕이 신하에게 내리는 명령, 혹은 장군이 부하에게 내리는 명령으로 절대복종을 요구하는 단어다. 성령세례는 왕 중의 왕이신 예수님의 명령이다. 성령세례는 구원받은 백성, 혹은 물로 세례를 받은 모든 그리스도인에게 주신 예수님의 명령이다.

버클레이 F. 벅스턴Berclay F. Buxton[7]은 《성령을 받으라Receive the Holy Spirit》에서 성령세례에 대해 다음과 같이 언급한다.

> 예수님께서 세상을 떠나실 날이 임박하였을 때 제자들에게 최고로, 최후로 강조하셨던 것이 있다. 제자들에게 시종일관 주의를 기울이도록 촉구하셨다. 그것은 바로 성령세례이다. 이 세례를 받을 때가 눈앞에 가까이 왔으니 앙망하고 기다리라는 명령이었다. 항간에는 성령세례에 대하여 논쟁하는 사람들도 있고, 자기 견해를 주장하는 사람도 있다. 또는 자기 경험을 내세우는 사람도 있지만, 성령세례는 절대 권위를 가지신 예수님의 명령이다. 예수님께서 친히 말씀하셨다면 우리는 묵묵히 경청하고 순종하고 받아들여야만 하지 않겠는가?

---

7) 벅스턴(1860-1946)은 영국 귀족 가문에서 태어나 케임브리지 대학을 나온 수재이다. 대학 재학 중에 D. L 무디 목사의 설교를 듣고 주님의 제자가 되었다. 1890년 여러 선교사를 이끌고 일본에 가서 일본전도대(JEB)를 조직했다. 특히 거듭난 사람이 성령세례를 받도록 성령운동을 일으켰다. 관서성서신학교 전신인 성서학사를 세워 기독교 지도자를 양성했다. 86세에 "나는 매우 행복하다, 나는 매우 행복하다"를 연달아 외치며 삶을 마감했다. 제자들은 벅스턴에게서 그리스도의 모습을 보았다고 증언했다. 내촌감삼內村鑑三은 "그는 인류의 꽃이요 자랑이다. 그가 인류 중에 있음은 우리의 영광이로다"라고 했다.

성령세례는 하나님의 약속이요 명령이다

로이드 존스Lloyd Jones[8] 박사는 《성령세례Joy Unspeakable-The Baptism with the Holy Spirit》에서 거듭남과 성령세례에 대해 다음과 같이 구분하여 설명한다.

> 어떤 사람도 성령의 역사가 없이 그리스도인이 될 수 없다는 것은 분명하다. 우리가 예수 그리스도를 믿고 거듭난 것은 성령님이 우리 안에 역사하셔서 우리 안에 빛을 비추시고, 지식과 이해력, 곧 믿을 수 있는 권능을 주셨기 때문에 가능한 일이다. 그러므로 성령님의 사역이 없이는 누구도 예수님을 믿을 수 없다. 그리스도인은 성령으로 거듭난 사람이다. 다시 말해서 성령으로 난 사람이다요 3:5. 예수님을 믿고 거듭난 성도 안에는 성령님께서 내주하신다. 바울 사도는 성령의 내주하심이 없으면 누구든지 그리스도인이 아니라고 말한다롬 8:9. 우리 안에 거하시는 성령님은 죄를 깨닫게 하시며, 빛을 비추시며, 거듭나게 하는 일 등을 하신다. 하지만 우리가 거듭난 성도요 성령님을 모시고 있는 하나님의 자녀일지라도 여전히 성령세례를 받지 않았을 수도 있다는 것을 주장하고자 한다.
>
> 사도들은 오순절 이전에 이미 거듭나서 확실히 하나님의 자녀가 되었다. 예수님께서도 요한복음 15:3절에서 "너희는 내가 일러준 말로 이미 깨끗하여졌으니"라고 말씀하셨다. 하지만 부활하신 예수님께서는 제자들에게 나타나셔서 "성령을 받으라"고 하셨다요 20:22. 사도들은 성도일 뿐만 아니라 거듭난 사람들이지만, 아직 성령으로 세례를 받지는 못했다행 1:4-5.

제자들은 예수님의 분부를 따라 순종했다. 약속하신 성령세례 받기

---

8) 로이스 존스 박사는 20세기 최고의 복음주의 지성인으로 의사 출신 목사이다. 42년 동안 웨일스학파를 대표하는 복음주의 설교자로서 '20세기 스펄전'이라는 칭호를 받을 만큼 큰 영향력을 끼쳤다. 런던 웨스트민스터 채플에서 설교자로 활동하였으며 개혁주의 운동의 지도자로서 영적 통찰력과 해박한 신학으로 사역을 감당했다. 그는 "성령님은 2천 년 동안이나 교회사에서 무시당해 왔다"고 안타까워했다.

를 사모하며 120명이 함께 모여 기도하고 있을 때 성령이 각 사람 위에 임하셨다.

[행 1:14-15] 여자들과 예수의 어머니 마리아와 예수의 아우들과 더불어 마음을
같이 하여 오로지 기도에 힘쓰더라 15 모인 무리의 수가 약 백이십 명이나 되더라

[행 2:1-4] 오순절 날이 이미 이르매 그들이 다 같이 한곳에 모였더니 2 홀연히
하늘로부터 급하고 강한 바람 같은 소리가 있어 그들이 앉은 온 집에 가득하며 3
마치 불의 혀처럼 갈라지는 것들이 그들에게 보여 각 사람 위에 하나씩 임하여 있
더니 4 그들이 다 성령의 충만함을 받고 성령이 말하게 하심을 따라 다른 언어들
로 말하기를 시작하니라

성령세례를 받고 성령충만과 방언을 받은 제자들

예수님은 만왕의 왕이시다. 예수님의 명령은 누구도 변개할 수 없다. 그분의 명령을 거역해도 될 사람은 아무도 없다.

[고후 1:18] 하나님은 미쁘시니라 우리가 너희에게 한 말은 예 하고 아니라 함이 없노라

모든 그리스도인은 바울 사도의 고백처럼 예수 그리스도 안에서 '아니요'는 없고 '예'만 있다. 성령세례는 절대복종을 요구하는 만왕의 왕이신 예수님의 명령이다.

"성령으로 세례를 받으라."행 1:5

"성령을 받으라."요 20:22

"위로부터 권능으로 입혀질 때까지 이 성에 머물라."눅 24:49

누구에게 하신 분부인가? 거듭난 하나님의 자녀에게 주신 예수님의 명령이다.

2장

하나님께서 상속해 주신 소중한 유산

200억 원이 넘는 유산을 상속받은 60대 남자가 있었다. 미국의 구리 광산 부호 위게트 클라크Hguette Clark는 2012년 5월 3억700만 달러, 약 4,276억 원에 달하는 막대한 유산을 남기고 104세로 사망했다. 1순위 상속인인 티머시 헨리 그레이Timothy Henry Gray에게는 유산의 6.25%인 1,900만 달러, 약 263억 원을 상속했다. 하지만 헨리 그레이는 2012년 성탄절 이튿날인 26일 와이오밍주 에번스턴의 한 철도 역사에서 노숙자로 동사했다.

위게트 클라크의 손자였던 그는 엄청난 유산이 자신에게 상속되었다는 것을 몰랐다. 클라크의 변호인들이 그를 찾기 위해 노력했지만, 노숙자 생활을 하는 그를 찾지 못했다. 비록 헨리 그레이가 누리진 못했지만, 엄청난 유산을 상속받게 된 것은 부호인 위게트 클라크 후손이었기 때문이다.

하나님의 자녀인 우리도 아버지께서 상속하신 은혜의 유업이 있다.

[롬 8:17] 자녀이면 또한 상속자 곧 하나님의 상속자요 그리스도와 함께 한 상속자니

[갈 3:26;29] 너희가 다 믿음으로 말미암아 그리스도 예수 안에서 하나님의 아들이 되었으니 … [29] 너희가 그리스도의 것이면 곧 아브라함의 자손이요 약속대로 유업을 이을 자니라

[갈 4:6-7] 너희가 아들이므로 하나님이 그 아들의 영을 우리 마음 가운데 보내사 아빠 아버지라 부르게 하셨느니라 [7] 그러므로 네가 이후로는 종이 아니요 아들이니 아들이면 하나님으로 말미암아 유업을 받을 자니라

성령세례는 권능을 입고 증인의 삶을 살게 한다. 우리는 이 유업을 상속받았다. 하나님의 자녀라 할지라도 하나님께서 약속하신 유업을 상속받지 않으면, 헨리 그레이처럼 노숙자로 헐벗고 굶주린 인생을 살 수밖에 없다. 성령세례는 하나님께서 약속하신 값진 유업이다

거듭남과 물세례와 성령세례는 구별된 은혜이다

물세례는 거듭난 하나님의 자녀들이 받을 수 있다. 예수님을 믿지 않는 사람, 다시 말해서 거듭나지 않은 사람은 물세례를 받을 수 없다.

그렇다면 성령세례는 누구에게 주시는 은혜인가? 일반적으로는 성령으로 거듭난 후 물세례를 받은 하나님의 자녀들에게 주시는 아주 특별한 은혜이다.

[행 8:5;12] 빌립이 사마리아 성에 내려가 그리스도를 백성에게 전파하니 … [12] 빌립이 하나님 나라와 및 예수 그리스도의 이름에 관하여 전도함을 그들이 믿고 남녀가 다 세례를 받으니

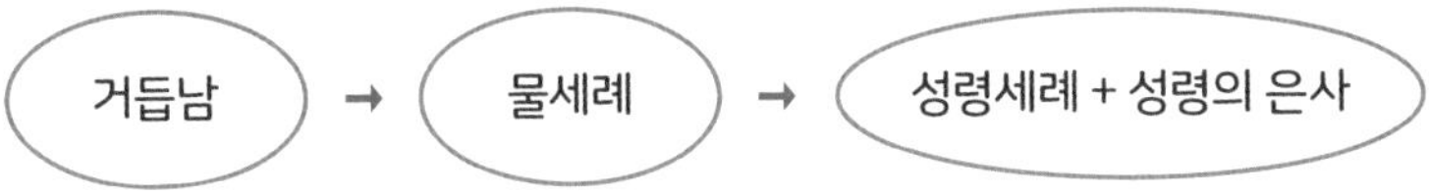

성령세례를 아직 받지 않은 사마리아 성도들

사마리아 사람들은 빌립의 전도를 통해 예수님을 구주로 믿고 거듭난 하나님의 자녀들이다. 물로 세례도 받았다. 그러나 아직 성령세례를 받지 못했다. 예수님을 믿고 거듭난 후 물세례까지 받은 사마리아 사람들은 언제 성령세례를 받는가?

[행 8:14-17] 예루살렘에 있는 사도들이 사마리아도 하나님의 말씀을 받았다 함
을 듣고 베드로와 요한을 보내매 15 그들이 내려가서 그들을 위하여 성령 받기를
기도하니 16 이는 아직 한 사람에게도 성령 내리신 일이 없고 오직 주 예수의 이름
으로 세례만 받을 뿐이더라 17 이에 두 사도가 그들에게 안수하매 성령을 받는지
라

사도들의 안수를 통해 성령세례를 받은 사마리아 성도들

에베소 성도들은 언제 성령으로 세례를 받는가?

[행 19:1-7] 아볼로가 고린도에 있을 때에 바울이 윗지방으로 다녀 에베소에 와서
어떤 제자들을 만나 2 이르되 너희가 믿을 때에 성령을 받았느냐 이르되 아니라
우리는 성령이 계심도 듣지 못하였노라 3 바울이 이르되 그러면 너희가 무슨 세례
를 받았느냐 대답하되 요한의 세례니라 4 바울이 이르되 요한이 회개의 세례를 베
풀며 백성에게 말하되 내 뒤에 오시는 이를 믿으라 하였으니 이는 곧 예수라 하거
늘 5 그들이 듣고 주 예수의 이름으로 세례를 받으니 6 바울이 그들에게 안수하매
성령이 그들에게 임하시므로 방언도 하고 예언도 하니 7 모두 열두 사람쯤 되니라

바울 사도는 에베소 성도들이 성령으로 세례를 받도록 안수했다. 그 때 성령이 임하고 그들은 방언도 하고 예언도 했다. 성령세례는 구원받고 물세례를 받은 이후의 체험으로 거듭남과는 구별된 은혜다.

존 스토트John R. W. Stott[9] 박사는 《성령세례와 충만Baptism and Fullness》에서 모든 그리스도인은 예수님을 믿고 죄 사함을 받을 때 성령세례도 함께 받는다고 주장한다. 다시 말해서 거듭남과 성령세례를 하나로 본다. 그렇다면 위에서 살펴본 사마리아 성도들과 에베소 성도들의 경우는 어떻게 설명할 것인가? 존 스토트 박사는 두 경우는 예외적이고 일반적이지 않은 사건이라고 했다. 참 별난 주장이다.

그러면 예수님께서 거듭난 제자들에게 성령으로 세례를 받으라고 분부하신 것도 예외적인가?행 1:4-5;눅 24:48-49;요 20:21-22 마태복음 16:13-19절의 베드로의 신앙고백과 사도행전 2:1-4절의 제자들에게 임한 성령세례는 어떻게 설명할 것인가? 또 사도행전 18:24-28절의 아볼로의 경우는 어떻게 설명할 것인가?이 부분은 1부 3장에서 자세히 설명하고 있다.

많은 사람이 성령세례를 성령님의 사역으로 잘못 이해하고 있다. 다시 언급하지만, 신약성경은 '거듭남'구원과 '물세례'와 '성령세례'는 명확히 구별한다. 구원, 곧 거듭남은 성령님의 사역이다요 3:5-7;고전 12:3;롬 8:16;갈 4:6. 물세례는 하나님께서 세우신 사역자의 사역이다4복음서에서는 세례요한이 물세례를 베푸는 것을 주로 소개한다. 성령세례는 예수님의 사역임을 분명히 밝힌다마 3:11;막 1:8;눅 3:16;요 1:33;행 2:33. 이처럼 거듭남과 물세례와 성령세례는 구별된 은혜이다.

---

9) 존 스토트 박사는 기독교 지성을 대표하는 복음주의 신학자였다. 케임브리지 리들리 홀에서 목회 수련을 받았으며, 런던 올 소울즈교회(All Souls Church) 교구 목사로 30여 년간 사역했다. 1974년 로잔 언약을 입안했고, 로잔 운동을 주도했다. 기독교 연구소를 설립하여 활발한 강연과 저술 활동을 했다.

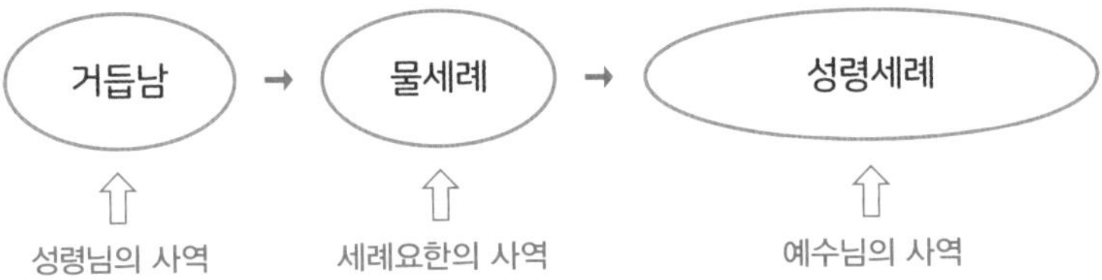

평생 성령론을 연구한 차영배[10] 박사는 《성령론》에서 거듭남[중생]과 성령세례를 구분한다. 또 중생 후 성령세례를 받는 시기의 다양성을 다음과 같이 구분하여 설명한다.

> 중생 시기의 불확실성에 비추어 볼 때, 구원의 서정상 성령세례 시기도 확정지을 수 없다. 혹자는 믿는 즉시로, 혹자는 믿은 후 1년 후에, 혹은 10년 후에 성령의 세례를 받을 수도 있다. 왜냐하면, 성령의 세례는 적어도 중생 후에 주 예수를 확실히 믿고, 목마르며 갈급하게 사모하는 자에게 주어진다.

신약성경에서 존 스토트 박사의 주장처럼 거듭남과 동시에 성례세례를 받는 경우도 있다[행 10:36-46]. 하지만 거듭남과 성령세례의 순서는 바뀌지 않는다. 성령세례는 거듭난 후에 받는 은혜다.

고신대학교 신학대학원 안영복 교수는 《성령론의 바른 이해》에서 거듭남[중생]과 성령세례를 구분하여 설명한다.

> 성령의 사역이 없이는 어떤 사람도 중생하여 예수 그리스도를 믿을 수가 없다. 모든 신자 안에는 성령께서 내주하신다. 그러나 성령을 모시고 있으면서도 여전히 성령으로 세례를 받지 못할 수 있다.

---

10) 차영배 박사는 계명대학교 철학과, 화란 캄펜(Kampen) 개혁신학대학원을 졸업(Th.D.)했다. 한국외국어대학교 교수, 총신대학교 신학대학원 교수, 신학대학원장을 역임했다. 그는 누구보다 깊고 넓게 성령론을 연구한 개혁주의 신학자이다.

오성종[11] 박사는 《칼빈논단 6호》에 발표한 〈성령세례의 이해: 교회사적, 주석적 및 신약신학적 연구〉에서 거듭남중생과 성령세례를 구분했다.

성령께서 어떤 사람 "위에"(히브리어: עַל 알; 헬라어: ἐπί 에피) 임하셨을 때 순간적으로 성령의 권능이 임하여 예언을 하거나 초자연적인 지도력과 능력과 용기와 지혜를 부여받는 기록들이 구약 여러 곳에 나오는데, 모두 중생이나 어떤 구원 사건으로 기록된 경우는 없다. 사도행전의 예루살렘2:1-4, 사마리아8:14-17, 가이사랴10:44-46, 에베소19:1-7의 4곳의 다양한 신자들 위에 성령께서 강림하신 사건들 역시, 중생 시 이뤄지는 성령의 내주 사건이 아니라, 구약의 성령강림 사례들처럼 권능을 새롭게 덧입는 사건으로 이해하는 것이 옳을 것이다. 왜냐하면, 그 모든 성령강림 사건 때에 자기와 타인 모두가 의식할 수 있는 초자연적인 성령의 역사들이 나타났기 때문이다.

B. F 벅스턴은 성령세례를 제2의 회심이라고 한다.

성령세례는 그리스도인의 삶에서 두 번째 무대, 즉 제2의 회심으로 불린다. 사람들이 회개하고 그리스도인이 될 때 예수님을 나의 구주로 그 마음에 환영하며 받아들인다. 그때 죄 용서와 함께 영생을 받는다. 그러나 성령세례는 특별한 예외가 있지만, 원칙적으로 이미 예수님을 믿고 거듭난 사람이 받는 은혜이다. 성령세례는 이미 구원받은 자들이 받는 은혜로 처음 회개할 때 받은 은혜와 동일하지 않다. 왜냐하면 성령세례를 받을 때 따르는 약속이 거듭날 때는 따르지 않기 때문이다. 그래서 성령세례를 두 번째 은혜라고도 한다.

---

11) 오성종 박사는 서울대학교 철학과(B.A.)와 총신대학교 신학대학원을 졸업(M.Div.)하고 독일 튀빙겐대학교에서 신약학 전공으로 박사 학위(Th.D.)를 취득했다. 서울 대학촌교회 담임목사와 한국복음주의 신약학회장을 역임했다. 총신대학교, 장신대학교 신학대학원, 칼빈대학교 교수와 칼빈대학교 신학대학원장을 역임했다.

[엡 2:8] 너희는 그 은혜에 의하여 믿음으로 말미암아 구원을 받았으니 이것은 너희에게서 난 것이 아니요 하나님의 선물이라

[행 2:38] 베드로가 이르되 너희가 회개하여 각각 예수 그리스도의 이름으로 세례를 받고 죄 사함을 받으라 그리하면 성령의 선물을 받으리니

거듭남, 곧 구원은 믿는 자에게 주시는 하나님의 첫 번째 선물이다. 성령세례는 구원받은 자녀를 위한 하나님의 두 번째 선물이다.

R. A. 토레이Reuben Archer Torrey[12] 박사는 《성령세례:그 충만한 영력을 얻는 비결The Baptism with the Holy Spirit-How to Find Fullness of Power》에서 "성령의 세례는 이른바 거듭남중생과는 명확히 구별된다. 중생은 했으나 아직 성령으로 세례를 받지 못했다면, 주의 일꾼이 되기에는 합당치 못한 사람이다"고 했다.

물세례를 통해 예수님과 한 몸을 이룬다

사울바울은 그리스도인을 핍박하는 사람이었다. 기독교인을 붙잡으려고 다메섹으로 가는 중 하늘로부터 밝은 빛이 그에게 임했다. 그 빛 가운데서 예수님께서 사울에게 물으셨다.

"사울아, 사울아, 네가 어찌하여 나를 핍박하느냐?"

예수님께서는 사울에게 '왜 내 백성을 핍박하느냐'고 묻지 않고 "왜 나를 핍박하느냐?"고 물으셨다행 9:1-5. 거듭난 성도는 물세례를 통해 예수님과 한 몸이 되었기 때문이다. 누군가가 거듭난 성도를 건드린다면

12) R. A. 토레이 박사는 20세기 초에 활동한 '성령의 사람'으로 전도자요 성경 신학자였다. 예일대학교 신학부를 졸업했다. 무디와 오랫동안 동역하였으며, 무디성서대학 학장과 무디기념교회 담임목사를 역임하였다. 특히 아들 토레이 2세는 중국 선교사로 사역하다가 한국동란 후 대전 지역에서 장애인과 고아를 위해 사역했다. 토레이 3세 대천덕 신부는 예수원 원장으로 사역했다. 토레이 4세 벤 토레이 신부가 현재 예수원에서 사역 중이다.

그것은 곧 예수님을 건드린 것이다. 예수님을 믿고 거듭난 후 물로 세례를 받는 것은 예수님의 십자가의 죽으심과 부활하심에 연합하여 예수님과 한 몸을 이루는 영광스러운 일이다.

[롬 6:3-5] 무릇 그리스도 예수와 합하여 세례를 받은 우리는 그의 죽으심과 합하여 세례를 받은 줄을 알지 못하느냐 4 그러므로 우리가 그의 죽으심과 합하여 세례를 받음으로 그와 함께 장사되었나니 이는 아버지의 영광으로 말미암아 그리스도를 죽은 자 가운데서 살리심과 같이 우리로 또한 새 생명 가운데서 행하게 하려 함이라 5 만일 우리가 그의 죽으심과 같은 모양으로 연합한 자가 되었으면 또한 그의 부활과 같은 모양으로 연합한 자도 되리라

거듭난 그리스도인은 물세례를 받아야 한다. 만일 거듭난 후 성령세례를 받았다면 물세례를 꼭 받아야 하는가? 바울의 경우는 어떤가? 다메섹에서 예수님을 만났다. 아나니아의 안수기도를 통하여 성령세례와 성령충만을 체험했다. 그 후 물세례를 받았다.

[행 9:17-18] 아나니아가 떠나 그 집에 들어가서 그에게 안수하여 이르되 형제 사울아 주 곧 네가 오는 길에서 나타나셨던 예수께서 나를 보내어 너로 다시 보게 하시고 성령으로 충만하게 하신다 하니 18 즉시 사울의 눈에서 비늘 같은 것이 벗어져 다시 보게 된지라 일어나 세례를 받고

고넬료 집에 있었던 사람들의 경우는 어떤가? 거듭난 후 성령세례를 받고 방언도 했지만, 그 후 물세례를 받았다.

[행 10:44-48] 베드로가 이 말을 할 때에 성령이 말씀 듣는 모든 사람에게 내려오시니 45 베드로와 함께 온 할례 받은 신자들이 이방인들에게도 성령 부어 주심으로 말미암아 놀라니 46 이는 방언을 말하며 하나님 높임을 들음이러라 47 이에 베드로가 이르되 이 사람들이 우리와 같이 성령을 받았으니 누가 능히 물로 세례

베풂을 금하리요 하고 [48] 명하여 예수 그리스도의 이름으로 세례를 베풀라 하니라

물세례와 성령세례의 목적은 구별된다. 물세례의 목적은 죄 씻음과 예수님과 한 몸을 이루는 연합이다. 성령세례의 목적은 제자로서 권능 있는 증인의 삶을 위함이다행 1:8.

성령세례는 예수님께서 베푸시는 세례다

거듭남은 성령님의 사역이요, 물세례는 하나님의 세우신 사역자의 사역이요, 성령세례는 예수님의 사역이다. 마태, 마가, 누가, 요한은 하나같이 세례 요한의 증언을 인용하며 물세례와 성령세례는 구별한다. 특히 예수님을 성령으로 세례를 베푸시는 분으로 증언한다마 3:11;눅 3:16;요 1:33.

[막 1:8] 나는 너희에게 물로 세례를 베풀었거니와 그는 너희에게 성령으로 세례를 베푸시리라

[막 1:8 메시지성경] 나는 너희의 옛 삶을 바꾸어 천국의 삶을 준비시키려고 이 강에서 세례를 주고 있다. 그러나 그분의 세례, 성령의 거룩한 세례는 너희를 완전히 바꾸어 놓을 것이다

[행 2:33] 하나님이 오른손으로 예수를 높이시매 그가 약속하신 성령을 아버지께 받아서 너희가 보고 듣는 이것을 부어 주셨느니라

앞서 소개한 안영복 교수는 중생의 사역과 성령세례의 사역을 구분하여 설명하고 있다.

중생은 성령께서 우리 안에 행하시는 사역이지만 성령세례는 주 예수 그리스도에 의하여 행하시는 성령의 부어주심이다. … 중생은 성령의 주권적 사역이고, 성령세례는 그리스도께서 주권을 가지시고 성령을 보내시는 것이다.

합동신학대학원 조병수[13] 교수는 《성령으로 사는 그리스도인》에서 요한의 물세례와 예수님의 성령세례의 차이를 3가지로 구분하여 설명한다.

첫 번째 비교 점은 세례의 수여자이다. 물세례에서 요한이 수여자이듯이 성령세례에 있어서는 예수 그리스도께서 수여자이다. 이 점을 놓치면 안 된다.

두 번째는 세례의 재료이다. 요한의 세례에서는 물이 재료이지만 예수의 세례에서는 성령이 재료이다. 이것은 대단히 중요하다. 성령께서는 자신을 세례의 재료로 허락하신다.

세 번째로 요한의 물세례와 예수의 성령세례의 시간적 차이가 묘사된다. 요한의 물세례는 지금 시행되고 있으나 예수의 성령세례는 아직 미래의 사건으로 설명된다.

예수님께서는 제자들에게 성령성령세례을 받으라고 분부하셨다행 1:4-5; 눅 24:49;요 20:21-22. 제자들은 예수님의 분부를 따라 성령세례를 받았다.

[행 2:1–4] 오순절 날이 이미 이르매 그들이 다 같이 한곳에 모였더니 2 홀연히 하늘로부터 급하고 강한 바람 같은 소리가 있어 그들이 앉은 온 집에 가득하며 3 마치 불의 혀처럼 갈라지는 것들이 그들에게 보여 각 사람 위에 하나씩 임하여 있더니 4 그들이 다 성령의 충만함을 받고 성령이 말하게 하심을 따라 다른 언어들로 말하기를 시작하니라

---

13) 조병수 교수는 총신대학교(B.A), 합동신학대학원대학교(M.Div), 독일 뮌스터대학교 신학부(Dr.theol.)에서 신약신학을 전공하여 박사학위를 취득했다. 합동신학대학원대학교 총장을 역임했다. 지금은 프랑스 위그노 연구소 대표를 맡고 있다.

거듭남 → 물세례 → 성령세례 + 성령충만 + 방언

오순절에 임한 성령을 받고 성령충만과 방언을 받은 제자들

한국장로교의 대표적인 신학자였던 박윤선[14] 박사는 《성경주석 사도행전》에서 오순절 이후의 성령강림 사건에 대해 다음과 같이 설명한다.

> 성령의 역사의 놀라운 성격이 옛날 오순절의 사건에 국한되었다고 할 수 없다. 성령은 옛날이나 지금이나 같은 성령이시니 지금도 놀라운 성격의 초자연적인 역사를 행하신다. 이 점에 있어서는 오순절 성령강림이 단회성을 지녔다고 할 수 없다. 다만 그때 사도들이 받은 성령의 은사의 권위가 후대인에게 계승되지 않은 것뿐이다. 예루살렘 밖에서 되어진 일, 곧 가이사랴행 10:44-45, 사마리아행 8:5-8;14-17, 에베소행 19:6에서 일어난 사건들 역시 오순절에 임하신 성령의 역사의 계속이었고 독립적으로 존재한 것이 아니다.

오순절에 베풀어 주신 성령세례는 사마리아, 가이사랴, 에베소에서 계속하여 베풀어졌다. 하지만 성령세례를 후대가 계승을 받지 못했다. 성령세례는 하나님께서 우리에게 상속해 주신 소중한 유산이다. 우리가 받아 누리고 반드시 계승해야 할 소중한 유산이다.

---

14) 박윤선 박사는 오산학교, 신성중학교, 평양 숭실대학 영문학과를 졸업했다. 평양 장로회신학교 졸업 후 웨스트민스터신학교에서 신약 석사(Th.M.)와 명예 신학박사(D.D.) 학위를 받았다. 고신대학교 학장, 총신대학교 학장과 대학원장, 합동신학원 초대 원장을 지냈다. 평생 3가지 사역 - 주석 집필, 신학생 교육, 설교 사역 - 에 집중했다.

3장

성령세례가 빠진 미완성의 신앙

이탈리아 귀족 존 코드가 레오나르도 다빈치를 찾아왔다.

"내 아내의 초상화를 그려주십시오."

"예, 최선을 다해 그려보겠습니다."

"한 달이면 되겠습니까?"

"안 됩니다."

"그러면 일 년이면 되겠습니까?"

"그냥 제게 맡겨 주시지요."

다빈치는 무려 4년이 지났지만, 초상화를 완성하지 못했다. 존 코드의 재촉에 못 이겨 결국 그리던 초상화를 내어 주었다.

"이 그림은 아직 미완성입니다."

그 초상화가 바로 '모나리자'다. 모나리자는 그런 사연을 품은 작품이다. 다빈치는 존 코드 부인의 초상화를 미완성이라고 했다. 음악에도 미완성 교향곡이 있다. 신앙에도 미완성의 신앙이 있다. 예수님을 믿고 거듭난 후 물로 세례를 받았으나 아직 성령으로 세례를 받지 않았다면 미완성의 신앙이라 할 수 있다.

신앙에도 미완성의 신앙이 있다

사울바울은 다메섹에서 너무나 분명하고 생생하게 예수님을 만났다 행 9:1-9. 그런데 예수님께서는 아나니아라는 제자를 불러 사울을 찾아가 성령을 받도록 하셨다. 아나니아가 사울에게 안수할 때 성령이 임하고 성령충만을 받는다. 그리고 난 후 사울은 물로 세례를 받는다.

[행 9:17–18] 아나니아가 떠나 그 집에 들어가서 그에게 안수하여 이르되 형제 사울아 주 곧 네가 오는 길에서 나타나셨던 예수께서 나를 보내어 너로 다시 보게 하시고 성령으로 충만하게 하신다 하니 [18] 즉시 사울의 눈에서 비늘 같은 것이 벗어져 다시 보게 된지라 일어나 세례를 받고

[행 22:16] 이제는 왜 주저하느냐 일어나 주의 이름을 불러 세례를 받고 너의 죄를 씻으라 하더라

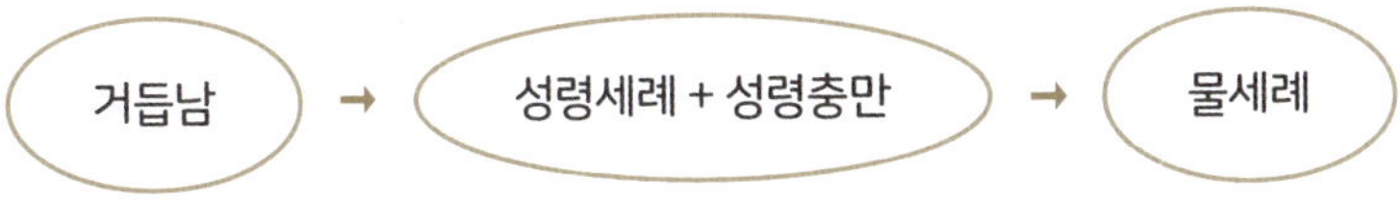

성령세례와 동시에 성령충만을 받은 후 물세례를 받은 바울

예수님을 만난 사울에게 아나니아를 보내신 이유가 무엇인가? 사울의 미완성 신앙을 온전케 하기 위함이었다.

성령세례를 받기 전 예수님의 제자들 모습은 어떤가? 제자들의 신앙은 언제 완성되었는가? 제자들은 3년 반 동안 최고의 스승 예수님과 동행하며 탁월한 가르침을 받았다. 38년 된 병자가 치유되고, 맹인이

눈을 뜨고, 귀신이 떠나고, 죽은 자가 살아나는 기적의 현장에도 함께 했다. 예수님을 그리스도와 하나님의 아들로 고백하기도 했다. 하지만 예수님께서 잡히시던 날 밤, 제자들은 모두 도망을 치고 예수님을 모른다고 부인하고 저주까지 했다. 더구나 부활하신 예수님을 수차례 만났지만 별로 달라진 것이 없다.

> [요 21:2-3] 시몬 베드로와 디두모라 하는 도마와 갈릴리 가나 사람 나다나엘과 세베대의 아들들과 또 다른 제자 둘이 함께 있더니 3 시몬 베드로가 나는 물고기 잡으러 가노라 하니 그들이 우리도 함께 가겠다 하고 나가서 배에 올랐으나 그날 밤에 아무것도 잡지 못하였더니

부활하신 예수님을 만난 제자들의 모습은 어떤가? 부활하신 예수님께서 제자들과 마주할 때마다 분부하신 것이 무엇인가? 왜 "성령을 받으라", 혹은 "성령으로 세례를 받으라"고 반복해서 분부하셨을까? 제자들의 미완성 신앙을 온전케 하기 위함이었다. 마침내 제자들은 오순절 날에 성령세례를 받고 성령으로 충만함을 받는다[행 2:1-4]. 성령세례를 받고 난 후 제자들은 비로소 증인이 된다.

성령세례가 꼭 필요하다는 명백한 증거가 있다. 2장에서 소개한 사마리아[행 8:5-17]와 에베소 사람들[행 19:1-7]은 어떤 사람들인가? 이들은 예수님을 구주로 믿고 거듭난 후 물로 세례까지 받았다. 만일 거듭난 후 물세례를 받은 것으로 충분했다면 굳이 성령세례를 받도록 하지 않았을 것이다. 거듭난 후 물세례만 받고 성령세례를 받지 않은 그리스도인은 미완성의 성도라 할 수 있다.

아볼로는 물세례만 아는 미완성의 지도자였다

[행 18:24-25] 알렉산드리아에서 난 아볼로라 하는 유대인이 에베소에 이르니 이 사람은 언변이 좋고 성경에 능통한 자라 25 그가 일찍이 주의 도를 배워 열심으로 예수에 관한 것을 자세히 말하며 가르치나 요한의 세례만 알 따름이라

아볼로는 어떤 사람인가? 그는 언변이 좋고, 성경에 능통하며, 어려서부터 하나님의 말씀을 잘 배워서 열심히 예수님을 가르치는 훌륭한 교사였다. 그러나 그는 "요한의 세례만" 알고 있었다. 이것은 아볼로가 성령세례는 알지 못했다는 것을 강조하고 있다.

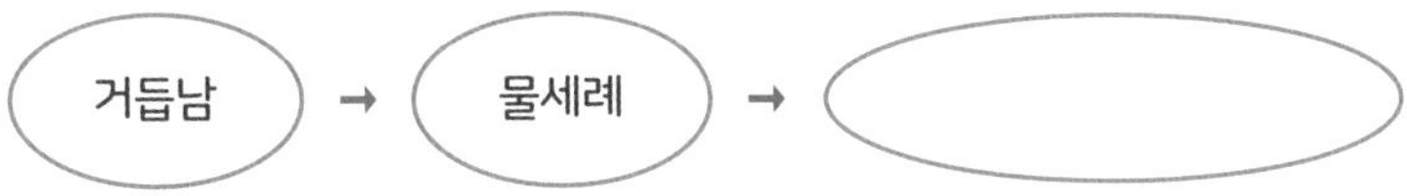

물세례만 알고 성령세례는 알지 못하는 아볼로

《새번역성경》은 "그는 요한의 세례밖에 알지 못하였다"고 번역했다. 《메시지성경》은 "그가 예수에 대해 가르치는 내용은 아주 정확했으나 그의 가르침은 요한의 세례까지밖에 이르지 못했다"고 번역했다.

아볼로 역시 성령세례를 아직 받지 않은 미완성의 사역자였다. 그래서 바울 사도의 동역자인 브리스길라와 아굴라는 요한의 세례만 알고 있는 아볼로를 데려다가 하나님의 도를 더 정확하게 가르쳤다.

[행 18:26] 그가 회당에서 담대히 말하기 시작하거늘 브리스길라와 아굴라가 듣고 데려다가 하나님의 도를 더 정확하게 풀어 이르더라

브리스길라와 아굴라가 정확하게 풀어 가르친 "하나님의 도"가 무엇일까? "요한의 세례만 알 따름이라"는 구절을 유추해 볼 때 성령세례를

가르쳐 주고 성령세례를 받게 했다고 볼 수 있다.

[행 18:27-28] 아볼로가 아가야로 건너가고자 함으로 형제들이 그를 격려하며 제자들에게 편지를 써 영접하라 하였더니 그가 가매 은혜로 말미암아 믿은 자들에게 많은 유익을 주니 28 이는 성경으로써 예수는 그리스도라고 증언하여 공중 앞에서 힘 있게 유대인의 말을 이김이러라

아볼로가 성령세례를 받은 후 "그가 가매 은혜로 말미암아 믿은 자들에게 많은 유익을 주니"27절라고 기록하고 있다. 새번역성경은 "이미 하나님의 은혜로 신도가 된 사람들에게 큰 도움을 주었다"고 한다.

그렇다면 아볼로가 이미 구원받은 아가야 성도들에게 준 많은 유익은 무엇일까? 자신처럼 물세례만 알고 있는 성도들에게 성령세례에 대해 가르치고, 또 성령세례를 받도록 큰 도움을 주었을 것이다. 물세례만 아는 미완성의 사역자였던 아볼로는 성령세례를 받은 후 권능 있는 일꾼이 되었다28절.

바울은 성령세례의 중요성을 아는 지도자였다

성령론 분야의 석학으로 인정받는 로버트 멘지스Robert P. Menzies[15] 교수는 《누가복음-사도행전의 성령The Spirit in Luke-Acts》에서 성령세례는 누가가 주장했다고 한다. 누가는 바울과 달리 성령세례를 주장했다는 것이다.

만일 누가와 바울이 성령세례에 대해 서로 다른 주장을 하고 있다

15) 로버트 멘지스 교수는 스코틀랜드 애버딘대학교에서 신약학 전공으로 박사학위를 취득했다. APTS(Asia Pacific Theological Seminary) 교수를 역임했으며, 현재 미국 하나님의 성회 선교사로 중국 윈난성 쿤밍에서 사역하고 있다. 멘지스 교수는 누가의 성령론의 독특성을 주장하기 위해 편집비평 등 고등비평을 수용했다.

면, 성경의 중심 사상인 통일성을 거부하는 심각한 위험에 빠진다.

성령세례를 최초로 언급한 사람은 누구인가? 누가가 아니라 세례 요한이다. 바울 사도는 누가와 달리 성령세례를 주장하지 않았다는 멘지스 교수의 주장은 사실일까? 오히려 그 반대다.

> [행 19:1-3;6-7] 아볼로가 고린도에 있을 때에 바울이 윗지방으로 다녀 에베소에
> 와서 어떤 제자들을 만나 2 이르되 너희가 믿을 때에 성령을 받았느냐 이르되 아
> 니라 우리는 성령이 계심도 듣지 못하였노라 3 바울이 이르되 그러면 너희가 무슨
> 세례를 받았느냐 대답하되 요한의 세례니라 … 6 바울이 그들에게 안수하매 성령
> 이 그들에게 임하시므로 방언도 하고 예언도 하니 7 모두 열두 사람쯤 되니라

바울 사도가 에베소 성도들을 만났을 때 제일 먼저 묻는 말은 무엇인가? "너희가 믿을 때 성령을 받았느냐?" 흠정역에서는 "너희가 믿은 이후에 성령을 받았느냐?"고 번역했다. 이 구절이 시사하는 바는 거듭났으나 성령세례를 받지 않을 수 있다는 것과 바울 사도가 구원받은 성도에게 성령세례가 얼마나 중요한 것인가를 교훈하는 절대적인 증거다.

안수를 통해 성령세례와 성령의 은사를 함께 받은 에베소교회 성도들

바울은 에베소 성도들이 미완성의 신앙에 머물고 있음을 발견하고 성령을 받도록 안수한다. 성령세례를 받은 그들은 곧바로 방언과 예언을 한다.

로이드 존스 박사는 거듭남과 성령세례에 대해 다음과 같이 언급한다.

성도만이 성령의 세례를 받으며 성령의 인침을 받는다. … 여전히 똑같은 순서이다. 믿는 일거듭남이 먼저이다. 그러나 성령으로 세례를 받는 일은 필연적으로 동시에 일어나는 일은 아니다. 같이 일어날 수도 있고 같이 안 일어날 수도 있다.

목회자는 바울 사도처럼 거듭난 성도가 성령세례를 받았는지 반드시 확인해야 한다. 만일 성령세례를 받지 않았다면 바울 사도처럼 성령을 받도록 도와야 한다. 이 일은 목회 사역에서 아주 중요한 임무이다. 목회 사역에서 복음을 전하고, 구원의 확신을 갖게 한 후 물로 세례를 주는 것은 매우 중요한 일이다. 하지만 현대교회는 물로 세례를 주는 일에 편중되어 있다. 성령세례의 중요성을 모르기 때문이다.

예수님과 사도들이 그토록 중요하게 여겼던 성령세례를 한국교회가 그동안 간과한 것은 큰 잘못을 범한 것이다. 만일 목회자가 물세례만 주고 성령으로 세례를 받도록 돕지 않는다면 그것은 예수님의 명령을 거역하는 일이다.

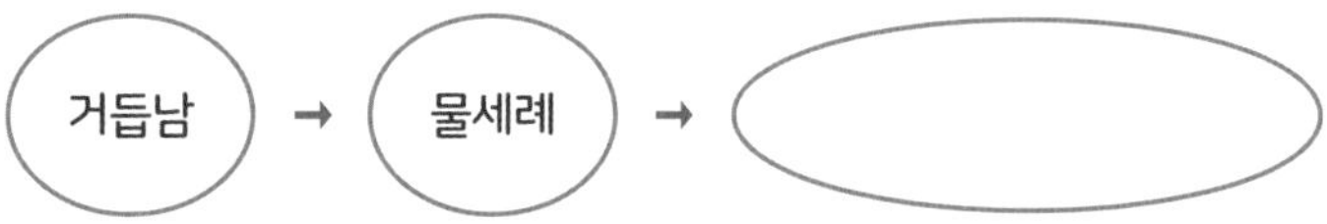

성령세례를 아직 받지 않은 다수의 현대교회 성도들

나 역시 거듭남과 물세례를 강조했던 목사다. 하지만 사도행전 1:4절의 "분부하다"(παραγγέλλω 파랑겔로)의 뜻을 깨닫고 그동안 주님의 종으로서 직무를 유기한 잘못을 발견했다. 지금은 거듭남과 물세례, 더불어 성령세례와 성령충만을 강조한다. 거듭나지 않으면 성령으로 세례를 받을 수 없고, 성령세례를 받지 않으면 성령충만을 받을 수 없고, 성령으로 충만하지 않으면 신앙과 삶의 불협화음이 계속되는 무기력한 신앙생활을 할 수밖에 없다.

다음은 《감사의 기적》에 나오는 여의도순복음교회 이영훈 목사의 간증이다. 성령세례를 받기 전과 후가 극명한 차이를 보인다.

> 나는 4대째 기독교를 믿는 집안에서 태어나 주일마다 교회에 출석하며 매일같이 가정예배를 드리며 자랐다. … 성령을 받게 되자 그저 옛날이야기로만 들리던 성경 이야기가 살아 있는 하나님의 말씀으로 다가왔다. 그리고 예수님이 내 마음속으로 걸어 들어오셨다. 그전까지 나는 예수님을 그저 머릿속으로, 지식으로만 알고 있었는데, 성령을 경험하자 예수님이 나의 마음 가운데 살아 역사하시고 나의 삶을 변화시켜 주셨다. 성령을 받기 전에는 눈물이 거의 없었는데 성령체험을 한 이후로는 예수님 생각만 하면 눈물이 났다. 또 본래 5분 이상 기도하지 못했는데, 성령을 경험하게 되자 한 시간 정도 기도하는 것은 아무것도 아닌 일이 되었다.

앤드류 워맥Andrew Wommack[16] 목사는 《새로운 당신과 성령님The New You & The Holy Spirit》에서 성령세례를 받기 전 제자들의 모습을 이렇게 기술하고 있다.

> 성령세례를 받기 전 제자들은 비겁한 겁쟁이에 지나지 않았다. 이들은 예수님과 삼 년 반 동안 동행하면서 예수님께서 행하시는 기적을 보았고 가르침도 받았으며 일상생활을 함께했지만, 연약하고 미성숙하고 육신적인 사고방식을 가졌으며 서로 자주 싸웠다. 예수님께서 잡히시던 날, 그들은 도망쳤다. 죽기까지 예수님을 떠나지 않고 따르겠다던 그들의 약속은 허공으로 사라져 버렸다.

---

16) 앤드류 워맥 목사는 40년 넘게 세계 전역을 다니며 복음의 진리를 가르치고 있다. 매일 라디오와 TV를 통해 미국을 비롯한 전 세계 수백만 명에게 복음을 전하고 있다. 카리스 성경대학(CBC)을 설립했다.

성령세례가 없으면 권능 있는 삶도 없다

성령세례를 받지 않았다고 해서 구원을 받지 못한 것은 아니다. 성령세례는 절대로 구원의 조건이 될 수 없다. 하지만 구원받은 하나님의 자녀라 할지라도 성령세례를 받지 않으면 펑크 난 자동차처럼 성도로서 권능 있는 삶을 살 수 없다. 무엇보다 무기력한 믿음과 답답한 사역에서 벗어날 수 없다.

[행 1:8] 오직 성령이 너희에게 임하시면 너희가 권능을 받고 예루살렘과 온 유대와 사마리아와 땅끝까지 이르러 내 증인이 되리라 하시니라

예수님은 언제 성령을 받고 성령으로 충만해지셨는가? 제임스 던 James D.G. Dunn[17] 교수는 《Jesus and the Spirit》에서 예수님께서 요단강에서 세례를 받으시고 물에서 올라오실 때의 성령이 비둘기같이 임한 것을 성령으로 세례를 받은 것으로 보았다. 예수님께서는 성령으로 잉태되신 분이다. 하지만 예수님께서도 요한에게 물로 세례를 받으신 후 성령으로 세례를 받으셨다.

[마 3:16] 예수께서 세례를 받으시고 곧 물에서 올라오실새 하늘이 열리고 하나님의 성령이 비둘기같이 내려 자기 위에 임하심을 보시더니

마태는 예수님 위에 성령이 비둘기같이 임한 것만 증언했지만, 누가는 예수님께서는 성령으로 세례를 받으신 후 성령의 충만함을 입었다눅 4:1 고 증언한다.

---

17) 제임스 던 교수는 세계신약학회 회장을 역임한 영국 신약학자다. 글래스고우대학교(M.A.), 케임브리지대학교(Ph.D., D.D.)에서 수학했다. 더럼대학교 교수를 역임했으며 95권의 저서를 남겼다.

[눅 4:1] 예수께서 성령의 충만함을 입어 요단강에서 돌아오사 광야에서 사십 일 동안 성령에게 이끌리시며

예수님께서는 언제부터 권능 있는 사역을 감당하셨는가? 성령이 임하기 전에는 어떤 기사와 표적도 행하지 않으셨다. 행하실 수 없었다는 것이 더 정확한 표현일 것이다.

성령으로 잉태 → 물세례 + 성령세례 + 성령충만

물세례와 성령세례, 성령충만을 거의 동시에 받으신 예수님

[눅 4:16–19] 예수께서 그 자라나신 곳 나사렛에 이르사 안식일에 늘 하시던 대로
회당에 들어가사 성경을 읽으려고 서시매 17 선지자 이사야의 글을 드리거늘 책을
펴서 이렇게 기록된 데를 찾으시니 곧 18 주의 성령이 내게 임하셨으니 이는 가난
한 자에게 복음을 전하게 하시려고 내게 기름을 부으시고 나를 보내사 포로 된 자
에게 자유를, 눈먼 자에게 다시 보게 함을 전파하며 눌린 자를 자유롭게 하고 19
주의 은혜의 해를 전파하게 하려 하심이라 하였더라

예수님께서는 성령으로 세례를 받으신 후 무엇을 선포하시는가? "주의 성령이 내게 임하셨으니"18절, 이제 성령의 권능으로 사망에 포로 된 자와 각종 질병에 눌린 자를 자유롭게 하는 "주의 은혜의 해"19절를 선포하셨다.

그렇다면 예수님께서 선포하신 '주의 은혜의 해'란 무엇인가? 희년(禧年, 영어: jubilee, 히브리어: יובל 요벨)이다.

[레 25:8–10] 너는 일곱 안식년을 계수할지니 이는 칠 년이 일곱 번인즉 안식년
일곱 번 동안 곧 사십구 년이라 9 일곱째 달 열흘날은 속죄일이니 너는 뿔나팔 소

리를 내되 전국에서 뿔나팔을 크게 불지며 [10] 너희는 오십 년째 해를 거룩하게 하여 그 땅에 있는 모든 주민을 위하여 자유를 공포하라 이 해는 너희에게 희년이니 너희는 각각 자기의 소유지로 돌아가며 각각 자기의 가족에게로 돌아갈지며

일곱 번의 안식년이 지나고 오십 년째에 시작되는 희년의 축복은 자유와 해방이다. 대제사장은 나팔을 불어 희년을 선포한다. 희년이 선포되면 종은 자유인이 되고 잃어버린 땅의 소유권도 되찾게 된다. 예수님께서는 고향 나사렛 회당에서 희년을 선포하셨다. 마귀의 종노릇 하는 우리에게 자유와 해방을 선포하신 것이다.

예수님께서는 성령으로 잉태되어 죄가 없으신 거룩하신 분이지만, 물세례와 성령세례를 받고 성령으로 충만함을 받은 후 사역에 임하셨다. 제자들도 마가 다락방에서 성령세례를 받고 성령으로 충만하여 사역에 임했다. 바울도 다메섹에서 분명하고 생생하게 예수님을 만났지만, 성령세례를 받고 성령으로 충만하여 증인의 삶을 시작했다. 사도행전의 일곱 명의 집사도 모두 성령으로 세례를 받고 성령충만한 사람들이다.

예수님의 탁월한 가르침을 받고 십자가와 부활을 여러 차례 목격한 제자들에게 성령으로 세례를 받으라고 거듭해서 분부하신 이유가 무엇인가? 나는 왜 성령으로 세례를 받아야 하는가? 성령세례가 빠진 신앙은 미완성의 신앙이다. 미완성 신앙은 성령세례와 성령충만을 통해 비로소 완성된다.

4장

수레의 두 바퀴처럼 짝을 이루는 두 세례

어린 시절 내가 살던 시골에서는 소가 끄는 달구지가 중요한 운송 수단이었다. 농사철에는 탈곡한 곡식을 실어 나르고, 장날이면 갖가지 농산물을 실어 날랐다. 이사를 오고 갈 때도 달구지로 이삿짐을 옮겼다. 학교에 갔다 오는 길에 짐이 없는 빈 수레에 얻어 타고 덜커덩거리는 시골길을 가는 기분은 그렇게 신이 날 수가 없었다.

그런데 그렇게 분주하게 움직이던 수레는 농사철이 끝나면 한쪽 바퀴가 빠진 채 길가 구석에 덩그러니 처박혀 있었다. 당시만 해도 도둑이 남의 수레를 끌고 가기 때문에 주인은 한쪽 바퀴를 빼서 따로 보관했다.

한쪽 바퀴가 빠진 수레는 달구지로 기능할 수 없다. 끌 수도 없고, 짐도 싣지 못한다. 수레의 두 바퀴는 서로 짝을 이루어야 온전히 기능할 수 있다.

물세례와 성령세례는 서로 짝을 이룬다

4복음서에서 성령세례를 언급할 때, 마치 수레의 두 바퀴처럼 항상 물세례와 함께 짝을 이룬다.

[마 3:11] 나는 너희로 회개하게 하기 위하여 물로 세례를 베풀거니와 내 뒤에 오시는 이는 나보다 능력이 많으시니 나는 그의 신을 들기도 감당하지 못하겠노라 그는 성령과 불로 너희에게 세례를 베푸실 것이요

[막 1:8] 나는 너희에게 물로 세례를 베풀었거니와 그는 너희에게 성령으로 세례를 베푸시리라

[눅 3:16] 요한이 모든 사람에게 대답하여 이르되 나는 물로 너희에게 세례를 베풀거니와 나보다 능력이 많으신 이가 오시나니 나는 그의 신발 끈을 풀기도 감당하지 못하겠노라 그는 성령과 불로 너희에게 세례를 베푸실 것이요

[요 1:26;33] 요한이 대답하되 나는 물로 세례를 베풀거니와 너희 가운데 너희가 알지 못하는 한 사람이 섰으니 … 33 나도 그를 알지 못하였으나 나를 보내어 물로 세례를 베풀라 하신 그이가 나에게 말씀하시되 성령이 내려서 누구 위에든지 머무는 것을 보거든 그가 곧 성령으로 세례를 베푸는 이인 줄 알라 하셨기에

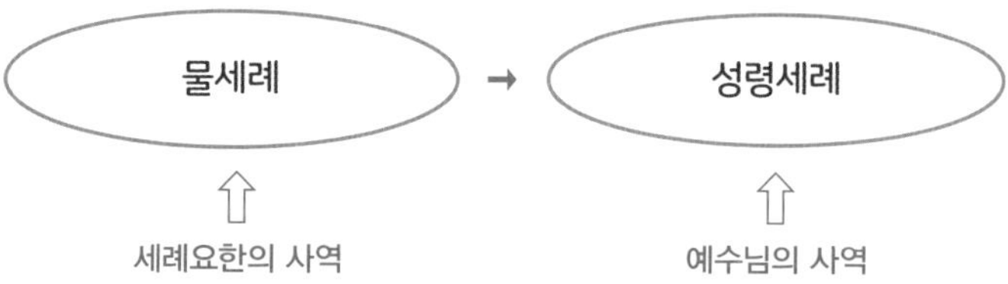

사도행전에서도 4복음서와 마찬가지로 물세례와 성령세례는 서로 짝을 이룬다.

[행 1:5] 요한은 물로 세례를 베풀었으나 너희는 몇 날이 못 되어 성령으로 세례를 받으리라 하셨느니라

[행 2:38] 베드로가 이르되 너희가 회개하여 각각 예수 그리스도의 이름으로 세례를 받고 죄 사함을 받으라 그리하면 성령의 선물을 받으리니

[행 8:16–17] 이는 아직 한 사람에게도 성령 내리신 일이 없고 오직 주 예수의 이
름으로 세례만 받을 뿐이더라 17 이에 두 사도가 그들에게 안수하매 성령을 받는
지라

[행 19:1–6] 아볼로가 고린도에 있을 때에 바울이 윗지방으로 다녀 에베소에 와서
어떤 제자들을 만나 2 이르되 너희가 믿을 때에 성령을 받았느냐 이르되 아니라
우리는 성령이 계심도 듣지 못하였노라 3 바울이 이르되 그러면 너희가 무슨 세례
를 받았느냐 대답하되 요한의 세례니라 4 바울이 이르되 요한이 회개의 세례를 베
풀며 백성에게 말하되 내 뒤에 오시는 이를 믿으라 하였으니 이는 곧 예수라 하거
늘 5 그들이 듣고 주 예수의 이름으로 세례를 받으니 6 바울이 그들에게 안수하매
성령이 그들에게 임하시므로 방언도 하고 예언도 하니

신약성경에서는 물세례를 요한의 세례, 회개의 세례, 물로 받는 세례, 세례 등으로 기록한다. 성령세례는 성령이 임하다, 성령으로 세례, 성령의 선물, 성령을 받다 등으로 표현되어 물세례와 서로 짝을 이루고 있다.

성령세례를 받기 전후의 삶은 극명한 차이가 있다

예수님의 제자들은 왜 문제 앞에서 비틀거렸을까? 제자들은 3년 반 동안 예수님과 동행하며 최고의 가르침을 받았다. 예수님을 구주로 믿고 물로 세례까지 받았다. 예수님께서 행하시는 수많은 표적과 기적의 현장에 있었다. 예수님의 이름으로 귀신을 쫓아내고 병든 자를 고치는

일도 했다. 하지만 제자들의 신앙은 마치 한쪽 바퀴가 빠진 수레처럼 온전하지 않다. 비틀거리고 자주 넘어지는 모습을 본다.

예수님께서는 제자들과 함께한 마지막 만찬에서 대속의 죽음에 대해 말씀하셨다. 하지만 성만찬 후 제자들의 모습은 어떤가? 누가 크냐고 서로 다투는 한심한 모습을 보게 된다. 그것도 주님 앞에서 말이다.

[눅 22:24] 또 그들 사이에 그중 누가 크냐 하는 다툼이 난지라

예수님께서 잡히시던 날 밤 제자들의 모습은 또 어떤가? 죽기까지 예수님을 절대로 배신하지 않겠다고 맹세한 베드로도 불과 몇 시간 만에 세 번이나 모른다고 부인하고 저주까지 했다. 제자들의 맹세와 결심은 한순간에 무너져버렸다.

[막 14:27-31] 예수께서 제자들에게 이르시되 너희가 다 나를 버리리라 이는 기
록된바 내가 목자를 치리니 양들이 흩어지리라 하였음이니라 28 그러나 내가 살아
난 후에 너희보다 먼저 갈릴리로 가리라 29 베드로가 여짜오되 다 버릴지라도 나
는 그리하지 않겠나이다 30 예수께서 이르시되 내가 진실로 네게 이르노니 오늘
이 밤 닭이 두 번 울기 전에 네가 세 번 나를 부인하리라 31 베드로가 힘있게 말하
되 내가 주와 함께 죽을지언정 주를 부인하지 않겠나이다 하고 모든 제자도 이와
같이 말하니라

[막 14:50; 66-72] 제자들이 다 예수를 버리고 도망하니라 … 66 베드로는 아랫뜰
에 있더니 대제사장의 여종 하나가 와서 67 베드로가 불 쬐고 있는 것을 보고 주목
하여 이르되 너도 나사렛 예수와 함께 있었도다 하거늘 68 베드로가 부인하여 이
르되 나는 네가 말하는 것이 무엇인지 알지도 못하고 깨닫지도 못하겠노라 하며
앞뜰로 나갈새 69 여종이 그를 보고 곁에 서 있는 자들에게 다시 이르되 이 사람은
그 도당이라 하되 70 또 부인하더라 조금 후에 곁에 서 있는 사람들이 다시 베드로

에게 말하되 너도 갈릴리 사람이니 참으로 그 도당이니라 [71] 그러나 베드로가 저
주하며 맹세하되 나는 너희가 말하는 이 사람을 알지 못하노라 하니 [72] 닭이 곧 두
번째 울더라 이에 베드로가 예수께서 자기에게 하신 말씀 곧 닭이 두 번 울기 전
에 네가 세 번 나를 부인하리라 하심이 기억되어 그 일을 생각하고 울었더라

성령세례를 받기 전 제자들의 모습은 어떤가? 결심한 대로 살고 싶었지만 그럴만한 힘이 없었다. 그렇다면 부활하신 예수님을 만난 제자들의 모습은 어떤가? 제자들은 부활하신 예수님을 여러 차례 만나는 감동과 은혜를 누렸다. 하지만 여전히 비틀거리는 모습을 보게 된다요 21:1-4. 한쪽 바퀴가 빠진 수레처럼 제자들의 신앙은 아직 완성되지 않았다.

감리교 창시자요 위대한 부흥사였던 존 웨슬리John Wesley는 성령세례를 받기 전까지 평범한 사역자에 불과했다. 그는 믿음의 가정에서 성장한 아주 경건한 사람이었다. 존 웨슬리는 동생인 찰스 웨슬리와 함께 식민지 주민과 인디언에게 복음을 전하기 위해 미국을 향했다. 그들은 2년 동안 조지아에서 사역했으나 열매가 없었다. 크게 실망하여 영국으로 돌아오고 있었다. 그런데 그들이 탄 배는 강력한 폭풍을 만나 언제 뒤집힐지 모를 위험에 빠졌다. 웨슬리 형제는 죽음의 공포에 떨고 있었다. 하지만 함께 타고 있던 모라비안Moravian 교도들은 전혀 두려워하지 않았다. 오히려 담대했다.

"저 모라비안들은 죽음 앞에서 어떻게 두려움 없이 담대할 수 있을까? 왜 우리는 담대하지 못하고 두려워할까?"

나중에야 존 웨슬리는 그 이유를 발견했다. 그들은 성령세례를 받고 성령으로 충만한 사람들이었다.

성령세례는 권능의 날개를 달아 준다

1739년 1월 1일 이후 종이배처럼 흔들리는 존 웨슬리의 신앙은 확고해졌다. 성령세례를 받은 것이다. 설교에는 놀라운 권능이 나타나기 시작했다. 수만 명이 몰려와 존 웨슬리의 설교를 들었다. 그가 복음을 전한 곳마다 수많은 사람이 회심하고, 심지어 술집과 극장이 문을 닫았다.

다음은 《능력으로 역사하는 메시지The Message that Works》의 저자 티엘 오스본T.L Osborn[18] 목사의 간증이다.

> 아내와 나는 젊은 선교사로 1945년 인도에 갔다. 우리는 복음을 듣지 못한 사람들에게 그리스도의 축복을 나누고 싶었다. 그러나 우리는 고대 동양의 종교를 믿는 인도인들에게 기독교의 복음을 확신시키기가 어려웠다. 그래서 채 1년도 못 되어 미국으로 돌아가면서 우리는 매우 낙심했고 패배감을 가졌다. … 우리 부부는 아직 성령의 권능에 대한 진리를 발견하지 못하고 있었다.

인도 선교에서 실패하고 돌아온 티엘 오스본 목사는 성령세례를 받고 세계선교에 재헌신했다. 1949년부터 60년 동안 90여 개 나라에서 기적과 표적을 통하여 수백만 명에게 복음을 전했다.

성령세례를 받기 이전의 존 웨슬리와 티엘 오스본의 모습은 어떤가? 성령세례를 받기 이전의 예수님 제자들의 모습과 전혀 다르지 않다. 마치 한쪽 바퀴가 빠진 수레와 같았다.

---

18) 티엘 오스본 목사는 복음 전도자, 특히 기적의 치유 사역자로 알려진 영적 거장이다. 20여 권의 저서가 있으며 《믿음으로 질병을 치유하라Healing the Sick》는 살아 있는 고전으로 현재까지 백만 부 이상 판매된 베스트셀러이다.

프레드릭 프라이스Frederick K.C Price[19] 박사는 《The Holy Spirit, The Missing Ingredient》에서 "하나님의 간절한 소원은 그분의 자녀인 우리가 성령세례를 받고 권능으로 승리를 누리는 것이다. 하지만 마귀는 우리가 성령세례에 대한 진리를 모르고 어둠 가운데 머물러 소경처럼 살기 소망한다"고 했다.

오성종 박사는 《성령과 신자의 삶》에서 제자들은 예수님의 부활을 목격했으나 온전히 변화되지 않았다고 말한다.

> 많은 이들은 제자들이 담대한 순교적 신앙으로 변화될 수 있었던 것은 예수님의 부활을 보았기 때문이라고 말하기를 좋아한다. 그러나 실제 예수님께서 부활하셨을 때 그들의 믿음은 어떠했는가? 주님이 무덤에서 부활하신 것을 보고 드디어 제자들이 변화되었는가? 여전히 의심하고 두려워하는마 28:17;눅 24:38 제자들의 모습을 보라.

제자들은 부활하신 예수님을 만난 후에도 자신의 사명이 무엇인지 모르고 방황하는 사춘기 소년과 같았다.

> [요 21:2-3] 시몬 베드로와 디두모라 하는 도마와 갈릴리 가나 사람 나다나엘과 세베대의 아들들과 또 다른 제자 둘이 함께 있더니 3 시몬 베드로가 나는 물고기 잡으러 가노라 하니 그들이 우리도 함께 가겠다 하고 나가서 배에 올랐으나 그 날 밤에 아무것도 잡지 못하였더니

---

19) 프레드릭 프라이스 박사는 미국 LA 크렌샤 크리스천 센터 담임목사로 사역했다. 300여 명에 불과한 성도들이 성령세례를 받고 방언을 한 후에는 표적과 기적이 나타나 1만 6천 명으로 성장했다. 유치원, 초등학교와 중고등학교, 대학교까지 설립해 교육에 힘을 쏟았을 뿐만 아니라 TV와 라디오를 통해 세계 각국에 복음을 전했다.

언제 제자들은 사명을 발견하는가? 오순절 날 성령세례를 받고 성령 충만함을 입은 후 비로소 사명을 깨닫고 제자다운 모습으로 바뀌었다.

> [행 4:1-13;17-21] 사도들이 백성에게 말할 때에 제사장들과 성전 맡은 자와 사
> 두개인들이 이르러 2 예수 안에 죽은 자의 부활이 있다고 백성을 가르치고 전함을
> 싫어하여 3 그들(베드로와 요한)을 잡으매 날이 이미 저물었으므로 이튿날까지 가두
> 었으나 4 말씀을 들은 사람 중에 믿는 자가 많으니 남자의 수가 약 오천이나 되었
> 더라 5 이튿날 관리들과 장로들과 서기관들이 예루살렘에 모였는데 6 대제사장 안
> 나스와 가야바와 요한과 알렉산더와 및 대제사장의 문중이 다 참여하여 7 사도들
> 을 가운데 세우고 묻되 너희가 무슨 권세와 누구의 이름으로 이 일을 행하였느냐
> 8 이에 베드로가 성령이 충만하여 이르되 백성의 관리들과 장로들아 9 만일 병자
> 에게 행한 착한 일에 대하여 이 사람이 어떻게 구원을 받았느냐고 오늘 우리에게
> 질문한다면 10 너희와 모든 이스라엘 백성들은 알라 너희가 십자가에 못 박고 하
> 나님이 죽은 자 가운데서 살리신 나사렛 예수 그리스도의 이름으로 이 사람이 건
> 강하게 되어 너희 앞에 섰느니라 11 이 예수는 너희 건축자들의 버린 돌로서 집 모
> 퉁이의 머릿돌이 되었느니라 12 다른 이로써는 구원을 받을 수 없나니 천하 사람
> 중에 구원을 받을 만한 다른 이름을 우리에게 주신 일이 없음이라 하였더라 13 그
> 들이 베드로와 요한이 담대하게 말함을 보고 그들을 본래 학문 없는 범인으로 알
> 았다가 이상히 여기며 또 전에 예수와 함께 있던 줄도 알고 … 17 이것이 민간에
> 더 퍼지지 못하게 그들을 위협하여 이후에는 이 이름으로 아무에게도 말하지 말
> 게 하자 하고 18 그들(베드로와 요한)을 불러 경고하여 도무지 예수의 이름으로 말하
> 지도 말고 가르치지도 말라 하니 19 베드로와 요한이 대답하여 이르되 하나님 앞
> 에서 너희의 말을 듣는 것이 하나님의 말씀을 듣는 것보다 옳은가 판단하라 20 우
> 리는 보고 들은 것을 말하지 아니할 수 없다 하니 21 관리들이 백성들 때문에 그들
> 을 어떻게 처벌할지 방법을 찾지 못하고 다시 위협하여 놓아주었으니 이는 모든
> 사람이 그 된 일을 보고 하나님께 영광을 돌림이라

성령세례를 받고 성령으로 충만한 제자들의 모습은 이전과 극명한 차이를 보인다. 과거의 모습이 겁쟁이였다면, 성령세례를 받은 후 성령

으로 충만한 모습은 담대한 용사와 같다. 철부지 소년 같았던 제자들은 증인의 사명을 위해 목숨까지 포기하는 사도로 바뀌었다.

예수님을 구주로 영접하고 물로 세례를 받아 예수님과 한 몸으로 연합하는 것은 일생일대의 놀라운 사건이다. 하지만 물세례를 받고 성령세례를 받지 않았다면 그것은 한쪽 바퀴가 빠진 수레와 같다. 물세례와 성령세례는 수레의 두 바퀴처럼 서로 짝을 이루어야 한다.

5장

하나님의 종합 선물 세트

명품 가구를 제작하는 장인에게 절친한 친구가 있었다. 그는 자신의 솜씨를 발휘하여 최상품의 탁자를 만들어 친구에게 선물하고 싶었다. 나무를 자르고, 대패질을 하고, 구멍을 파고 땀을 흘리며 밤낮으로 일했다. 공을 들여 탁자를 제작한 후 사포로 문질러 곱게 광을 내고 칠을 했다. 마지막 손질을 끝내고 부드러운 천으로 포장했다.

다음 날 그는 정성을 들여 만든 탁자를 가지고 친구를 방문했다. 최고급 탁자를 선물로 받은 친구는 매우 좋아했다. 그리고는 지갑에서 수표 몇 장을 꺼냈다.

"정말 수고했네. 탁자값은 여기 있네."

친구를 위해서 준비한 선물에 값을 치르다니…. 얼마나 모욕적인 행동인가? 선물은 값없이 받아야 한다. 단 한 푼이라도 값을 지불한다면, 그것은 더 이상 선물이 아니다.

값없이 주시는 하나님의 선물

성령세례는 하나님께서 그분의 자녀에게 값없이 주시는 선물이다. 선물은 억지를 써서 받는 것이 아니다. 대가를 지불하고 받는 것도 아니다. 우리가 무엇을 열심히 해서 성령을 받는다면 상품賞品은 될지 몰라도 선물은 아니다. 성령세례는 남보다 뛰어나서 주시는 상품이 아니라 선물이다.

[행 2:36-38] 그런즉 이스라엘 온 집은 확실히 알지니 너희가 십자가에 못 박은 이 예수를 하나님이 주와 그리스도가 되게 하셨느니라 하니라 37 그들이 이 말을 듣고 마음에 찔려 베드로와 다른 사도들에게 물어 이르되 형제들아 우리가 어찌 할꼬 하거늘 38 베드로가 이르되 너희가 회개하여 각각 예수 그리스도의 이름으로 세례를 받고 죄 사함을 받으라 그리하면 성령의 선물을 받으리니

[행 8:20] 베드로가 이르되 네가 하나님의 선물을 돈 주고 살 줄로 생각하였으니 네 은과 네가 함께 망할지어다

[행 11:17] 그런즉 하나님이 우리가 주 예수 그리스도를 믿을 때에 주신 것과 같은 선물을 그들에게도 주셨으니 내가 누구이기에 하나님을 능히 막겠느냐 하더라

합동신학대학원 조병수 교수는 성령세례가 하나님의 선물임을 다음과 같이 밝히고 있다.

성령세례의 근원은 성부 하나님이시며, 수여자는 성자 예수 그리스도이시다. 그러면 성령 하나님께서는 성령세례에서 어떤 역할을 하시는가? 성령 자신은 재료가 되신다. 성령께서는 자신을 선물로 주신다행 2:38;8:20;11:17. 성령세례가 놀라운 의미를 갖는 것은 하나님 자신이 선물이 되신다는 점에 있다.

성령세례를 받으려면 어떻게 해야 하는가? 어떤 사람들은 성령세례

를 받으려면 자기 죄를 철저히 회개하여야 한다고 말한다. 그래서 성령을 받기 위해 기간을 작정하여 철야기도나 새벽기도를 하며 자기 죄를 회개하는 사람들도 있다. 하지만 그 반대다. 성령이 임하면 성령님께서 죄악과 허물을 기억나게 하여 눈물과 콧물을 흘리며 기도로 토설吐說하게 할 뿐만 아니라 뿌리 깊은 죄악에서 돌이키게 하신다.

어떤 사람들은 금식하며 혹은 오랫동안 기도해야 한다고 한다. 큰 소리로 미친 듯이 부르짖으며 떼를 써야 한다고도 한다. 하지만 대부분 실패하는 것을 본다. 결국은 성령세례를 받지 못하고 실망하고 낙심하게 된다.

무엇이 잘못된 것인가? 하나님의 선물을 받기 위해서 대가를 지불하려고 한 것이다. 선물은 감사함으로 받는 것이다. 영생이 하나님께서 값없이 주시는 선물이듯 성령세례도 구원받은 자녀에게 값없이 주시는 선물이다.

> [갈 3:2-3;5] 내가 너희에게서 다만 이것을 알려 하노니 너희가 성령을 받은 것이 율법의 행위로냐 혹은 듣고 믿음으로냐 3 너희가 이같이 어리석으냐 성령으로 시작하였다가 이제는 육체로 마치겠느냐 … 5 너희에게 성령을 주시고 너희 가운데서 능력(권능)을 행하시는 이의 일이 율법의 행위에서냐 혹은 듣고 믿음에서냐

위의 구절은 무엇을 말씀하고 있는가? "너희가 성령을 행위로 받았느냐 아니면 믿음으로 받았느냐? 그런데 왜 너희의 노력을 의지하느냐? 정말 어리석구나!" 성령세례는 회개하고 기도를 많이 해야 받을 수 있는 것이 아니다. 예수님을 구주로 영접한 성도라면 누구나 믿음으로 받을 수 있다. 설령 성도로서 온전한 삶을 살지 못하더라도 하나님의 자녀라면 누구든지 믿음으로 성령세례를 받을 수 있다. 성령세례는 값없이 주시는 하나님의 선물로 믿음으로 받는다.

제자들은 성령세례를 받기 위해 기다려야 했다

[행 1:4-5] 사도와 함께 모이사 그들에게 분부하여 이르시되 예루살렘을 떠나지 말고 내게서 들은바 아버지께서 약속하신 것을 기다리라 5 요한은 물로 세례를 베풀었으나 너희는 몇 날이 못 되어 성령으로 세례를 받으리라 하셨느니라

예수님께서 왜 제자들에게 "아버지께서 약속하신 성령"을 기다리라고 하셨을까? 하나님께서는 "만민에게" 성령을 부어주실 것을 약속하셨지만, 약속하신 성령은 아직 오시지 않았기 때문이다.

[욜 2:28-29] 그 후에 내가 내 영을 만민에게 부어 주리니 너희 자녀들이 장래 일을 말할 것이며 너희 늙은이는 꿈을 꾸며 너희 젊은이는 이상을 볼 것이며 29 그때에 내가 또 내 영을 남종과 여종에게 부어 줄 것이며

[요 7:37-39] 명절 끝날 곧 큰 날에 예수께서 서서 외쳐 이르시되 누구든지 목마르거든 내게로 와서 마시라 38 나를 믿는 자는 성경에 이름과 같이 그 배에서 생수의 강이 흘러나오리라 하시니 39 이는 그를 믿는 자들이 받을 성령을 가리켜 말씀하신 것이라(예수께서 아직 영광을 받지 않으셨으므로 성령이 아직 그들에게 계시지 아니하시더라)

제자들은 예수님과 함께했지만, 성령세례는 아직 받지 않았다. 그러므로 제자들은 약속하신 성령을 선물로 주실 때까지 기다려야 했다.

[행 2:33] 하나님이 오른손으로 예수를 높이시매 그가 약속하신 성령을 아버지께 받아서 너희가 보고 듣는 이것을 부어 주셨느니라

[행 2:33 메시지성경] 그 후에 예수께서 하나님 오른편 높은 곳에 올려져 아버지께서 약속하신 성령을 받으시고, 그 받으신 성령을 우리에게 부어 주셨습니다

예수님의 명령을 따라 성령세례를 받기 위해 기다리고 있던 제자들

은 비로소 성령을 선물로 받았다. 베드로는 하나님께서 약속하신 성령 욜 2:28-29을 예수님께서 받아서 오순절 날에 자신들에게 부어주셨다고 증언한다.

우리는 성령세례를 받기 위해 기다릴 필요가 없다

성령세례를 받기 위해 우리도 사도들처럼 기도하며 기다려야 할까? 어떤 이는 성령세례를 받기 위해서는 오랫동안 기도하며 기다려야 한다고 주장한다. 이렇게 주장하는 이유는 예수님께서 기다리라고 했고, 제자들도 기다렸기 때문이라고 한다.

하지만 그때는 하나님께서 약속하신 성령을 부어 주시기 전이다. 지금은 하나님의 약속이 이미 실현되었다. 오순절 날에 성령을 보내 주셨다. 그러므로 우리는 성령을 받기 위해 기다릴 필요가 없다.

> [행 8:15-16] 그들이 내려가서 그들을 위하여 성령 받기를 기도하니 16 이는 아직 한 사람에게도 성령 내리신 일이 없고 오직 주 예수의 이름으로 세례만 받을 뿐이더라 17 이에 두 사도가 그들에게 안수하매 성령을 받는지라

베드로와 요한은 사마리아 사람들에게 성령을 받으려면, 성령이 임할 때까지 기다리라고 하지 않았다. 사도들이 성령 받기를 안수하고 기도할 때 그들은 성령을 받았다.

> [행 19:4-7] 바울이 이르되 요한이 회개의 세례를 베풀며 백성에게 말하되 내 뒤에 오시는 이를 믿으라 하였으니 이는 곧 예수라 하거늘 5 그들이 듣고 주 예수의 이름으로 세례를 받으니 6 바울이 그들에게 안수하매 성령이 그들에게 임하시므로 방언도 하고 예언도 하니 7 모두 열두 사람쯤 되니라

바울 사도 역시 에베소 사람들에게 물로 세례를 베풀고 난 후 곧바로 안수하여 성령을 받도록 했다. 그러므로 우리는 성령세례를 받기 위해 기다릴 필요가 없다. 성령세례를 인정하고 갈망하는 하나님의 자녀라면 누구나 언제든지 성령세례를 받을 수 있다.

그렇다면 오순절 이전 성령의 은혜와 오순절 이후 성령의 은혜는 어떤 차이가 있는가?

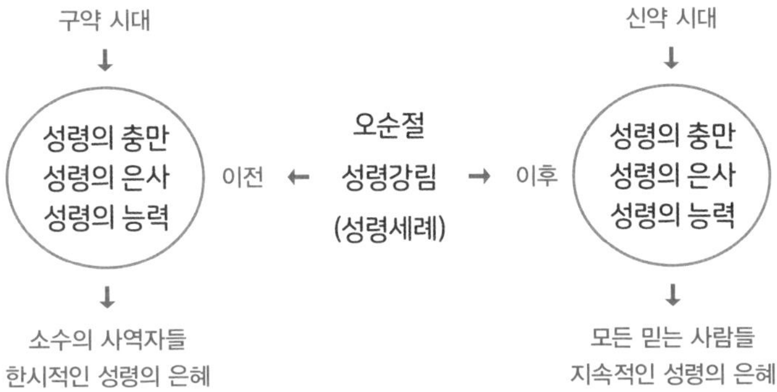

구약시대 성령의 은혜는 한시적이고 제한적이었다. 하나님께서 특정한 소수의 사람에게 특별한 사역을 맡기실 때 성령으로 충만하게 하셨다. 아론의 제사장 예복을 짓는 사람들이 지혜로운 영으로 채워졌으며 출 28:3, 성막과 성막의 기구를 만드는 브사렐 역시 하나님의 신으로 충만했다출 31:3;35:31. 오순절 이전에는 하나님께서 성령을 직접 부어 주셨다. 그들에게 임한 성령은 떠나기도 하고, 받은 성령의 권능을 상실하기도 했다.

하지만 오순절 이후 성령의 은혜는 지속적이고 제한이 없는 보편적인 은혜이다. 하나님께서 요엘서 2장에서 "만민에게" 성령을 부어 주시겠다고 약속하셨다.

[행 2:16-18] 이는 곧 선지자 요엘을 통하여 말씀하신 것이니 일렀으되 [17] 하나님이 말씀하시기를 말세에 내가 내 영을 모든 육체에 부어 주리니 너희의 자녀들은 예언할 것이요 너희의 젊은이들은 환상을 보고 너희의 늙은이들은 꿈을 꾸리라 [18] 그때에 내가 내 영을 내 남종과 여종들에게 부어 주리니 그들이 예언할 것이요

[행 2:38-39] 베드로가 이르되 너희가 회개하여 각각 예수 그리스도의 이름으로 세례를 받고 죄 사함을 받으라 그리하면 성령의 선물을 받으리니 [39] 이 약속은 너희와 너희 자녀와 모든 먼 데 사람 곧 주 우리 하나님이 얼마든지 부르시는 자들에게 하신 것이라

다시 말해서 오순절 이후, 새 언약 시대에는 인종이나 성별, 지위와 상관없이 하나님의 자녀라면 누구든지 성령세례와 은혜를 선물로 받아 누릴 수 있다. 그뿐만 아니라 성령님은 우리와 영원토록 함께 하신다요 14:16;고전 3:16. 성령세례를 통하여 받은 권능도 잃어버리지 않는다. 다만 성령충만은 소멸될 수 있다살전 5:19.

하나님의 선물을 받을 것인가 거부할 것인가

한국 선교를 위하여 일했던 미국 장로교 소속의 브루스 헌트Bruce Hunt[20] 선교사의 이야기다. 그는 신사참배 반대로 1941년 10월 일본 경찰에 연행되어 감옥에 갇혀있었다.

20) 브루스 헌트 선교사는 1903년 평양에서 태어났고 한국 이름은 한부선이다. 한국 선교사 2세로 자신을 진정한 한국인이라고 했으며 신사참배 회개운동과 교회 순결운동에 동참했다. 아버지 윌리엄 헌트(William B. Hunt) 선교사는 미국 북장로교 출신으로 언더우드, 앨런과 함께 사역한 1세대 한국 선교사이며 '재령 선교의 아버지'로 불렀다.

겨울이 되면서 날씨가 몹시 추워져 감옥에서 생활하기가 곤란했다. 나는 담요를 넣어 달라고 요청했으나 거절당했다. 외투 한 벌로 딱딱하고 찬 감방에서 지내야 했다. 어느 날 소장실에 불려갔다. 몸집이 큰 일본인 소장이 거드름을 피우며 나에게 물었다.

"당신은 만약 미국으로 돌아갈 수 있다면 가겠습니까? 아니면 계속해서 이 감방에서 지내겠습니까? 지금 선택하시오."

"나 자신의 안전만 생각한다면 미국으로 돌아가고 싶습니다. 그러나 나는 선교사로서 내가 있어야 할 곳을 선택하겠습니다. 미국으로 돌아가기를 원치 않습니다."

소장은 진노의 눈빛으로 감옥에 머물기를 선택한 나를 노려보았다.

구원은 개인의 선택에 달려있다. 하나님께서 이미 다 이루어 놓으신 십자가의 은혜와 사랑을 받을 것인지 거부할 것인지 선택해야 한다. 성령세례도 각 사람의 선택에 달려있다. 하나님께서 거듭난 자녀를 위해 이미 마련해 놓으신 선물을 받을 것인지 거부할 것인지 선택해야 한다.

하나님께서는 이 선물을 억지로 받도록 강압하지 않으신다. 마귀와 악한 영들은 유혹하고, 조종하고, 억압하지만, 하나님께서는 억압하지 않고 선택하도록 하신다.

[엡 2:8] 너희는 그 은혜에 의하여 믿음으로 말미암아 구원을 받았으니 이것은 너희에게서 난 것이 아니요 하나님의 선물이라

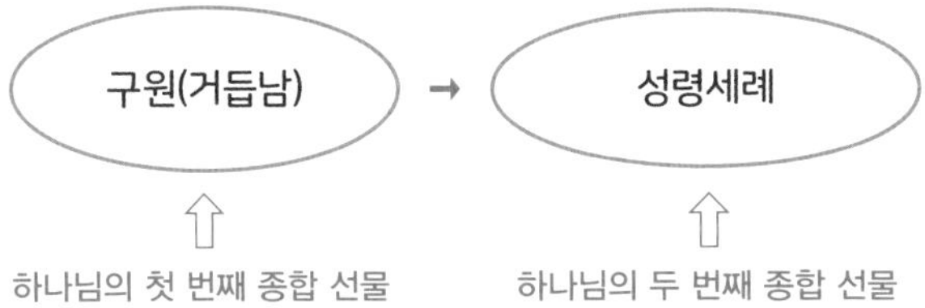

구원은 하나님께서 은혜로 주시는 첫 번째 종합 선물 세트다. 구원은 죄 용서와 영원한 생명, 하나님 자녀의 신분과 권세, 하나님의 의, 천국, 치유와 부요 등이 들어있는 선물 꾸러미다. 이 선물은 세상 모든 사람을 위해 마련해 놓으셨지만, 오직 예수님을 믿기로 선택한 사람만 받는다. 그렇다면 성령세례는 누구를 위한 선물인가?

> [행 2:38] 베드로가 이르되 너희가 회개하여 각각 예수 그리스도의 이름으로 세례를 받고 죄 사함을 받으라 그리하면 성령의 선물을 받으리니

성령세례는 구원받은 하나님의 자녀를 위해 마련해 놓으신 선물이다. 베드로가 언급한 성령의 선물, 곧 성령의 세례를 받기 위한 조건은 무엇인가? "너희가 회개하여 각각 예수 그리스도의 이름으로 세례를 받고 죄 사함을 받으라." 구원, 곧 거듭남이 성령의 선물을 받을 수 있는 조건이요 자격이다. 그러므로 거듭난 하나님의 자녀라면 이제 성령세례를 거부할 것인지 아니면 감사함으로 받을 것인지 선택해야 한다.

하나님께서는 거듭난 자녀를 위해 특별한 선물을 준비해 놓으셨다. 성령세례는 거듭난 하나님의 자녀를 위한 종합 선물 세트다.

6장

하나님께서 약속하신 오순절 성령

도산 안창호 선생께서 중국 상해에 있을 때의 일이다. 도산은 부모가 독립운동을 돕다가 투옥된 한 아이를 만났다. 소년을 측은히 여긴 도산은 그 아이와 약속했다.

"내가 너의 생일에 선물을 가지고 와서 축하해 주마."

1932년 4월 29일, 윤봉길 의사가 상해 홍커우공원에서 폭탄을 투척했다. 7명의 일본군과 정부 수뇌들이 쓰러졌다. 일제는 상해 전역에 계엄을 선포하고 애국지사 검거령을 내렸다. 문밖출입이 어렵게 되자 애국지사들은 급히 상해를 떠나 몸을 숨겼다.

하지만 안창호 선생은 소년과 약속을 지키기 위해 상해를 떠날 수 없었다. 도산은 아이의 생일 선물을 챙겼다.

"선생님, 위험합니다. 가시면 안 됩니다."

"그래도 가야 하네."

"어린아이와의 약속을 뭘 그리 중요하게 생각하십니까?"

"어린아이와의 약속이라도 약속은 꼭 지켜야 하네."

도산은 생일 선물을 챙겨 소년을 만나려고 가다 왜경에게 잡히고 말았다. 1932년 4월 29일은 도산 안창호 선생께서 상해에서 체포된 날이다. 도산은 약속을 지키려 했지만, 2년 6개월 동안 옥고를 치르는 바람에 소년과 한 약속을 지키지 못했다.

사람은 누구도 온전하지 않다. 그래서 사람의 약속은 공약空約으로 끝나는 경우가 많다. 하지만 하나님의 약속은 공약이 없다.

[삼상 15:29] 이스라엘의 지존자는 거짓이나 변개함이 없으시니 그는 사람이 아니시므로 결코 변개하지 않으심이니이다

[시 89:34] 내 언약을 깨뜨리지 아니하고 내 입술에서 낸 것은 변하지 아니하리로다

[딤후 2:13] 우리는 미쁨이 없을지라도 주는 항상 미쁘시니 자기를 부인하실 수 없으시리라

하나님의 약속이 실현된 오순절 성령강림

하나님께서는 여러 선지자를 통해 성령을 부어주실 것을 약속하셨다.

[사 32:15] 마침내 위에서부터 영을 우리에게 부어 주시리니 광야가 아름다운 밭이 되며 아름다운 밭을 숲으로 여기게 되리라

[사 44:3-4] 나는 목마른 자에게 물을 주며 마른 땅에 시내가 흐르게 하며 나의 영을 네 자손에게, 나의 복을 네 후손에게 부어 주리니 4 그들이 풀 가운데에서 솟아나기를 시냇가의 버들같이 할 것이라

[겔 39:29] 내가 다시는 내 얼굴을 그들에게 가리지 아니하리니 이는 내가 내 영을 이스라엘 족속에게 쏟았음이라 주 여호와의 말씀이니라

[욜 2:28-29] 그 후에 내가 내 영을 만민에게 부어 주리니 너희 자녀들이 장래 일을 말할 것이며 너희 늙은이는 꿈을 꾸며 너희 젊은이는 이상을 볼 것이며 29 그때에 내가 또 내 영을 남종과 여종에게 부어 줄 것이며

신약성경에서 성령세례를 "아버지께서 약속하신 것", "그가 약속하신 성령"으로 3회 언급한다.

[눅 24:49] 볼지어다 내가 내 아버지께서 약속하신 것을 너희에게 보내리니 너희는 위로부터 능력(권능)으로 입혀질 때까지 이 성에 머물라 하시니라

[행 1:4, 8] 사도와 함께 모이사 그들에게 분부하여 이르시되 예루살렘을 떠나지 말고 내게서 들은바 아버지께서 약속하신 것을 기다리라 … 8 오직 성령이 너희에게 임하시면 너희가 권능을 받고 예루살렘과 온 유대와 사마리아와 땅끝까지 이르러 내 증인이 되리라 하시니라

[행 2:33] 하나님이 오른손으로 예수를 높이시매 그가 약속하신 성령을 아버지께 받아서 너희가 보고 듣는 이것을 부어 주셨느니라

성령세례
↗ 하나님의 약속(욜 2:28-32)
↘ 하나님의 실행(행 2:1-4; 16-21)

하나님께서는 약속은 비로소 오순절 성령강림을 통해 실현되었다. 왜 예수님께서 하나님께서 약속하신 성령세례를 받으라고 거듭해서 분부하셨을까? 거듭난 하나님의 자녀에게 성령세례가 절대적으로 필요하기 때문이다.

성령세례는 영향력 있는 삶을 살게 한다

존 비비어John Bevere[21] 목사가 아들 애디슨 비비어Addison Bevere와 공저한 《존 비비어의 성령님The Holy Spirit》에서 오늘날 교회를 다음과 같이 지적한다.

> 불행히도 교회는 성령의 많은 것들에 대해 무지하다. 이것은 비참한 일이다. 성령님께서 보내심을 받은 목적이 교회에 능력을 주시기 위함이기 때문이다. 하나님께서는 그분의 나라를 진척시킬 도구로 교회를 택하셨다. 그리스도 안에서 얻은 우리의 신분에는 능력이 따라온다. 그 능력을 깨닫고 사용하지 않는다면 우리는 왕권을 행사하지 않는 왕과 다를 바 없다.

다음은 치유 사역자로 널리 알려진 찰스와 프랜시스 헌터Charles & Frances Hunter 부부가 공저한 《치유의 방법How to Heal the Sick》에서 밝힌 내용이다.

> 우리 부부는 성령세례를 받을 때까지 오순절 계통 교회를 다닌 적이 없었다. 때문에 성령세례에 대해 알지 못했다. 성령세례를 받기 전에 우리가 손을 얹고 기도한 사람은 줄잡아 족히 1만 명이 넘는다. 그중에 치유를 받은 사람은 많아야 10명이다. 하지만 우리가 성령세례를 받은 직후 더 많은 치유가 나타났다. 남편 찰스와 내가 손을 얹고 기도하자 암 환자가 치유되었다. 태어나서 목발과 지지대 없이는 한 번도 걸어 본 적이 없는 뇌성마비 환자도 치유되었다. 우리는 성령세례를 받은 이후에 나타난 놀라운 기적에 흥분했다.

---

21) 존 비비어 목사는 전 세계 독자에게 사랑받는 베스트셀러 작가이다. 우리나라 크리스천들이 가장 만나고 싶어 하는 외국인 작가로 선정되기도 했다. 그의 저서 《순종》, 《구원》, 《존중》, 《은혜》등의 책은 60여 개 언어로 번역되었다. TV 프로그램 〈메신저〉는 216개 국가에서 방영되고 있다.

존 오스틴John Osteen[22] 목사의 저서 《초자연적인 흐름을 따르는 법How to Flow in the Super Supernatural》에 나오는 간증이다.

성령세례를 받지 않았을 때 내 모습이 기억이 난다. 나는 침례교회 담임목사로 할 수 있는 한 최선을 다해 섬겼다. 하지만 내가 성령의 권능을 갖추고 있지 않다는 것을 알고 있었다. 대학과 신학대학원에서 이런 모든 것들은 사도의 죽음으로 다 끝났다고 배웠다. 하지만 하나님께서는 내 심령 속에 그분을 더 많이 구하는 굶주림과 목마름을 주셨다. 성령세례를 추구하게 된 것이다.

나의 딸 리사는 태어날 때 뇌 손상을 입어 뇌성마비 상태였다. 몸에 정상적인 근육이 없었다. 젖을 빨지도 못했다. 생후 5개월이 지나도록 머리를 조금도 들어 올리지 못했다. 기적이 필요했다. 19년 동안 남침례교회에 속한 목사였지만 병 고침이나 기적으로 역사하는 성령의 권능에 관해서는 아무것도 알지 못했다. 우리 부부는 딸을 고치려고 하나님의 약속 위에 굳게 서서 며칠을 보냈다. 그 며칠이 몇 주가 되고, 몇 주가 몇 달이 되었다.

그러던 어느 하루 영광스러운 그날, 예수님께서 내 딸을 만지셨다. 내 딸 리사는 뇌성마비에서 완전히 고침을 받았다. 딸 리사가 병 고침을 받은 일은 내가 성령세례의 진리에 관해서 깨닫도록 해 준 또 하나의 계기가 되었다.

얼마 후 나는 성령세례를 받고 방언을 하게 되었다. 그때부터 날마다 방언으로 기도하며 하나님을 경배하는 일을 즐기게 되었다. 내가 성령세례를 받고 나자 교회는 만원이 되었다. 갈급한 사람들이 교회에 몰려와 성령세례를 받고 많은 기적이 일어났다. 수년 동안 잘 걷지 못하던 어린 소녀가 순간적으로 고침을 받았다. 교회 안에서 일어난 일들을 보고 사람들은 놀랐다.

여러분은 모든 사람이 이런 모습을 보고 좋아했으리라 생각하는가? 어떤 사람은 마귀가 그 소녀를 고쳤다고 했다. 이런 말을 하리라고 상상이나 했겠는가? 교회는 결국 두 진영으로 갈라졌다. 성령세례와 방언, 그리고 초자연적인 성령

---

22) 존 오스틴 목사는 북침례교신학대학원에서 석사학위를, 오랄로버츠대학에서 신학박사 학위를 받았다. 미국 남침례교회에서 목사 안수를 받고 50여 년이 넘도록 하나님을 섬겼다. TV 방송 사역을 통해 미국과 여러 나라 수백만 명에게 영향을 끼쳤다.

의 역사를 인정하는 사람들과 성령세례와 방언, 표적은 침례교단의 교리가 아니기 때문에 도저히 받아들일 수 없다는 사람들로 나뉜 것이다.

결국 우리는 침례교회를 떠났다. 빈 식품 창고를 구입하여 개척한 교회가 레이크우드교회다.

김익두 목사가 사도행전 1:1-5절을 〈성령의 세례〉라는 제목으로 설교한 내용이다.

주님은 전 세계를 구원할 책임을 그 제자들에게 맡기려 할 때 다른 말씀을 하시지 않고, 다만 "예루살렘을 떠나지 말라"고 하셨다. 또 "아버지의 약속을 기다리라"고 하셨다. 성령의 세례를 받지 않은 교회는 아무리 교회 건물이 장엄하고, 음악 설비가 야단스러워도 소용없다. 성령의 세례를 받아야 참 교회가 되는 것이다. … 우리 예수교의 특색은 성령의 세례를 받는 것이다. 유교나 불교에도 도덕적 방면은 좋으나, 성령의 세례를 받는 것은 우리 예수교회에만 있는 복된 은총의 특권이다.

나는 예수를 믿은 지 2개월 만에 확실히 성령세례를 받았다. 나는 눈물 속에서 몇 날 동안 주야로 통회의 생활을 했다. 드디어 나는 완전히 세상과 작별하게 되고, 전에 좋아하던 것과 시원히 절연하게 되었다. 그다음부터는 남을 사랑하는 뜨거운 눈물이 있게 되고, 남을 사랑하는 뜨거운 사랑이 생기게 되었다.

성령세례는 김익두 목사의 삶에 어떤 변화를 가져왔는가? 설교 내용으로 볼 때 김익두 목사가 성령세례를 얼마나 중요하게 생각했는지를 발견할 수 있다. 부흥사로 활동했던 김익두 목사는 전국 방방곡곡을 다니며 성령세례에 대해 설교했던 것으로 여겨진다. 성령세례에 대한 그의 설교가 주기철 목사에게 어떤 영향을 미쳤는지 살펴보자.

주기철 목사는 1897년 11월 25일 경남 창원군 웅천면 북부리에서 주현성 장로의 7남매 중 넷째로 태어났다. 출생 후 얼마 안 되어 웅천으로 이사를 했다. 그곳에서 웅천교회에 다니며 개통소학교를 마쳤다. 이후 오산학교 3학년 재학 중 11월 7일주일에 세례를 받았다. 오산학교를 졸업하고 조만식 장로의 권유로 1917년 연희전문학교 상과에 진학했다.

연희전문학교에 입학한 후 몇 달이 채 안 되어 지병인 안질이 심해져 학업을 포기하고 낙향했다. 웅천교회 집사로 있을 때 마산 문창교회 부흥사경회에 참석하여 김익두 목사의 설교를 들었다. '성령을 받으라'는 말씀에 가슴이 터질 것 같은 성령의 강력한 임재를 체험했다. 안질도 치유되었다. 그 후 목회자로 헌신한 그는 1922년 3월 평양신학교에 입학했다.

다음은 주기철 목사가 신앙생활을 했던 진해 웅천교회 오성한 목사의 간증이다.

> 목사의 아들로 태어나 대학을 졸업하고 신학대학원에 진학하였다. 예수님을 구주로 믿고 거듭난 구원의 확신도 있었지만, 신학대학원에 입학할 때까지 신구약 성경을 한 번도 통독한 적이 없었다. 신학대학원 재학 시절에도 창세기부터 계시록까지 성경을 한 번도 통독하지 못했다. 이런 내가 하나님의 은혜로 성령 체험하고 방언을 하기 시작했다. 성령세례를 받고 난 후 성경을 읽는 일이 그렇게 재미있을 수가 없었다. 아니 성경을 읽고 싶어 미칠 지경이었다. 그래서 시간만 나면 성경을 읽었다. 길을 걸으면서도 성경을 읽었다. 신구약 성경을 반복해서 읽고 또 읽었다. 특히 4복음서는 300독 이상 읽기도 했다.

1907년 1월 14-15일은 한국교회의 오순절이다

평양주재 장로교 선교사들은 원산에서 사역하고 있던 감리교 선교사 로버트 하디Robert A. Hardie의 인도로 요한1서를 공부했다. 모일 때마다 평양에서 열리는 사경회에 성령이 임하기를 기도했다.

평안남도 남자사경회는 매년 장로교 400여 교회가 연합해서 모이는 집회였다. 1907년 1월 2일부터 시작된 사경회는 2,000여 명이 모였다. 14일과 15일에는 오순절과 같은 강력한 성령의 역사가 있었다. 《신학지남, 14권 제2호》에서 당시 상황을 다음과 같이 인용하고 있다.

> 2천 명 이상을 수용하는 장대현 예배당에 회중이 차고 넘치도록 모인 사경회원 전체가 성령에 휩쓸린 바 되어 혹은 소리쳐 울고, 혹은 가슴을 치며 통곡하며, 혹은 흐느껴 울면서 기도하고, 혹은 춤을 추면서 찬미하니 소리소리 합하여 소리의 기둥은 번제단에 타오르는 불기둥같이 하늘로 떠올랐다.

선교사들은 "한국의 오순절The Korean Pentecost"이란 보고에서 다음과 같이 밝히고 있다.

> 우리는 매우 놀라운 은혜를 경험하고 있다! 성령님께서 권능 가운데 임하셨다.

홀 선교사는 미국 북장로교 선교부 브라운에게 보낸 서신에서 '길선주가 평양 부흥사경회 기간에 성령세례를 받았다'고 언급했다. 안식년으로 해외에 머물고 있었던 언더우드 선교사는 사경회 소식을 듣고 한국교회가 이제야 성령을 받았다고 기뻐했다.

평양 장대현교회에 임한 성령은 한국교회 부흥의 출발점이 되었다. 100만 구령운동이 일어나 1907년 4만여 명이었던 교인 수는 1911년에는 20만 명으로 성장했다. 4년 만에 5배로 급증한 것이다. 이후 한국교회는 성장에 성장을 거듭해 5만여 교회가 세워졌다.

성령의 불은 선교의 불길로 번졌다. 현재 169개 나라에 2만 5천여 명의 선교사를 파송했다. 세계에서 세 번째로 많은 선교사를 파송했지만, 인구 비례로 보면 한국교회는 가장 많은 해외선교사를 파송하고 있다.

1907년 1월 14~15일은 한국교회의 오순절이다. 평양 장대현교회는 한국의 마가 다락방이다. 장대현교회는 장로교단에 속한 교회였다. 그런데 참으로 안타까운 사실은 이것이다. 오늘날 성령세례에 대해 신학적으로 거부하는 태도를 보이는 교단이 바로 장로교단이다.

박윤선 박사가 성경주석에서 밝힌 것처럼 사도들이 최초 경험한 오순절 마가 다락방의 은혜가 후대에 계승되지 않은 것 같이 평양 장대현교회의 소중한 유산이 신학에 갇혀 계승되지 않은 것은 큰 잘못이다.

만일 초대교회의 오순절, 마가 다락방의 은혜가 없었다면 기독교는 어떻게 되었을까? 한국교회의 오순절, 장대현교회에 임한 성령의 역사가 없었다면 한국교회는 어떻게 되었을까?

초대교회는 마가 다락방에 임한 오순절 성령의 은혜를 통해 탄생했다. 오순절 성령의 은혜를 통해 복음은 예루살렘에서 땅끝까지 확장되어 갔다. 한국교회도 마찬가지다. 평양 장대현교회에 임한 성령의 은혜가 부흥과 성장을 넘어 수많은 선교사를 파송하고 선교에 이바지하게 되었다.

오순절 성령은 하나님께서 약속하시고 성취하신 아주 특별한 은혜다. 오순절 성령의 은혜는 교회가 간직하고 계승해야 할 아주 소중한 유산이다. 교회사를 살펴보라. 성령의 은혜를 계승한 교회와 그렇지 못한 교회는 극명한 차이를 보인다.

7장

성경에 나오는 성령세례 사례들

얼마 전, 지인이 내게 카톡을 보내왔다. 내용을 보니 다른 분들에게도 도움이 될 것 같았다. 그래서 정보 공유를 위해 단톡방에 올렸다.

"목사님, '가짜뉴스'를 올리셨네요."

카톡 메시지와 함께 가짜뉴스인 것을 확증할 수 있는 사진까지 올려놓았다. 순간 얼굴이 화끈거렸다. 나는 확인되지 않은 가짜정보를 퍼나른 것이다. 곧바로 죄송하다는 글을 올리고 삭제했다.

그때 창피를 당한 후로는 내가 확인하지 않은 글은 SNS에 올리지 않는다. 가짜뉴스는 동요와 혼란을 부추긴다.

교회 안에도 확인되지 않은 가짜뉴스가 있다. 그중 하나가 성령세례를 받는 방법이다. 성령세례는 어떻게 받을 수 있을까? 신약성경에는 누가, 언제, 어떻게 성령세례를 받았는지 다양한 사례가 기록되어 있다.

물로 세례를 받을 때 성령세례를 받았다

예수님께서는 언제 성령세례를 받으셨는가? 예수님께서는 요단강에서 세례 요한에게 물로 세례를 받으실 때 성령으로 세례를 받으셨다.

[마 3:16-17] 예수께서 세례를 받으시고 곧 물에서 올라오실새 하늘이 열리고 하나님의 성령이 비둘기 같이 내려 자기 위에 임하심을 보시더니 17 하늘로부터 소리가 있어 말씀하시되 이는 내 사랑하는 아들이요 내 기뻐하는 자라 하시니라

예수님께서 세례를 받고 물속에서 올라오셨다. 순간 하늘이 열리고 성령이 비둘기같이 예수님 위에 내려오셨다. 그때 하늘에서 음성이 들려왔다.

"이는 내가 참으로 사랑하는 나의 아들이요, 내가 매우 기뻐하는 아들이다."

예수님께서는 물로 세례를 받으실 때 성령으로 세례를 받으셨다. 그리고 고향 나사렛 회당에서 희년을 선포하신 후 공생애를 시작하셨다눅 4:16-21.

[눅 4:18-19] 주의 성령이 내게 임하셨으니 이는 가난한 자에게 복음을 전하게 하시려고 내게 기름을 부으시고 나를 보내사 포로 된 자에게 자유를, 눈 먼 자에게 다시 보게 함을 전파하며 눌린 자를 자유롭게 하고 19 주의 은혜의 해를 전파하게 하려 하심이라 하였더라

약속을 믿고 함께 기도할 때 성령세례를 받았다

[행 1:4-5;14-15] 사도와 함께 모이사 그들에게 분부하여 이르시되 예루살렘을 떠나지 말고 내게서 들은바 아버지께서 약속하신 것을 기다리라 5 요한은 물로 세례를 베풀었으나 너희는 몇 날이 못 되어 성령으로 세례를 받으리라 하셨느니라

… 14 여자들과 예수의 어머니 마리아와 예수의 아우들과 더불어 마음을 같이 하여 오로지 기도에 힘쓰더라 15 모인 무리의 수가 약 백이십 명이나 되더라

[행 2:1-4] 오순절 날이 이미 이르매 그들이 다 같이 한곳에 모였더니 2 홀연히 하늘로부터 급하고 강한 바람 같은 소리가 있어 그들이 앉은 온 집에 가득하며 3 마치 불의 혀처럼 갈라지는 것들이 그들에게 보여 각 사람 위에 하나씩 임하여 있더니 4 그들이 다 성령의 충만함을 받고 성령이 말하게 하심을 따라 다른 언어들로 말하기를 시작하니라

제자들은 예수님의 분부를 따라 약속하신 성령세례를 사모하며 120명이 마가 다락방에 함께 모여 기도했다[행 1:14-15].

성령세례를 받고 방언을 하기 위해서는 혼자 기도하는 것보다 함께 모여 기도하는 것이 좋다. 특히 성령세례를 받고 방언을 체험한 사람들과 함께 기도할 때 성령세례와 방언을 더 쉽게 체험할 수 있다.

말씀을 들을 때 성령세례를 받았다

김동수[23] 교수의 저서 《방언은 고귀한 하늘의 언어》에 나오는 내용이다.

전도사 시절 "신령을 것을 사모하라!"[고전 14:1]는 주제로 청년회 부흥성회를 한 적이 있다. 당시 이재정이라는 청년은 은혜를 체험하겠다는 결심을 한 후 주제 성구가 있는 고린도전서 12-14장을 열 번 읽었다. 그러자 방언에 대해 알게 되고 방언을 체험하고 싶은 열망이 일어났다. 부흥 강사가 방언에 대해 설교할 때 곧바로 방언이 터졌다.

---

23) 김동수 교수는 한국외국어대학교와 서울신학대학교 신학대학원을 졸업(M.Div.)하고 하버드대학교 신학부(Th.M.)를 거쳐 케임브리지대학교에서 신약학 박사 학위(Ph.D.)를 취득했다. 현재 평택대학교 신약학 교수로 재직 중이다.

방언을 사모했던 이 청년은 하나님의 말씀을 들을 때 성령세례를 받고 방언을 한 것이다.

하나님께서는 고넬료에게 베드로 사도를 초청하여 말씀을 듣도록 지시하셨다.

[행 10:5] 네가 지금 사람들을 욥바에 보내어 베드로라 하는 시몬을 청하라

[행 11:14] 그가 너와 네 온 집이 구원받을 말씀을 네게 이르리라

하나님의 지시하심을 받은 고넬료는 자기 부하 가운데 경건한 사람들을 보내 베드로 사도를 집으로 초청했다. 베드로는 고넬료 집에 모인 사람들에게 십자가와 부활 중심의 메시지를 전했다.

[행 10:44-48] 베드로가 이 말을 할 때에 성령이 말씀 듣는 모든 사람에게 내려
오시니 45 베드로와 함께 온 할례 받은 신자들이 이방인들에게도 성령 부어 주심
으로 말미암아 놀라니 46 이는 방언을 말하며 하나님 높임을 들음이러라 47 이에
베드로가 이르되 이 사람들이 우리와 같이 성령을 받았으니 누가 능히 물로 세례
베풂을 금하리요 하고 48 명하여 예수 그리스도의 이름으로 세례를 베풀라 하니라
그들이 베드로에게 며칠 더 머물기를 청하니라

거듭남 + 성령세례 + 성령충만 + 성령의 은사(방언) → 물세례

거듭남, 성령세례, 성령충만, 방언을 동시에 받은 후 물세례를 받음

고넬료 집에 모여 있던 사람들은 언제 거듭났는가? 언제 성령세례를 받고 방언을 했는가? 그들은 베드로 사도의 말씀을 듣는 중에 거듭났고, 동시에 성령세례를 받고, 성령으로 충만하여 방언까지 했다. 그 후

에 물로 세례를 받는 아주 독특한 경우다.

우리 주위에도 종종 이런 경우가 있다. 거듭남과 동시에 성령세례와 성령충만을 받는 극적인 체험을 하는 분들이 간혹 있다.

안수하며 기도할 때 성령세례를 받았다

치유사역자로 사역하는 손기철[24] 장로는 《고맙습니다 성령님》에서 유학 시절 새벽기도회 시간에 안수 기도를 통하여 성령세례를 받고 방언을 체험했다.

> 미국 교회에는 새벽기도회라는 것이 없다. 하지만 아덴스한인장로교회는 한국 교회의 전통을 살려 매일 새벽, 기도회를 열었다. 나는 그때 막 예수님을 알고 첫사랑에 빠진 터라, 새벽기도회에도 가능한 한 열심히 참석했다. 새벽기도회에는 성도들이 많이 나오지 않아 목사님과 둘이서 예배를 드리는 날도 많았다.
>
> 그날도 차가운 아침 공기를 마시며 이른 새벽, 교회에 갔다. 아마 토요일이었던 것 같다. 정시가 되어도 다른 성도들은 오지 않았다. 여느 때처럼 목사님은 목사님대로 단 한 명뿐인 성도를 위해 전심으로 말씀을 전하셨다. 그러고 나서 강단에서 기도하셨고, 나는 예배실 의자에 앉아서 기도했다.
>
> 다른 때보다 조금 더 오래 기도했던 것 같다. 갑자기 목사님께서 무슨 이유에서인지 내게 다가오셨다. 그리고 청하지도 않았는데 내 머리에 손을 얹고 기도하기 시작하셨다. 아마 하나님께서 목사님의 마음에 어떤 감동을 주셨던 모양이다. 그런데 내 머리 위에 올린 목사님의 손이 점점 더 무겁게 느껴졌다. 마치 목사님이 손 하나로 누르는 게 아니라 나를 올라타고 온몸으로 누르는 것 같았다.
>
> '아! 이러다가 허리 부러지겠는데.'

24) 손기철 장로는 조지아대학교에서 박사학위를 받고, 미국 농무부 러셀리서치센터에서 박사후 과정을 밟았다. 1990년부터 건국대학교 교수로 임용되어 생명환경과학대학 학장을 역임했다. 현재 헤븐리터치 미니스트리(HTM) 대표로 사역하고 있다.

처음에는 분명히 손을 살짝 머리에 얹은 것 같았는데, 나중에는 철판 같은 것으로 내리누르는 듯한 느낌이 들었다. 내 허리가 뒤쪽으로 동그랗게 꺾여서 점점 아래로 내려가고 있는 것을 느낄 수 있었다.

'이러시면 안 되는데. 이러면 내 허리 부러지는데 ….'

도저히 견딜 수가 없었다. 나는 교회 바닥을 막 뒹굴면서 큰 소리로 외쳤다.

"내 허리 부러져요!"

내 생각에는 분명히 그렇게 외친 것 같았다. 그러나 입에서 터져 나온 것은 전혀 다른 말이었다.

"아라라라라 라라카카!"

바로 방언이었다.

"오, 하나님, 감사합니다."

그날 목사님이 교회를 떠나신 후에도 나는 계속해서 방언기도를 드렸다. 알지 못하는 말이 입에서 쉴 새 없이 쏟아지면서, 허리를 부러뜨릴 것 같은 무게감 대신에 날아갈 듯한 가벼움을 온몸으로 느꼈다.

신약성경에서 성령세례를 받게 하는 가장 일반적인 방법은 안수기도이다.

[행 8:14-17] 예루살렘에 있는 사도들이 사마리아도 하나님의 말씀을 받았다 함을 듣고 베드로와 요한을 보내매 15 그들이 내려가서 그들을 위하여 성령 받기를 기도하니 16 이는 아직 한 사람에게도 성령 내리신 일이 없고 오직 주 예수의 이름으로 세례만 받을 뿐이더라 17 이에 두 사도가 그들에게 안수하매 성령을 받는지라

사마리아 사람들은 어떻게 성령세례를 받았는가? 예루살렘에서 파송 받은 베드로와 요한은 사마리아인들이 성령세례를 받도록 안수하며 기도했다.

사도 바울도 예수님께서 그에게 보내신 아나니아가 안수했을 때 성령을 받고 성령으로 충만함을 받았다.

[행 9:17] 아나니아가 떠나 그 집에 들어가서 그에게 안수하여 이르되 형제 사울아 주 곧 네가 오는 길에서 나타나셨던 예수께서 나를 보내어 너로 다시 보게 하시고 성령으로 충만하게 하신다 하니

사도행전 19장에는 에베소에 있는 그리스도인들이 어떻게 성령을 받았는지 기록하고 있다.

[행 19:1-3;6-7] 아볼로가 고린도에 있을 때에 바울이 윗지방으로 다녀 에베소에 와서 어떤 제자들을 만나 2 이르되 너희가 믿을 때에 성령을 받았느냐 이르되 아니라 우리는 성령이 계심도 듣지 못하였노라 3 바울이 이르되 그러면 너희가 무슨 세례를 받았느냐 대답하되 요한의 세례니라 … 6 바울이 그들에게 안수하매 성령이 그들에게 임하시므로 방언도 하고 예언도 하니 7 모두 열두 사람쯤 되니라

에베소 교회 성도들은 바울 사도의 안수를 통해 성령을 받았다. 신약성경에서 성령세례를 받게 하는 가장 일반적인 방법은 안수기도이다.

지금까지 살펴본 것 같이 성령세례를 받는 다양한 사례가 신약성경에 기록되어 있다. 그러므로 "성령세례를 받으려면 반드시 이렇게 해야 한다"는 고집을 버려야 한다.

성령세례는 믿고 사모하는 자가 받는다

성령세례는 하나님의 선물이다. 만일 억지를 부려서 선물을 받거나, 대가를 지불하고 선물을 받는다면 그것은 선물이 아니다. 성령세례를 받는 조건은 하나님의 약속을 믿는 믿음과 사모하는 마음, 즉 갈망이

다. 온갖 노력에도 불구하고 성령세례를 받지 못하고 나를 찾아온 사람들이 있다. 갈망은 하지만, 성령세례를 믿음으로 받는 하나님의 선물이라는 것을 모르는 사람이 대부분이었다.

"성령세례는 구원받은 자녀에게 값없이 주시는 하나님의 선물입니다. 이것을 믿어야 합니다."

이렇게 말한 후 손을 얹고 기도하면 대부분은 성령세례를 받고 방언을 하게 된다.

초대교회 그리스도인들은 성령세례를 받기 위해서 특별히 금식하거나 작정 기도를 하지 않았다. 큰 소리로 간청하며 애걸하지도 않았다. 어떤 사람의 말처럼 산에 올라가 소나무를 붙들고 뽑힐 때까지 부르짖어 기도하지도 않았다. 신약성경 어디에도 오늘날 교회 안에 퍼져있는 그런 가르침은 없다. 초대교회 성도들이 성령세례를 받았던 방법은 오늘날 우리에게도 모델이 되어야 한다.

프레드릭 프라이스 박사는 성령세례는 인간의 노력이 아닌 믿음으로 받는다고 설명한다.

> 성령세례는 어떤 노력에 대한 성취도 아니다. 인간의 노력에 대한 어떤 보상도 아니다. 거룩한 수준에 진급했다고 받는 계급장도 아니다. 거듭난 사람에게 주시겠다고 약속하신 예수님의 말씀을 믿는 믿음으로 받는다.

성령세례는 우리가 노력해서 받는 은혜가 아니다. 떼를 쓰거나 구걸해서 받아내는 은혜도 아니다. 그렇다면 구원받은 하나님의 자녀가 성령세례를 받기 위해 무엇이 필요할까? 믿음과 갈망이다.

[딤후 2:13] 우리는 미쁨이 없을지라도 주는 항상 미쁘시니 자기를 부인하실 수 없으시리라

우리는 신실하지 않지만, 하나님은 항상 신실하시다. 하나님의 신실하심이 바로 우리 믿음의 토대이다. 그러므로 기록된 말씀을 믿고 사모해야 한다.

[시 107:9] 그가 사모하는 영혼에게 만족을 주시며 주린 영혼에게 좋은 것으로 채워주심이로다

[사 44:3] 나는 목마른 자에게 물을 주며 마른 땅에 시내가 흐르게 하며 나의 영을 네 자손에게, 나의 복을 네 후손에게 부어 주리니

[요 7:37-39] 명절 끝날 곧 큰 날에 예수께서 서서 외쳐 이르시되 누구든지 목마
르거든 내게로 와서 마시라 38 나를 믿는 자는 성경에 이름과 같이 그 배에서 생수
의 강이 흘러나오리라 하시니 39 이는 그를 믿는 자들이 받을 성령을 가리켜 말씀
하신 것이라(예수께서 아직 영광을 받지 않으셨으므로 성령이 아직 그들에게 계
시지 아니하시더라)

성령세례는 목마른 자, 곧 사모하는 자에게 값없이 주시는 선물이다. 하나님의 자녀인 나를 위해 예비하신 선물임을 믿어야 한다. 믿고, 사모하고, 목마른 사람에게 예수님께서 성령으로 세례를 베풀어 주신다.

많은 그리스도인들이 성령세례를 성령님께서 베풀어 주시는 세례로 알고 있다. 다시 언급하지만, 성령세례는 예수님께서 성령으로 베풀어 주시는 세례이다. 그러므로 성령님께 성령세례를 구하지 말고 예수님께 구해야 한다.

어떤 사람은 성령세례를 받았으나 그것이 성령세례인 줄 모르는 경

우도 있다. 이런 사람은 자신의 신학에 갇혀 성령세례를 믿지 않지만, 사역에서는 성령세례를 받은 증거와 표적이 나타난다. 추측건대 자신의 연약함과 무능함을 깨닫고 성령의 권능을 사모하며 간절히 기도했을 것이다. 그 결과 성령의 은혜를 체험했지만, 그것이 성령세례인 줄 모르고 있을 뿐이다. 이런 분들은 본인이 성령세례를 인정하지 않을지라도 이미 성령세례를 받은 사람이다.

신약성경에는 성령세례를 어떻게 받았는지에 관한 다양한 사례들이 있다. 물로 세례를 받을 때, 함께 모여 기도할 때, 하나님의 말씀을 들을 때, 안수를 통해 성령을 받았다. 그러므로 우리는 성령세례를 받는 방법에 대해 어떤 고정된 틀에 갇혀 있지 않아야 한다.

* 성령세례를 받고 성령충만과 성령의 은사(방언)를 체험하는 방법은 제2부 5장 〈성령세례와 방언을 받기 위한 기도〉에서 자세히 설명하고 있다.

제2부

방언 은사

오순절이 되었을 때
그들이 다 함께 한곳에 있었다.
난데없이 맹렬한 기세의 강한 바람 같은 소리가 났으나
그 소리가 어디서 나는지 아무도 알 수 없었다.
그 소리가 온 건물을 채웠다.
그러더니 성령께서 들불처럼 무리 사이로 퍼졌다.
그들은 성령께서 시키시는 대로 여러 가지 언어로 말하기 시작했다.

사도행전 2:1-4 《메시지성경》

1장

성령세례와 방언 은사

후에 나의 동역자이자 장모가 된 최자실 학생은 그 당시 우리 신학교에서 가장 나이가 많았다. 그녀는 기도하기 위해 항상 학교에 먼저 나왔다. 그리고 이상한 말로 기도하기 시작했다. 나는 "한국말로 하나님께 기도하지 그래요?" 하고 비웃기도 했다. 그러면 그녀는 말하기를, "나는 성령으로 충만하기 위해 방언을 말하는 겁니다. 내가 방언을 말할 때 하나님과 교통하게 되고, 방언으로 기도하면 당신보다 훨씬 더 큰 영적 능력을 갖게 된답니다"라고 반박했다.

매주 토요일에 우리는 떼를 지어 공터나 거리로 전도하러 나가곤 했었다. 나는 북을 치고 나머지 사람은 노래를 불렀는데 많은 사람이 주변에 몰려들었다. 내가 그들에게 놀라운 신학적인 메시지로 말씀을 선포했다고 자부했는데도 불구하고 한 사람도 예수를 영접하지 않는 것이었다.

그러자 최자실 학생이 가운데서 말씀을 선포하기 시작했다. 나는 그녀의 설교가 매우 빈약하고 정돈돼 있지 못하다고 생각했다. 그러나 나는 그녀가 말하자 사람들이 주의 깊게 듣고 있다는 것을 깨닫고 매우 놀랐다. 모든 사람이 조용히 가라앉은 분위기 속에서 그녀가 하는 말을 들었다. 그것은 마치 어떤 이상한 훈풍이 불어서 우리를 조롱하던 사람들을 조용하게, 때론 웃기도 하면서 손뼉도 치고 경청하게 만드는 것 같았다. 그녀가 예수를 믿고 거듭나라고 구원으로 초대하자 많은 사람이 나왔고 구원을 받았다.

나는 큰 충격을 받았다. 당시 나는 나 자신이 최자실 학생보다 더 세련되고 더 능력이 있다고 자만하고 있었다. 나는 속으로 "이해할 수 없다. 하나님은 공평하시지 않다. 내가 말할 때는 사람들이 나와 논쟁이나 하려고 하고 그녀가 빈약한 말로 설교하자 많은 사람이 듣고, 웃고, 울기도 하면서 구원을 받다니…"

"하나님! 왜 그렇습니까? 왜 그녀는 성령으로 충만하고 저는 그렇지 못하단 말입니까?"라고 원망했다. 그래서 나는 신학교 시절 내내 그녀를 관찰했다. 그녀는 학구적으로는 나와 경쟁이 되지 않았지만, 다른 측면에서는 다른 모든 학생보다 우위에 섰다. 나는 동일한 성령의 은혜를 소원했다.

그래서 졸업하기 전에 금식기도를 하기로 결심했다. 삼각산에 올라가서 "하나님 아버지, 나에게도 성령으로 세례를 주시옵소서. 충만케 하옵소서. 왜 저한테는 성령을 충만하게 부어주시지 않습니까? 안 주시면 저는 목회자가 되지 않겠습니다"라고 밤새도록 논쟁하고 우기고 주장했다. 마침내 지쳐서 내가 진공 상태처럼 아주 빈 마음이 되었을 때, 성령의 임재하심을 느낄 수 있었다. 나는 성령으로 세례를 받는다는 것을 느꼈고, 기도의 영을 받았으며 방언으로 자유로이 말하기 시작했다.

그 후 나는 내가 설교할 때 성령의 강한 바람이 사람들 위에 불어 닥치고 내 설교에 집중해서 경청하는 것을 볼 수 있었다. 많은 사람이 죄를 뉘우치고 우리 주 예수님께로 돌아왔다.

조용기 목사의 간증이다. 똑같은 복음을 논리정연하게 전해도 아무런 표적이 없는 사람이 있고, 두서없이 전해도 표적이 따르는 사람이 있다.

[고전 4:20] 하나님의 나라는 말에 있지 아니하고 오직 능력에 있음이라

[살전 1:5] 이는 우리 복음이 너희에게 말로만 이른 것이 아니라 또한 능력과 성령과 큰 확신으로 된 것임이라

영적 세계에서 '무엇'을 '어떻게' 전하는 것보다 더 중요한 것은 '누가' 전하느냐에 있다.

성령세례 없이 방언은 주어지지 않는다

신약성경에서 성령세례와 함께 가장 많이 나타나는 성령의 은사가 방언이다. 예수님의 제자들이나 사도행전에 나오는 그리스도인 중에 누구도 성령으로 세례를 받기 전 방언을 했던 사람은 없다.

그렇다면 성경은 방언을 성령세례를 받은 증거로 제시하는가?

[행 2:1-4] 오순절 날이 이미 이르매 그들이 다 같이 한곳에 모였더니 2 홀연히 하
늘로부터 급하고 강한 바람 같은 소리가 있어 그들이 앉은 온 집에 가득하며 3 마
치 불의 혀처럼 갈라지는 것들이 그들에게 보여 각 사람 위에 하나씩 임하여 있더
니 4 그들이 다 성령의 충만함을 받고 성령이 말하게 하심을 따라 다른 언어들로
말하기를 시작하니라

오순절 날 마가 다락방에 모여 있던 사람들은 모두 성령으로 세례를 받았다2-3절. 동시에 성령의 충만함을 받고4절 성령이 말하게 하심을 따라 방언을 했다.

성령세례 → 성령충만 → 방언은사

고넬료 집에서 베드로의 설교를 들은 사람들과 에베소 교회 성도들은 성령세례를 받은 후 방언을 했다.

[행 10:44-46] 베드로가 이 말을 할 때에 성령이 말씀 듣는 모든 사람에게 내려
오시니 45 베드로와 함께 온 할례 받은 신자들이 이방인들에게도 성령 부어 주심

으로 말미암아 놀라니 46 이는 방언을 말하며 하나님 높임을 들음이러라

[행 19:6-7] 바울이 그들에게 안수하매 성령이 그들에게 임하시므로 방언도 하고 예언도 하니 7 모두 열두 사람쯤 되니라

이처럼 사도행전에서 성령세례를 받은 후 주로 나타나는 은사가 방언이다.

[행 9:17] 아나니아가 떠나 그 집에 들어가서 그에게 안수하여 이르되 형제 사울아 주 곧 네가 오는 길에서 나타나셨던 예수께서 나를 보내어 너로 다시 보게 하시고 성령으로 충만하게 하신다 하니

바울은 다메섹으로 가는 길에 예수님을 만난 후 아나니아의 안수를 통하여 성령충만을 받았다. 방언을 했다는 기록은 없다. 하지만 고린도전서 14:18절에서 "내가 너희 모든 사람보다 방언을 더 말하므로 하나님께 감사하노라"고 했다.

그렇다면 바울이 언제부터 방언을 했을까? 아나니아의 안수를 통해 성령세례를 받고 성령충만을 경험한 이후 방언을 한 것으로 보인다.

신약성경에는 두 종류 방언이 있다

사도행전 2장의 사도들의 방언도 둘로 나눌 수 있다. 성령을 받은 후 마가 다락방에서 120명이 했던 방언4절과 사도들이 밖에 나가서 각 나라에서 온 사람들 앞에서 말씀을 전할 때 했던 방언5-12절은 서로 다르다. 둘 다 성령님의 역사이지만 누구를 대상으로 하느냐에 따라 두 종류로 구분된다.

사도행전 2:4절에 나오는 방언은 하나님을 대상으로 한 '대신방언'이

다. 사도행전 2:5-12절에 나오는 방언은 사람을 대상으로 한 '대인방언'이다.

고넬료 집에 모인 사람들의 방언행 10:46, 에베소지역 성도들의 방언행 19:6은 모두 대신방언이다. 고린도전서 14장에서도 각 사람이 하나님을 대상으로 하는 방언과 사람을 대상으로 하는 방언으로 구분한다.

존 비비어 목사는 사람을 대상으로 하는 방언을 '공적公的방언'으로, 하나님을 대상으로 하는 방언을 '사적私的방언'으로 구분했다.

> 편의상 방언을 공적 용도와 사적 용도로 나눌 수 있다. 여기서 '공적'이란 한 사람이 성령님께 받은 것으로 다른 개인이나 단체를 섬긴다는 뜻이다. 반면에 '사적' 방언은 우리 개인을 하나님과 직접 연결해 준다. 사적방언의 두 가지 기능 중 하나는 그분과 더욱 깊이 친밀해지게 하고, 다른 하나는 그분의 온전한 지식을 따라 중보기도를 할 수 있게 해준다.

데이브 로버슨Dave Roberson 목사는 사람을 대상으로 하는 방언을 '표적방언'으로, 하나님을 대상으로 하는 방언을 '일반방언'으로 구분했다.

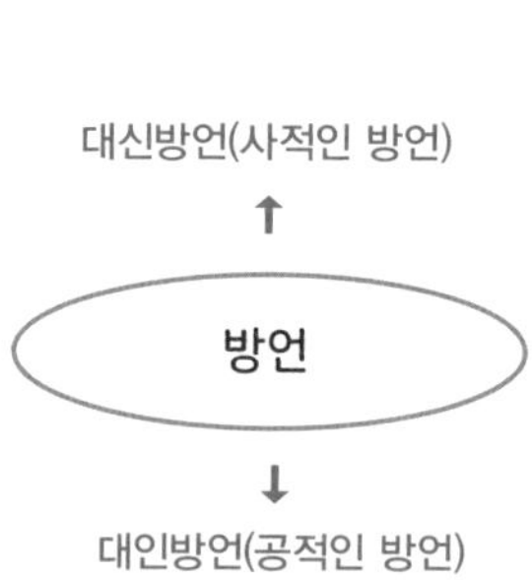

첫째는 공적인 사역을 위한 대인방언이다. 오순절 날에 성령세례를 받은 후 성령으로 충만하여 사도들이 말씀을 전할 때 한 방언행 2:5-12

은 대인방언공적방언이다. 사람을 대상으로 하는 방언으로 인간의 통역이 필요 없었다. 제자들의 방언을 성령님께서 친히 각 나라 언어로 통역해 주셨다.

[행 2:11] 우리가 다 우리의 각 언어로 하나님의 큰일을 말함을 듣는도다 하고

사도들이 자신도 전혀 알지 못하는 방언으로 복음을 전했을 때 듣는 사람들은 놀랐다. 사람의 통역 없이 자신의 언어로 하나님의 말씀을 들었기 때문이다. 사도행전 2:5-12절의 방언은 공적 사역을 위한 방언이다. 그곳에 모인 사람들에게 복음을 전하기 위한 방언이었다. 이 방언은 성령의 권능으로 언어 장벽과 인간의 지성을 초월한 대인방언이다.

고린도전서 14장에도 다른 사람이나 교회 공동체를 믿음으로 세우기 위한 대인방언에 대해 말씀하고 있다.

[고전 14:27-28] 만일 누가 방언으로 말하거든 두 사람이나 많아야 세 사람이 차례를 따라하고 한 사람이 통역할 것이요 28 만일 통역하는 자가 없으면 교회에서는 잠잠하고 자기와 하나님께 말할 것이요

대인방언도 두 종류로 구분된다. 고린도전서 14장에 나오는 대인방언은 사도행전 2:5-12절의 대인방언과 달리 통역의 필요성을 강조한다. 대인방언은 다른 사람이나 공동체를 위한 것으로써 하나님의 뜻을 방언으로 전달한다. 이런 경우 반드시 통역이 필요하다. 이때 통역을 통해 전달되는 방언은 다른 사람을 세워주는 예언적인 효과가 있다.

언어의 장벽과 인간의 이성을 초월한 대인방언

데니스 베넷Dennis Bennett[25] 박사는 《성령의 임재를 구하는 기도How to Pray for the Release of the Holy Spirit》에서 자신이 경험한 대인방언을 소개한다.

> 나도 한때 일본어와 네팔어 방언을 한 적이 있다. 분명 두 나라 언어를 배운 적이 없었지만, 그 자리에 함께 한 사람들 중에 그 말을 알아듣는 사람이 있었고 통역을 해 주었다.
>
> 또 한 형제가 한 번도 배워보지 못했음에도 스페인어로 아름답게 방언을 하고 그런 다음 불어 방언을 하는 것을 본 적이 있다. 내가 아는 불어는 매우 적은 것이었지만, 몇몇 단어를 알아들을 수 있었다. 하지만 그가 하는 불어 방언은 매우 정확하고 천천히 흘러나왔다.
>
> 우리 교회 성도 중 내가 잘 아는 한 분은 몇 번 완벽한 북방 중국어 방언으로 기도했고, 함께 있던 중국인이 그 말을 알아들은 적이 있다. 나는 또한 한 번도 배운 적이 없는 라틴어, 히브리어, 한국어, 고대 불어, 바스크어로 방언을 하는 사람들을 알고 있다.

《성령의 삶 능력의 삶》의 저자 데이브 로버슨[26] 목사도 자신이 경험한 대인방언공적방언을 소개한다.

---

25) 데니스 베넷 박사는 미국 초기 부흥운동에 핵심 역할을 했다. 1973년 대영 백과사전은 "1960년 그가 회중 앞에서 새로운 하나님의 영을 경험했다고 선포했을 때 이미 부흥운동은 시작되었다"고 소개한다. 베스트셀러인 《오전 9시, 성령이 임하는 시간(Nine O'clock in the Morning)》의 저자이며 성령론의 고전 《성령님과 당신(The Holy Spirit and You)》의 공동 저자이다.

26) 데이브 로버슨 목사는 《성령의 삶 능력의 삶(The Walk of the Spirit The Walk of Power)》의 저자이다. 1973년 하나님을 만난 후 부르심에 헌신하기 위하여 직장을 그만두었다. 출퇴근하는 직장인처럼 날마다 교회에서 방언기도를 했다. 세계 여러 나라에서 따르는 표적으로 복음을 전했으며, 1990년 이후 오클라호마 털사에 있는 교회(The Family Prayer Center)를 담임하고 있다.

표적으로써의 방언 데이브 로버슨은 대인방언을 표적방언이라고 함은 내 사역 가운데 열아홉 번 있었다. 그 예로 나는 인도어, 프랑스어, 스페인어, 아랍어, 독일어로 설교를 했었다. 그때마다 내가 무슨 말을 하고 있는지 전혀 알지 못했다. 표적방언 대인방언을 내가 처음 경험한 것은 캘리포니아 산호세에서 있었다. 방송국 토크쇼에 초대받았다. 인터뷰 중간에 진행자는 나에게 질문을 했다.

"로버슨 목사님, 지금까지 목사님의 삶을 가장 많이 변화시킨 것은 무엇입니까?"

"그것은 하나님의 사랑이라고 할 수 있습니다. 하나님의 사랑이 저를 너무나 변화시켜서…."

그때 갑자기 내 입에서 방언이 나오는 것을 발견했다. 성령의 기름 부음이 너무 강해서 나 자신도 깜짝 놀랐다. 방언을 마치고 난 후 아무도 통역하지 않았다. 나는 방송을 마치고 아무 일도 없었다는 듯이 무대에서 내려오는데 한 여자가 달려왔다. 이 여자는 독일에서 얼마 전에 미국으로 이민을 온 사람이었다.

"로버슨 목사님, 목사님은 언제부터 시골 악센트가 강한 독일어를 사용해 오셨어요?"

"부인, 무슨 말씀을 하고 있습니까? 나는 영어밖에 말할 줄 모르는데요."

"그럼 목사님은 방송 중에 무슨 일이 있었는지 모르고 있었나요?"

"무슨 일이 있었습니까?"

"목사님이 갑자기 영어를 멈추고 오래된 독일어로 독일 사람을 향하여 말하기 시작했습니다."

"제가 그런 말을 하고 있었는지 전혀 몰랐습니다."

"새크라멘토에 사는 한 독일 여자가 방금 방송국에 전화했는데 독일어로 전화를 받을 수 있는 사람이 저뿐이어서 제가 그 전화를 받았습니다. 그 독일 여자는 불치병으로 죽어가고 있었는데 로버슨 목사님이 그녀에게 어떻게 하라고 지시해서 그 지시대로 행했습니다. 그리고 그녀는 곧 하나님의 권능으로 인해 방에서 쓰러졌습니다. 그녀가 일어나 보니 불치병에서 완전히 나아 있었답니다. 그래서 그녀는 자신에게 일어난 기적을 간증하기 위해 전화를 한 것입니다. 그런데 로버슨 목사님은 어떤 일이 일어났는지를 전혀 모르고 있었군요."

"예, 부인, 나는 전혀 모르고 있었습니다."

이 일 후에도 나는 캘리포니아 애너하임에서 있었던 집회에서는 영어로 설교하다가 방언으로 스페인어를 사용했고, 플로리다에서 있었던 집회에서는 영어로 설교하다가 프랑스어로 설교를 한 적이 있다. 이런 표적방언대인방언은 내 의지대로 할 수 없다. 내가 하고 싶을 때 언제든지 할 수 있다면 얼마나 좋겠는가? 이런 방언은 오직 성령님께서 원하실 때 역사하는 것이다.

존 비비어 목사도 프랑스어로 유창하게 설교한 경험을 저서에서 소개했다. 자신은 프랑스어를 전혀 모르지만, 고대 프랑스어까지 사용했을 뿐만 아니라 프랑스어 성경까지 인용하며 설교했다. 그 집회에서 설교를 들은 사람들은 완벽한 프랑스어였다고 칭찬을 아끼지 않았다. 그는 대인방언에 대해 다음과 같이 말한다.

공적방언존 비비어 목사는 대인방언을 공적방언이라고 함은 한 번도 배워보지 못한 다른 나라의 말 - 영어, 불어, 독일어 등 - 로 하는 경우인데 방언을 하는 본인은 내용을 전혀 알 수 없으나 함께 한 사람들 중에 그 나라 말을 하는 사람은 그 내용을 알아들을 수 있다. 여기서 한 가지 꼭 기억해야 할 것은 사도들도 항상 공적방언대인방언을 하지는 않았다. 표적으로 주신 공적방언대인방언은 일시적으로 나타난 방언이다. 내가 원할 때 언제든지 공적방언대인방언을 할 수 있으면 좋겠지만 그렇게 할 수 없다. 왜냐하면 공적방언대인방언은 성령님께서 다른 사람을 세워주기 위해 그분의 뜻이 나를 통하여 전달되기 때문이다.

둘째는 자신의 믿음을 세우기 위한 대신방언이다. 대인방언이 다른 사람이나 교회 공동체를 세우기 위한 방언이라면, 대신방언은 자신의 믿음을 세우기 위해 하나님께 하는 방언이다.

[고전 14:4] 방언을 말하는 자는 자기의 덕을 세우고

[고전 14:28] 만일 통역하는 자가 없으면 교회에서는 잠잠하고 자기와 하나님께 말할 것이요

두 방언의 차이는 분명하다. 대신방언은 자신을 세워주는 방언이지만, 대인방언은 다른 사람을 세워주는 방언이다. 대신방언은 자신이 하고 싶으면 언제든지 할 수 있지만, 대인방언은 그렇게 하는 것이 불가능하다. 대인방언은 성령님께서 특별한 사역을 위해 일시적으로 주시는 방언이다.

대부분의 방언은 대신방언이다

대신방언은 사람이 알지 못하는 언어로 하나님께 하는 경우가 대부분이다.

[행 2:4] 그들이 다 성령의 충만함을 받고 성령이 말하게 하심을 따라 다른 언어들로 말하기를 시작하니라

[행 10:44-46] 베드로가 이 말을 할 때에 성령이 말씀 듣는 모든 사람에게 내려오시니 45 베드로와 함께 온 할례 받은 신자들이 이방인들에게도 성령 부어 주심으로 말미암아 놀라니 46 이는 방언을 말하며 하나님 높임을 들음이러라

[행 19:6] 바울이 그들에게 안수하매 성령이 그들에게 임하시므로 방언도 하고 예언도 하니

방언 은사는 보통 성령세례와 함께 온다. 예수님의 제자들도 성령을 받은 후 방언을 했다. 고넬료 집에 있었던 사람들도 성령세례를 받은 후 방언을 했다. 에베소 교회 성도들도 성령을 받고 방언을 했다.

방언은 성령님께서 주시는 언어다. 초대교회 성도들은 성령으로 세

례를 받았을 때 방언을 시작했다. 방언은 성령세례를 받은 사람에게 주시는 성령의 언어다.

방언은 성령세례를 받은 증거로 가장 많이 나타나는 표적이다. 흔하진 않지만, 아이들도 성령충만한 어른들의 기도모임에 있다가 성령을 받고 방언을 하는 경우가 있다. 어떤 사람은 이런 모습을 보고 부러워하며 자신의 자녀도 성령세례를 받고 방언을 하도록 부추기거나 다그치기도 한다. 절대로 안 된다. 부모는 자녀가 성령세례의 필요성을 깨달을 때까지 기도하며 기다려야 한다.

왜 우리는 방언을 말해야 할까? 우리가 방언을 해야 하는 이유는 성경이 권고하고 있기 때문이다. 신약성경은 방언을 금하지 않는다. 오히려 방언을 적극적으로 권장한다.

[고전 14:39] 그런즉 내 형제들아 예언하기를 사모하며 방언 말하기를 금하지 말라

[고전 14:5] 나는 너희가 다 방언 말하기를 원하나 …

우리가 방언을 하는 이유는 사람의 견해 때문이 아니다. 신학적 견해 때문은 더더욱 아니다. 오직 성경이 방언을 말하라고 말씀하기 때문이다. 방언은 성령의 고귀한 선물은사이다.

성령세례와 성령의 은사는 밀접하다. 특히 성령세례가 없다면 방언도 없다. 성령세례를 받았지만, 방언에 대한 부정적인 선입견이나 신학적 편견으로 방언을 못 하는 사람이 있다. 하지만 필자는 성령세례를 받지 않고 방언하는 사람을 본 적이 없다.

2장

방언을 적극적으로 반대하는 사람들

나는 어려서부터 교회에 출석했으나 구원의 확신은 없었다. 10대가 되자 탈선하여 매일 밤 술집에 드나들기 시작했다. 날마다 술에 취하여 욕을 입에 달고 살았다. 다른 사람에게 시비를 걸고 치고받고 싸움을 하는 일이 일과가 되었다. 나에게 덤비는 사람을 쓸어버리고 술집을 난장판으로 만들고 온갖 죄악을 저지르고 다녔다. 때로는 두세 대의 순찰차가 동원되기도 하고 경찰서와 감옥을 마치 내 집처럼 드나들면서 부모님의 속을 썩이는 못된 자식이었다.

그러던 어느 날 어느 교회 전도팀이 나를 만나 복음을 전했다. 나는 구원을 받고 성령세례를 받아서 방언을 말하기 시작했다. 사실 출석했던 교회는 내가 20년 동안 방탕한 생활을 할 때 나를 거의 방치했다. 그런데 내가 방언을 한다는 소문을 듣고 출석하던 교회 목사님께서 찾아오셨다.

"형제여, 방언하는 것은 마귀 짓입니다. 그러니 방언을 중단하도록 하세요."

"목사님, 잠깐만요. 제가 죄 가운데 살았을 때 마귀가 줄 수 있는 모든 것을 받아서 못된 짓을 했지요. 방언이 마귀가 준 것이라면 왜 그때 마귀가 방언을 주지 않았을까요? 저는 마귀에게서 등을 돌리고 거듭난 후 성령으로 세례를 받기 전까지는 방언을 하지 못했습니다."

케네스 해긴Kenneth E. Hagin[27] 목사의 저서 《방언:오순절 다락방을 넘어Tongues-Beyond The Upper Room》에서 소개하는 간증이다. 거칠고 죄악으로 가득한 삶을 살았던 텍사스 출신의 이 청년은 언제 어떻게 변화되었는가?

방언을 반대하는 사람들의 4가지 견해

김동수 교수는 《방언은 고귀한 하늘의 언어》에서 방언을 적극적으로 반대하는 사람들의 견해를 4가지로 정리했다.

첫째, 현대교회에서 일어나는 방언을 비성경적이며 강신술과 동일하며 사탄적 혹은 악마적인 기원을 가진 것으로 본다.

방언을 반대하는 사람들은 방언을 마치 테러범 빈 라덴을 다루듯 한다. '방언이 비성경적이며 마귀가 준 것'이라는 주장이 과연 성경적인가? 사도들과 함께 성령을 받고 방언을 한 120명의 성도들행 2:1-4, 베드로가 전한 설교를 듣는 중 성령을 받고 방언을 한 고넬료 집에 있었던 사람들행 1:34-46, 바울 사도의 안수를 통해 방언을 한 12명의 에베소 성도들행 19:1-7은 마귀가 준 방언을 한 것인가?

[행 10:44-46] 베드로가 이 말을 할 때에 성령이 말씀 듣는 모든 사람에게 내려오시니 45 베드로와 함께 온 할례 받은 신자들이 이방인들에게도 성령 부어 주심으로 말미암아 놀라니 46 이는 방언을 말하며 하나님 높임을 들음이러라

---

27) 케네스 해긴 목사는 병약한 몸으로 태어나 기형적 심장병과 불치의 혈액병으로 죽어가던 중에 17세 때 하나님의 치유를 받은 후 70년 동안 왕성한 사역을 했다. "내 백성에게 믿음을 가르치라"는 주님의 음성을 듣고 레마바이블신학교(RBTC)를 세워 4만 명의 제자들을 배출했다. 수많은 사람을 양육하고 훈련한 그는 '믿음의 말씀 운동'의 아버지로 일컫는다.

[행 19:6-7] 바울이 그들에게 안수하매 성령이 그들에게 임하시므로 방언도 하고 예언도 하니 [7] 모두 열두 사람쯤 되니라

누구보다 많은 방언을 하는 것을 하나님께 감사하며 방언을 금하지 말라고 한 바울 사도의 가르침은 마귀적인가?

[고전 14:18;39] 내가 너희 모든 사람보다 방언을 더 말하므로 하나님께 감사하노라 … [39] 그런즉 내 형제들아 예언하기를 사모하며 방언 말하기를 금하지 말라

성경 어디에도 마귀가 주는 방언을 했다는 사례를 찾을 수 없다. 만일 마귀가 방언을 준다면 우리는 구원받기 전에 방언을 했어야 했다. 우리는 공중의 권세 잡은 자, 곧 마귀의 종노릇 하는 자들이었기 때문이다.

[엡 2:1-3] 그는 허물과 죄로 죽었던 너희를 살리셨도다 [2] 그 때에 너희는 그 가운데서 행하여 이 세상 풍조를 따르고 공중의 권세 잡은 자를 따랐으니 곧 지금 불순종의 아들들 가운데서 역사하는 영이라 [3] 전에는 우리도 다 그 가운데서 우리 육체의 욕심을 따라 지내며 육체와 마음의 원하는 것을 하여 다른 이들과 같이 본질상 진노의 자녀이었더니

특별히 오순절 교단에 속한 교회는 방언으로 기도하는 것을 강조한다. 그런데 방언을 마귀가 준 것이라는 주장은 그들을 향한 모욕이다. 그뿐만이 아니다. 전 세계 수많은 교회 성도들이 방언기도를 한다. 방언하는 이들을 강신술이나 마귀의 조정을 받는 사람으로 매도하는 것은 성령님을 근심하게 하는 일이요, 그리스도의 몸을 깨뜨리는 일이다. 무엇보다도 성경 말씀을 부정하는 심각한 위험을 초래하고 있다.

예수님께서 성령의 권능을 힘입어 사역하실 때 친족들은 어떻게 반

응했는가? 귀신들려 눈멀고 말 못하는 사람을 고치셨을 때 서기관과 바리새인들은 어떻게 반응했는가? 미쳤다고 했고, 귀신의 왕 바알세불을 힘입어 귀신을 쫓아낸다고 비난했다막 3:21-22. 오늘날 방언을 마귀적이라고 비난하는 사람들, 이들은 모두 예수님의 친족들과 서기관들, 바리새인들이 저지른 것과 똑같은 무지를 드러내고 있다.

둘째, 방언의 은사는 사도의 표지로 주어진 것이기 때문에 성경이 주어진 오늘날에는 더 이상 필요가 없는 은사라고 한다.

'방언중지설'을 주장하는 은사중지론자들은 고린도전서 12-14장의 성령의 은사, 곧 방언, 예언, 병 고침 등의 은사는 초대교회 초석을 놓기 위해 사도들에게 주어진 일시적인 은사였다고 한다. 방언도 여러 은사는 성경의 완성과 사도들의 죽음으로 그쳤다는 것이다. 그들은 성령의 은사를 사도들의 권위를 확증하는 표징으로 본다. 이런 주장은 성경을 왜곡하고 있다. 그들의 주장대로라면 사도행전 2:1-4절의 마가다락방에 있던 120명 중에서 방언을 했던 사람을 12명의 사도로 제한해야 한다.

복음주의자들도 은사중지론cessationism과 은사지속론continuationism을 주장하는 학자들로 나뉜다.

은사중지론을 주장하는 학자는 아브라함 카이퍼Abraham Kuyper, 제임스 패커James I. Packer, 앤서니 호크마Anthony Hoekema, 제임스 던James D.G.Dunn, 존 월부어J. F. Wolvoord, 메릴 엉거Merill F. Unger, 존 맥아더John MacArthur, 노만 가이슬러Norman Geisler, 리처드 개핀Richard Gaffin, 로버트 레이몬드Robert Reymond 등이 있다. 우리나라에서는 박형룡, 신복윤, 정성구, 이종윤, 서철원 이승구, 김재성 교수 등이 있다.

장로교 신학자 워필드는 성령의 은사가 그쳤으며 오늘날 일어나는 기적은 가짜 기적이라고 했다. 제임스 패커는 오늘날 사도시대의 은사들은 일어나지 않는다고 단정하였다. 미국 마스터스신학교 학장 존 맥아더는 《다른 불Strange Fire》에서, 오늘날 일어나는 은사들이 사이비요 이상한 불이라고 했다. 이런 주장을 하는 사람들은 과연 전능하신 하나님을 믿는 것일까? 마치 하나님의 손에 족쇄를 채우려는 것과 무엇이 다른가?

반면에 은사지속론을 주장하는 학자는 조나단 에드워즈Jonathan Edwards, 존 웨슬리John Wesley, 존 칼빈John Calvin, 조지 휫필드George Whitefield, 찰스 피니Charles Finney, 요한 크리스토프 블룸하르트Johann Christoph Blumhart, 마틴 로이드존스Martin LLoyd-Jones, 존 스토트John Stott, 버르카워G. C. Berkouwer, 웨인 그루뎀Wayne Grudem, 마이클 그린Michael Green, 고든 피Gordon Fee, 번 포이드레스Vern S. Poythress, 존 파이퍼John Piper 등이다. 우리나라에는 박윤선, 차영배, 안영복, 정원태, 박봉배, 조종남, 김명혁, 김영한, 오성종, 김동수 교수 등이 있다.

존 칼빈은 고린도전서 13장의 주석註釋에서 성령의 은사를 인정한다. 다만 오늘날 교회가 성령 은사에 대한 믿음이 확고하지 않아서 상실한 것으로 보았다. 조나단 에드워즈는 은사의 지속성에 대하여 대각성운동을 통하여 증언하고 있다. 화란의 복음주의자 버르카워는 《하나님의 섭리The Providence of God》에서 오순절 이후 교회에서 하나님의 권능이 점진적으로 쇠퇴한다는 언급은 성경에 없다고 했다.

은사중지론을 주장했으나 후에 다시 은사지속론자로 바뀐 학자들도 있다. 어거스틴Augustine은 사도시대 이후에는 기적이 일어나지 않는다고 주장했다. 하지만 그는 자신의 잘못된 행동과 주장을 반성하는 내용의 책을 말년에 썼다. 그 저서가 《취소Retractions》이다. 이 책에서 자신은 은사중지론을 주장했는데 이제 그 말을 취소한다고 했다. "이 시대에도 기적이 너무 많이 나타나고 있다. 모든 기적을 다 헤아릴 수도 없으며, 또한 우리가 아는 기적을 다 설명할 수도 없다." 또한 그의 저서 《하나님의 도성City of God》에서도 사도시대 이후에 있었던 수많은 기적의 실례를 들면서 "세상이 하나님을 믿도록 하기 위해서 기적이 필요하다"고 했다.

장로교 신학자인 로드만 윌리엄스Rodman Williams는 자신은 워필드의 은사중지론을 따랐으나 그것을 버렸다고 했다. "오랜 세월 동안 신약성경을 잘못 읽어온 데서 완전히 돌이켰다"고 고백했다.

제자훈련 사역자로 널리 알려진 빌 헐Bill Hull도 처음에는 성령의 은사를 인정했지만, 나중에는 은사중지론의 견해를 따랐다.

> 그토록 성령의 은사를 주장하던 나는 성령의 은사가 중단되었다고 믿는 사람이 되었다. 만일 아직도 성령의 은사들을 활용하고 있는 자들이 있다면 그들은 싸구려 연기를 하고 있거나 아니면 마귀의 도구로 전락한 자들일 것이라고 믿게 되었다.

하지만 빌 헐은 굳게 믿었던 은사중지론을 버리고 다시 은사지속론자가 되었다.

> 성경에 나와 있는 은사 중 1/3이 교회 안에서 활용될 수 없다고 믿는 교회는 무기 창고가 거의 비어있는 교회들이다. 만약 영 분별 은사, 기적 은사, 신유 은사, 방언 은사, 그리고 예언 은사를 우리의 사역에서 제외시킨다면 선택의 폭이 그만큼 줄어드는 것이다. … 왜 한 손을 뒤로 묶어 놓고 일을 하려고 하는가? 은사를 유리하게 사용할 수 있는 것은 은사주의자들뿐만 아니다. 모든 은사는 하나

님이 주신 선물인 줄 믿고 그것을 사용하기로 결심한 모든 자를 위한 것이다.

김영한[28] 박사는 〈심산 차영배 교수의 성역 40주년과 신학〉에서 은사지속론에 대해 다음과 같이 밝히고 있다.

심산이 한국 보수신학계에 크게 기여한 분야는 무엇보다도 성령론 분야라고 하겠다. 한국 보수신학계의 1세대인 박형룡과 박윤선 두 분은 구 프린스턴 학파의 영향을 받아 성령 은사의 지속성을 인정하지 않았다. 그럼으로써 한국의 보수교회와 신학은 성령의 역사를 교리적으로는 인정하면서도 오늘날 일어나는 성령의 은사를 부정하는 입장을 취하였다.

은사소멸론에 대하여 심산은 한국교회의 신앙체험의 관점에서 교의신학적으로 논의를 제기하였다. 심산은 정통 개혁신학의 기본 노선을 모두 수용하면서도 이들의 은사소멸론은 역사적인 개혁교회의 구체적인 신앙경험에 부합하지 않는 것을 지적하고자 하였다. 더욱이 심산이 미국의 개핀 교수와 신학적으로 논쟁한 것은 잘 알려진 일이다. 그럼으로써 한국 보수신학이 이제 더 이상 미국 교회와 신학에 종속한다는 신학적 종속의식을 극복하는 데도 기여하였다.

심산의 성령론의 이러한 주장은 새로운 주장이라고 하기보다는 교회사의 진행에서 잊어버린 개혁신학의 성령론을 재발견하는 것이었다.

오늘날에도 세계 교회와 한국교회 안에서 건전한 성령의 역사와 은사예언과 방언과 각종 병 고침 등가 일어나고 있다. 은사소멸론은 성령의 생동적 역사와 은사를 체험한 뜨거운 평신도들, 젊은 교역자들과 목회자들의 목회현장의 경험과는 맞지 아니한 것이다. 은사소멸론은 한국교회의 풍토에 맞지 아니한 서구적 신학 산물이라고 볼 수 있다. 심산의 성령론은 그 근본에 있어서는 정통적 성령론과 다른 것이 하나도 없다. 단지 심산은 성령 사역의 지속성과 하나님의 은총의

28) 김영한 박사는 서울대학교를 졸업하고 독일 하이델베르크대학교에서 철학박사(Ph.D.)와 신학박사(Th.D.)를 취득했다. 한국개혁신학회를 창립하고 회장을 역임했고, 총신대학교 신학대학원 교수와 숭실대학교 기독교학대학원장을 지냈다. 현재 기독교학술원장을 맡고 있다.

연속성을 강조하고자 했다. 이러한 성령론 때문에 심산은 처음에는 보수신학계 내에서도 오순절 신학을 수용한다고 많은 비난을 받았다.

그는 총신대학교 신학대학원 재직시절 박윤선 박사와 자주 성령론에 대하여 토의했다. 심산이 피력한 성령의 현재적 역사에 대한 뜨거운 신학적 증언은 차츰 박윤선 박사의 입장을 은사지속론에 대하여 열도록 만들었다. 그리하여 노년의 박윤선 박사는 성령론에 관해서 만큼은 심산의 은사지속론을 수용하기에 이르렀다.

복음주의 한국 대표 신학자로서 은사중지론을 주장했던 박윤선 박사도 은사지속론을 수용하는 입장으로 바뀌었다. 성경주석 수정 증보판에서 "방언에 대하여"라는 특별참고가 추가되었다. 성령의 역사로 말미암은 방언이 없다고 단언할 수 없으며, 성경 기록의 계시 은사를 제외한 모든 은사는 지속된다는 견해를 밝혔다.

자유주의 신학자들은 성경에 기록된 기사와 표적을 부정한다. 그들은 기적을 이성으로 해석한다. 복음주의자들 가운데 은사중지론자들은 성경에 기록된 기사나 표적은 믿는다. 하지만 더 이상 그런 기사와 표적이 일어나지 않는다고 주장한다. 그렇다면 그들의 주장이 자유주의 신학자들에 비해 더 나은 것이 무엇인가? 우리는 성경을 편견 없이 그대로 믿어야 한다.

나사렛 사람들은 편견에 갇혀 예수님을 배척했다. 우매한 그들은 예수님을 동네 밖으로 쫓아내고 낭떠러지까지 끌고 가서 밀쳐 떨어뜨리려고 했다눅 4:14-30. 오늘날 성령님은 신학적 편견에 감금되어 있다. 은사중지론자들은 편견과 불신앙의 쇠고랑으로 성령님을 꽁꽁 묶어 놓았다.

어떤 그리스도인은 어거스틴이나 로드만 윌리엄스, 빌 헐, 박윤선 박사처럼 자신의 신학이나 편견에 갇혀서 성령세례와 성령의 은사를 부정한다. 그러다가 갑자기 성령세례를 받고 방언을 체험하고 나면 입장이 바뀐다.

방언중지설을 주장하는 사람들이 인용하는 성경 구절이 고린도전서 13:10절의 "온전한 것이 올 때에는"과 13:8절의 "방언도 그치고"이다.

[고전 13:8-10] 사랑은 언제까지나 떨어지지 아니하되 예언도 폐하고 방언도 그치고 지식도 폐하리라 9 우리는 부분적으로 알고 부분적으로 예언하니 10 온전한 것이 올 때에는 부분적으로 하던 것이 폐하리라

10절의 "온전한 것이 올 때"는 무엇을 말하는가? 은사중지론자들, 특히 세대주의자들은 정경 완성의 때라고 한다. 그러나 유진 피터슨은 《메시지성경》에서 이 구절을 이렇게 번역했다.

[고전 13:10] 그러나 완전하신 그분이 오시면 우리의 불완전한 것들을 없애 주실 것입니다

12절의 말씀을 보면 "온전한 것이 올 때"가 언제인지 분명해진다.

[고전 13:12] 우리가 지금은 거울로 보는 것같이 희미하나 그때에는 얼굴과 얼굴을 대하여 볼 것이요 지금은 내가 부분적으로 아나 그때에는 주께서 나를 아신 것 같이 내가 온전히 알리라

12절의 "그때"는 정경 완성의 때가 아니다. 예수님의 재림을 말한다. 성령의 은사는 예수님께서 재림하실 때까지 계속된다.

[막 16:17] 믿는 자들에게는 이런 표적이 따르리니 곧 그들이 내 이름으로 귀신을 쫓아내며 새 방언을 말하며

마가복음 16:17-18절에서 예수 그리스도를 믿는 자들에게 다섯 가지 초자연적인 표적이 따를 것인데 그중 하나가 '새 방언을 말하는 것'이다. 방언 앞에 '새로운'이라는 수식어는 방언이 성령에 의해 주어지는 새 언어이기 때문이다. 방언은 자신이 전혀 모르는 언어를 성령의 권능으로 말하는 것이다. 배우지 않고 새로운 언어를 말한다는 것은 기적 중의 기적이다.

셋째, 방언을 사회적으로 낮은 계층 사람들의 말로 표현하지 못하는 억울한 감정이 심리적으로 불안한 상태에서 나오는 하소연으로 본다.

바울 사도는 당대 최고의 석학이었다. 바울은 "내가 너희 모든 사람보다 방언을 더 말하므로 하나님께 감사하노라"고전 14:18고 했다. 누가는 어떤가? 사도행전에서 방언에 대해 소상하게 밝히는 누가 역시 의사로서 학식을 갖춘 지성인이었다.

문봉주[29] 전 대사는 《새벽형 크리스천》에서 다음과 같이 간증을 한다.

> 내가 기도하기 너무 힘들어하자, 집사람은 예언의 은사를 받은 분이 있는데 한 번 같이 기도해 보지 않겠냐며 넌지시 말을 내비쳤다. 사실 나는 방언기도나 예언의 은사를 굉장히 싫어하던 사람 중의 하나였다. 지식인이 점잖지 못하게 따따부따한다는 것 자체가 맘에 안 들었고, 예언 자체가 하나님의 은사라기보다는 점쟁이처럼 여겨졌기 때문이다. 하지만 기도에 대한 마음이 코가 석 자나 빠질 만큼 갈급하니까 얼른 모셔오라고 말했다.

29) 문봉주 전 대사는 서울대학교 외교학과를 졸업하고, 중국 공사, 뉴질랜드 대사, 주미 정무 공사, 본부 대사를 역임했다. 일본 선교사로 파송 받아 현재 동경온누리교회를 담임하고 있다.

며칠 뒤 예언의 은사를 받은 박경림 집사님이 대사관저에 오셨다. 그분은 자리에 앉으시자마자 대뜸 내게 물으셨다.

"방언기도 하세요?"

기도를 어떻게 하는 것인지 몰라서, 기도해도 마음에 열매 맺는 게 없어 이렇게 애를 태우고 기도하고 있는데 방언기도를 하느냐니. 이미 사정을 듣고 왔을 텐데도 모른 척하는 게 아닌가 싶어서 나는 좀 퉁명스럽게 대꾸했다.

"아니요."

"방언의 은사를 받고도 사용하지 않으면 잊어버리거든요. 가만히 생각해 보세요. 혹시 방언의 은사를 받은 적이 없는지."

그분의 말을 듣고 나서 보니까, 대학 졸업하고 군에 있을 때 방언기도 비슷한 것을 했던 기억이 났다. 군에 있을 때 부흥회에 갔다가 엉겁결에 안수기도를 받았다. 목사님이 안수기도를 해 주시는데 내 입에서 나도 모르는 이상한 소리가 났었다.

"그런데 그 뒤로는 한 번도 해 보지 않았는데요, 어쩌죠?"

"그러면 할 수 있어요. 성령님은 한 번 찾아오시면 절대 떠나지 않으시니까."

그분과 나는 함께 기도하기 시작했다. 얼마쯤 지났을까. 갑자기 혀가 나도 모르게 움찔댔다. 어떤 힘에 이끌려 혓바닥이 춤을 추었다. 아바 아바 랄렐 룰…. 나도 모르는 말들이 쏟아져 나왔다.

방언이 터져 나온 것이다. 오 주님! 제가 그렇게 하고 싶었던 기도입니까? 위암을 고쳐 주셨을 때도 깨닫지 못했던 성령님의 인도하심을 받는 기도입니까? 나는 속으로 몇 번이나 하나님께 물어보았는지 모른다. 내 얼굴은 삽시간에 눈물과 콧물 범벅이 되었다. 눈물이 쉴 새 없이 뺨을 타고 흘러내렸다.

함께 기도하는 중간중간 그분이 내 방언기도를 통역해 주셨을 때는 더 깜짝 놀랐다. 내 방언기도는 내가 이제까지 살아왔던 날에 대한 기록이었다. 그냥 내 인생의 대표적인 명장면 몇 개가 후딱 지나가는 게 아니었다. 그야말로 세밀하게 내 모든 존재 기록이 몽땅 쏟아져 나오는 게 아닌가. 마치 누군가 내 삶을 통째로 고스란히 저장해 놓았다가 다시 되감아 보여주고 있는 듯한 느낌이랄까.

누구보다 아껴주고 살갑게 지내야 할 아내를 숨 막히는 고통의 나락으로 몰아넣었던 일, 모태 신앙이었지만 마흔두 살이 되도록 주일 새벽까지 술에 취해 돌아다니면서도 아무 거리낌 없는 선데이 크리스천으로 살았던 일, 하나님을 열심히 믿겠다고 결심했지만, 여전히 냉랭한 가슴을 쓰다듬던 일, 하나님이 죽을병을 고쳐 주시고 말씀의 은사를 주셨는데도 여전히 불평했던 일, 말씀을 가르치면서도 이 정도면 평신도로서 주의 일을 가장 열심히 하고 있다고 착각했던 일까지 모든 죄를 방언을 통해 토해내고 있었다.

교회 안에는 학력, 지위, 신분, 나이와 상관없이 방언하는 사람들이 많다. 그런데도 방언을 심리학적 혹은 사회학적으로 분석하여 밑바닥 인생을 사는 민초들의 아우성으로 본다. 심지어 방언을 불안정한 심리 상태에서 나타나는 하소연으로 본다. 과연 설득력 있는 주장인가? 이런 주장이 얼마나 세속적이고 성경에 반하는 견해인가? 어느 책에서 읽은 글귀가 생각난다.

"제발 그런 말을 하는 입을 비누로 깨끗하게 씻고 그런 잘못된 신학적 편견은 용광로에 던져 버리세요."

넷째, 어떤 분들은 모든 은사는 하찮은 것이고 사랑이 최고의 은사라고 고린도전서 12:31절을 들어 주장한다.

바울 사도는 여러 은사 중에 사랑이 최고의 은사라고 제시했다는 것이다. 그러나 성경의 문맥을 살펴본다면 이런 주장이 옳지 않음을 알 수 있다.

[고전 12:31] 너희는 더욱 큰 은사를 사모하라 내가 또한 가장 좋은 길을 너희에게 보이리라

"더 큰 은사를 사모하라"는 12장의 결론이고, "가장 좋은 길을 너희

에게 보이리라"는 13장의 시작이라는 것이 일반적인 견해다. 참고로 원문 성경은 장章과 절節이 나누어져 있지 않다.

바울 사도는 두 가지를 당부하고 있다. 현재의 은사에 만족하지 말고 '더 큰 은사를 사모하라'는 것과 '모든 은사를 사랑으로 사용하라'는 당부이다. 고린도전서 13장에 나오는 '사랑'은 성령의 은사가 아니라 성령의 열매다. 성령의 모든 은사는 사랑의 등에 업혀야 한다.

영적인 일은 영적으로 분별할 수 있다

목회자들 사이에서 성령론에 관한 토론은 금기 사항으로 여긴다. 특히 방언에 대해서는 핏대를 올리며 서로의 주장을 굽히지 않아서 얼굴을 붉히며 논쟁하는 경우도 있다. 그런데 방언을 극도로 반대하는 사람도 방언을 체험하고 나면 태도가 달라진다.

[고전 14:38] 만일 누구든지 알지 못하면 그는 알지 못한 자니라

"알지 못하다"의 아그노에오(ἀΥνοέω)는 '경험이 없어 무지한 것'을 말한다. 이 단어는 기노스코(Υινώσκω :요 1:48)에서 유래했으며, 기네스코는 '경험을 통해 아는 것'을 뜻한다. 구약성경에서 "알다"호 6:3의 히브리어 야다(יָדַע)도 역시 '경험을 통해 아는 것'을 말한다.

[고전 2:13–14] 우리가 이것을 말하거니와 사람의 지혜가 가르친 말로 아니하고
오직 성령께서 가르치신 것으로 하니 영적인 일은 영적인 것으로 분별하느니라
14 육에 속한 사람은 하나님의 성령의 일들을 받지 아니하나니 이는 그것들이 그
에게는 어리석게 보임이요, 또 그는 그것들을 알 수도 없나니 그러한 일은 영적으
로 분별되기 때문이라

누구든지 성령의 은사를 체험하지 않고는 성령의 은혜를 결코 알 수 없다. 육에 속한 눈에는 성령의 은혜를 체험한 사람이 어리석게 보인다. 하지만 누가 어리석은 사람인가?

계몽주의[30] 사상은 교회를 무너뜨렸다. 18세기 유럽에서 시작된 계몽주의는 서구문화를 세속적으로 바꾸어 놓았다. 인간의 이성을 강조하는 계몽주의 철학사상은 자유주의 신학을 탄생시켰다. 자유주의 신학은 성령의 권능으로 나타난 기적과 표적을 모두 제거해 버렸다. 성경에 기록된 사건을 그대로 보지 않고 자신의 입맛에 맞게 요리했다. 그 결과 사람들로 하여금 교회를 등지게 했다.

계몽주의 사상을 전략적으로 이용했던 사탄은 지금도 육신의 생각, 곧 인간의 이성을 통해 방언을 하찮게 취급한다. 방언을 그저 알아들을 수 없는 시끄러운 말로 여긴다. 얄팍한 지식과 이성으로 방언의 은사를 무시하고 우습게 여기고 있다. 방언은 무시되고 조롱받는 은사, 전혀 중요하지 않은 하찮은 은사로 전락했다. 하지만 육신의 생각은 하나님과 원수가 된다는 것을 기억해야 할 것이다. 방언은 성령의 언어다.

[롬 8:5–8] 육신을 따르는 자는 육신의 일을, 영을 따르는 자는 영의 일을 생각하나니 6 육신의 생각은 사망이요 영의 생각은 생명과 평안이니라 7 육신의 생각은 하나님과 원수가 되나니 이는 하나님의 법에 굴복하지 아니할 뿐 아니라 할 수도 없음이라 8 육신에 있는 자들은 하나님을 기쁘시게 할 수 없느니라

---

30) 계몽주의(啓蒙主義) 사상에서 인간의 이성은 모든 이해와 판단의 기준이다. 그러므로 더 이상 신에게 의존하지 않고 스스로 이해하고 판단해야 한다. 결국 계몽주의는 성경의 권위와 초자연적 기적을 부정했으며, 기독교 정통신학에 반하는 자유주의 신학 사상의 배경이 되었다.

방언기도는 다양한 유익과 신비한 권능이 있다. 방언에 대한 바울 사도의 견해는 어떤가? 사도 바울은 누구보다도 방언의 가치와 유익을 누렸다. 그래서 방언을 적극적으로 권장한다.

[고전 14:5] 나는 너희가 다 방언 말하기를 원하나 …

[고전 14:18] 내가 너희 모든 사람보다 방언을 더 말하므로 하나님께 감사하노라

[고전 14:39] 그런즉 내 형제들아 예언하기를 사모하며 방언 말하기를 금하지 말라

누구의 말씀인가? 사람의 의견을 따를 것인가, 하나님의 말씀을 따를 것인가?

김우현[31] 감독은 《하늘의 언어》에서 케임브리지대학 데이비드 포드 David Ford 교수와 인터뷰 내용을 소개했다.

"나도 날마다 방언으로 기도합니다. 방언을 통해서 깊은 하나님의 임재와 통찰력을 얻지요."

세계 최고 지성의 입에서 이런 말이 나올 줄은 정말 몰랐다고 한다.

나는 방언을 주제로 논쟁을 벌이는 것을 거부한다. 이런 논쟁은 견고한 담을 쌓는다. 논쟁이 길어질수록 공감은 없고 감정의 거리는 점점 멀어진다. 앞서 언급한 방언을 반대하는 사람들의 주장은 논쟁할 가치도 없는 것들이다. 시간과 에너지를 빨아 먹는 이런 쓸데없는 논쟁은 번제단 위에 올려놓아야 한다.

---

31) 김우현 감독은 KBS 〈인간극장〉 '친구와 하모니카'로 한국방송대상을 수상했고, KBS 〈현장르포 제3지대〉 28편, 〈인간극장〉 15편을 연출했다. 다큐북 《팔복1: 가난한 자는 복이 있나니》, 《팔복2: 애통하는 자는 복이 있나니》 등을 제작했다.

이성과 지성으로 방언을 이해하려는 것은 어리석은 일이다. 방언을 아는 확실한 지름길은 성령세례를 받고 방언을 경험하는 것이다. 방언의 유익과 신비한 능력을 경험하지 못했다면 누구도 방언을 평가할 자격이 없다.

방언은 성령님께서 선물로 주신 영적 언어다. 방언은 특정한 시대, 특정한 사람들의 것이 아니다. 하나님의 자녀에게 주시는 선물로써 주님 오실 때까지 누려야 할 유산이다. "방언 말하기를 금하지 말라"고전 14:39. 누구의 명령인가?

3장

상상할 수 없는 유익을 주는 방언

아내는 이상하게 토요일과 주일이면 그렇게 신경질을 부렸다. 아니 신경질이 난다는 것이었다. 그 신경질을 누구에게 풀겠는가? 그래서 나는 다른 것은 다 괜찮은데 결혼 하나는 잘못했다고 생각했다. 이런 아내와 평생을 살아야 한다고 생각하니 답답했다. 새벽기도회에 가려고 깨워도 일어나지 않아서 혼자서 간 적도 많다. 설령 새벽기도회에 함께 나가도 5분이나 10분이 지나면 벌써 자리에서 사라지고 없었다. 교인들 보기도 미안해서 아내에게 이야기했다.

"여보, 아무리 그래도 사모가 기도를 좀 오래 해야 하지 않겠소?"

"기도, 그렇게 오래 할 것 뭐 있어요. 하나님은 모든 것 다 아시는데 '하나님, 다 아시지요. 하나님께서 모든 것 알아서 다 해결해 주세요' 이렇게 인사하고 들어오면 되지 않나요?"

이런 아내가 정말 답답했다. 그런데 아무리 고함을 질러도, 목사인 나와 함께 살아도 바뀌지 않던 아내가 방언을 하고 난 후 180도 바뀌었다. 나는 결혼을 새로 한 줄 알았다. 우리 두 아이도 엄마가 바뀌었다고 했다. 아내의 이런 변화는 내 목회에서 새로운 길을 가게 하는 분기점이 되었다.

"도대체 방언이 무엇이냐? 나도 방언을 하고 있지만, 도대체 방언이 무엇이

기에 사람이 이렇게 바뀌는가?"

그래서 나는 하나님께 "우리 웅천교회에 방언을 하는 사람 50명을 주세요" 라고 기도했다. 성도들이 방언을 받고 나면 변했다. 114년 된 시골 교회가 생동감 있고 건강한 교회로 바뀌었다. 10명 정도 모이던 기도회가 300여 명이 모이는 일도 있었다. 특별히 온갖 기적과 표적이 나타났다. 척추측만증 환자가 치유되고, 소경과 귀머거리가 치유되었다. 틀니가 변하여 자기 치아가 되기도 하고, 빠져서 없던 곳에 치아가 새로 나오는 기적이 일어났다. 만일 다른 사람들을 통해 이런 이야기를 전해 들었다면 나는 거부하고 믿지 않았을 것이다. 하지만 내가 직접 보게 되니 믿을 수밖에 없었다. 교회 성장을 꿈꿀 수 없는 시골 교회가 기적과 표적이 나타나고 소문이 퍼지니 교회 부흥도 일어났다.

진해 웅천교회를 담임하는 오성한 목사의 간증이다. 방언은 신앙생활에 어떤 유익이 있을까? 성령세례를 통하여 주어지는 방언은 우리가 상상할 수 없는 놀라운 유익을 준다. 그러나 방언을 체험한 후 방언으로 기도하지 않는 분들이 많다. 만일 방언을 활용하고 있지 않다면 영적으로 큰 손해를 보고 있는 것이다.

방언은 성령의 갖가지 은사가 시작되는 문이다

이재철[32] 목사는 저서 《새신자반》에서 자신의 간증을 다음과 같이 소개하고 있다.

신학교에 입학할 때까지 나는 방언을 하지 못했다. 아주 오래전에 어떤 기도원에 갔다가 "개도하는 방언 사람이 못하면 개만도 못하다"는 말을 듣고 개가 되

32) 이재철 목사는 한국외국어대학교와 장로회신학대학교 신학대학원을 졸업했다. 1974년 기독 출판사 홍성사를 설립했고, 주님의교회와 스위스 제네바한인교회, 한국기독교선교100주년기념교회 담임 목사를 역임했다.

지 않으려고 밤새도록 방언 조교의 인도를 따라 "라라라 …"를 되풀이하며 혀 굴리는 연습을 했지만 끝내 실패하고 말았다. 그 후에는 방언의 필요성을 느껴 본 적이 없었다.

그러나 신학교에 입학한 뒤 어느 날 고린도전서 12장에 나타난 성령의 은사를 읽다가 생각이 바뀌었다. 성령의 은사를 경험해 보지도 않고 그 내용에 대한 성경 공부를 인도할 수는 없을 것 같아서였다. 나는 학교 기도탑으로 올라갔다. 1인용 기도 골방에 무릎을 꿇은 나는, 앞으로 고린도전서 12장을 누구에게든 가르칠 수 있도록 방언을 내려 달라고 조용히 기도드렸다. 그 순간 갑자기 혀끝이 말려 올라가더니 방언이 터졌다. 그리고 그날 이후 갖가지 성령의 은사가 나타나기 시작했다.

데이브 로버슨 목사는 "방언은 갖가지 성령의 은사로 통하는 문"이라고 했다. 프레드릭 프라이스 박사도 "방언은 권능의 영역으로 인도하는 안내자요 문"이라고 했다.

방언은 우리의 믿음을 든든히 세워준다

방언은 내 믿음을 세우는 능력의 원천이다. 방언으로 기도할 때 우리 믿음은 견고해진다. 바울 사도는 방언의 유익을 다음과 같이 말한다.

[유 1:20] 사랑하는 자들아 너희는 너희의 지극히 거룩한 믿음 위에 자신을 세우며 성령으로 기도하며

[고전 14:4] 방언을 말하는 자는 자기의 덕을 세우고 예언하는 자는 교회의 덕을 세우나니

흠정역KJV에서는 고린도전서 14:4절을 "알지 못하는 언어로 말하는 자는 자기를 세우나 대언하는 자는 교회를 세우느니라"고 번역했다. 세

우다οἰκοδομέω오이코도메오는 건축하다build up의 뜻이 있다.

건물을 든든하게 세우기 위해서 무엇이 필요할까? 든든한 기초와 기둥이다. 방언은 내 신앙의 토대 위에 하나님의 성전고전 3:16을 세우는 기둥과 같은 역할을 한다.

방언기도는 담대한 믿음을 갖게 한다

나는 2001년 어느 날 "변화를 위한 권능"이란 제목으로 방언에 대해 메시지를 전했다.

"만약 여러분이 납치범들에게 납치된다면 그들을 두려워하지 마십시오. 협상도 하지 마십시오. 납치범들에게 '자, 이제 갑시다'라고 말하십시오. 그 사람들이 여러분을 데리고 가고 있을 때 방언으로 말하십시오. 그들이 여러분에게 '입 닥쳐! 그렇지 않으면 …'이라고 말하면 방언으로 그들에게 대답하십시오. 그러면 여러분은 반드시 승리를 거둘 것입니다."

이 메시지를 전한 지 얼마 안 되어서 그 설교를 들었던 우리 교회의 한 젊은 숙녀가 납치당했다. 납치범들이 그녀를 데리고 갈 때 내가 전한 메시지를 기억하고는 방언으로 크게 말하기 시작했다. 납치범들은 몇 차례나 입을 다물지 않으면 죽이겠다고 위협했지만, 더 큰 소리로 방언을 했다. 그렇게 했을 때 절망적인 상황임에도 불구하고 그녀는 점점 더 담대해졌다.

그녀는 납치범들이 차를 멈추고는 문을 열어 놓은 채 도망쳤다는 사실을 나중에 알게 되었다. 하나님께 영광을 돌린다.

《방언의 능력The Power of Tongues》의 저자 크리스 오야킬로메Chris Oyakhilome[33] 목사의 간증이다. 방언기도는 모든 두려움을 멈추게 하고

---

33) 크리스 오야킬로메 목사는 치유사역자, 베스트셀러 저자이며 TV 방송국을 세워 아프리카와 유럽, 북미 지역에 복음을 전하고 있다. 담임하고 있는 그리스도대사교회는 아프리카에서 가장 큰 교회이다. 현재 그리스도 대사 교단(Christ Embassy Church)의 총재로

담대함을 준다. 방언은 속사람을 강하게 세워 대적자에 대한 지배권을 갖게 한다. 방언기도는 믿음을 든든히 세워 우리를 영적 거인으로 만든다.

방언기도는 성령의 권능을 작동하게 한다

다음은 방언기도를 통하여 암에서 벗어난 분의 간증이다.

> 나는 수년 동안 몸의 종양으로 인해 고통을 당하고 있었다. 그 혹은 점점 자라서 주먹만큼이나 커졌다. 방언의 능력에 대한 메시지를 듣고 난 후 손을 종양에 얹고 방언으로 기도하기 시작했다. 날마다 방언으로 기도하자 혹은 점점 줄어들기 시작했다. 며칠이 지난 후 그 종양은 내 몸에서 완전히 사라졌다.

방언으로 기도할 때 우리 안에 있는 권능이 표적으로 표출된다. 김우현 감독은 방언기도 가운데 나타난 표적들을 소개한다.

> 더욱 놀란 것은 방언하는 가운데 일어난 일들이다. 방언을 하며 어떤 이는 치유를 경험했고, 이혼을 앞두고 거의 절망 가운데 있다가 하나님을 만나고 다시 가정을 회복하겠노라고 다짐하는 분이 있는가 하면, 오랫동안 사로잡고 있던 귀신이 떠나가는 역사가 일어나기도 했다. 묶임에서 해방된 청년은 감격하여 울며 찬양했다. 한순간에 아버지의 사랑이 우리를 모두 뒤덮어버린 것이다. 예측할 수 없었던 역사를 목격하고 가장 놀란 것은 바로 나였다.

필자 역시 방언을 통하여 따르는 표적을 경험했다. 선교사로 사역하고 있을 때다. 어느 날 옆집 아저씨가 찾아왔다.

활동하고 있으며 매월 발행하는 묵상집 《말씀의 실재》는 552개 언어로 번역되어 242개 나라에서 발행되고 있다.

"목사님, 제 동생이 공무원인데 행방불명이 되었어요. 2주 동안 찾지 못하고 있습니다. 기도해 주세요."

천주교 신자인 그분이 내게 와서 기도를 부탁하고 돌아갔다. 그렇게 하겠다고 대답하고 틈틈이 기도했다. 며칠이 지나서 다시 찾아왔다.

"목사님, 제 동생이 병원에서 식물인간으로 발견되었습니다. 퇴근 후 귀가 중에 강도를 만나 지갑을 빼앗겼기 때문에 그동안 찾을 수가 없었습니다. 동생을 병원에서 집으로 데리고 왔는데 가서 기도해 주실 수 있겠습니까?"

한 시간 정도 차를 타고 방문했을 때 그분의 동생은 아무 의식이 없이 누워있었다.

"함께 기도합시다."

가족과 함께 기도를 시작했다. 현지어인 타갈로그어와 영어를 섞어 가며 한참을 기도했다. 언어의 장벽 때문에 답답하기만 할 뿐 마음이 시원치가 않았다. 그래서 방언으로 기도하기 시작했다.

"오, 아바 라싸 켈라 세켈라 … "

방언으로 한참을 기도하다 눈을 떴을 때 모두 빠져나가고 아무도 없었다. 아마 한국에서 온 선교사가 기도하면 금방 놀라운 결과가 나타날 줄 알았는데 기다려도 아무런 표적도 없자 실망하고 그 자리를 빠져나간 것이다. 더구나 알아듣지도 못한 말을 듣고 있자니 몹시 지루했나 보다.

"한참을 기도했는데 이제 나도 그만 일어설까?"

하지만 식물인간으로 누워있는 그 사람이 불쌍해서 그냥 일어설 수가 없었다. 눈물을 흘리며 방언으로 기도하기를 계속했다.

"오, 아바 라싸 켈라 세켈라 … "

온몸이 땀에 젖도록 두 시간 이상을 기도했다. 아무런 일도 일어나지 않았다. 그 집 형편을 보고 그냥 올 수 없어서 쌀 한 가마니를 사다 주었다. 동행했던 옆집 아저씨는 동생 집에 더 있다 오겠다고 했다. 혼자서 운전하며 집으로 돌아오는 내 마음은 허탈감으로 가득 차 있었다. 영적으로 무능한 내가 밉기까지 했다.

"이럴 때 하나님께서 내 체면을 좀 세워주시면 얼마나 좋아?"

온몸이 땀에 젖도록 한 기도에 아무런 보상도 해주시지 않은 하나님에 대한 서운함 때문에 마음이 편치 않았다. 그렇게 아무런 열매도 없이 한나절이 가고 밤이 돼서야 집에 도착했다.

다음날 이른 아침, 옆집 아저씨가 헐레벌떡 뛰어왔다. 숨도 제대로 쉬지 못하고 나를 불렀다.

"목사님…, 목사님…, 목사님…"

"아니, 왜 그러세요?"

"목사님, 제 동생이 아침에 깨어나 식사를 했습니다."

"……"

"목사님께서 기도해 주셔서 제 동생이 깨어났습니다."

수많은 의문이 꼬리에 꼬리를 물었다.

"방언기도의 응답?"

"그렇다면 왜 어제 깨어나지 않고 오늘 아침에?"

나는 반신반의했다. 그리고 몇 주가 지났다. 가까이 지내는 현지인 목사가 대형 체육관을 빌려서 치유집회를 한다고 나를 초대했다.

설교를 마치고 나와 호주 출신 선교사를 소개한 후 병든 사람은 앞으로 나오라고 했다. 그런데 내 앞에 나온 사람은 들것에 실려 온 중풍병자였다. 걱정과 두려움이 큰 파도처럼 몰려왔다.

"아이고, 하나님! 어떻게 중풍병자를 나에게 …, 하나님, 이럴 때는 어떻게 해야 합니까?"

나는 누워있는 중풍병자 머리에 손을 얹고 방언으로 기도하기 시작했다. 솔직히 방언을 멈추고 싶지 않았다. 눈을 뜨기가 겁이 났다. 그렇다고 대기자가 줄을 잇고 있는데 그 환자만 붙들고 있을 수 없었다. 방언기도를 마친 후 그 환자에게 소리쳤다.

"예수 그리스도 이름으로 명하노니 일어나라!"

누워있던 환자가 일어나 앉았다.

"예수 그리스도 이름으로 일어나 걸으라!"

중풍병자는 쓰러질 듯 겨우 일어났다. 비틀거리며 강단을 걷다가 뛰기 시작했다. 하나님께서는 그날 반신반의하는 나에게 방언기도의 능력을 확인시켜 주셨다. 전혀 예측하지 못했던 방언의 능력을 목격하고 가장 놀란 사람은 바로 나였다.

필자의 사역에서 환자를 위해 방언으로 기도할 때 곧바로 나타난 표적도 있었지만, 하루나 이틀 후에 치유가 나타나기도 했다. 어떤 경우에는 한두 주 후에 나타난 치유도 있었다.

크리스 목사는 "자신의 삶 가운데 하나님의 영광을 진정으로 보기 원한다면, 현재 가지고 있는 것보다 더 큰 축복을 원한다면, 이전에 해오던 것보다 더 많이 방언으로 기도하라"고 당부한다.

방언기도는 하나님과 나누는 비밀 대화다

우리는 대화할 때는 주로 한국어를 사용한다. 하지만 미국 사람과 대화할 때는 영어를 사용한다. 하나님과 효과적으로 소통하기 위해서는 영적인 언어가 필요하다. 방언은 하나님과 소통하는 성령의 언어다.

> [고전 14:2] 방언을 말하는 자는 사람에게 하지 아니하고 하나님께 하나니 이는 알아듣는 자가 없고 영으로 비밀을 말함이라

존 비비어 목사는 방언을 하나님과 우리가 나누는 비밀 대화라고 했다. 방언은 '영적 대화'divine communication로 사탄이 알아듣지 못하도록 영으로 기도하게 하신 하나님의 전략이라는 것이다.

다니엘이 이스라엘 회복을 위해 간절히 기도할 때 하나님께서는 즉시 응답하셨다. 그런데 '바사국 군'이라는 악한 영들이 다니엘의 기도를 듣고 응답을 막았다. 사탄의 방해 때문에 기도응답이 21일이나 늦어졌다. 이 사실을 하나님께서 보낸 천사가 다니엘에게 전해주었다.

하나님께서는 우리 기도를 사탄이 엿듣고 방해하지 못하도록 방언으로 기도하게 하셨다. 이 얼마나 놀라운 하나님의 전략인가? 방언은 하나님과 나만의 비밀 대화이다.

> [고전 14:14] 내가 만일 방언으로 기도하면 나의 영이 기도하거니와 나의 마음은 열매를 맺지 못하리라

어느 선교사의 고백이다. 중학생 때 방언을 받았다. 그때부터 꾸준히 방언기도를 계속했다. 의과대학에 진학하여 모든 과정을 마치고 전문의가 되었다. 뒷바라지해 주신 홀어머니를 모시고 신앙생활도 성실하게 잘했다.

그러던 어느 날, 홀어머니를 남겨 두고 아프리카 선교사로 헌신했다. 열악한 환경에서 선교사로 사는 것은 불편하고 힘들었다. 그럴 때마다 불평이 터져 나왔다.

"왜 내가 고향과 어머니를 등지고 아프리카에 와서 이 고생을 하고 있지?"

몇 개월 사이에 일어난 일들을 뒤돌아볼 때 자신도 이해할 수 없었다. 고국이 그립고 홀로 계신 어머니도 너무 보고 싶었다.

그러던 어느 날 다른 선교사들과 함께 모여 기도하다가 깜짝 놀랐다.

"너는 중학교 때부터 아프리카의 불쌍한 사람을 돕겠다고 내게 기도해 오지 않았느냐?"

다른 선교사가 방언을 통역했다. 방언 통역을 듣고 깜짝 놀라 자신의 방언을 통역해 준 동료 선교사에게 대꾸했다.

"무슨 말을 하는 것입니까? 아닙니다. 나는 그런 기도를 한 적이 없습니다."

"그러면 다시 방언으로 기도해 보세요."

다시 방언으로 기도했다. 그리고 방언 통역을 통해서 자신이 어느 주일 아프리카 선교사의 보고를 듣고 난 후, 아프리카 사람을 돕겠다고 방언으로 오랫동안 기도한 것이다. 만일 그렇게 기도하는 것을 알았다면 어땠을까? 화들짝 놀라서 그런 기도를 하지 않았을 것이다. 이후 이 선교사는 기쁨으로 사역을 감당했다.

방언은 "성령의 말하게 하심을 따라"행 2:4하는 기도이다. "영으로 말한다", "나의 영이 기도한다"는 것은 무슨 뜻일까? 나의 영이 내 안에 계신 성령님으로 말미암아 기도하는 것을 말한다. 하나님은 영이시다. 내가 방언으로 기도할 때 나의 영은 하나님과 직접 접촉한다. 방언기도는 우리가 하나님과 대화하는 초자연적인 수단이다.

다음은 《방언체험Hidden Power of Speaking in Tongues》의 저자 마헤쉬 차브다Mahesh Chavda[34] 목사의 간증이다.

나는 목회자를 위한 세미나를 인도한 후 점심을 먹기 위해 식당에 갔다. 사람들이 한꺼번에 몰려서 식당은 많이 붐볐다. 그래서 방언으로 기도하며 순서를 기다리고 있었다. 마음은 차분해지고 평안함이 찾아왔다. 그때 손님의 요구 사항을 들어주느라고 정신없이 뛰어다니는 한 여자 종업원이 내 눈에 들어왔다. 계속해서 방언으로 기도하고 있을 때 다섯 살쯤 되어 보이는 어떤 남자아이가 신장 투석기를 달고 있는 영상이 보이기 시작했다. 좀 더 방언으로 기도하자 그 꼬마가 여자 종업원 아들이라는 것도 깨닫게 되었다.

식사가 끝날 무렵에 그 여자 종업원을 조용히 불렀다. 그 종업원은 행여나 서비스에 불만을 품고 자기를 부르는 줄 알고 다소 불안해했다.

"나는 전에 당신을 만난 적이 없습니다. 그런데 조금 전에 기도할 때 주님께서 다섯 살 난 아이가 신장질환을 앓고 있는 것을 보여주셨습니다. 그 아이의 질환이 심각하다고 깨우쳐 주셨습니다."

그 여자 종업원은 울먹이며 물었다.

"죄송하지만 누구신지요?"

"그냥 평범한 하나님의 종입니다."

그러자 그 여자 종업원은 큰 소리로 울며 말했다.

"지금 제 아들이 죽어가고 있습니다."

"주님께서 당신 아들의 병을 치료해 주시기 위해 오늘 이런 깨우침을 주신 것입니다."

그 아이 어머니는 흐느끼며 나에게 고맙다고 했다.

34) 마헤쉬 차브다 목사는 미국 노스캐롤라이나주 샬롯에 있는 열방교회(All Nations Church)의 담임목사다. 세계적인 복음 전도자인 그는 25년 동안 70만 명 이상을 그리스도께 인도했다. 아시아, 아프리카, 동부유럽에서 하나님의 권능으로 수많은 병자를 고쳤다. 현재 주님의 파수꾼(Watch of the Lord)이라는 범세계적인 기도운동을 주관하고 있으며, 사역자들에게 성령충만함으로 행하는 법을 인도하고 있다.

[고전 2:10-12] 오직 하나님이 성령으로 이것을 우리에게 보이셨으니 성령은 모든 것 곧 하나님의 깊은 것까지도 통달하시느니라 [11] 사람의 일을 사람의 속에 있는 영 외에 누가 알리요 이와같이 하나님의 일도 하나님의 영 외에는 아무도 알지 못하느니라 [12] 우리가 세상의 영을 받지 아니하고 오직 하나님으로부터 온 영을 받았으니 이는 우리로 하여금 하나님께서 우리에게 은혜로 주신 것들을 알게 하려 하심이라

방언으로 기도할 때 보혜사 성령님께서 크고 비밀스러운 것을 보여주신다. 특별히 성령님께서 지혜와 분별력을 주시고 바른길로 인도하신다. 그래서 마귀는 방언 은사를 받지 못하도록 속이고, 방언의 가치를 깨닫지 못하도록 방해하고, 방언의 축복과 유익을 누리지 못하도록 한다.

하나님의 뜻에 합당한 방언기도

[롬 8:26] 이와같이 성령도 우리의 연약함을 도우시나니 우리는 마땅히 기도할 바를 알지 못하나 오직 성령이 말할 수 없는 탄식으로 우리를 위하여 친히 간구하시느니라

"연약함"이란 무엇을 말할까? 우리는 때때로 어려운 문제에 봉착했을 때가 있다. 그런데 어떻게 기도해야 할지 모를 수 있다. 이런 상황에 부딪히면 누구나 어찌할지 몰라 안절부절할 수밖에 없다. 이때 성령님의 인도가 절대적으로 필요하다. 성령님께서는 우리가 방언을 통해 합당한 기도를 할 수 있도록 도우신다. 뿐만 아니라 우리와 함께 기도해 주신다.

[롬 8:27] 마음을 살피시는 이가 성령의 생각을 아시나니 이는 성령이 하나님의 뜻대로 성도를 위하여 간구하심이니라

우리의 기도는 하나님의 뜻과 상관없는 것들이 많다. 내 욕심을 따라 기도하기도 하고, 내 생각을 따라서 기도하기도 하고, 내 감정을 따라 기도하기도 한다. 성령님의 도움이 없이는 누구도 이런 잘못된 기도에서 벗어날 수 없다. 방언은 보혜사 성령님의 도움을 받기 때문에 이런 잘못을 제거할 수 있다. 방언은 성령으로 인도된 기도이다.

다음은 성령님의 인도로 놀라운 은혜를 체험한 어느 성도의 간증이다.

> 나는 부엌에서 일하다가 갑자기 딸에게 무슨 나쁜 일이 일어날 것 같은 불안함을 마음으로 감지했다. 딸은 이미 차를 몰고 학교로 떠난 후였다. 나는 하던 일을 멈추고 막상 딸을 위해 기도하려고 하니 무엇을 어떻게 기도해야 할지를 몰라 당황스러웠다. 그래서 딸을 위해 방언으로 기도하기 시작했다. 한참 동안을 방언으로 기도 중에 불안한 마음이 사라지고 마음이 평안해졌다.
>
> 기도를 마치고 방언으로 찬양을 하고 있는데 전화벨이 울렸다. 그 전화는 경찰에게서 온 전화였다. 딸이 조금 전 자동차가 전복되는 큰 사고를 당했다는 것이다. 그런데 사고를 당한 딸은 다친 곳이 없고 가벼운 타박상만 입었다고 했다. 이런 대형 교통사고에서 운전자가 이처럼 멀쩡하다는 것은 기적이라고 그 경찰은 말했다.

방언은 신앙생활에서 널리 적용할 수 있는 아주 유익한 은사다. 방언은 믿음을 강건하게 세워주고, 담대함을 주어 두려움을 극복하게 하고, 성령충만을 받게 할 뿐만 아니라 하나님의 뜻을 따라 기도하게 하고, 하나님의 임재를 경험하게 하고, 더 많은 성령의 은사를 경험하게 한다. 방언의 유익은 인간의 상상을 초월한다.

4장

성령세례를 받을 수 있는 조건들

1982년 3월, 워싱턴 중앙장로교회에서 4일간의 부흥회가 열렸다. 뉴욕 퀸스한인교회의 한진관 목사님을 강사로 초청하여 새벽과 낮, 저녁에 걸쳐 하루에 세 차례씩 예배를 갖기로 되어 있었다. 나는 이번 집회를 단단히 별러 왔다.

"이번 집회에서 뭔가 체험적인 신앙을 가져 보자. 막연하게 믿는 신자의 생활을 청산하고 새로운 삶을 다짐하는 계기로 삼자."

집회를 앞두고 나는 계속 준비 기도를 해오고 있었다.

"이번 부흥회에서는 성령 체험을 하게 해 주소서. 뜨겁게 회개하며 깨어지는 역사가 일어나길 원합니다."

그토록 사모하는 부흥회가 다 끝나가는데 나에게는 아무런 변화가 일어나지 않았다. 옆 사람들은 성령을 받고 방언을 하며 기뻐하는데 나는 맨송맨송한 제외자에 불과했다.

"어, 이래서는 안 되는데. 나도 특별한 체험을 해야 하는데…"

기쁨이 충만한 사람들을 바라보고 있노라니 한없이 처연한 생각이 들었다. 심지어 야속한 마음마저 들었다.

"왜 내게는 아무런 변화가 없는 것일까? 나도 남들처럼 은혜가 충만한 신자가 되고 싶은데 하나님께서는 나를 사랑하지 않는 것일까?"

답답함을 넘어 초조해지기까지 했다. 주일 새벽 집회를 마치고 한진관 목사님은 뉴욕으로 떠났다. 나는 한 목사님을 공항까지 배웅하면서도 실낱같은 희망을 버리지 않았다. 그러나 내 마음은 썰렁한 찬바람만 불어올 뿐 미동조차 없었다.

실망에 가득 찬 상태에서 주일 낮 예배의 안내 위원으로 봉사하였다. 워싱턴 중앙장로교회의 이원상 목사님은 에베소서 2:1-8절을 봉독한 뒤 설교를 시작했다.

말씀을 듣는 가운데, 갑자기 눈물이 주르르 흘러내리기 시작했다. 말씀 한 구절 한 구절이 예리한 비수처럼 가슴을 파고들기 시작했다. 그 예리한 말씀들은 눈물샘을 파고들어 끊임없이 눈물을 쏟아 냈다. 안내 위원을 맡고 있었기에 남에게 눈물을 보일 수가 없어서 꾹 참았지만, 인내에도 한계가 있었다.

"너희의 허물과 죄로 죽었던 너희를 살리셨도다."

말씀을 반추할 때마다 흐르는 눈물, 두 손으로 눈물을 닦아 내기에는 역부족이었다. 그 말씀 속에 감추어진 하나님의 사랑이 절절히 느껴지는 것이었다. 그동안 신앙생활을 해오면서도 이런 일은 정말 처음이었다. 그러나 정작 사건은 밤 예배에서 터지고 말았다. 다시는 울지 않으리라 단단히 마음먹고 참석한 예배인데, 설교를 듣는 중에 다시 눈물샘이 터졌다.

워싱턴 중앙장로교회 성도들은 큰 목소리로 찬송하면서 불과 같은 성령을 간구했다. 기도하고 찬송하는 모습을 바라보면서 나는 마음속으로 평화의 성령을 간구했다. 나는 좀 점잖은 크리스천이 되고 싶었다. 예수님께서 말씀하신 바로 그 '비둘기 같은 성령'을 받고 싶었다. 나에겐 아직도 세상적인 체면이 훨씬 중요했다. 성령 체험을 원하고 있으면서도 마음 밑바닥에는 "그래도 나는 지성인인데"하는 교만이 도사리고 있었다. 교육을 많이 받은 사람일수록 변화 받기 어렵다는 말이 절대 틀리지 않을 성싶었다. 말씀을 듣는 중에 갑자기 눈물이 주르르 흘러내리기 시작했다.

나는 예배가 끝날 무렵에는 거의 대성통곡을 하고 있었다. 이미 시위를 떠난 화살처럼 감정을 억제할 수 없었다. 목사님과 교인들은 계속 나를 주시하고 있었다. 그날은 바로 나의 마음속에 성령께서 임하신 날이었다. 기쁘고도 감격스러운 날, 내가 다시 태어난 날, 그날이 바로 1982년 3월 14일이었다.

아들 진후가 만성 신장염으로 고생하고 있을 때 언제 죽을지 모르니까, 본인이 비행기를 타고 출장을 가면 우리 부부가 함께 타지 못했다. 만일에 비행기 사고가 나서 우리 부부가 둘 다 죽으면 아들을 뒷바라지해 줄 수 없기 때문이다. 그래서 서울을 가도 내가 먼저 비행기를 타고, 아내는 다음 비행기를 타고 이렇게 했다.

그런데 성령의 역사를 체험한 후에는 그렇게 하지 않았다. 두려움이 없어지게 되었다. 이제는 둘이서 함께 비행기를 타고 다닌다. 성령의 역사는 지식으로 되는 것도 아니고, 의지로 되는 것도 아니고, 감정이나 이해로 되는 것도 아니다. 과학으로 되는 것은 더더욱 아니다. 성령의 역사는 영적인 하나님을 체험함으로 되는 것이다. 성령의 역사는 체험한 사람만이 알 수가 있고, 체험한 사람만이 말할 수가 있고, 체험한 사람만이 이해할 수가 있는 것이다.

《나는 위대한 과학자보다 신실한 크리스천이고 싶다》에 나오는 정근모[35] 박사의 간증이다. 엘리트 코스를 밟으며 탄탄대로를 걷던 과학자였던 그는 30대 중반까지 하나님을 믿지 않았다. 그에게 하나님은 뚱딴지같은 존재였고, 미신에 지나지 않았다. 그런데 그가 예수님을 믿었다. 예수님을 믿었지만 특별한 변화는 없었다. 아무런 변화도 없이 막연

---

35) 정근모 박사는 초등학교 6학년 때인 1951년 처음으로 실시된 국가고시에서 전국 1등을 했다. 경기중학교 입학과 졸업 수석을 하고, 경기고등학교에 수석으로 입학하여 4개월 만에 고등학교 과정을 끝냈다. 서울대학교 물리학과를 차석으로 입학하여 수석으로 졸업했다. 미국 미시간 대학에서 석사도 거치지 않고 박사학위를 2년 만에 취득했다. 초등학교를 졸업 후 10년 만에 박사가 되어 1963년에 24세에 플로리다대학 최연소 교수가 되었다. 25세에 프린스턴대학 핵융합연구실 연구원, 27세에 MIT 공대에서 핵공학 연구원, 미국 정부의 핵융합 연구소(스타워즈) 책임 연구원을 역임했다. 1971년 우리나라 과학기술원(KAIST)을 설립했으며, 국제원자력상을 수상했고, 국제원자력기구 의장과 과학기술처 장관을 두 번이나 역임했다. 정근모 박사는 성령을 체험한 후 "나는 위대한 과학자보다 신실한 크리스천이고 싶다"를 입버릇처럼 외치는 사람이 되었다.

하게 믿는 생활을 청산하고 싶었지만, 뜻대로 되지 않았다. 그래서 성령세례를 사모했다. 하나님께서는 사모하는 심령, 갈급한 영혼을 만족하게 하신다.

예수님을 영접하고 거듭나야 한다

성령세례를 받고 방언을 하는데 자격이 있는가? 하나님의 자녀라는 신분은 가장 중요한 요건이다. 성령세례는 거듭난 하나님의 자녀를 위한 선물로 성령의 권능과 함께 보통 방언이 따른다.

어떤 사람은 거듭남과 거의 동시에 성령세례를 받고 곧바로 방언을 체험하기도 한다. 사도행전 10장에서 고넬료 집에 모여 있던 사람들은 말씀을 듣는 중에 거듭났고, 동시에 성령으로 세례를 받고, 방언으로 말하기 시작했다. 동시에 일어난 것처럼 보이지만, '거듭남 – 성령세례 – 방언 – 물세례' 순서로 이어졌다.

바울 사도는 에베소에서 복음을 증거한 후, 거듭난 사람들에게 물로 세례를 받게 했다. 그리고 안수하자 성령을 받고 방언과 예언을 하게 된다.

[행 19:4–7] 바울이 이르되 요한이 회개의 세례를 베풀며 백성에게 말하되 내 뒤에 오시는 이를 믿으라 하였으니 이는 곧 예수라 하거늘 5 그들이 듣고 주 예수의 이름으로 세례를 받으니 6 바울이 그들에게 안수하매 성령이 그들에게 임하시므로 방언도 하고 예언도 하니 7 모두 열두 사람쯤 되니라

예수 그리스도를 믿고 거듭난 사람만이 성령세례를 받고 방언을 체험할 수 있다. 만일 예수님을 구주로 영접하지 않았거나 구원에 대한 확신이 없다면 먼저 목회자의 지도를 받아야 한다.

필요성을 깨닫고 사모해야 한다

성령세례는 하나님의 자녀라면 누구든지 받을 수 있다. 그렇다고 아무나 받을 수는 없다. 갈급함이 없는 미지근한 그리스도인은 성령세례를 받을 수 없다.

[계 3:15-16] 내가 네 행위를 아노니 네가 차지도 아니하고 뜨겁지도 아니하도다 네가 차든지 뜨겁든지 하기를 원하노라 16 네가 이같이 미지근하여 뜨겁지도 아니하고 차지도 아니하니 내 입에서 너를 토하여 버리리라

어느 해 여름, 두 명의 청년이 찾아왔다. 언니와 동생이었다. 방언을 사모하는 언니는 성령으로 세례를 받고 곧바로 방언을 했다. 그러자 언니가 내게 부탁했다.

"목사님, 동생도 저처럼 성령을 받고 방언을 할 수 있도록 해주세요."

"나중에 언니처럼 갈급하면 그때 오세요."

예수님께서는 성령에 대한 목마름과 갈망을 무엇보다 강조하셨다.

[요 7:37-39] 명절 끝날 곧 큰 날에 예수께서 서서 외쳐 이르시되 누구든지 목마르거든 내게로 와서 마시라 38 나를 믿는 자는 성경에 이름과 같이 그 배에서 생수의 강이 흘러나오리라 하시니 39 이는 그를 믿는 자들이 받을 성령을 가리켜 말씀하신 것이라

성령세례를 받으려면 어떤 조건이 필요한가? 차영배 박사는 두 가지 조건을 제시한다.

혹자는 믿는 즉시로, 혹자는 믿은 후 1년 후에, 혹은 10년 후에 성령의 세례를 받을 수도 있다. 왜냐하면 성령의 세례는 적어도 중생 후에 주 예수를 확실히 믿고, 목마르며 갈급하게 사모하는 자에게 주어지기 때문이다.

목마르지 않은 사람은 물을 주어도 고마워하지 않는다. 그러나 목마른 사람은 다르다. 성령 받기를 사모하며 목말라하는 성도는 머리에 안수하자마자 성령세례를 받고 방언도 유창하게 시작하는 것을 수없이 목격했다. 갈급함이 없이 분위기나 주위 사람들에게 떠밀려서, 혹은 성령세례를 받고 방언을 하면 좋을 것 같아서 '나도 한번 받아볼까'하는 생각으로 나오는 사람도 있다. 당연히 성령세례를 받지도 못하고 방언도 하지 못하게 된다. 이런 사람은 왜 성령세례와 방언이 필요한지 가르침 받는 것이 우선되어야 한다. 또 성령세례의 필요성을 깨닫고 갈급함이 있을 때까지 기다리는 것이 좋다.

만일 갈급함이 없이 성령세례를 받으려 했다가 받은 증거가 없으면 시험에 들 수도 있다. 하나님께 거절당했다는 생각에 하나님과의 관계가 더 멀어질 수도 있다. 은혜를 체험하는 지름길은 갈급함이다. 그렇다면 갈급함, 혹은 목마름이란 무엇인가?

어떤 집사 한 분이 사업을 시작하면서 자신의 모든 재산을 투자했다. 그래도 사업자금이 모자라서 몇몇 은행에 융자를 신청해 놓았다. 그런데 그만 국가부도 사태 IMF가 터졌다. IMF로 인해 모든 은행은 대출을 중단했고 융자한 대출금도 회수하는 데 혈안이 되었다. 이 은행 저 은행을 찾아다니며 신청한 융자를 받아보려고 애써보았지만 모두 외면했다. 그야말로 큰일이 났다. 사업을 위해 그동안 투자한 자금을 모두 날릴 지경이었다. 마지막으로 농협에 찾아가서 융자를 부탁하니 농협중앙회에 먼저 의뢰를 한 후 결과를 내일까지 알려 주겠다고 했다.

이분은 은행에서 나와서 어디로 갔을까? 주일날 외에는 교회에 발을 들여놓은 적이 없는 분이었지만 다급한 사정 때문에 집으로 갈 수가 없었다. 교회에 왔더니 마침 교회에서는 성도들이 함께 모여서 기도회를 갖고 있었다. 담임 목사님은 부도 사태를 당한 국가를 위해서, 이 나라 위정자를 위해서, 교회를 위해서, 질병으로 고통을 받는 환자를 위해서 성도들과 함께 마음을 모아 기도했다.

담임 목사님과 그곳에 모인 성도들이 나라와 위정자, 교회와 고통받는 환자를 위해 기도할 때 이 사람은 무슨 제목을 붙들고 기도했을까? 오직 한 가지 기도만 했다. "하나님, 내일 농협에서 융자받게 해 주세요."

기도회를 마치고 집으로 가면서 무슨 생각을 하면서 갔을까? 식사하면서, 화장실에서, 잠자리에 누워서 무슨 생각만 했을까? 그의 마음과 생각 속에는 오직 한 가지 소원밖에 없었다. 다음날 기도 응답으로 결국 융자가 나왔다고 기뻐했다. 갈급함, 목마름이란 무엇인가? 내 마음속에 꽉 채워져 있는 한 가지 소원이 목마름이다.

바울 사도는 "신령한 은사를 사모하라"고전 14:1고 가르친다. "사모하라"는 헬라어 젤로오ζηλόω는 '질투할 정도로 시샘하고 열망하다'는 의미다. 성령세례와 성령의 각양 은사는 신앙 성숙도에 따라 주어지는 것이 아니다. 갈급함에 있다. 특히 방언을 체험하지 못하는 사람의 대부분은 갈급함이 없는 경우다.

부정적인 시각을 버려야 한다

거듭난 하나님의 자녀에게 성령세례와 방언 은사를 받는 데 가장 큰 걸림돌은 어떤 것들이 있을까?

[고전 2:14] 육에 속한 사람은 하나님의 성령의 일들을 받지 아니하나니 이는 그것들이 그에게는 어리석게 보임이요, 또 그는 그것들을 알 수도 없나니 그러한 일은 영적으로 분별되기 때문이라

나이가 어리거나 신앙생활을 시작한 초신자나 평신도들이 성령세례와 방언을 더 쉽게 체험하는 것을 본다. 방언에 대한 부정적인 선입견

이나 편견을 갖고 있지 않기 때문이다.

어떤 목사님은 성도들이 방언을 받고 자기에게 와서 자랑하면서 "목사님은 아직 방언을 못 하세요?"라는 말에 큰 상처를 받았다. 그 후로 이분은 방언에 대해 부정적인 생각을 하게 되었다. 또 방언으로 기도하는 사람들에 대해서도 좋지 않은 감정을 갖게 되었다. 그런데 결혼 초에 어느 날 잠을 자고 있는데 아내가 방언으로 기도하고 있었다. 중매로 결혼하는 바람에 연애 기간이 짧아서 방언으로 기도하는지 알지 못했다. 하지만 자다가 일어나 갑자기 따질 수도 없고 며칠 후 사모님에게 방언에 관해 물었다.

"그거 별것 아입니더. 기도하다 보니 혀가 저절로 돌아가데예. 관심 쓰지 마이소."

이 말에 그 목사님은 큰 은혜를 받았다.

'방언하는 사람 중에도 겸손하게 말하는 사람이 있구나' 하고 생각을 바꾸게 되었다. 그러던 어느 날 목사님도 방언을 체험했다.

방금 소개한 간증과 다음에 소개하는 간증은 김동수 교수의 《방언은 고귀한 하늘의 언어》에 나오는 간증이다.

영국 유학 시절에 있었던 일이다. 웨일즈에 있는 한인교회에서 설교한 후에 담임 목사님 가족과 식사를 했다. 이상하게도 이야기의 공통 주제가 방언이 설정되어 네 부부가 열띤 토론에 돌입했다. 흥미롭게도 두 부부는 방언을 체험해서 방언에 대해 긍정적으로 말했고, 다른 두 부부는 방언을 체험하지 못한 분들로 방언에 대해 상당히 부정적인 견해를 가지고 있었다.

아무리 토론해도 본인들의 입장이 워낙 확고해서 결론이 나지 않았다. 결국 기도회로 그 토론을 마무리하기로 하고 함께 기도했다. 그런데 그만 방언을 반대하는 편에 있던 두 목사님 사모님들의 입에서 방언이 터져 나왔다. 당황해한 것은 당연히 두 목사님이었다. 이분들은 당시에는 자신들의 주장을 굽히지 않았지만, 집에 돌아가 고민하다가 후에 방언을 체험하게 되었다.

나중에 들은 이야기로는 이분들도 사실 방언을 사모하고 있었지만, 자신이 속한 교단 신학교에서 배운 신학이 방언에 대한 부정적인 생각을 갖도록 했다. 그런데 사모님들이 방언을 체험하는 것을 보고 깊은 고민에 빠지게 되었다. 결국 방언에 대한 입장을 바꾸고 자신들도 방언을 사모하게 되었는데 두 분 모두 기도하다가 방언을 받게 된 것이다.

목회자나 직분자 가운데 성령세례와 방언을 경험하지 못하는 경우가 있다. 다양한 이유가 있을 수 있으나 성령세례와 방언에 대한 편견이 가장 큰 걸림돌이다.

성령세례와 방언 은사를 부정하는 신학의 영향을 받은 목회자들, 방언 무용론을 주장하는 목회자에게 영향을 받은 성도들은 성령세례와 방언을 체험하기가 어렵다. 성령세례와 방언에 대한 부정적인 생각은 성령의 역사를 제한한다.

성령세례를 받을 때 나타나는 현상은 다양하다

성령세례를 받을 때 나타난 현상은 일률적이지 않다. 어떤 사람은 격하게 감정을 드러내기도 한다. 생수가 가슴 속에서 흘러나오는 것 같은 시원함을 느끼는 사람도 있고, 마치 불이 온몸을 통과하는 것 같은 경험을 하기도 한다.

순결한 사랑의 영이 교회에 가득했으며 비와 같이 내 몸을 적셨다. 내 몸속에 있는 모든 세포와 모든 신경의 끝부분까지 그분의 임재로 떨리고 있었다. 나는 "하나님, 그동안 어디 가셨다가 이제 오셨습니까?"라고 외치고 싶었다.

우리는 성령을 강력하게 체험한 사람들의 간증을 주로 듣는다. 그래서 자신도 성령세례를 받을 때 사도행전 2:1-4절의 오순절 성령강림과 똑같은 극적인 경험을 할 것으로 생각한다. 하지만 신약성경에서 오순절과 똑같은 현상은 반복되지 않는다. 성령세례를 받을 때 강렬한 체험을 하는 사람도 있지만, 특별한 표적이나 감정의 큰 변화 없이 성령세례를 받는 경우도 많다.

프레드릭 프라이스 박사는 "나는 성령세례를 받을 때 반드시 어떤 느낌이나 어떤 특별한 표적이 나타나는 줄로 생각했다. 하지만 성령세례는 오직 믿음으로 받는다는 것을 나중에야 깨달았다"고 했다.

성령 사역자 래리 크리스텐슨Larry Christenson은 "내가 지금까지 안수하여 성령세례를 받도록 기도한 수많은 사람 중에 대부분은 곧바로 성령충만을 받거나 방언을 유창하게 하지 않았다"고 증언한다.

[고전 12:4-7;11] 은사는 여러 가지나 성령은 같고 5 직분은 여러 가지나 주는 같으며 6 또 사역은 여러 가지나 모든 것을 모든 사람 가운데서 이루시는 하나님은 같으니 7 각 사람에게 성령을 나타내심은 유익하게 하려 하심이라 … 11 이 모든 일은 같은 한 성령이 행하사 그의 뜻대로 각 사람에게 나누어 주시는 것이니라

성령님은 한 분이지만 나타나는 현상은 다양하다. 신약성경에서 성령이 임하실 때 나타나는 현상은 일률적이지 않다. 성령세례는 같지만 성령충만과 은사, 나타나는 표적은 사람마다 다르다.

그렇다면 어떤 사람에게는 성령의 은혜가 강하게 나타나고, 어떤 사람에게는 약하게 나타나는가? 은혜를 얼마나 갈급하게 목말라하는가에 따라 강하게 나타나기도 하고 약하게 나타나기도 한다.

그러므로 성령세례를 받고 방언을 할 수 있는 가장 중요한 요건은 무엇인가? 거듭남과 갈급함이다.

5장

성령세례와 방언을 받기 위한 기도

"어떻게 오셨습니까?"

"예, 방언을 받고 싶어서 왔습니다."

어느 날 밤, 낯모르는 집사 한 분이 나를 찾아왔다. 이분은 방언을 사모하며 뜨겁기로 소문난 집회를 이곳저곳 참석했다. 또 방언을 받기 위해서는 죄를 철저히 회개해야 한다는 강사의 말을 듣고 최선을 다해 죄를 회개했다. 그러나 방언 은사를 받지 못했다.

누군가에게 금식하며 하나님께 떼를 써야 방언을 한다는 말을 들었다. 그래서 친구들과 함께 떠나기로 했던 해외여행도 뒤로하고 기도원에 가서 금식하며 떼를 써 보았지만 허사였다.

자신은 방언을 정말 사모하여 온갖 방법을 다 동원해 보았다고 했다. 실망하고 낙심한 가운데 있을 때 소문을 듣고 니고데모처럼 찾아왔다. 성경을 펴서 성령세례와 방언은 노력이나 공로로 받는 것이 아니라 믿음으로 받는 선물임을 알려 주었다. 그리고 머리에 손을 얹고 나를 따라 기도하게 했다. 곧바로 그토록 갈망하던 방언이 터져 나왔다.

오순절 이후 성령님은 이미 이 세상에 와 계신다. 그러므로 성령을 받기 위해서는 제자들처럼 기다릴 필요가 없다. 하나님의 자녀로서 성령세례를 사모하고 믿음으로 기도하면 누구든지 받을 수 있다. 혼자서도 성령세례를 받을 수 있지만, 성령세례를 인정하는 목회자의 가르침과 인도를 따르는 것이 바람직하다.

기도에 방해받지 않을 장소를 찾아 먼저 하나님 아버지께 나를 구원하셔서 하나님의 자녀를 삼으신 은혜와 사랑을 감사하고 찬송하자. 구원의 감격을 회복할 수 있는 찬송을 골라 반복해서 듣거나 부른 후 기도한다. 참고로 아래 기도문을 그대로 사용할 수 있지만 개인이 작성하는 것을 추천한다.

"하나님 아버지, 저에게 베풀어 주신 아버지의 무한한 사랑과 십자가의 은혜를 기억합니다. 아버지께서는 저를 죄와 사망, 심판과 영원한 형벌에서 구원하시기 위해 예수님을 십자가에 못 박혀 죽게 하셨습니다. 마귀의 종노릇 하며 죄악 가운데 살던 저의 모든 죄악을 용서하시고 하나님의 자녀 삼으신 것을 감사합니다. 오늘도 변함없이 저를 사랑하심에 감사드리며 예수님의 이름으로 기도합니다. 아멘."

십자가의 은혜와 사랑을 묵상하며 감사하는 마음으로 읊조리며 천천히 기도한다. 구원의 기쁨과 감격이 마음에 차오를 때까지 반복해서 기도한다. 이때 대부분은 하나님의 사랑과 십자가의 은혜에 감격하여 눈물을 쏟는다. 곧바로 아래 기도문을 천천히 읽고 반복해서 읊조리거나 소리내서 기도한다.

"예수님, 저는 성령세례를 사모합니다. 예수님께서 하나님의 자녀인 저를 위해 준비해 놓으신 성령세례의 선물을 간구합니다. 저는 지금 믿음으로 성령세례를 선물로 받습니다. 성령세례를 받은 표적으로 성령의 은사를 주시니 감사합니다. 성령의 말하게 하심을 따라 이제 방언으로 말하기를 시작합니다. 예수님의 이름으로 기도합니다. 아멘."

반복해서 읊조리거나 기도할 때 성령님께서 주시는 감동을 따라 반응해야 한다. 구원의 감격이 성령세례와 성령충만으로 이어질 때 눈물을 쏟거나 자신의 죄악을 고백하며 우는 경우가 많다. 동시에 혀가 꼬이며 방언으로 말하게 된다.

성령세례 + 성령충만 + 성령의 은사(방언)

성령세례를 받은 후 곧바로 방언을 하는 경우

대부분은 성령세례를 받을 때 성령충만을 받고 동시에 방언을 한다. 마가 다락방에 있었던 120명의 성도들행 2:1-4, 고넬료 집에서 사도 베드로의 설교를 들었던 사람들행 10:44-46, 바울 사도의 안수를 받은 에베소 성도들행 19:1-6은 성령세례와 함께 성령충만을 받고 곧바로 방언을 했다.

19년 동안 대영제국 하나님의 성회 감독을 지낸 하워드 카터Howard Carter 목사는 성령으로 세례를 받은 첫 번째 증거가 방언이라고 했다. 하지만 성령세례와 함께 모두가 똑같이 방언을 하는 것은 아니다.

첫째, 성령세례를 받을 때 성령충만과 함께 방언 혹은 예언을 하는 사람이 있다. 성령세례와 성령의 은사를 간절히 사모하는 사람은 성령세례를 받을 때 성령충만함을 받아 곧바로 방언을 하게 된다.

둘째, 성령세례를 받고 성령충만을 경험했지만, 방언을 못 하는 사람이 있다. 방언을 거부하는 신학적 입장이나 편견이 있는 경우가 여기에 해당한다.

셋째, 성령세례를 받았지만, 성령충만을 받지 못해 방언을 못 하는 사람이 있다. 성령의 은혜를 사모하지 않거나 갈급함이 없는 경우다. 이런 사람은 나중에 성령충만을 경험할 때 방언도 하게 된다.

성령세례를 받은 후 나중에 방언을 하는 사람들

앤드류 워맥 목사는 성령세례를 받고 성령으로 충만했다. 생활의 놀라운 변화도 있었다. 하지만 방언을 못했다.

성령세례 후 성령충만을 받았으나 방언을 하지 못한 워맥

> 나는 여덟 살에 거듭났다. 그날 목사님께서는 예배 때 지옥에 대해 설교하셨다. 그 당시 어린 나이라 살아가면서 크게 잘못한 것이 많지는 않았지만 그래도 내가 죄인이라는 것과 그로 인해 하나님의 영광에 이르지 못한다는 사실은 이해할 수 있었다. 그리고 예수님을 영접하지 않은 사람들이 가는 곳이 지옥이라는 것을 알고 있었다.
>
> 이 사실 때문에 걱정이 되어서 나는 아버지께 몇 가지 질문을 했다. 이에 아버지께서는 하나님의 거룩하심에 관해서 설명해 주셨고 죄가 어떻게 하나님과 나 사이를 갈라놓았는지 가르쳐 주셨다. 또한 하나님의 공의로 인하여 나는 지옥에 갈 수밖에 없다는 것도 알려 주셨다. 그러나 예수님께서 죄를 용서하시기

위해 이 땅에 오셨고 나를 대신하여 징벌을 받으셨다는 것도 분명히 설명해 주셨다. 그리고 나는 아버지와 함께 예수님을 영접하는 기도를 드렸다.

다음날 학교에 가니 내가 지난밤 예수님을 영접한 사실에 대해 누구에게도 말하기 전에 친구들은 이미 내 안에 변화를 알아챘다.

"앤드류, 너 뭔가 달라진 것 같은데 무슨 일이야?"

거듭났다고 말하자 아이들은 바로 나를 보고 기독교인이 되었다고 놀려댔다. 이렇듯 내가 예수님을 영접하자마자 친구들이 나의 변화를 알아차리긴 했지만, 그 이후로도 나의 믿음은 미약하기만 했다. 어린 시절 나와 제일 친했던 같은 학교 친구도 내가 그리스도인인 것을 모르고 있다가 최근에야 내가 나오는 TV 프로그램을 보고 비로소 알게 되었다고 깜짝 놀랐다. 나의 신앙은 다른 사람의 인생에 전혀 영향을 주지 못했다. 성경 속 인물들에게 나타났던 하나님의 권능이 내 삶에는 나타나지 않았다. 나에게 기독교란 단지 하나의 교리요 내면에 품고 있는 신념 같은 것이었다.

그러던 중 1968년 3월 23일에 나는 성령세례를 받았다. 내면에서 무언가가 폭발하면서 갑자기 하나님에 대한 이해가 급증하였다. 그 당시 내 생각과 혼의 영역의 변화, 행동의 변화가 너무나 갑작스럽고 분명하게 겉으로 나타났기 때문에 어머니는 내가 돌아버린 것이 아닌가 하고 생각하셨다. 하룻밤 사이에 광신도처럼 변해버렸기 때문이다. 거듭난 후 나를 괴롭히던 지옥에 대한 두려움은 사라졌지만, 그 외에 달라진 것은 느낄 수 없었다. 그때 성령세례를 받지 못했다면 나는 구원받고 간신히 천국에 들어갔을 것이고, 이 땅에 사는 동안은 거의 영향력을 발휘하지 못했을 것이다. 또한 나는 방언에 대한 잘못된 가르침 때문에 성령세례를 받고 난 후 2년 반 동안 방언은 하지 못했다.

예수원 설립자 대천덕 신부도 성령세례를 받았으나 곧바로 방언을 하지 못했다. 아내인 현재인 사모는 성령세례를 받고 즉시 방언을 했지만, 자신은 20년이 지난 후 방언을 하게 되었다고 했다.

하나님께서는 약속을 반드시 지키신다

성령을 받기 위해 기도했으나 아무런 느낌이나 표적이 없을 수도 있다. 하지만 하나님의 말씀을 믿고 성령세례 받기를 사모하며 기도했다면, 하나님께서 기도에 응답하신 것을 믿어야 한다.

> [민 23:19] 하나님은 사람이 아니시니 거짓말을 하지 않으시고 인생이 아니시니 후회가 없으시도다 어찌 그 말씀하신 바를 행하지 않으시며 하신 말씀을 실행하지 않으시랴

> [시 89:34] 내 언약을 깨뜨리지 아니하고 내 입술에서 낸 것은 변하지 아니하리로다

> [눅 11:13] 너희가 악할지라도 좋은 것을 자식에게 줄 줄 알거든 하물며 너희 하늘 아버지께서 구하는 자에게 성령을 주시지 않겠느냐 하시니라

신실하신 하나님께서는 약속을 반드시 지키신다. 하나님의 뜻대로 기도하면 반드시 응답하신다. 성령세례를 받은 것은 하나님의 뜻이다. 그러므로 믿고 기도했다면 성령세례를 받은 것이다.

> [요일 5:14-15] … 그의 뜻대로 무엇을 구하면 들으심이라 15 우리가 무엇이든지 구하는 바를 들으시는 줄을 안즉 우리가 그에게 구한 그것을 얻은 줄을 또한 아느니라

> [막 11:24] 그러므로 내가 너희에게 말하노니 무엇이든지 기도하고 구하는 것은 받은 줄로 믿으라 그리하면 너희에게 그대로 되리라

성령세례에는 성령의 권능과 은사가 들어있다. 성령세례를 받았다면, 성령의 권능과 방언도 받은 것이다. 다만 받은 그것이 표적을 통해 밖으로 드러나지 않아서 아직 경험하지 못했을 뿐이다. 내 안에 있는 성

령의 권능과 은사는 성령충만을 통해 드러난다.

성령세례 → 성령충만 + 방언

성령세례를 받은 후 나중에 방언을 하는 경우

성령세례를 받았으나 방언을 못 한다면, 성령충만을 힘써야 한다. 구원의 은혜와 성령세례를 선물로 주신 은혜를 감사하고 찬양한 후 이렇게 반복해서 기도하자. 앞에서 기도했던 것과 같이 먼저 구원의 은혜를 감사하는 기도를 한 후, 아래 기도문을 사모하는 마음으로 처음에는 읊조리듯이, 그다음에는 소리를 내서 기도한다.

"예수님, 저는 성령세례를 선물로 받았습니다. 하지만 아직 성령충만과 방언을 경험하지 못했습니다. 지금 성령충만과 방언을 사모합니다. 저를 성령으로 충만하게 하시고 방언을 할 수 있도록 도와주세요. 성령님께서 제 혀를 만지실 때 방언으로 말하기를 시작하겠습니다. 저에게 성령충만과 방언을 선물로 주셔서 감사합니다. 예수님의 이름으로 기도합니다. 아멘."

다시 언급하지만, 반복해서 기도할 때 성령님께서 주시는 감동을 따라 반응하는 것은 매우 중요하다. 이때 대부분은 성령충만을 경험하고 하나님의 사랑과 십자가의 은혜에 감격하여 기쁨의 눈물을 쏟거나 자신의 죄악을 고백하며 운다. 동시에 혀가 꼬이며 방언으로 말하게 된다.

성령세례를 받은 사람은 누구나 방언을 할 수 있다. 하지만 성령님과 협력하지 않으면 방언을 할 수 없다. 베드로가 어떻게 물 위를 걸을 수 있었는지 생각해 보자. 큰 풍랑을 만나 두려워 떨던 베드로는 예수님을 향해 소리쳤다.

"주님, 정말 주님이시면 저더러 걸어오라고 하십시오."

"걸어오너라."

이제 베드로는 무엇을 해야 하는가? 만일 베드로가 배에서 내려 걷지 않았다면, 절대로 물 위를 걷지 못했을 것이다. 마찬가지로 자신이 입을 닫고는 방언을 할 수 없다. 성령님께서 혀를 만지시는 것을 느끼면 곧바로 방언으로 말하기 시작해야 한다. 방언은 성령의 언어이지만 내 혀와 목소리를 통하지 않고는 할 수 없다. 다시 말해서 내가 성령님과 협력하지 않으면 방언을 할 수 없다.

《방언기도의 은혜와 능력》의 저자 정원 목사도 방언을 사모했다. 하지만 방언을 하지 못했다. 입을 다물고 마음속으로 기도했기 때문에 방언을 할 수 없었다는 것을 나중에야 깨달았다. 방언은 입을 열고 하는 언어다. 입을 다물고 말할 수 없는 것처럼 성령님께서 혀를 만지실 때 혀와 입술을 사용하여 방언으로 말하기를 시작해야 한다.

성령세례와 방언의 은사를 받으려면 반드시 앞에서 제시한 기도를 해야 하는가? 아니다. 성령세례와 방언의 은사를 경험한 사람들 대부분은 다른 사람들과 함께 기도하는 중에, 혼자서 기도하는 중에, 안수기도를 받는 중에, 찬양하는 중에, 혹은 하나님의 말씀을 듣는 중에 성령세례를 받고 성령충만과 방언을 동시에 체험한다.

그러나 성령세례와 방언의 은사를 받기 위해 노력했으나 아직 받지 못했다면 앞에서 제시한 기도와 지침을 따를 필요가 있다.

처음부터 방언을 유창하게 할 수 있을까? 처음에는 한두 개의 단어만 반복하게 된다. 마치 어린아이가 말을 처음 시작하는 것과 같다. 정작 방언을 시작했지만 특별한 느낌이 없을 수도 있다. 이때 자신이 하는 방언에 대해 온갖 의심이 들기도 한다.

"이것이 정말 성령님께서 주신 방언이 맞는가?"

"내가 그냥 방언을 마음대로 지어내는 것은 아닌가?"

이런 긴가민가하는 의심이 들 때 오히려 방언으로 더 많이 자주 기도해야 한다. 적어도 2주 정도를 '의심 극복 기간'으로 정하고 자주 방언으로 기도하자. 가족이나 친구, 교우들과 함께 방언으로 기도하는 시간을 갖는 것은 매우 좋다. 그렇게 할 때 의심을 지우고 유창한 방언을 하게 된다.

방언으로 기도하며 통역의 은사를 구하라

방언은 성령의 언어이기 때문에 때로는 통역이 필요하다. 이제 날마다 방언으로 기도하며 통역의 은사를 사모하며 기도하자.

[고전 14:13] 그러므로 방언을 말하는 자는 통역하기를 기도할지니

보통 처음에는 자신의 방언을 통역하게 된다. 점차 다른 사람의 방언도 통역하게 되는 수준에 이른다. 또한 방언 은사를 통해 더 많은 성령의 은사를 경험하게 된다. 방언은 모든 은사의 출발이요 뿌리이다.

6장

하나님의 주파수에 접속하는 방언

"내가 지금 방언으로 기도하며 시간만 허비하는 것은 아닐까?"

"공연히 무슨 뜻인지 알지도 모르는 방언으로 기도하는 것보다 그냥 우리말로 기도하는 것이 더 낫지 않을까?"

"혹시 지금 내가 하는 방언이 내가 만들어서 하는 것은 아닐까?"

방언 은사를 받고 기도할 때 이런 긴가민가하는 의심이 자꾸 들어서 방언을 계속해야 할지 그만두어야 할지 한동안 망설인 적이 많다.

하지만 방언을 계속했다. 그러자 늘 이성으로 이해하려는 태도가 바뀌었다. 대신에 어린아이처럼 단순하게 하나님을 신뢰하게 되었다. 또 이전에 없었던 영적 분별력도 갖게 되었다.

어느 목사의 고백이다. 이처럼 방언을 체험한 후 한동안 방언에 대한 의심을 품은 분들이 있다.

필자도 비슷한 의심을 한 적이 있다. 이런저런 의심에 붙잡혀 방언기도를 계속하지 않는다면 그 은혜를 누리지 못할 것이다.

성령님의 인도를 따라 방언으로 기도하라

어느 날 밤, 서재에서 연구하고 있는데 즉시 기도해야 한다는 알 수 없는 중압감이 몰려왔다. 나는 책을 덮고 방언으로 기도하기 시작했다. 한참 동안 정말 끈질기게 기도했다. 사실 무엇을 위해 기도하는지조차 알지 못했다. 그러나 매우 중요한 어떤 일에 대해 승리하기 위해 기도하고 있다는 것을 마음으로 느낄 수 있었다. 무엇이 두려운 것도 아니었고, 특별한 고민거리가 있는 것도 아니었다. 그저 신실한 마음으로 기도하는 데 열중했고, 그 기도는 주님이 나를 놓아주실 때까지 계속되었다. 기도를 끝내자 마음의 짐이 가벼워지는 것 같았다.

밤이 깊어 서재에서 나와 침실로 향했다. 아래층으로 내려오는데 대학에 다니는 딸 안나의 방에 불이 켜져 있었다. 안나는 기말고사를 준비하고 있었다. 공부에 방해가 될 것 같아 문틈으로 고개를 빼꼼히 들이밀고 잘 자라는 인사를 건넸다. 그런데 이튿날 등교할 때에 내 차를 타고 가지 말라고 딸에게 말해야 한다는 어떤 강력한 느낌을 받았다. 그래서 이렇게 말했다.

"내일은 학교 갈 때 엄마 지프를 타고 가거라."

평소에 안나는 내 차를 타고 등교했다. 딸에게 왜 그런 말을 했는지 나 자신도 알 수 없었지만, 그렇게 말하지 않으면 안 된다는 강력하고도 뚜렷한 느낌을 거부할 수 없었다. 나는 오래전에 성령님이 이런 식으로 촉구할 때에 그것에 주목해야 한다는 것을 배운 적이 있었다.

딸은 "네"하고 대답했지만 아무래도 건성으로 대답하는 것 같아 몇 번이나 주지시켰다. 그랬더니 딸이 이상하다는 듯 눈동자를 좌우로 굴리며 대답했다.

"알았어요. 아빠. 약속할게요."

이튿날 안나는 엄마의 지프를 타고 학교로 향했다. 그날따라 새벽에 비가 내려 길바닥이 무척이나 미끄러웠다. 그런데 안나는 비 온 후 아침 햇살이 너무 눈에 부셔서 급커브 구간에서 그만 핸들 조작을 잘못하고 말았다. 자동차는 옆으로 미끄러져 시속 60km의 속도로 가로수를 정면으로 들이받았고, 안나의 몸은 찌그러진 차체에 끼고 말았다. 자동차는 형체를 알아볼 수 없을 만큼 완전히 부서졌다.

아내와 나는 소식을 듣고 황급히 사고 현장으로 달려갔다. 현장에 도착해보니 구급요원들이 차에서 안나를 구해 들것에 옮기고 있었다. 그들 가운데 한 사람이 아내에게 말했다.

"이런 사고를 서른 번 이상 봐 왔지만, 운전자가 생존한 건 이번이 처음이에요."

현장에 있던 다른 구조원들도 그와 비슷한 이야기를 했다. 이런 유형의 사고에서는 운전자가 중상을 당하거나 사망하는 게 다반사라는 것이었다. 그날 현장에 있던 모든 사람이 "이것은 기적입니다. 당신 딸이 살아 있다는 게 기적이에요"라는 말을 되풀이했다.

안나를 태운 구급차가 사이렌을 울리며 병원으로 떠난 뒤 현장에 있던 경찰 한 사람이 부서진 지프를 가리키며 말했다.

"에어백이 당신의 딸을 살렸어요."

아내와 나는 하나님이 역사하셨다는 것을 잘 알고 있었다. 평소 안나가 몰고 다니던 내 차에는 에어백이 장착되어 있지 않았다. 만약 그날 아침에 안나가 내 차를 몰고 학교에 갔더라면 결과가 완전히 달라졌을 것이다. 안나는 양쪽 다리에 골절상을 입었지만 이내 회복되었고, 교통사고 후 늘 따라다니는 후유증도 없이 건강을 되찾았다.

그날 아침, 나는 전날 밤, 불과 몇 시간 전에 기도하지 않으면 안 될 것 같은 무거운 짐을 느끼게 되었던 까닭이 무엇인지 분명히 깨달았다. 성령님께서 다가올 위험을 미리 알고 방언으로 기도하라고 나를 일깨운 것이다. 가족 가운데 한 사람만 깨어 있어도 모든 가족이 위험을 모면할 수 있다.

앞에서 소개한 마헤쉬 차브다 목사의 간증이다. 방언으로 기도할수록 영적으로 더 민감해진다. 만일 마귀가 우리 자녀를 해코지할 계획이 있다면 우리는 그 간계를 미리 알 수는 없다. 하지만 우리가 방언으로 기도할 때 보혜사 성령님께서는 피할 길로 인도하신다.

방언을 통해 하나님의 주파수에 접속하라

존 비비어 목사도 앞서 소개한 《존 비비어의 성령님》에서 방언에 대해 다음과 같이 기술했다.

> 우리는 성령님을 통해 하나님의 비밀 주파수에 접속할 수 있다. 방언은 하나님과 만나 누리는 생생한 사귐이다. 애석하게도 놀라운 은사인 방언을 오해하거나 너무 무시하는 사람이 많다. 방언은 성령님의 언어이기 때문에 마귀가 해독할 수 없다. 우리의 막강한 무기 중의 하나는 성령 안에서 하는 방언기도이다.

방언은 하나님의 자녀를 위한 아주 특별한 선물이다. 우리는 때때로 무엇을 어떻게 기도해야 할지 몰라 당황스러울 때가 있다. 자녀 진로에 관한 문제일 수도 있고, 사업에 관한 문제일 수도 있다. 문제 해결을 위해 무엇을 어떻게 해야 할지 가늠조차 할 수 없을 때가 있다. 이때 방언으로 기도하기 시작하라. 방언으로 기도할 때 이런 혼란에서 벗어날 수 있도록 성령님께서 지혜를 주신다.

다음은 필자의 아내가 방언기도를 통해 경험한 것 중에서 3가지만 소개한다.

> 방언기도를 많이 하다 보면 영에 민감해져서 어떤 문제에 대해 저절로 깨달아지기도 한다.
>
> 국제학부 수시전형에 지원한 아들이 면접을 마쳤다고 아빠에게 전화했다. 난 그때 건넌방에서 방언으로 기도하고 있었다. 갑자기 마음 깊은 곳에서 "대학에 합격한 것을 감사하라"는 음성을 들었다. 일주일 후 합격 통보를 받았다.

건강하게 직장 생활을 잘하던 친구 아들이 건강 검진에서 백혈병 판정을 받았다. 걱정 가운데 방언으로 기도하기 시작했다. 그런데 든든한 마음과 함께 완쾌되어 꼭 선교사가 될 것 같은 생각이 들었다. 친구 아들은 지금 인도네시아 선교사로 일하고 있다.

어느 집사님 가정을 방문하여 방언으로 기도하고 있을 때였다. 그 집사님이 아들을 임신했다는 감동을 받았다. 그 집사님은 임신하기 어려운 상황이었다. 내 말을 듣고 병원에 가서 검진을 하니 이미 임신해서 3주가 지난 상태였다. 그리고 10개월 후 건강한 아들을 출산했다.

하나님께서 영으로 기도할 수 있도록 방언을 주셨음에도 불구하고 많은 그리스도인이 지성으로만 기도한다. 바울 사도는 고린도 교회 성도들에게 보낸 편지에서 자신이 방언을 어떻게 활용하는지를 소개한다.

[고전 14:15;18] 그러면 어떻게 할까 내가 영으로 기도하고 또 마음으로 기도하며 내가 영으로 찬송하고 또 마음으로 찬송하리라 … 18 내가 너희 모든 사람보다 방언을 더 말하므로 하나님께 감사하노라

[고전 14:15;18 메시지성경] 그러면 무엇이 해결책이겠습니까? 답은 너무나 간단합니다. 둘 다 하십시오. 나라면 영적으로 자유롭고 풍성하게 기도하면서, 동시에 신중하고 주의 깊게 기도하겠습니다. 영으로도 찬양하고 지성으로도 찬양하겠습니다. … 18 나는 여러분 가운데 누구보다도 방언기도를 많이 합니다

바울 사도는 두 종류 기도와 찬송을 언급한다. 영의 기도와 찬송을 마음의 기도와 찬송보다 먼저 할 것을 권한다. 우리는 영적 진보를 위해 두 종류 기도가 모두 필요하다.

더 많이 더 자주 방언으로 기도하라

방언으로 기도하는 시간은 늘 황홀할까? 처음 방언을 체험한 사람들이 많이 하는 오해가 있다. 방언으로 기도하는 시간이 항상 즐겁고 행복하리라 생각한다. 여기서 데이브 로버슨 목사의 경험을 들어 보자.

> 어떤 때는 한 시간쯤 방언으로 기도한 것처럼 느껴져 시계를 보면 5분밖에 지나지 않았다. 어떤 날은 억지로 방언을 하며 하루를 보냈지만 나는 지속적으로 했다. 나는 마치 감옥에 갇혀 있는 것같이 느껴지기도 했다.

나 역시 자주 이런 경험을 한다. 성령의 임재 가운데 방언으로 기도할 때 즐겁고 행복하여 한두 시간이 훌쩍 지나간다.

하지만 늘 그런 것은 아니다. 때로는 말할 수 없이 지루하고 따분한 시간이다. 왜 이런 일이 일어나는 것일까?

> [갈 5:17] 육체의 소욕은 성령을 거스르고 성령은 육체를 거스르나니 이 둘이 서로 대적함으로 너희가 원하는 것을 하지 못하게 하려 함이니라

첫째는 우리 속에는 성령의 소욕과 육체의 소욕이 있다. 이른바 영의 생각과 육신의 생각이 서로 일치할 때가 있다. 하지만 그 반대일 때가 많다. 영의 생각은 방언으로 기도하며 성령님과 교제를 원하지만, 육신의 생각은 영의 생각을 대적한다. 이때 만일 우리가 육신의 소욕을 따라 방언으로 기도하는 일을 멈춘다면 성령의 임재와 권능을 경험할 수 없다.

둘째는 사탄의 방해이다. 사탄은 우리가 방언으로 기도하는 것을 원치 않는다. 우리가 성령의 임재 가운데 살지 못하도록 사탄은 육신의 소욕을 따라 살도록 유혹한다. 그렇다면 방언으로 기도하고 싶지 않을 때 어떻게 해야 할까?

[고전 9:27] 내가 내 몸을 쳐 복종하게 함은 내가 남에게 전파한 후에 자신이 도리어 버림을 당할까 두려워함이로다

바울 사도는 육체 소욕을 억지를 써서라도 영의 소욕에 굴복시켰다. 방언은 억지를 써서라도 해야 할 만큼 가치 있고 유익한 일이다. 방언으로 기도하는 시간은 내 믿음을 든든히 세우고 영적으로 성장하는 복된 시간이다.

어떻게 하면 방언을 생활화 할 수 있을까? 방언을 사모하다가 받으면 한동안 방언기도를 한다. 그러다 의미도 모르고, 재미도 없고 지루해서 그만 중단한다. 방언을 생활에 적용하려면, 처음에는 방언으로 기도하는 시간을 30분 정도 정해 놓는 것이 좋다. 한 번에 30분 정도 기도할 수도 있지만, 15분씩 2회, 혹은 10분씩 3회를 해도 좋다. 그리고 점차 시간을 늘려 가면 된다.

출퇴근길에 혹은 교통체증 속에서 방언으로 기도한다면 영적 성장을 꾀할 수 있다. 상담할 때 마음으로 방언을 하며 하나님의 지혜를 얻을 수 있다. 잠을 자기 전에, 잠을 자다 잠깐 깰 때 방언으로 기도할 수 있다. 방언기도를 생활화하면 누구나 가능한 일이다.

그렇다면 방언기도를 지루하지 않게 할 수 있는 방법은 없을까? 나 역시 방언으로 기도하다 보면 지루하고 답답할 때가 있다. 이럴 때는 베풀어 주신 구원의 은혜를 온 마음으로 감사하며 찬송한다. 찬송을 반복해서 수십 번 듣고 따라 부르기도 한다. 이렇게 구원의 은혜를 감사하고 찬양하면 내 영혼은 성령으로 충만하여 기뻐 춤을 추게 된다. 아니 혼자 있을 때는 어린아이처럼 춤을 추기도 한다. 이때 방언으로 기도를 시작하게 되면 나의 방언은 잔잔한 시냇물이 되기도 하고 폭풍

이 휘몰아치는 거센 바다가 되기도 한다.

또한 방언으로 기도할 때 하나님의 말씀을 선포하면서 기도하는 방법이 있다. 내가 묵상하고 있는 약속의 말씀을 붙잡고 반복해서 선포하며 방언으로 기도하면 전혀 지루하지 않다.

방언기도는 어떤 효과가 있을까? 방언으로 무시로 기도하면 성령의 임재를 의식하게 된다. 또 영적으로 민감해진다. 어떤 일을 순간적으로 판단하고 결정해야 할 때 성령의 지혜로 실수나 속임수에서 벗어나기도 한다. 방언으로 기도할 때 다른 사람의 문제가 보이는 경우도 있다.

얼마 전에 《성령이 답이다》를 여러 번 읽고 전화를 했던 학생이 있다. 대학 4학년인 그는 하루에 5시간 정도를 무시로 방언기도를 하는데 표적이 나타나서 전도의 열매를 맺고 있다고 했다.

방언기도는 하나님의 임재를 누리게 한다

우리는 예수 그리스도 안에 있고, 우리 안에 예수 그리스도께서 계신다. 모든 그리스도인은 하나님의 임재 가운데 있지만, 오직 성령충만한 사람만 하나님의 임재를 누리며 담대한 삶을 산다. 만일 우리가 하나님의 임재를 인식하지 못하면, 작은 일에도 쉽게 불안해하고 두려워하다 결국은 마귀의 종노릇 하게 된다.

하나님을 의식하지 못하면 육신적인 행동을 한다. 하나님의 임재를 의식하고 살면 육신적인 행동에서 쉽게 벗어날 수 있다. 지금 나와 함께 하시는 하나님의 임재를 인식하기 때문이다. 방언기도는 성령충만을 받게 하여 하나님의 임재를 누리게 한다.

삶의 변화는 하나님의 임재 의식에서 비롯된다. 더 많이 더 자주 반복해서 방언으로 기도하면, 지금 나와 함께 하시는 하나님의 임재를 인식하게 된다. 방언을 통해 모든 지각이 뛰어나신 하나님과 무시로 소통할 수 있다. 하나님께서 선물로 주신 방언을 잘 활용하라. 선물의 가치를 발견하게 될 것이다.

제3부

성령의 권능과 성령충만

술 취하지 마십시오.
여러분의 영적인 삶을 갉아먹을 것입니다.
성령으로 충만해지도록 힘쓰십시오.

에베소서 5:18 《쉬운성경》

1장

성령의 은혜를 퍼 올리는 마중물

상수도 시설이 좋지 않던 시절에는 마당 한쪽에 우물을 파서 관정을 박고 작두펌프로 생수를 끌어 올렸다. 그런데 펌프에 고여있던 물이 내려가면 아무리 펌프질을 해도 생수를 끌어올릴 수 없다. 물 한 바가지를 붓고 작두펌프 손잡이를 상하로 몇 번 움직이면 생수가 콸콸 쏟아진다. 이때 붓는 물이 마중물이다. 한 바가지의 마중물은 땅속 깊은 생수를 끌어올려 주는 고맙고 귀한 물이다.

성령세례는 마치 마중물과 같다. 성령세례를 통해 권능을 받고 더불어 성령충만과 성령의 은사들, 특히 방언을 비로소 경험할 수 있다. 성령세례를 받을 때 성령의 은혜를 체험한다.

성령세례는 권능을 불러오는 마중물이다

예수님께서는 물로 세례를 받으실 때 성령이 임하셨다. 성령으로 세례를 받으신 예수님께서는 성령충만하여 성령의 권능으로 일하셨다.

[눅 3:21-22] 백성이 다 세례를 받을새 예수도 세례를 받으시고 기도하실 때에 하늘이 열리며 22 성령이 비둘기 같은 형체로 그의 위에 강림하시더니 하늘로부터 소리가 나기를 너는 내 사랑하는 아들이라 내가 너를 기뻐하노라 하시니라

[눅 4:1;14-15] 예수께서 성령의 충만함을 입어 요단강에서 돌아오사 광야에서 사십 일 동안 성령에게 이끌리시며 … 14 예수께서 성령의 능력(두나미스)으로 갈릴리에 돌아가시니 그 소문이 사방에 퍼졌고 15 친히 그 여러 회당에서 가르치시매 뭇 사람에게 칭송을 받으시더라

부활하신 예수님께서는 제자들에게 성령의 권능을 받은 후 증인이 되라고 거듭해서 분부하셨다.

[눅 24:48-49] 너희는 이 모든 일의 증인이라 49 볼지어다 내가 내 아버지께서 약속하신 것을 너희에게 보내리니 너희는 위로부터 능력(두나미스)으로 입혀질 때까지 이 성에 머물라 하시니라

[요 20:21-21] 예수께서 또 이르시되 너희에게 평강이 있을지어다 아버지께서 나를 보내신 것 같이 나도 너희를 보내노라 22 이 말씀을 하시고 그들을 향하사 숨을 내쉬며 이르시되 성령을 받으라

[행 1:4-5:8] 사도와 함께 모이사 그들에게 분부하여 이르시되 예루살렘을 떠나지 말고 내게서 들은바 아버지께서 약속하신 것을 기다리라 5 요한은 물로 세례를 베풀었으나 너희는 몇 날이 못 되어 성령으로 세례를 받으리라 하셨느니라 … 8 오직 성령이 너희에게 임하시면 너희가 권능(두나미스)을 받고 예루살렘과 온 유대와 사마리아와 땅끝까지 이르러 내 증인이 되리라 하시니라

권능power은 헬라어 "두나미스"(δύναμις)로 변화를 일으키는 탁월한 힘, 기적을 일으키는 능력, 곧 성령의 권능을 일컫는다. '두나미스'는 광산에서 바위를 뚫거나, 대형 건물을 철거할 때 사용하는 다이너마이트의 어원이다. 예수님과 제자들, 초대교회 성도들은 성령의 권능으로 말씀을 확증하는 증인의 삶을 살았다.

성령세례와 성령충만과 방언 은사

마가 다락방에 모였던 120명의 성도는 성령이 임한 후 성령충만을 받고 방언을 시작했다. 성령충만과 방언을 성령세례의 결과로 기록하고 있다. 성령세례가 마중물 역할을 한 것이다.

[행 2:1-4] 오순절 날이 이미 이르매 그들이 다 같이 한곳에 모였더니 2 홀연히 하늘로부터 급하고 강한 바람 같은 소리가 있어 그들이 앉은 온 집에 가득하며 3 마치 불의 혀처럼 갈라지는 것들이 그들에게 보여 각 사람 위에 하나씩 임하여 있더니 4 그들이 다 성령의 충만함을 받고 성령이 말하게 하심을 따라 다른 언어들로 말하기를 시작하니라

사마리아 사람들은 빌립 집사의 전도로 예수님을 믿고 물세례를 받았다. 이 소식을 들은 예루살렘 교회는 두 사도베드로와 요한를 보내 성령세례를 받도록 했다. 하지만 성령충만과 방언에 대한 기록은 없다.

[행 8:14-17] 예루살렘에 있는 사도들이 사마리아도 하나님의 말씀을 받았다 함을 듣고 베드로와 요한을 보내매 15 그들이 내려가서 그들을 위하여 성령 받기를 기도하니 16 이는 아직 한 사람에게도 성령 내리신 일이 없고 오직 주 예수의 이름으로 세례만 받을 뿐이더라 17 이에 두 사도가 그들에게 안수하매 성령을 받는지라 이에 두 사도가 그들에게 안수하매 성령을 받는지라

백부장 고넬료 집에 모인 사람들은 성령세례를 받고 방언을 했다. 하지만 성령충만에 대한 기록은 없다.

[행 10:44-46] 베드로가 이 말을 할 때에 성령이 말씀 듣는 모든 사람에게 내려
오시니 45 베드로와 함께 온 할례 받은 신자들이 이방인들에게도 성령 부어 주심
으로 말미암아 놀라니 46 이는 방언을 말하며 하나님 높임을 들음이러라

에베소 성도들도 성령세례를 받고 방언과 예언을 했다. 하지만 성령충만에 대한 기록은 없다.

[행 19:4-7] 바울이 이르되 요한이 회개의 세례를 베풀며 백성에게 말하되 내 뒤
에 오시는 이를 믿으라 하였으니 이는 곧 예수라 하거늘 5 그들이 듣고 주 예수의
이름으로 세례를 받으니 6 바울이 그들에게 안수하매 성령이 그들에게 임하시므
로 방언도 하고 예언도 하니 7 모두 열두 사람쯤 되니라

그렇다면 사마리아 사람들, 고넬료 집에 모인 사람들, 에베소의 성도들은 언제 성령충만을 받았을까? 마가 다락방에 있었던 120명의 성도처럼 그들도 성령세례를 받을 때 성령충만과 함께 방언을 받은 것으로 보인다.

사울[바울]의 경우는 어떤가? 다메섹에서 예수님을 만난 후 아나니아의 안수를 통해 성령세례를 받고 성령충만을 받았다. 그러나 방언이나 예언을 했다는 기록은 없다.

[행 9:17] 아나니아가 떠나 그 집에 들어가서 그에게 안수하여 이르되 형제 사울아 주 곧 네가 오는 길에서 나타나셨던 예수께서 나를 보내어 너로 다시 보게 하시고 성령으로 충만하게 하신다 하니

바울은 고린도전서 14:18절에서 "내가 너희 모든 사람보다 방언을

더 말하므로 하나님께 감사하노라"고 했다. 그렇다면 바울은 언제 방언을 받았을까? 바울도 마가 다락방에 모였던 120명의 성도들, 고넬료 집에 모인 사람들, 에베소의 성도들처럼 성령세례를 받을 때 성령으로 충만하여 방언을 한 것으로 보인다. 이처럼 성령세례는 성령의 은혜성령의 권능, 성령충만, 성령의 은사를 불러오는 마중물 역할을 한다.

성령세례(권능) → 성령충만 → 방언(예언)

신약성경의 여러 사례를 종합해 볼 때 거듭난 후 성령세례를 받을 때 권능과 함께 성령충만과 방언을 받는다.

성령세례와 성령충만은 동일한 것인가

R. A. 토레이 박사는 거듭남과 성령세례는 구별했으나, 성령세례와 성령충만을 동일한 것으로 보았다. 하지만 성령세례와 성령충만은 구별된 은혜다. 신약성경에서 성령충만은 반복적인 경험으로 나타나지만, 성령세례는 그러한 예가 없다. 다시 말해서 성령세례는 일생에 한 번 경험하는 단회적인 사건이지만, 성령충만은 반복해서 경험한다. 따라서 둘을 하나로 보는 것은 무리다.

조병수 교수는 성령세례와 성령충만을 동일한 것으로 볼 수 없다고 말한다.

> 베드로 그 자신이 오순절 이후에도 여러 번 성령의 충만함을 받았음에도 불구하고행 2:4;4:8;31, 그것을 성령세례와 동일한 것으로 설명하지 않는다. 그러므로 성령충만은 반복되는 성격을 가진다. 바울이 여러 번 성령으로 충만한 것행 9:17;13:9이 그 중요한 예가 된다.

미국 초기 부흥운동에서 핵심 역할을 했던 데니스 베넷 박사도 “어떤 사람들은 성령세례와 성령충만을 동일시하지만 옳지 않은 주장이다”고 했다.

구약성경에 ‘성령세례’에 대한 언급은 없다. 하지만 특별한 사역을 맡은 소수의 사람에게 성령이 임하고 성령충만을 받았다. 성령충만은 오순절 이전에는 아무나 경험할 수 없는 하나님의 특별한 은혜였다. 오순절 이후에는 성령세례를 받은 사람은 누구나 성령충만을 반복해서 경험할 수 있다.

그렇다면 성령충만이란 무엇인가? 바울 사도는 성령충만을 술 취함에 빗대어 설명한다. 에베소서 5:18–6:6절에서 반복되는 단어가 있다. ‘복종’3회과 ‘순종’2회이다. 술에 취한 사람은 지·정·의가 술의 영향력, 곧 통제력 아래에 있다. 성령충만은 마치 술에 취한 사람처럼 성령님의 영향력, 또는 통제력 아래 있는 것을 말한다.

몇 년 전, 나의 큰아들이 꿈을 꾸고 난 후 이런 이야기를 했다.

“아빠, 어젯밤에 이상한 꿈을 꾸었어요?”

“그래, 무슨 꿈을 꾸었는데?”

“꿈에 하나님을 내 방 벽장에 가둬두고 있었어요. 그런데 하나님께서 문을 두드리며 소리치고 계셨어요.”

“하나님께서 네게 뭐라고 소리치셨는데?”

“나를 언제 여기서 나가게 해 줄 작정이니?”

데니스 베넷 박사가 《성령의 임재를 구하는 기도》에서 소개한 내용이다. 흔히 교회에서 ‘성령충만을 받으라’는 설교를 하거나 권면을 한다. 만일 성령세례를 받지 않은 사람이 그 설교나 가르침을 받았다면, 그것은 마치 구구단을 모르는 사람에게 곱셈과 나눗셈을 가르치는 것과 같다. 오순절 이후에는 누구도 성령세례 없이는 성령충만을 경험할 수 없다.

권세와 권능을 활성화하는 성령충만

성령충만은 거듭날 때 받은 권세와 성령세례를 통해 받은 권능을 증폭amplify시킨다. 베드로 사도의 그림자, 바울 사도의 앞치마와 손수건만 얹어도 병 고침을 받고 악한 귀신이 떠났다. 이것은 베드로와 바울이 얼마나 성령으로 충만했는지 짐작할 수 있다. 이처럼 사도들의 사역 현장에 나타난 기사와 표적은 성령충만의 결과다.

[행 5:15-16] 심지어 병든 사람을 메고 거리에 나가 침대와 요 위에 누이고 베드로가 지날 때에 혹 그의 그림자라도 누구에게 덮일까 바라고 16 예루살렘 부근의 수많은 사람들도 모여 병든 사람과 더러운 귀신에게 괴로움 받는 사람을 데리고 와서 다 나음을 얻으니라

[행 19:11-12] 하나님이 바울의 손으로 놀라운 능력을 행하게 하시니 12 심지어 사람들이 바울의 몸에서 손수건이나 앞치마를 가져다가 병든 사람에게 얹으면 그 병이 떠나고 악귀도 나가더라

초대교회 일꾼의 조건은 무엇인가? 교회가 선택하고 사도들이 안수하여 세운 7명의 집사는 모두 믿음과 성령충만한 사람들이었다.

[행 6:3-6] 형제들아 너희 가운데서 성령과 지혜가 충만하여 칭찬받는 사람 일곱을 택하라 우리가 이 일을 그들에게 맡기고 4 우리는 오로지 기도하는 일과 말씀 사역에 힘쓰리라 하니 5 온 무리가 이 말을 기뻐하여 믿음과 성령이 충만한 사람 스데반과 또 빌립과 브로고로와 니가노르와 디몬과 바메나와 유대교에 입교했던

안디옥 사람 니골라를 택하여 6 사도들 앞에 세우니 사도들이 기도하고 그들에게
안수하니라

거듭남 → 물세례 → 성령세례 → 성령충만

초대교회 일꾼 선택의 조건과 자격

[행 6:8-10] 스데반이 은혜와 권능이 충만하여 큰 기사와 표적을 민간에 행하니
9 이른바 자유민들 즉 구레네인, 알렉산드리아인, 길리기아와 아시아에서 온 사람
들의 회당에서 어떤 자들이 일어나 스데반과 더불어 논쟁할새 10 스데반이 지혜와
성령으로 말함을 그들이 능히 당하지 못하여

스데반 집사의 사역에는 큰 기사와 표적이 나타났다. 그의 지혜와 성령으로 말함을 누구도 당할 수 없었다. 순교를 당할 때 성령으로 충만하여 하나님의 영광과 하나님 우편에 서 계신 예수님을 보았다. 그는 이를 갈며 자신을 돌로 쳐서 죽이는 사람들까지 용서했다[행 7:55-60]. 스데반 집사는 생을 마감하는 순간까지 성령으로 충만했다.

빌립 집사도 성령으로 충만하여 사마리아에서 권능으로 사역했다. 표적을 통해 복음을 전했을 때 많은 사람이 주님께 돌아왔고 그곳에 큰 기쁨이 있었다.

[행 8:5-8] 빌립이 사마리아 성에 내려가 그리스도를 백성에게 전파하니 6 무리
가 빌립의 말도 듣고 행하는 표적도 보고 한마음으로 그가 하는 말을 따르더라 7
많은 사람에게 붙었던 더러운 귀신들이 크게 소리를 지르며 나가고 또 많은 중풍
병자와 못 걷는 사람이 나으니 8 그 성에 큰 기쁨이 있더라

만일 빌립 집사가 성령으로 충만하지 않았다면 그가 전하는 복음에

따르는 표적은 없었을 것이다. 표적이 없었다면 그가 전하는 복음도 마치 노방전도처럼 사마리아 사람들의 관심을 이끌지 못했을 것이다.

빌립은 성령의 인도로 에티오피아 여왕간다게의 모든 국고를 맡은 내시에게 복음을 전하고 세례를 베풀었다. 다시 성령의 이끌림을 받아 아소도의 여러 성을 다니며 복음을 전하고 가이사랴까지 이르러 복음을 전했다행 8:26-40.

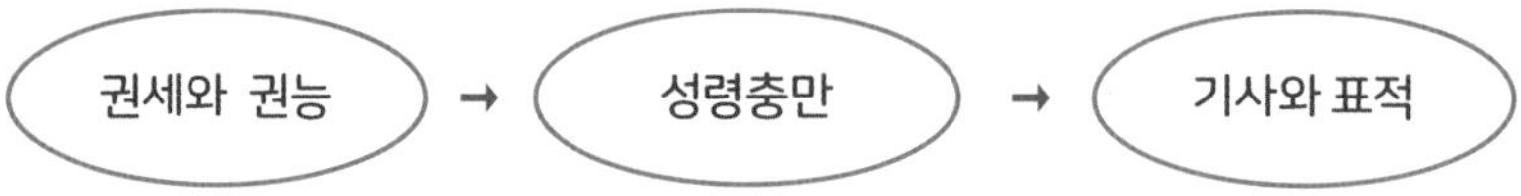

권세와 권능을 증폭시키는 성령충만

베드로와 바울 사도, 스데반과 빌립 집사의 사역에서 나타난 기사와 표적은 성령충만의 열매다. 예수님을 믿고 거듭난 사람은 베드로와 바울, 스데반과 빌립과 똑같은 권세를 가지고 있다. 성령으로 세례를 받았다면 베드로와 바울, 스데반과 빌립과 똑같은 권능도 가지고 있다. 그렇다면 똑같은 권세와 권능을 가지고 있는데 베드로와 바울에게는 따르는 기사와 표적이 있고 우리에게는 없는가? 성령충만의 차이이다.

초대교회 사역자들은 성령으로 충만했다. 권세와 권능을 갖고 있어도 성령으로 충만하지 않다면, 평범한 사역자에 불과하다. 성령으로 충만한 사역자만이 내 안에 있는 성령의 권능을 증폭시켜 따르는 표적으로 말씀을 확증할 수 있다.

성령으로 충만하지 않으면 성령의 권능은 표적과 열매로 드러나지 않는다. 예수님과 사도들, 초대교회 집사들을 비롯하여 모든 일꾼은 성령세례를 받고 그 자리에 머물러 있지 않았다. 성령으로 충만하여 성령의 열매를 맺고, 따르는 표적으로 말씀을 확증하며 증인의 사명을 감당했다.

만일 사도들과 초대교회 직분자들의 사역에서 성령충만이 빠졌다면 어떻게 되었을까? 성령세례를 통해 성령의 권능을 받았다고 해서 권능 있는 삶을 사는 것은 아니다. 성령충만이 없다면 권세와 권능 있는 삶도 없다.

오직 성령으로 충만함을 받으라

누가는 누가복음과 사도행전에서 '성령충만'을 반복하여 언급했지만, 바울 사도는 '성령충만'이란 표현을 한번 언급한다. 또 누가는 성령충만과 관련하여 3종류의 단어를 사용했지만, 사도 바울은 한 단어만 사용했다.

오성종 박사는 〈성령세례의 이해〉와 〈누가의 성령론 이해〉에서 누가와 바울 사도가 성령충만과 관련하여 사용한 단어 '충만'을 다음과 같이 정리했다.

성령+충만(플레도 πλήθω): 본래 "가득 채우다"의 뜻으로 쓰인 이 동사를 누가는 성령과 연관시켜 8회 사용하였다. 갑작스럽게 강력한 성령의 영향력에 이끌리어 마음과 생각과 태도가 새롭게 되는 경험을 나타낸다. 그래서 모태로부터 성령으로 충만케 되었던 태중의 세례 요한은 그의 어머니가 성령으로 메시아를 막 잉태한 바 있는 마리아의 문안 인사를 듣는 순간 기뻐서 복중에서 뛰놀았다눅 1:15;44. 엘리사벳과 사가랴가 성령의 충만을 입게 되자 메시아를 통한 구원을 찬송하는 예언을 했다눅 1:41-55;67-79. 오순절 날 120명의 제자들이 성령으로 충만케 되자 방언을 하며 배운 바 없던 다른 나라 말을 말하게 되었다행 2:4-11. 베드로와 다른 제자들도 성령으로 충만케 되자 박해자들의 위협에도 두려움 없이 담대히 복음을 전하였다행 4:8-13;31. 바울도 성령충만을 받자 담대히 그리고 권세있게 복음을 전하였다행 9:17;13:9.

성령+충만(플레레스 πλήρης): 가득 차 있는 상태를 나타내는 형용사로써, 이 단어로 바구니에 무엇이 가득 담겨 있다거나막 8:19 나병이 온몸에 퍼져있는눅 5:12 상태를 묘사한다. 모두 무언가 가득 차 있어서 영향력이 분출하고 있는 모습을 묘사할 때 사용한 경우들이다. 그래서 누가는 "이미 성령충만을 받아 계속 성령의 감화와 인도하심 속에 있는" 사람을 말할 때 이 형용사와 함께 성령을 연결시켜 표현하였다: "성령이 충만하신" 예수님눅 4:1, "성령과 지혜가 충만한" 7명의 집사행 6:3, "믿음과 성령이 충만한" 스데반행 6:5;7:55, "성령과 믿음이 충만한" 바나바행 11:24. 모두 영적 지도자의 인격과 완전한 자격을 표현하고 있다. 누가는 그의 저작에서 형용사 플레레스(πλήρης)를 모두 10회 사용하였는데 그중 8회가 사람의 성품과 인격에 관계된 묘사에 사용하였다.

성령+충만(플레로오 πληρόω): 바울은 "오직 성령으로 충만함을 받으라"라고 권하고 있는데, 현재 수동태 명령형으로 되어 있어서 계속, 반복, 진행, 습관의 의미가 내포되어 있다. 즉 바울은 이 구절에서 계속 성령으로 충만한 상태 가운데 머물러 있으라는 권면을 하고 있다. 문맥상 생활 속에서 하나님의 뜻을 분별하며 세월을 아끼며 성화의 삶을 살아가기 위하여 "성령에 의하여 지·정·의가 감화와 영향을 받도록 하라"는 것이다. 누가가 플레로오(πληρόω) 동사를 써서 성령충만을 말하는 경우는 사도행전 13:52절의 "제자들은 기쁨과 성령으로 충만하였다"는 구절에서 단 한 번 사용하고 있다. 미완료 시제이므로 성령으로 충만한 상태가 계속 진행되고 있었음을 가리킨다.

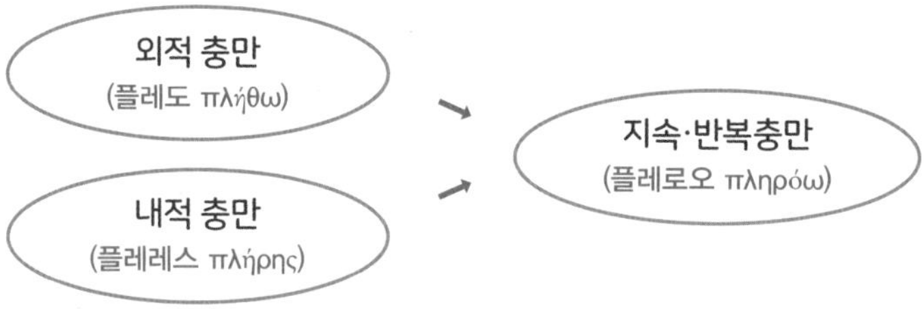

누가는 3종류의 단어를 사용하여 성령충만을 서로 구별했다. 기적과 표적을 통해 외적으로 드러난 충만은 '플레도', 성품이나 인격의 변화로 드러난 충만은 '플레레스', 그리고 성령충만을 유지하고 있는 상태는 '플레로오'를 사용했다.

예수원 설립자 대천덕[36] 신부는 《나와 하나님》에서 성령충만을 두 가지로 구분해서 설명했다. 표적과 기적을 나타내는 외적인 충만과 인격의 변화를 가져오는 내적인 충만으로 구분했다.

> 오순절 사건이 있은 후 성령의 두 가지 사역인 외적인 역사와 내적인 역사를 동시에 받는 것은 일상의 일이 되어 버렸다. … 한국교회는 성도를 향하신 하나님의 뜻을 살펴야 할 것이다. 성령의 열매와 권능 중 하나를 버리고 하나를 취해서는 안 될 것이다. 둘 다 취해야 할 것이다.

그렇다면 바울 사도가 권면한 "오직 성령으로 충만함을 받으라"의 성령충만플레로오은 어떤 의미일까? 누가가 언급한 두 종류의 성령충만, 즉 외적충만과 내적충만 모두를 계속해서 유지하라는 뜻으로 보아야 할 것이다.

그렇다면 누가와는 달리 사도 바울이 '성령충만'이라는 단어를 반복하여 언급하지 않은 이유가 무엇일까? 오성종 박사는 앞서 소개한 논문 《성령세례의 이해》에서 바울 사도는 '성령충만'과 동일한 개념으로 다양한 표현을 사용했음을 밝히고 있다.

---

36) 대천덕 신부는 1918년 중국 산둥성에서 장로교 선교사의 아들로 태어나 중국과 한국에서 성장기를 보냈다. 미국 데이비슨대학에서 사회학과 교육학을, 프린스턴대학에서 신학을 공부했다. 교단을 성공회로 옮겨 1946년에 사제 서품을 받고 12년간 목회를 했다. 1965년에 강원도 태백에 예수원을 설립했다.

바울은 "성령으로 행한다"갈 5:16, "성령과 동행한다"갈 5:25, "성령의 인도를 받는다"갈 5:18;롬 8:14; 비교:요 16:13, "성령을 따라 행한다"롬 8:4-5, "성령의 새로운 것으로 섬긴다"롬 7:6, "성령의 감화"고후 6:6, 혹은 "성령 안에서 기도한다"엡 6:18 등의 다양한 표현을 하였는데, 바울은 "성령충만"의 동의어로써 이런 표현을 썼을 것으로 이해해야 할 것이다.

다음은 '기도의 사도'로 알려진 존 하이드John Hyde[37] 선교사의 간증이다. 그가 위대한 선교사로 태어난 순간은 언제인가?

내가 신학대학을 졸업하자 미국 전역에 있는 수많은 교회에서 목회자로 청빙했지만, 모두 거절하고 1892년 선교사로 파송되어 인도로 가는 배에 올랐다. 인도로 가는 배에서 아버지의 친구이며 내가 평소 존경하던 목사님이 보낸 한 통의 전보를 받았다.

"사랑하는 존 하이드, 네가 성령을 받고 성령으로 충만해질 때까지 너를 위한 기도를 멈추지 않을 거야."

그 전보를 들고 있는 내 손은 부들부들 떨고 있었다. 그 전보 내용은 내 자존심을 마치 휴지처럼 구겨 놓았다. 마음에서 맹렬한 분노가 일어났다. 너무 화가 치밀어 전보를 꼬깃꼬깃 구겨서 선실 바닥에 던져버렸다. 더 이상 분을 주체할 수 없어서 갑판 위로 올라갔다.

"뭐라고? 남은 생애를 인도에 바친 나에게 감히 성령을 받고 성령으로 충만해질 때까지라니…. 아니 성령충만하지 않은 사람이 어떻게 모든 것을 포기하고 선교사로 평생을 헌신할 수가 있겠어? 평생을 선교사로 헌신한 나에게 성령의 충만을 받아야 한다니 세상에 이런 어처구니없는 말이 또 어디 있어?"

---

37) 존 하이드 선교사는 목사의 아들로 출생했다. 맥코믹 신학교에 입학하여 1892년 졸업과 동시에 인도 선교사로 파송되었다. 1904년에 펀자브 기도동맹을 창설하고 인도 선교사와 회심자를 중심으로 기도를 통한 부흥 운동을 일으켰다.

분노가 치밀어 나는 한동안 갑판 위를 계속해서 왔다갔다했다.

그러나 내면에서는 이미 맹렬한 싸움이 벌어지고 있었다. 나는 지금까지 아버지 친구였던 그 목사님을 정말로 존경했고, 또 그분이 평생 신령한 삶을 살아왔다는 것을 모르지 않았기 때문이다. 이런저런 생각을 하다가 다시 선실로 내려가 구석에 던져버렸던 전보를 다시 집어 들었다. 그리고 전보 내용을 읽고 또 읽었다.

"사랑하는 존 하이드, 네가 성령을 받고 성령으로 충만해질 때까지 너를 위한 기도를 멈추지 않을 거야!"

마침내 나는 아버지의 친구인 그 목사님의 판단이 옳다는 것과 나 자신이 선교사로서 사명을 감당할 준비가 아직 되어 있지 않다는 것을 자각했다. 나는 선실 바닥에 무릎을 꿇었다.

"성령을 받고 성령충만을 받기 전에 인도 땅을 밟지 않으리라"고 결심한 후 더욱 간절히 하나님께 매달렸다.

"제가 인도에서 보게 될 언어 시험에서 낙방하여 보이지 않는 곳에서 조용히 봉사하는 무명의 선교사가 되어도 좋으니 성령을 충만하게 부어 주십시오."

배가 항구에 도착하기까지 기도는 계속되었다. 마침내 나는 부어 주시는 성령세례와 성령충만을 처음으로 경험하게 되었다.

성령세례를 통해 성령충만을 경험하게 된 존 하이드 선교

성령세례는 성령충만으로 이어주는 마중물 역할을 한다. 예수님을 믿고 거듭나게 되면 대부분 언행에 변화가 온다. 하지만 시간이 지나면 예전의 모습으로 돌아가 있는 자신을 보고 실망한다.

"예수님을 믿는 내가 왜 이러지?"

예수님을 믿고 난 후 예전의 삶과 크게 다르지 않은 내 모습을 보고 주위 사람도 실망한다.

"그럼 그렇지. 예수 믿는 놈도 똑같아."

이런 가운데 성령으로 세례를 받고 나면 주위 사람도 인식할 만큼 예전의 삶과 전혀 다른 변화를 보게 된다. 하지만 시간이 지나면 다시 옛 모습으로 돌아가 있는 모습을 발견하고 자신은 물론 주위 사람도 실망한다. 이것은 대부분 그리스도인에게 나타나는 과정이다.

무엇이 문제인가?

왜 계속해서 변화를 경험하지 못하고 과거로 돌아가는가?

[엡 5:18] 술 취하지 말라 이는 방탕한 것이니 오직 성령으로 충만함을 받으라

성령충만은 성령님의 통제를 받는 상태를 말한다. 술에 취하면 술에 지배받는 것처럼 성령충만은 성령님의 지배를 받는 것을 말한다.

성령으로 충만하면 제일 먼저 생각이 바뀐다. 육신의 생각이 영의 생각으로 바뀐다. 생각이 바뀌면 말과 행동도 따라서 바뀌어 예수님의 인격을 닮게 된다.

그리스도인이라면 어떤 생각을 하고, 어떤 말을 해야 하고, 어떤 행동을 해야 하는지 신앙 지식은 갖고 있다. 지식과 생활은 별개의 문제다. 성령으로 충만하지 않으면 성령님에 의해서 내가 움직이기보다는 내가 성령님을 움직이려고 한다. 하지만 성령으로 충만하면 말씀과 행동이 별개가 아니라 하나가 된다. 비로소 신앙과 삶의 불협화음에서 자유와 해방을 누리게 된다. 성령충만 없이는 누구도 그리스도인다운 삶을 살 수 없다.

성령세례는 하나님 자녀를 위한 종합 선물 세트다. 그 속에는 우리가

기대하는 것 이상의 엄청난 은혜와 복이 있다. 성령의 권능과 성령의 은사, 성령의 열매가 가득 들어있다.

그렇다면 왜 나의 사역과 삶에는 성령의 권능과 은사와 열매가 나타나지 않을까?

어떻게 하면 초대교회 사역자들처럼 따르는 기사와 표적으로 하나님의 말씀을 확증할 수 있을까?

성령세례를 통해 받은 선물 보따리를 풀어서 그 속에 들어있는 성령의 은혜를 체험할 수 있도록 하는 것이 바로 성령충만이다. 다시 말해서 성령충만 없이는 성령세례를 통해 주신 모든 성령의 은혜권능과 은사를 맛볼 수 없다. 성령의 권능과 은사는 성령충만을 통해 꽃피우고 열매를 맺는다.

2장

왕 노릇 하게 하는 권세와 권능(1)

그 놀라운 축복의 사건은 빛의 번쩍임처럼 갑자기 나에게 임하였다. 여러 달 동안 나는 사역에 필요한 권능을 목마르게 사모하고 있었다. 마침내 내가 그 능력을 얻지 못하면 죽으리라고 생각할 정도가 되었다. 나는 그날 뉴욕 거리를 걷고 있었다. 오! 얼마나 놀라운 날이었던가!

나는 그날에 있었던 경험을 묘사할 수 없다. 그것은 너무 신성한 경험이어서 이름을 붙일 수가 없다. 그 거리에서 하나님의 권능이 너무나 놀랍게 내게 임하였기 때문에 나는 하나님께 그 손을 멈추어 달라고 구해야 했다. 하나님의 선하심에 대한 느낌으로 너무나 충만한 나머지 온 세상이라도 품을 수 있을 것 같았다.

나는 성령의 권능을 받기 전에 했던 옛 설교를 택해서 전했다. 진리의 내용은 그대로였지만, 거기에는 새로운 권능이 있었다. 많은 사람이 깊은 감명을 받고 회심했다. 이 일은 내가 회심한 후 여러 해가 지난 후에 일어났다. 만약 나에게 온 세상을 준다고 해도 나는 그 복된 이전으로 돌아가지 않겠다. 그 경험에 비하면 온 세상은 티끌만도 못하다.

오스왈드 스미스Oswald J. Smith[38]의 저서 《성령충만The Enduement of Power》에서 소개하는 디엘 무디 목사의 간증이다. 무디 목사는 이미 거듭난 그리스도인이었다. 그는 하나님의 자녀로서 권세는 갖고 있었지만, 성령의 권능은 갖고 있지 않았다. 성령세례를 받은 무디 목사는 비로소 권세와 권능으로 왕 노릇 할 수 있게 되었다. 성령의 권능은 성령세례를 통해 받는다.

권세엑수시아와 권능두나미스은 다르다

신약성경에서 엑수시아(ἐξουσία)는 108회 나온다. '엑수시아'는 권세, 권리, 권위 등의 뜻이다. 개역개정 성경에서는 엑수시아를 권세52회, 권위21회, 권한14회, 권능11회, 권리10회, (남의) 수하에2회, 관할1회, 힘1회, 마음대로1회, 자유1회 등으로 번역되었다. 특히 엑수시아권세를 11회나 '권능'으로 번역하여 두나미스로 혼동을 주기도 한다.

[마 9:6 개역개정] 그러나 인자가 세상에서 죄를 사하는 권능(엑수시아)이 있는 줄을 너희로 알게 하려 하노라 하시고 중풍병자에게 말씀하시되 일어나 네 침상을 가지고 집으로 가라 하시니

[마 9:6 흠정역] 그러나 인자가 땅 위에서 죄들을 용서하는 권세를 가진 것을 너희로 알게 하려 함이라 하신 후 중풍병자에게 말씀하시기를 일어나 네 침상을 들고 네 집으로 가라고 하시니

---

38) 오스왈드 스미스 목사는 1889년 캐나다에서 출생하여 1915년 맥코믹신학교를 졸업하고 1918년 캐나다 장로교회 목사가 되었다. 1921년 토론토에 기독연합선교회(Christian and Missionary Alliance)를, 1928년에는 피플즈교회(People's Church)를 설립하였다. 1930년부터는 라디오 방송과 선교집회를 시작했고, 전 세계를 다니며 선교사를 동원하는 데 힘썼다.

[마 10:1 개역개정] 예수께서 그의 열두 제자를 부르사 더러운 귀신을 쫓아내며 모든 병과 모든 약한 것을 고치는 권능(엑수시아)을 주시니라

[마 10:1 흠정역] 주께서 자기 열두 제자들을 부르시어 그들에게 더러운 영들을 쫓아내며 모든 병과 허약함을 치유하는 권세를 주시더라.

[막 6:7 개역개정] 열두 제자를 부르사 둘씩 둘씩 보내시며 더러운 귀신을 권능(엑수시아)을 주시고

[막 6:7 흠정역] 그 후 열둘을 부르시어 그들을 둘씩 둘씩 보내기 시작하시고, 또 그들에게 더러운 영들을 다스리는 권세도 주시며

[계 11:6 개역개정] 그들이 권능(엑수시아)을 가지고 하늘을 닫아 그 예언을 하는 날 동안 비가 오지 못하게 하고 또 권능(엑수시아)을 가지고 물을 피로 변하게 하고 아무 때든지 원하는 대로 여러 가지 재앙으로 땅을 치리로다

[계 11:6 흠정역] 이들에게는 하늘을 닫는 권세가 있어서 그들이 예언하는 날 동안 비를 오지 못하게 하고, 물을 피로 변하게 하는 권세도 있어 원하는 때면 언제든지 온갖 재앙으로 땅을 치리로다.

개역개정 성경에서 위의 각 구절의 엑수시아를 '권능'으로 번역했으나 흠정역 성경은 모두 '권세'로 번역했다. 개역개정 이전 개역성경은 마태복음 10:1절을 제외하고 모두 '권세'로 번역했다. 엑수시아는 '권세' 혹은 '권위'로, 두나미스는 '권능' 혹은 '능력'으로 번역하는 것이 옳다.

엑수시아는 왕권이나 부권 혹은 소작권, 관리권 등의 법적인 권한, 신분, 직분을 의미한다. 또한 정부나 사법기관이 허락한 권리right, 권한authority, 승인permission의 뜻을 담고 있다. 그렇다면 권세는 언제 주어지는가? 예수님을 믿고 하나님의 자녀로 거듭날 때 권세를 갖게 된다.

[요 1:12-13] 영접하는 자 곧 그 이름을 믿는 자들에게는 하나님의 자녀가 되는 권세(엑수시아)를 주셨으니 13 이는 혈통으로나 육정으로나 사람의 뜻으로 나지 아니하고 오직 하나님께로부터 난 자들이니라

신약성경에서 두나미스(δύναμις)는 118회 나온다. '두나미스'는 권능, 능력, 힘, 세력, 역량 등의 의미로 사용되었다. 개역개정 성경에서 두나미스를 능력79회, 권능26회, 힘6회, 권세2회, 세력2회, 능한 일2회, 재능1회, 뜻1회, 강한 것1회 등으로 다양하게 번역했다. 특히 두나미스를 '권세'로 번역하여 엑수시아와 혼동을 주기도 한다.

[마 6:13] 우리를 시험에 들게 하지 마시옵고 다만 악에서 구하시옵소서 나라와 권세(두마미스)와 영광이 아버지께 영원히 있사옵나이다 아멘

[행 4:7] 사도들을 가운데 세우고 묻되 너희가 무슨 권세(두나미스)와 누구의 이름으로 이 일을 행하였느냐

위 두 구절은 두나미스를 '권세'로 번역했다. 두나미스는 초자연적인 권능으로 유일무이한 성령의 능력을 말한다. 그러므로 두나미스는 '권능' 혹은 '능력'으로 번역하는 것이 옳다. 그렇다면 그리스도인에게 권능은 언제 주어지는가? 성령의 권능은 성령세례를 통해 받는다.

[눅 24:49] 볼지어다 내가 내 아버지께서 약속하신 것을 너희에게 보내리니 너희는 위로부터 능력(두나미스)으로 입혀질 때까지 이 성에 머물라 하시니라

[행 1:8] 오직 성령이 너희에게 임하시면 너희가 권능(두나미스)을 받고 예루살렘과 온 유대와 사마리아와 땅끝까지 이르러 내 증인이 되리라 하시니라

권세엑수시아와 권능두나미스은 다르다. 하나를 사면 하나를 덤으로 주

는 1 + 1 상품처럼 권세를 받을 때 권능은 저절로 따라오지 않는다. 만일 권세 안에 권능이 포함되어 있다면, 부활하신 예수님께서 제자들에게 권능을 받으라고 분부하지 않았을 것이다. 우리는 거듭날 때 권세권리right, 권한authority를 받고, 성령세례를 받을 때 권능능력ability, 힘might을 받는다.

권세와 권능은 어떻게 다른가? 명성훈[39] 박사는 저서 《성령과 함께》에서 권세를 법적 신분으로, 권능을 실제적인 힘으로 구분한다.

> 경찰은 제지를 거부하고 덤벼드는 도둑이 있을 때 단지 경찰이라는 법적 신분만 가지고는 도둑을 물리칠 수 없다. 도둑이 덤벼들 때 그 도둑의 공격을 물리칠 수 있는 실제적인 힘이 있어야 유능한 경찰이 될 수 있다.
>
> 우리의 신앙도 마찬가지다. 하나님의 자녀라는 법적 신분 외에 성령의 능력도 가지고 있어야 원수 마귀의 공격을 이기고 승리할 수 있는 것이다.

경찰은 난동을 부리는 폭력배를 현행범으로 체포할 수 있는 권세가 있다. 그런데 폭력배가 순순히 체포에 응하지 않고 흉기를 들고 거세게 반항하면 어떻게 하는가? 이때 경찰은 반항하는 범인을 제압하기 위해 테이저건이나 권총을 사용한다. 하지만 경찰 복장을 하고 신분증은 소지했지만, 폭력배를 제압할 무기를 소지하지 않았다면 낭패를 당할 수밖에 없다.

---

39) 명성훈 목사는 여의도순복음교회에서 41년간 신앙생활과 교역자 생활을 했다. 서강대학교, 한세대학교, 감리교신학대학원(Th.M), 미국 풀러신학대학원(M.Div, Th.M, Ph.D)에서 수학했다. 미국 남가주순복음교회와 벧엘한인교회에서 사역했다. 1990년 귀국 후 여의도순복음교회 영산연구원 원장, 교회성장연구소 소장, 여의도순복음교회 제2성전 담임으로 사역했다. 2005년 '성시교회'를 개척하여 담임 목사로 20년 동안 사역했다. 지금은 퓨처처치 연구소장(Future Church Institute)으로 퓨처처치 무브먼트(Future Church Movement)를 이끌고 있다.

이런 일은 축사 사역 현장에서 흔하게 일어난다. 예수님의 이름으로 명령할 때 순순히 따르지 않고 반항하는 귀신들이 있다. 이들을 무엇으로 제압할 수 있을까? 경찰 복장이나 신분증이 권세라면 테이저건이나 권총은 권능이다.

앞서 소개한 디엘 무디, 찰스 피니와 존 웨슬리, 티엘 오스본, 앤드류 워맥도 성령의 권능을 받기 전까지는 평범한 사역자에 불과했다. 하나님의 자녀라 할지라도 성령세례를 통해 권능을 받지 않았다면 능력 있는 삶을 살 수 없다. 왕 노릇 하는 삶을 위해서는 권세와 권능이 모두 필요하다.

아담의 모든 권세와 권능을 넘겨받은 사탄

하나님께서는 자기 형상대로 사람을 만드시고 권세와 권능을 주셨다. 아담과 하와는 이 세상을 다스리는 통치권, 즉 권세와 권능을 가지고 있었다.

> [창 1:27–28] 하나님이 자기 형상 곧 하나님의 형상대로 사람을 창조하시되 남자와 여자를 창조하시고 28 하나님이 그들에게 복을 주시며 하나님이 그들에게 이르시되 생육하고 번성하여 땅에 충만하라, 땅을 정복하라, 바다의 물고기와 하늘의 새와 땅에 움직이는 모든 생물을 다스리라 하시니라

> [시 115:16] 하늘은 여호와의 하늘이라도 땅은 사람에게 주셨도다

하나님께서는 땅을 정복하고 다스리는 통치권, 즉 왕권을 아담과 하와에게 주셨다. 그러나 아담과 하와는 하나님의 말씀에 불순종하고 마귀의 말에 순종했다. 그 결과 아담과 하와의 권세와 권능은 마귀에게 넘어갔고 아담과 하와의 후손은 마귀의 종노릇 하게 되었다.

[롬 5:12] 그러므로 한 사람으로 말미암아 죄가 세상에 들어오고 죄로 말미암아 사망이 들어왔나니 이와 같이 모든 사람이 죄를 지었으므로 사망이 모든 사람에게 이르렀느니라

[롬 5:17] 한 사람의 범죄로 말미암아 사망이 그 한 사람을 통하여 왕 노릇 하였은즉 …

[롬 5:18] 그런즉 한 범죄로 많은 사람이 정죄에 이른 것 같이 …

[롬 5:19] 한 사람이 순종하지 아니함으로 많은 사람이 죄인 된 것 같이 …

첫 사람 아담과 하와를 미혹하여 권세와 권능을 넘겨받은 사탄은 이 세상의 임금이 되어 왕 노릇 하게 되었다.

[눅 4:5–6] 마귀가 또 예수를 이끌고 올라가서 순식간에 천하만국을 보이며 6 이르되 이 모든 권위(엑수시아)와 그 영광을 내가 네게 주리라 이것은 내게 넘겨준 것이므로 내가 원하는 자에게 주노라

[요 12:31] 이제 이 세상에 대한 심판이 이르렀으니 이 세상의 임금이 쫓겨나리라

[엡 2:2] 그때에 너희는 그 가운데서 행하여 이 세상 풍조를 따르고 공중의 권세(엑수시아) 잡은 자를 따랐으니 곧 지금 불순종의 아들들 가운데서 역사하는 영이라

사탄은 공중의 권세 잡은 자로 사망의 세력을 가지고 있었다. 그러므로 모든 인간은 마귀의 세력에 눌려 한평생 종노릇 하며 살 수밖에 없었다히 2:14-15.

사탄과 그의 종들은 군대처럼 체계를 갖고 있다. 우두머리인 사탄의 권세 아래 있는 조직을 '사탄의 회'라고 한다계 2:9;3:9. 사탄은 지금도 믿지 않은 사람들 가운데 왕 노릇 하고 있으며 그리스도인들을 삼키려고 미혹하고 있다.

마귀의 일을 멸하려고 오신 예수님

예수님께서 이 땅에 오신 이유가 무엇인가? 이 세상 임금인 마귀의 일을 멸하고 마귀의 종노릇 하는 우리를 구원하기 위해서다.

[히 2:14–15] 자녀들은 혈과 육에 속하였으매 그도 또한 같은 모양으로 혈과 육을 함께 지니심은 죽음을 통하여 죽음의 세력을 잡은 자 곧 마귀를 멸하시며 15 또 죽기를 무서워하므로 한평생 매여 종노릇 하는 모든 자들을 놓아주려 하심이니

[요일 3:8] 죄를 짓는 자는 마귀에게 속하나니 마귀는 처음부터 범죄함이라 하나님의 아들이 나타나신 것은 마귀의 일을 멸하려 하심이라

[요 16:11] 심판에 대하여라 함은 이 세상 임금이 심판을 받았음이라

[골 2:15] 통치자들과 권세들을 무력화하여 드러내어 구경거리로 삼으시고 십자가로 그들을 이기셨느니라

예수님의 부활로 마귀는 패배했고 그의 권세와 권능은 무력화無力化 되었다. 하지만 마귀는 여전히 우는 사자처럼 삼킬 자를 찾고 있다. 예수님께서는 우리에게 위임해 주신 권세와 권능으로 왕 노릇 하며 마귀를 대적하고 귀신을 쫓아내라고 말씀하셨다.

[막 16:17–18] 믿는 자들에게는 이런 표적이 따르리니 곧 저희가 내 이름으로 귀신을 쫓아내며 새 방언을 말하며 18 뱀을 집으며 무슨 독을 마실지라도 해를 받지 아니하며 병든 사람에게 손을 얹은즉 나으리라 하시더라

[약 4:7] 그런즉 너희는 하나님께 순복할지어다 마귀를 대적하라 그리하면 너희를 피하리라

[벧전 5:8] 근신하라 깨어라 너희 대적 마귀가 우는 사자같이 두루 다니며 삼킬 자를 찾나니 9 너희는 믿음을 굳게 하여 저를 대적하라 이는 세상에 있는 너희 형

제들도 동일한 고난을 당하는 줄을 앎이니라

하나님의 자녀는 마귀를 대적할 권세를 가지고 있다. 성령으로 세례를 받았다면 권능도 가지고 있다. 우리는 권세와 권능으로 왕 노릇 하며 마귀를 대적해야 한다. 야고보서 4:7절의 '피하다'(φεύγω 퓨고)는 마귀가 '겁을 먹고 도망치는 것'을 뜻한다. 만약 우리가 왕 노릇 하지 않으면 마귀는 도망가지 않을 것이다.

예수님의 사역에서 권세와 권능

예수님은 누구인가? 성령으로 잉태되어 태어난 하나님의 아들이시다. 예수님께서는 하나님의 아들로서 권세를 갖고 계셨지만, 성령의 권능을 입은 후 공생애 사역을 시작하셨다.

[눅 4:18-19] 주의 성령이 내게 임하셨으니 이는 가난한 자에게 복음을 전하게 하시려고 내게 기름을 부으시고 나를 보내사 포로 된 자에게 자유를, 눈먼 자에게 다시 보게 함을 전파하며 눌린 자를 자유롭게 하고 19 주의 은혜의 해를 전파하게 하려 하심이라 하였더라

[눅 4:36] 다 놀라 서로 말하여 이르되 이 어떠한 말씀인고 권위(엑수시아)와 능력(두나미스)으로 더러운 귀신을 명하매 나가는도다 하더라

[눅 5:17] 하루는 가르치실 때에 갈릴리의 각 마을과 유대와 예루살렘에서 온 바리새인과 율법교사들이 앉았는데 병을 고치는 주의 능력(두나미스)이 예수와 함께 하더라

[행 10:38] 하나님이 나사렛 예수에게 성령과 능력(두나미스)을 기름 붓듯 하셨으매 그가 두루 다니시며 선한 일을 행하시고 마귀에게 눌린 모든 사람을 고치셨으니 이는 하나님이 함께하셨음이라

예수님께서는 병든 사람과 귀신 들린 사람을 치유하실 때 어떻게 하셨는가? 단 한 번도 하나님께 기도하신 적이 없다. 왕의 권세와 권능을 사용하여 꾸짖고 명령하셨다.

> [눅 4:38-39] 예수께서 일어나 회당에서 나가사 시몬의 집에 들어가시니 시몬의 장모가 중한 열병을 앓고 있는지라 사람들이 그를 위하여 예수께 구하니 39 예수께서 가까이 서서 열병을 꾸짖으신대 병이 떠나고 여자가 곧 일어나 그들에게 수종드니라

> [막 9:25-27] 예수께서 무리가 달려와 모이는 것을 보시고 그 더러운 귀신을 꾸짖어 이르시되 말 못 하고 못 듣는 귀신아 내가 네게 명하노니 그 아이에게서 나오고 다시 들어가지 말라 하시매 26 귀신이 소리 지르며 아이로 심히 경련을 일으키게 하고 나가니 그 아이가 죽은 것 같이 되어 많은 사람이 말하기를 죽었다 하나 27 예수께서 그 손을 잡아 일으키시니 이에 일어서니라

> [막 4:39] 예수께서 깨어 바람을 꾸짖으시며 바다더러 이르시되 잠잠하라 고요하라 하시니 바람이 그치고 아주 잔잔하여지더라

'꾸짖다'(ἐπιτιμάω 에피티마오)는 왕처럼 호통치며 엄하게 질책하는 것을 말한다. 어떤 학자는 '에피티마오'는 '격노하는 것'이라고 했다. 예수님은 마음이 온유하고 겸손한 분이시다마 11:29.

그런데 온유하신 그분이 언제 격노하시는가? 베드로 장모의 열병을 고칠 때, 아이 속에 들어가 있는 귀신을 쫓아낼 때, 제자들과 함께 타고 가시던 배가 풍랑으로 침몰할 위기에 처했을 때 격노하셨다. 질병과 풍랑의 배후에 있는 마귀의 세력을 꾸짖고 호통치셨다. 예수님께서는 왕의 권세와 권능으로 사역하셨다.

예수님께서는 하나님의 권세와 성령의 권능으로 병든 사람을 고치고, 마귀에 눌린 사람을 자유롭게 하셨다막 9:25-27. 예수님의 사역에서

나타난 표적은 모두 왕의 권세와 권능이 드러난 증표들이다요 3:2.

제자들의 사역에서 권세와 권능

예수님께서는 제자들이 왕 노릇 할 수 있도록 권세엑수시아와 권능두나미스을 위임하셨다. 예수님과 동일한 권세와 권능을 주어 복음을 전하고, 귀신을 쫓아내며, 병을 고치는 사역을 하도록 하셨다. 마태와 마가는 '권세엑수시아'를 주셨다고 짧게 언급한다참고로 개역개정에서는 마 10:1절, 막 3:15절의 엑수시아를 '권능'으로 번역했다. 반면에 누가는 예수님께서 제자들에게 '권세'와 '권능'을 주셨다눅 9:1고 구체적으로 언급했다.

[마 10:1] 예수께서 그의 열두 제자를 부르사 더러운 귀신을 쫓아내며 모든 병과 모든 약한 것을 고치는 권능(엑수시아)을 주시니라

[막 3:14-15] 이에 열둘을 세우셨으니 이는 자기와 함께 있게 하시고 또 보내사 전도도 하며 15 귀신을 내쫓는 권능(엑수시아)도 가지게 하려 하심이러라

[눅 9:1-2;6] 예수께서 열두 제자를 불러 모으사 모든 귀신을 제어하며 병을 고치는 능력(두나미스)과 권위(엑수시아)를 주시고 2 하나님의 나라를 전파하며 앓는 자를 고치게 하려고 내보내시며 … 6 제자들이 나가 각 마을에 두루 다니며 곳곳에 복음을 전하며 병을 고치더라

마귀의 일을 멸하고요일 3:8, 마귀의 종노릇 하는 우리를 해방하기 위해 오신히 2:15 예수님께서는 왕의 권세와 권능으로 그 일을 하셨고, 제자들에게도 권세와 권능을 주시어 왕 노릇 하게 하셨다.

제자들은 예수님께서 주신 권세와 권능으로 병든 사람을 고치고 귀신을 쫓아냈다. 그런데 부활하신 예수님께서는 제자들에게 성령의 권능을 받으라고 말씀하신다.

왜 제자들은 권능을 다시 받아야 하는가

예수님께서는 제자들을 선택하실 때 권세와 권능을 주시지 않았는가? 그렇다면 제자들이 받은 권능은 어디로 갔는가?

> [눅 24:48-49] 너희는 이 모든 일의 증인이라 49 볼지어다 내가 내 아버지께서 약속하신 것을 너희에게 보내리니 너희는 위로부터 능력(두나미스)으로 입혀질 때까지 이 성에 머물라 하시니라

> [요 20:21-22] 예수께서 또 이르시되 너희에게 평강이 있을지어다 아버지께서 나를 보내신 것 같이 나도 너희를 보내노라 22 이 말씀을 하시고 그들을 향하사 숨을 내쉬며 이르시되 성령을 받으라

> [행 1:4-5;8] 사도와 함께 모이사 그들에게 분부하여 이르시되 예루살렘을 떠나지 말고 내게서 들은바 아버지께서 약속하신 것을 기다리라 5 요한은 물로 세례를 베풀었으나 너희는 몇 날이 못 되어 성령으로 세례를 받으리라 하셨느니라 … 8 오직 성령이 너희에게 임하시면 너희가 권능(두나미스)을 받고 예루살렘과 온 유대와 사마리아와 땅끝까지 이르러 내 증인이 되리라 하시니라

예수님께서는 공생애를 시작하시면서 제자들을 선택하시고 그들에게 권능을 주셨다. 그렇다면 왜 제자들은 성령의 권능을 다시 받아야 하는가? 제자들이 오순절 이전에 받았던 권능은 구약시대처럼 위임된 일시적인 권능이었다. 우리가 알고 있는 것처럼 구약시대에는 성령의 권능이 한시적이고 제한적이었다. 하나님께서 특정한 사람에게 사역을 맡기실 때 성령의 권능을 주셨다. 그들에게 임한 성령의 권능도 직무를 마치면 끝났다. 또한 불순종으로 인해 받은 권능을 상실하고 함께하셨던 성령님께서 떠나기도 했다.

예수님의 제자들은 하나님 자녀로서 '권세'는 그대로 가지고 있었다.

하지만 예수님의 공생애 사역을 끝으로 제자들에게 위임된 '권능'은 유효기간이 끝났다. 그래서 부활하신 예수님께서는 제자들에게 "성령의 권능을 받으라"고 거듭해서 분부하셨다.

오순절 이후 성령의 권능은 하나님의 자녀라면 누구나 받을 수 있는 보편적인 은혜요, 유효기간이 없는 은혜다. 요엘서 2:28절에서 "모든 육체에" 성령을 부어 주시겠다고 약속하셨다. 그 약속이 오순절 성령강림을 통해 실현되었다.

> [행 2:16-18] 이는 곧 선지자 요엘을 통하여 말씀하신 것이니 일렀으되 17 하나님이 말씀하시기를 말세에 내가 내 영을 모든 육체에 부어 주리니 너희의 자녀들은 예언할 것이요 너희의 젊은이들은 환상을 보고 너희의 늙은이들은 꿈을 꾸리라 18 그때에 내가 내 영을 내 남종과 여종들에게 부어 주리니 그들이 예언할 것이요

> [행 2:38-39] 베드로가 이르되 너희가 회개하여 각각 예수 그리스도의 이름으로 세례를 받고 죄 사함을 받으라 그리하면 성령의 선물을 받으리니 39 이 약속은 너희와 너희 자녀와 모든 먼 데 사람 곧 주 우리 하나님이 얼마든지 부르시는 자들에게 하신 것이라

오순절 이후, 새 언약 시대에는 인종이나 성별, 지위와 상관없이 하나님의 자녀라면 누구든지 성령세례를 통해 권능을 받아 왕 노릇 할 수 있다. 받은 권능도 잃어버리지 않고 유효기간도 없다. 그뿐만이 아니다. 성령님은 영원토록 우리와 함께하신다요 14:16;고전 3:16.

누가복음과 사도행전에서는 '성령의 권능을 받고 증인이 되라'고 하셨다. 요한복음에서는 "아버지께서 나를 보내신 것 같이 나도 너희를 보내노라"고 말씀하신 후 "성령을 받으라"고 하셨다.

[요 20:21-22] 예수께서 또 이르시되 너희에게 평강이 있을지어다 아버지께서 나를 보내신 것 같이 나도 너희를 보내노라 22 이 말씀을 하시고 그들을 향하사 숨을 내쉬며 이르시되 성령을 받으라

'부활하신 예수님께서 숨을 내쉴 때 제자들이 성령세례를 받고 권능을 받았다'고 주장하는 사람들이 있다. 하지만 요한의 진술은 문맥의 흐름에서 볼 때 "성령을 받으라"는 '내 증인이 되기 위해서는 성령의 권능을 받아야 한다'는 누가의 진술과 같은 내용이다. 만일 제자들이 부활하신 예수님께서 숨을 내쉴 때 성령세례를 받고, 또 권능을 받았다면, 이후에 제자들에게 분부하신 말씀, 즉 "그들에게 분부하여 이르시되 예루살렘을 떠나지 말고 내게서 들은바 아버지께서 약속하신 것을 기다리라"눅 4:49;행 1:4는 예수님의 말씀과 "오직 성령이 너희에게 임하시면 너희가 권능을 받고 예루살렘과 온 유대와 사마리아와 땅끝까지 이르러 내 증인이 되리라"행 1:8고 하신 말씀은 어떻게 설명할 것인가? 그리고 제자들에게 임한 사도행전 2:1-4절의 오순절 성령강림은 어떻게 설명할 것인가?

제자들은 부활하신 예수님께서 숨을 내쉴 때 성령과 권능을 받은 것이 아니라 오순절 성령강림을 통해 성령세례를 받고 권능을 받았다. 비로소 권세와 권능으로 왕 노릇 할 수 있는 새 시대가 열린 것이다.

3장

왕 노릇 하게 하는 권세와 권능(2)

케네스 해긴 목사가 젊었을 때 환상 가운데 예수님과 대화를 나누고 있었다. 그때 이상하게 생긴 귀신이 나와서 소리를 지르고 먼지를 뿜어내면서 대화를 방해했다.

예수님의 말씀을 제대로 들을 수가 없었다. 예수님 얼굴도 잘 보이지 않았다. 그때 해긴 목사는 속으로 이렇게 생각했다.

'예수님께서는 귀신의 방해로 내가 예수님의 얼굴을 제대로 볼 수 없고, 나에게 하시는 말씀도 잘 들을 수 없다는 것을 모르시나? 왜 예수님께서는 귀신을 쫓아내지 않고 그대로 두시나?'

귀신은 더 심하게 먼지를 날려서 예수님의 얼굴은 점점 더 희미하게 보였고, 소리를 더 크게 지르는 바람에 예수님의 말씀도 들을 수 없는 지경이 되었다. 해긴 목사는 손가락으로 귀신을 가리키며 이렇게 말했다.

"내가 예수님의 이름으로 명령한다. 하던 짓을 그만두고 떠나가라."

그러자 귀신은 바닥에 쓰러졌다. 매 맞은 강아지처럼 떨고 있었다.

이제 먼지도 사라지고 시끄러운 소리도 그쳤다. 해긴 목사는 예수님께 물었다.

"귀신이 그렇게 소란을 피울 때 왜 가만히 계셨습니까?"

"그것은 이제 내가 할 일이 아니라 해긴 네가 할 일이다."

"아니 무슨 말씀이십니까?"

"내가 너에게 모든 귀신을 제어하고 쫓아낼 권세와 권능을 주지 않았느냐?"

해긴 목사는 이전에 한 번도 귀신을 명령하여 쫓아낸 적이 없었다. 그동안 이렇게 기도했다.

"예수님, 우리 삶 속에 역사하는 악한 마귀를 쫓아내 주세요. 우리 삶을 파괴하는 악한 마귀, 더러운 귀신을 쫓아내 주세요."

해긴 목사는 1950년대 중반에 있었던 이 체험을 계기로 큰 깨달음을 얻었다. 곧바로 주님께서 주신 권세와 권능을 사용하여 마귀를 대적하기 시작했다. 그러자 놀라운 표적들이 사역 현장에 나타났다. 왕 노릇 하는 삶이 시작된 것이다.

> [롬 5:17] 한 사람의 범죄로 말미암아 사망이 그 한 사람을 통하여 왕 노릇하였은즉 더욱 은혜와 의의 선물을 넘치게 받는 자들은 한 분 예수 그리스도를 통하여 생명 안에서 왕 노릇 하리로다

권세와 권능으로 마귀를 대적하라

제사장 스게와는 일곱 명의 아들이 있었다. 이들은 바울 사도가 예수님의 이름으로 행하는 놀라운 표적을 보았다. 그들도 귀신 들린 사람에게 바울이 했던 것처럼 따라 했다행 19:14-16.

"예수님의 이름으로 명하노니 귀신은 나가라."

"바울의 이름으로 명하노니 귀신은 나가라."

그러자 귀신 들린 사람이 그들에게 대꾸했다.

"내가 예수님도 알고 바울도 알지만, 너희는 누구냐?"

귀신 들린 사람이 갑자기 그들에게 달려들어 짓누르고, 때리고 옷까지 찢었다. 그들은 상처를 입고 발가벗긴 채 겁을 먹고 도망쳤다.

[요일 3:10] 이러므로 하나님의 자녀들과 마귀의 자녀들이 드러나나니 …

귀신도 누가 하나님의 자녀로서 권세와 권능을 소유하고 있는지 안다. 제사장 스게와 일곱 아들은 거듭나지 않았다. 그들은 귀신을 쫓아낼 수 있는 권세도 없고 권능도 없었다. 거듭나지 않은 사람들은 마귀의 종노릇 하는 자들이다. 스게와 일곱 아들의 육체적 신분은 제사장의 아들이었지만, 영적 신분은 마귀의 종들이었다. 그들의 행위는 종이 주인에게 나가라고 명령한 꼴이다.

만일 그들이 예수님을 믿고 거듭났다면 어떻게 되었을까? 오직 예수님을 믿고 거듭난 사람만 하나님의 권세를 가지고 있다. 거듭난 난 후 성령세례를 받은 사람만 성령의 권능을 가지고 있다.

[막 16:17-18] 믿는 자들에게는 이런 표적이 따르리니 곧 그들이 내 이름으로 귀신을 쫓아내며 새 방언을 말하며 [18] 뱀을 집어 올리며 무슨 독을 마실지라도 해를 받지 아니하며 병든 사람에게 손을 얹은즉 나으리라 하시더라

[요 14:12] 내가 진실로 진실로 너희에게 이르노니 나를 믿는 자는 내가 하는 일을 그도 할 것이요 또한 그보다 큰일도 하리니 이는 내가 아버지께로 감이라

예수님의 사역을 대신하도록 하나님의 자녀인 우리에게 권세와 권능을 주셨다. 많은 그리스도인이 자신은 권세와 권능이 없다고 생각하지

만, 그것은 사실이 아니다. 우리 안에 하늘과 땅의 모든 권세를 갖고 계신 예수님께서 사신다. 그뿐만 아니라 예수님을 죽은 자 가운데 살리신 성령님도 우리 안에 계신다.

[갈 2:20] 내가 그리스도와 함께 십자가에 못 박혔나니 그런즉 이제는 내가 사는 것이 아니요 오직 내 안에 그리스도께서 사시는 것이라 이제 내가 육체 가운데 사는 것은 나를 사랑하사 나를 위하여 자기 자신을 버리신 하나님의 아들을 믿는 믿음 안에서 사는 것이라

[고전 3:16] 너희는 너희가 하나님의 성전인 것과 하나님의 성령이 너희 안에 계시는 것을 알지 못하느냐

[롬 8:11] 예수를 죽은 자 가운데서 살리신 이의 영이 너희 안에 거하시면 그리스도 예수를 죽은 자 가운데서 살리신 이가 너희 안에 거하시는 그의 영으로 말미암아 너희 죽을 몸도 살리시리라

예수님을 구주로 믿고 성령세례를 받았다면 권세와 권능을 달라고 간청하거나 애걸하며 떼쓸 필요가 없다. 대신에 권세와 권능을 가졌다는 믿음과 성령충만이 필요하다.

앤드류 워맥 목사가 《믿는 자의 권세The Believer's Authority》에서 밝힌 내용이다.

내가 권세와 권능을 가지고 있다는 진리를 믿고 적용하자 내 삶과 사역에 엄청난 진전이 있었다. 나는 그동안 사람들이 치유받도록 기도했지만 어쩌다 한번 치유가 일어났다. 무엇이 문제인지 실마리를 찾지 못했다. 심지어 눈먼 다람쥐도 만약 계속 시도한다면 가끔씩 밤을 찾지 않겠는가? 그런 가운데 예수님께서 채찍에 맞음으로 우리가 나음을 입었다는 것을 깨닫게 되었다. 또한 하나님께

서 그분의 권세와 권능을 우리 안에 두셨다는 것을 믿었다. 나는 권세를 취하여 질병에서 나음을 입었음을 선포하고 질병이 떠나가도록 꾸짖고 명령했다. 이후 나는 평소보다 더 많은 사람이 치유받는 것을 수백 번 경험하고 있다.

우리는 병들었을 때 어떻게 하는가? 병든 자를 위해 어떻게 기도하는가? 하나님께 간청하고 애걸하며 기도한다. "병든 사람에게 손을 얹은즉 나으리라"막 16:8는 말씀을 따라 손을 얹고 이렇게 간구한다.

"이 사람을 불쌍히 여겨주시고 질병에서 벗어날 수 있게 해 주옵소서. 하나님, 제발 이 질병을 고쳐주옵소서."

그렇다면 예수님께서는 병든 사람을 치유하실 때 어떻게 하셨는가? 예수님께서도 병든 사람에게 손을 얹으셨다. 하지만 손을 얹고 "하나님 아버지, 이 사람을 고쳐주옵소서"라고 간구하신 적이 단 한 번도 없다. 성령으로 충만하신 예수님께서는 권세와 권능으로 치유를 선포하거나 명령하셨다.

두 맹인을 보시고 "그들의 눈을 만지시며 너희 믿음대로 되어라"마 9:29고 하셨고,

나병환자에게 "손을 대시며 내가 원하노니 깨끗함을 받으라"막 1:41고 하셨고,

회당장의 죽은 딸을 살리실 때는 그 아이의 손을 잡고 "달리다굼! 내가 네게 말하노니 소녀야 일어나라"막 5:41고 하셨고,

나인 성 과부의 죽은 아들을 살리실 때도 관에 손을 대시며 "청년아, 내가 네게 말하노니 일어나라"눅 7:14고 하셨다.

중풍병자에게는 "일어나 네 침상을 가지고 집으로 가라"막 2:11고 하셨다.

귀신 들린 아이를 불쌍히 여기시고 "더러운 귀신을 꾸짖어 이르시되

말 못 하고 못 듣는 귀신아, 내가 네게 명하노니 그 아이에게서 나오고 다시 들어가지 말라"막 9:25 고 하셨고,

죽은 지 4일이 된 나사로를 살리실 때는 큰 소리로 "나사로야, 나오라"요 11:43 고 하셨다.

예수님께서는 권세와 권능으로 치유를 명하시고 선포하셨다. 특히 귀신을 쫓아내실 때는 손을 얹지 않고 꾸짖고 명령만 하셨다. 이것이 예수님의 치유 모습이다.

요한과 베드로도 예수님처럼 치유를 선포하고 명령했다. 성전 미문에서 구걸하던 앉은뱅이를 향해 "은과 금은 내게 없거니와 내게 있는 이것을 네게 주노니 나사렛 예수 그리스도의 이름으로 일어나 걸으라" 하고 오른손을 잡아 일으켰다행 3:6-7. 베드로는 중풍으로 침상에 누운 지 8년 된 애니아를 향해 "예수 그리스도께서 너를 낫게 하시니 일어나 네 자리를 정돈하라"행 9:34 고 했다. 여제자 다비다가 병들어 죽었을 때 "다비다야, 일어나라"고 했다행 9:40. 성령으로 충만했던 베드로는 예수 그리스도의 이름으로 치유를 선포하고 명령했다.

바울 사도가 루스드라에서 복음을 전할 때 나면서부터 한 번도 걸어본 적이 없는 사람이 있었다. 바울은 그 사람에게 고침을 받을 만한 믿음이 있는 것을 보고 큰 소리로 "네 발로 똑바로 일어서라"고 했다. 그러자 그 사람이 벌떡 일어나 걸었다행 14:10. 성령으로 충만했던 사도 바울도 예수님처럼 권세와 권능으로 치유를 선포했다.

오늘날 병든 자에게 손을 얹고 "하나님, 이 사람을 불쌍히 여기시고 치료해 주옵소서"라고 간청하는 것은 오래된 교회 전통과 관행일 뿐이다.

권세와 권능으로 왕 노릇 하라

하나님께서는 거듭난 모든 믿는 자녀에게 동일한 권세를 주셨다. 성령세례를 받은 모든 자녀에게 동일한 권능을 주셨다. 병든 사람에게 손을 얹고 치유를 선포하고, 귀신을 꾸짖고 떠나가라고 명령할 권세와 권능은 이미 우리에게 있다. 우리는 하나님께서 주신 권세와 권능으로 마귀를 꾸짖고 대적해야 한다약 4:7;벧전 5:8-9.

하나님께서 믿는 자들, 곧 하나님의 자녀에게 주신 것이 무엇인가? 예수님께서 제자들을 선택하시고 제일 먼저 주신 것이 무엇인가?

[요 1:12] 영접하는 자 곧 그 이름을 믿는 자들에게는 하나님의 자녀가 되는 권세(엑수시아)를 주셨으니

[마 10:1] 예수께서 그의 열두 제자를 부르사 더러운 귀신을 쫓아내며 모든 병과 모든 약한 것을 고치는 권능(엑수시아)을 주시니라

[눅 9:1-2;6] 예수께서 열두 제자를 불러 모으사 모든 귀신을 제어하며 병을 고치는 능력(두나미스)과 권위(엑수시아)를 주시고 2 하나님의 나라를 전파하며 앓는 자를 고치게 하려고 내보내시며 … 6 제자들이 나가 각 마을에 두루 다니며 곳곳에 복음을 전하며 병을 고치더라

요한복음 1:12절의 '권세'와 마태복음 10:1절의 '권능'은 같은 단어엑수시아다. 번역이 다를 뿐이다. 누가는 예수님께서 제자들에게 귀신을 제어하며 병을 고치는 '권능'과 '권세'를 모두 주셨다고 한다. 예수님을 구주로 믿는 자들에게 주신 권세와 권능은 어떤 힘이 있는가? 모든 귀신을 제어하고 모든 병을 고칠 수 있는 능력이다. 다시 말해서 우리가 소유하고 있는 권세와 권능은 원수의 모든 능력을 물리치고 왕 노릇 할 수 있는 통치권이다.

중국 춘추전국시대 초나라 선왕宣王 때의 일이다. 어느 날 선왕은 신하 강을江乙에게 물었다.

“위나라를 비롯하여 북방 제국이 우리 재상 소해휼昭奚恤을 두려워하고 있다는데 그게 사실이오?”

“그렇지 않습니다. 북방 제국이 어찌 일개 재상에 불과한 소해휼 따위를 두려워하겠나이까? 전하, 혹시 ‘호가호위狐假虎威’란 말을 알고 계십니까?”

“모르오.”

“하오면 들어 보시겠습니까?”

“그래, 한 번 들어봅시다.”

“어느 날 호랑이가 여우를 잡았습니다. 호랑이한테 잡아 먹히게 된 여우가 말했습니다.”

‘네가 나를 잡아먹으면 천제天帝의 명을 어기는 것이다. 천제께서 나를 모든 짐승의 우두머리로 정하셨다. 만일 나를 잡아먹으면 천제의 명을 어겨 천벌을 받게 될 것이다. 내 말을 못 믿겠다면 당장 내 뒤를 따라와 봐라. 나를 보고 달아나지 않는 짐승은 단 한 마리도 없을 테니까.’

“그래서 호랑이가 여우 뒤를 따라갔더니 여우 말대로 짐승들이 혼비백산하였습니다. 사실 짐승들이 여우 뒤에 있는 호랑이를 보자 겁을 먹고 도망간 것인데 호랑이는 전혀 그걸 깨닫지 못했습니다. 지금 북방 제국이 두려워하는 것은 소해휼이 아니라 그 배후에 있는 초나라의 선왕과 군세, 즉 전하의 강병입니다.”

신하 강을은 이야기를 통해 선왕이 왕 노릇을 제대로 하지 못하고 있으니 소해휼이 왕 노릇을 한다는 것을 꼬집었다. ‘호가호위’란 ‘호랑이가 왕 노릇을 못 하면 여우가 왕 노릇 한다’는 뜻이다.

누가 우리에게 하늘과 땅의 모든 권세를 주셨는가?

성령세례를 받은 우리는 어떤 권능을 가지고 있는가?

우리에게 권세와 권능을 주신 이유는 무엇인가?

[눅 10:19] 내가 너희에게 뱀과 전갈을 밟으며 원수의 모든 능력(두나미스)을 제어할 권능(엑수시아)을 주었으니 너희를 해칠 자가 결코 없으리라

[롬 5:17] 한 사람의 범죄로 말미암아 사망이 그 한 사람을 통하여 왕 노릇하였은즉 더욱 은혜와 의의 선물을 넘치게 받는 자들은 한 분 예수 그리스도를 통하여 생명 안에서 왕 노릇 하리로다

하나님의 자녀인 우리가 권세와 권능을 사용하지 않으면 마귀가 왕 노릇을 한다. 마귀는 지금 어떻게 하고 있는가? 삼킬 자를 찾고 있다. 마귀에게 삼킴을 당하지 않으려면 어떻게 해야 하는가? 믿음을 굳건히 하여 예수님처럼 마귀를 꾸짖고 대적해야 한다. 전염병과 질병으로 건강을 도적질하고 죽이는 마귀를, 사역을 방해하는 마귀를 예수님처럼 호통을 치며 꾸짖고 떠나가라고 명령해야 한다. 하나님의 자녀는 권세와 권능으로 뱀과 전갈을 밟듯 마귀를 대적하며 왕 노릇 해야 한다.

[마 16:18] … 내가 이 반석 위에 내 교회를 세우리니 음부의 권세가 이기지 못 하리라

[요일 4:4] 자녀들아 너희는 하나님께 속하였고 또 그들을 이기었나니 이는 너희 안에 계신 이가 세상에 있는 자보다 크심이라

[고후 2:14] 항상 우리를 그리스도 안에서 이기게 하시고 우리로 말미암아 각처에서 그리스도를 아는 냄새를 나타내시는 하나님께 감사하노라

[빌 4:13] 내게 능력 주시는 자 안에서 내가 모든 것을 할 수 있느니라

예수님께서는 권세와 권능으로 사역하셨다. 제자들도 예수님처럼 권세와 권능으로 왕 노릇 했다. 하나님께서는 우리에게 마귀의 종노릇 하는 삶을 허락하지 않으셨다. 우리에게 마귀를 대적하라고 하셨다. 우리의 승리를 이미 보장하셨다. 권세와 권능은 왕 노릇 하는 삶을 살게 한다.

믿는 자들에게는 이런 표적이 따르리니…

우리 사역에는 왜 믿는 자들에게 따르는 표적이 없을까? 왜 어떤 사람에게는 따르는 표적이 있고 다른 사람에게는 표적이 희귀할까?

던컨 캠벨Duncan Campbell의 저서 《헤브리디스의 부흥Revival in the Hebrides》에 의하면 스코틀랜드 부흥은 이렇게 시작되었다.

20세기 초반 스코틀랜드의 부흥을 위해 기도하는 두 여인페기 스미스Peggy Smith와 크리스틴 스미스Christine Smith이 있었다. 두 여인은 성령을 부어 달라고 20년 넘게 기도했다. 여기에 목사와 7명의 장로, 그리고 한 청년이 동참했다. 이들은 매주 토요일 밤에 모여 하나님께 성령의 권능을 달라고 간구했다. 그러던 어느 날 새벽 그 청년은 자리에서 벌떡 일어나 함께 모여 기도하는 사람들에게 이렇게 말했다.

"하나님의 말씀이 맞다면, 하나님의 자녀인 우리는 권세를 받았습니다. 성령세례를 받은 우리는 권능도 이미 받았습니다. 저는 더 이상 성령의 권능을 부어달라고 간구하지 않겠습니다. 저는 권세와 권능을 주신 하나님께 감사와 찬양하겠습니다."

그들은 더이상 멈추고 권세와 권능이 이미 주어졌다는 것을 믿고 감사하며 찬양하기 시작했다. 그러자 기적과 표적이 나타났고 모든 상황이 바뀌었다. 스코틀랜드 부흥은 이렇게 시작되었다.

오늘날 우리의 문제는 무엇인가? 하나님의 자녀인 우리가 권세를 가지고 있다는 것을 확신하지 못한다. 성령세례를 통해 권능을 주셨다는 것도 확신하지 못한다. 그래서 부족하고 연약하니 권세와 권능을 달라고 구걸하듯 떼를 쓰고 간청한다.

"하나님, 나는 무능합니다. 아무런 권세도 없고 권능도 없습니다. 나는 연약하여 아무것도 할 수 없습니다. 부족하고 연약한 나를 불쌍히 여겨주시고 권세와 권능을 주옵소서."

이것은 겸손한 기도가 아니라 불신앙이다. 우리는 권세와 권능이 없는 것이 아니다. 문제는 믿음이 작은 것이다.

귀신 들려 간질로 고통받는 아들을 데리고 예수님의 제자들을 찾아와 고쳐 달라고 부탁한 아버지가 있었다. 하지만 제자들은 귀신을 쫓아내지 못했다. 결국, 예수님께서 꾸짖으시니 귀신이 나가고 아이는 간질병에서 고침을 받았다. 제자들이 조용히 예수님을 찾아와 물었다마 17:18-20.

"우리는 어찌하여 귀신을 쫓아내지 못하였습니까?"

"너희의 믿음이 작은 까닭이니라."

[마 17:20] 이르시되 너희 믿음이 작은 까닭이니라 진실로 너희에게 이르노니 만일 너희에게 믿음이 겨자씨 한 알 만큼만 있어도 이 산을 명하여 여기서 저기로 옮겨지라 하면 옮겨질 것이요 또 너희가 못 할 것이 없으리라

예수님께서는 "너희는 그럴만한 권세와 권능이 없어서 그렇다"라고 말씀하지 않으셨다. "너희에게 믿음이 겨자씨 한 알 만큼만 있어도 못 할 것이 없다"고 하셨다.

예수님께서는 제자들에게 이미 '모든' 귀신을 제어하며 병을 고치는 권세와 권능을 주셨다[눅 9:1]. 하지만 권세와 권능이 제대로 기능하지 않았다. 믿음이 작으면 권세와 권능은 기능하지 않는다.

그렇다면 왜 제자들의 믿음이 겨자씨 한 알보다 더 작아졌을까? 제자들은 귀신에 사로잡힌 아이가 땅에 엎드러져 구르며 거품을 흘리는 모습을 보고 '우리가 과연 이 아이를 고칠 수 있을까'하고 의심했다. 의심으로 인해 제자들의 믿음은 겨자씨 한 알보다 작아졌다. 의심이 커지면 믿음은 겨자씨보다 작아진다. 믿음이 작아지면 권세와 권능은 제 기능을 못 한다. 권세와 권능이 제 기능을 못 하면 왕 노릇 하는 삶을 살 수 없다.

제자들이 자기 아들을 고치지 못하자 예수님을 만난 아버지는 "무엇을 하실 수 있거든 우리를 불쌍히 여기사 도와주옵소서!"라고 간청했다. 우리의 기도와 비슷하지 않은가?

[막 9:23-24] 예수께서 이르시되 할 수 있거든이 무슨 말이냐 믿는 자에게는 능히 하지 못할 일이 없느니라 하시니 24 곧 그 아이의 아버지가 소리를 질러 이르되 내가 믿나이다 나의 믿음 없는 것을 도와주소서 하더라

예수님께서는 의심에 휩싸여 있는 그 사람을 꾸짖으셨다. 의심을 제거하고 믿음을 회복한 후에 그 사람의 아들을 고치셨다.

예수님께서 고향 나사렛을 방문하셨을 때 어떤 일이 있었는가? 예수님께서는 성령으로 충만하셨다. 완벽한 권세와 권능을 갖고 계셨다. 하지만 나사렛 사람들은 냉소적으로 반응했다. 예수님께서는 그들의 불신앙으로 인해 아무 권능도 행할 수 없으셨다.

[막 6:5-6] 거기서는 아무 권능도 행하실 수 없어 다만 소수의 병자에게 안수하여 고치실 뿐이었고 [6] 그들이 믿지 않음을 이상히 여기셨더라

불신앙은 권세와 권능이 제 기능을 못 하도록 방해한다. 그렇다면 어떻게 불신앙은 약화시키고 믿음을 강화할 수 있을까?

성령충만은 신앙성장을 촉진한다

대부분은 성령세례를 받을 때 성령충만을 처음 경험한다. 거듭난 그리스도인이 성령세례를 통해 성령충만을 체험하면 믿음은 한순간에 수직으로 상승한다. 하지만 성령세례를 받고 방언을 체험했다 해도 지속해서 성령충만하지 않으면, 믿음은 다시 제자리걸음을 한다. 믿음은 성령충만한 만큼 자란다.

손기철 장로는 《알고 싶어요 성령님》에서 성령체험 후 겪었던 일을 다음과 같이 간증한다.

성령을 체험한 후 교회를 나섰을 때 나는 마치 구름 위를 나는 것 같은 느낌이었다. 모든 것이 새롭게 변한 것 같고, 뭔지 모르지만 정말 기뻤다. 그러나 이 모든 현상은 3일 정도 가고 말았다. 왜냐하면 그 당시 나는 성령에 대해서, 성령체험에 대해서, 방언에 대해서, 그리고 성령의 인도함을 받는 것에 대해서 아는 바가 전혀 없었기 때문이다. 그 놀라운 은혜가 불행하게도 하나의 체험으로 끝나버리고 만 것이다. 이후에도 나는 오랜 시간 동안 성령님에 대해 무관심하고 은연중에 부정하며 신앙생활을 했다.

이것이 오늘날 성도의 모습이 아닐까? 고린도 교회 성도들도 성령세례를 받고 성령의 다양한 은사를 받은 사람들이다. 하지만 바울 사도는

이들을 "육신에 속한 자", 심지어 젖 먹는 "어린아이들"이라고 책망한다.

> [고전 3:1-3] 형제들아 내가 신령한 자들을 대함과 같이 너희에게 말할 수 없어서 육신에 속한 자 곧 그리스도 안에서 어린아이들을 대함과 같이 하노라 2 내가 너희를 젖으로 먹이고 밥으로 아니하였노니 이는 너희가 감당하지 못하였음이거니와 지금도 못 하리라 3 너희는 아직도 육신에 속한 자로다 너희 가운데 시기와 분쟁이 있으니 어찌 육신에 속하여 사람을 따라 행함이 아니리요

고린도 교회의 문제가 무엇인가? 성령의 은사 때문인가? 고린도 교회는 성령세례를 받고 성령충만하여 다양한 성령의 은사는 체험했지만, 지속적인 성령충만은 없었다. 성령충만 없이는 신앙성장은 없다.

> [히 5:12-14] 때가 오래되었으므로 너희가 마땅히 선생이 되었을 터인데 너희가 다시 하나님의 말씀의 초보에 대하여 누구에게서 가르침을 받아야 할 처지이니 단단한 음식은 못 먹고 젖이나 먹어야 할 자가 되었도다 13 이는 젖을 먹는 자마다 어린아이니 의의 말씀을 경험하지 못한 자요 14 단단한 음식은 장성한 자의 것이니 그들은 지각을 사용함으로 연단을 받아 선악을 분별하는 자들이니라

오늘날 교회의 문제가 무엇인가? 성령의 은사 때문인가? 교회 안에는 오랫동안 신앙생활을 했으나 성장하지 못한 영적 어린아이들이 많다. 성령체험도 했고 은사도 경험했지만, 성령으로 충만하지 않아서 성장이 멈춘 미성숙한 그리스도인들이 많다. 성령충만은 신앙 성장을 촉진한다.

"성령을 소멸치 말고"살전 5:19를 흠정역에서는 "성령을 억누르지 말라"고 번역했다. 육신의 정욕을 따라 살면 성경 말씀을 경험할 수 없다. 하나님의 말씀을 경험하지 못한 어린아이는 성령님께서 근심하는 대상자이다.

[갈 5:16-17] 내가 이르노니 너희는 성령을 따라 행하라 그리하면 육체의 욕심을 이루지 아니하리라 [17] 육체의 소욕은 성령을 거스르고 성령은 육체를 거스르나니 이 둘이 서로 대적함으로 너희가 원하는 것을 하지 못하게 하려 함이니라

성령을 거스르는 삶을 살면 성령의 권능은 소멸하지 않지만, 성령충만은 소멸한다. 성령을 소멸하면 성령의 권능은 밖으로 드러나지 않는다. 설령 성령세례를 받을 때 엄청난 은사를 체험했어도 성령으로 충만하지 않으면 신앙은 성장하지 않는다. 신앙은 성령으로 충만한 만큼 성장한다.

[히 4:2 새번역성경] 그들이나 우리나 기쁜 소식을 들은 것은 마찬가지입니다. 그런데 들은 그 말씀이 그들에게는 아무런 유익이 되지 못하였습니다. 그들은 그 말씀을 듣고서도, 그것을 믿음과 결합시키지 않았기 때문입니다.

하나님의 말씀이 믿음과 결합하지 않으면 말씀을 경험하지 못하고 아무런 능력을 발휘할 수 없다. 어떻게 하나님의 말씀을 내 믿음과 결합할 수 있을까? 성령충만을 통해서다이 부분은 제3부 6-7장 '성령충만을 받는 방법1,2'에서 자세히 다룬다.

성령충만은 믿음과 권세와 권능을 활성화한다

성령충만은 누룩과 같은 역할을 한다. 성령으로 충만하면 믿음은 활성화된다. 믿음이 활성화되면 연쇄적으로 권세와 권능도 활성화되어 제 기능을 발휘한다. 권세와 권능이 제 기능을 발휘하면 따르는 표적과 기사가 나타난다. 성령충만은 믿음을 활성화하고 권세와 권능을 증폭하는 역할을 한다.

믿음과 권세와 권능을 활성화하는 성령충만

거듭난 하나님의 자녀는 이미 권세[엑수시아]를 가지고 있다[요 1:12;엡 2:5-6]. 성령으로 세례를 받았다면 이미 권능[두나미스]도 가지고 있다[행 1:8]. 이것을 믿어야 한다.

앞서 언급한 것처럼 성령충만은 믿음과 권세와 권능을 연쇄적으로 활성화하는 누룩 역할을 한다. 반죽은 누룩만큼 부풀어 오른다. 성령으로 충만한 만큼 믿음과 권세와 권능도 활성화된다. 믿음과 권세와 권능이 활성화된 만큼 따르는 표적과 기사도 나타난다. 성령충만을 통해 믿음과 권세와 권능이 활성화되면 누구나 왕 노릇 하는 삶을 살 수 있다.

4장

그리스도인의 삶과 사역의 원동력

스탠리 존스E. Stanley Jones[40]가 애즈베리대학을 졸업했을 때 모교 총장 헤인즈 박사로부터 편지가 왔다.

"자네가 우리 대학에 와서 가르치는 것은 교직원, 학생회, 지역 주민의 뜻이고 하나님의 뜻일세!"

며칠 후 신실한 그의 친구가 보낸 편지가 배달되었다.

"나는 자네가 이곳 미국에서 복음 사역에 임하는 것이 하나님의 뜻이라고 생각하네."

그가 어떤 결정을 내려야 할지 몰라 당황해하고 있을 때 감리교 선교국에서 또 한 통의 편지가 왔다.

40) 스탠리 존스는 1884년, 미국 동부의 메릴랜드주에서 태어나 애즈베리대학에서 수학한 뒤, 1907년부터 감리교 선교사로 인도에서 평생 사역했다. 1961년 '간디 평화상'을 수상했으며, 인도 독립운동과 연관된 활동과 제2차 세계대전 중에 펼친 평화 활동 등으로 두 차례 노벨평화상 후보로 지명되기도 했다. 그는 철저한 복음주의자로 살면서도 열린 마음으로 인도인들에게 다가갔으며, 그들의 문화와 전통을 존중하면서도, 유일하신 예수 그리스도의 복음을 효과적으로 전했다.

“자네를 인도 선교사로 파송하는 것이 우리의 뜻이네.”

스탠리 존스는 세 통의 편지를 펼쳐놓고 하나님 앞에 무릎을 꿇었다.

“하나님 아버지, 제 일생은 아버지의 손에 있습니다. 아버지께서 원하시면 무슨 일이든지 하겠습니다. 말씀해 주십시오. 제가 가야 할 곳이 어디입니까?”

스탠리 존스는 두 통의 편지를 찢어 버렸다.

그는 23세에 미국 감리교 인도 선교사로 파송 받았다. 1928년에 미국 감리교회 총회에서 감독Bishop으로 선출되었으나 그 이튿날 감독직을 내려놓았다. 선교사로서 사역에 충실하기 위해서다. 성령으로 충만했던 그는 자신이 어디서 무엇을 해야 할지를 알았다.

스탠리 존스 선교사는 89세에 자신이 사랑하던 나라, 인도에서 하나님의 품에 안겼다. 타임스는 그를 ‘세계에서 가장 위대한 선교사’라고 평가했다. 미국 감리교회는 그를 ‘사도 바울 이후 가장 위대한 기독교 선교사’라고 격찬했다.

다음은 18세에 성령을 체험하고 늘 성령으로 충만한 삶을 살았던 스탠리 존스 선교사의 고백이다.

> 나는 내가 할 수 없는 일을 해왔다. 지금도 하고 있다. 성령을 붙잡을 마음이 있는 사람이라면 누구나 그 일을 할 수 있다. 내 나이 23세부터 83세까지 60년간 성령님께서는 내가 기대하지 않았고 받을 자격이 없었건만 무한한 권능을 베풀어 주셨다. 성령님은 내 생명의 생명, 내 기쁨의 기쁨, 내 능력의 능력, 나의 전부이셨다. 그분이 없었다면 나는 문턱을 한 발짝도 넘어서지 못했을 것이다. 그분이 함께하셨기에 어디든지 갈 수 있었다.

스탠리 존스 선교사의 삶과 사역의 원동력은 무엇인가? 세상에 많은 사람이 있지만, 구원받은 그리스도인은 많지 않다. 구원받은 사람 중에 성령세례를 받은 그리스도인은 많지 않다. 성령세례를 받은 그리스도인 중에 성령충만한 그리스도인은 지극히 적다.

프레드릭 프라이스 박사는 성령세례를 받고 방언을 시작한 그리스도인들에게 다음과 같이 당부한다.

> 이것을 꼭 기억해야 한다. 성령세례를 받고 방언을 하는 것은 끝이 아니다. 이것은 단지 시작에 불과하다. 성령세례와 방언은 초자연적인 권능으로 우리를 안내하는 안내자요, 영적인 축복의 영역으로 들어가는 문이다.

성령세례를 받고 방언을 한다고 해서 "이제 나는 모든 것을 가졌다"고 생각해서는 절대로 안 된다. 반드시 지속적으로 성령충만을 받아야 한다. 성령충만은 우리 안에 있는 성령의 권능을 활성화하여 기사와 표적을 드러낸다. 성령충만한 증인의 사역과 삶에는 따르는 기사와 표적이 있다.

모든 삶과 사역의 원동력, 성령충만

세례 요한의 삶과 사역의 원동력은 무엇인가? 세례 요한의 부모 사가랴와 엘리사벳은 성령으로 충만했다눅 1:41;67. 세례 요한도 모태로부터 성령으로 충만했다눅 1:15. 세례 요한이 사람들에게 회개를 촉구하고 예수님의 길을 준비할 수 있었던 원동력은 바로 성령충만이었다.

예수님의 삶과 사역의 원동력은 무엇인가? 예수님께서는 성령으로 잉태되었고마 1:18-19, 세례를 받으실 때 성령이 임하시고마 3:16, 성령의 충만함을 입으셨고눅 4:1, 성령에 이끌리어 마귀에게 시험을 받으시고마 4:1, 40일 동안 광야에서 성령에게 이끌림을 받으시고눅 4:1, 성령의 권능으로 갈릴리 나사렛에 가셔서눅 4:14, 성령이 내게 임하셨으니 포로 된 자에게 자유를, 눈먼 자에게 다시 보게 하며, 눌린 자를 자유롭게 하고, 주의 은혜의 해, 곧 희년을 전파할 것이라고 선포하셨다눅4:18-19.

[눅 4:1;14;18-19] 예수께서 성령의 충만함을 입어 요단강에서 돌아오사 광야에서 사십 일 동안 성령에게 이끌리시며 … 14 예수께서 성령의 능력(권능)으로 갈릴리에 돌아가시니 그 소문이 사방에 퍼졌고 … 18 주의 성령이 내게 임하셨으니 이는 가난한 자에게 복음을 전하게 하시려고 내게 기름을 부으시고 나를 보내사 포로 된 자에게 자유를, 눈먼 자에게 다시 보게 함을 전파하며, 눌린 자를 자유롭게 하고, 19 주의 은혜의 해를 전파하게 하려 하심이라 하였더라

[행 10:38] 하나님이 나사렛 예수에게 성령과 능력(권능)을 기름 붓듯 하셨으매 그가 두루 다니시며 선한 일을 행하시고 마귀에게 눌린 모든 사람을 고치셨으니 이는 하나님이 함께하셨음이라

예수님께서는 성령으로 기뻐하셨고눅 10:21, 성령으로 말씀하셨고요 3:34, 성령을 힘입어 귀신을 쫓아내셨고마 12:28, 하나님께서 기름 붓듯 부어 주신 성령과 권능으로 선한 일을 행하시고, 마귀에게 눌린 모든 사람을 고치셨고행 10:38, 성령으로 말미암아 죽은 자 가운데서 부활하신 예수님은롬 8:11, 성령으로 사도들에게 명하시고행 1:2, 제자들을 향하여 "성령을 받으라"고 분부하셨다요 20:22;눅 24:49;행 1:4-5. 예수님의 권세와 권능을 촉진하는 원동력은 무엇인가? 성령충만이다.

사도들의 삶과 사역의 원동력은 무엇인가? 예수님의 명령을 따라 성

령을 받은 사도들은 성령의 충만함을 받고, 성령의 말하게 하심을 따라 방언을 말했다행 2:1-4. 베드로 사도는 성령으로 충만하여 예수 그리스도의 죽으심과 부활을 담대하게 전했다. 회개한 후 세례를 받고 성령을 받으라고 설교했다행 2:36-38. 그뿐만 아니라 성령의 권능으로 성전 미문에 앉아 구걸하던 앉은뱅이를 일어나 걷게 하고행 3:1-10, 관리들과 장로들과 서기관들이 복음을 전파하지 말라고 겁박하자, 성령으로 충만한 베드로와 요한은 조금도 두려워하거나 주눅 들지 않았고행 4:8;17-19, 아나니아와 삽비라가 성령을 속이고 땅값 얼마를 감춘 것을 알았으며행 5:3, 심지어 베드로의 그림자가 덮일 때 병들고 귀신들린 사람이 모두 고침을 받았다.

> [행 5:15-16] 심지어 병든 사람을 메고 거리에 나가 침대와 요 위에 누이고 베드로가 지날 때에 혹 그의 그림자라도 누구에게 덮일까 바라고 16 예루살렘 부근의 수많은 사람들도 모여 병든 사람과 더러운 귀신에게 괴로움 받는 사람을 데리고 와서 다 나음을 얻으니라

베드로는 성령의 권능으로 죽은 다비다를 살렸고행 9:40, 성령의 인도하심을 따라 고넬료 집을 방문하여 복음을 전했다행 10:19;11:12. 베드로 사도가 이처럼 탁월한 사역을 할 수 있었던 원동력은 바로 성령충만이었다.

바울 사도의 삶과 사역의 원동력은 무엇인가? 바울은 다메섹 도상에서 예수님을 만난 후 아나니아의 안수를 받고 성령으로 충만하여행 9:17, 각 회당에서 예수님이 하나님의 아들이심을 전했다행 9:20-22. 이방인의 사도로 성령의 세우심을 받았고행 13:2, 성령의 보내심을 받아행

13:4, 성령께서 인도하시는 곳으로 가서 복음을 전했다행 16:6.

[행 9:17] 아나니아가 떠나 그 집에 들어가서 그에게 안수하여 이르되 형제 사울아 주 곧 네가 오는 길에서 나타나셨던 예수께서 나를 보내어 너로 다시 보게 하시고 성령으로 충만하게 하신다 하니

[행 13:4;9] 두 사람이 성령의 보내심을 받아 실루기아에 내려가 거기서 배 타고 구브로에 가서 … [9] 바울이라고 하는 사울이 성령이 충만하여 그를 주목하고

[행 16:6-7] 성령이 아시아에서 말씀을 전하지 못하게 하시거늘 그들이 브루기아와 갈라디아 땅으로 다녀가 [7] 무시아 앞에 이르러 비두니아로 가고자 애쓰되 예수의 영이 허락하지 아니하시는지라

사도 바울은 설득력 있는 사람의 말로 복음을 전하지 않았다. 대신 성령의 권능으로 기사와 표적을 통해 복음을 전했다.

[롬 15:18-19] 그리스도께서 이방인들을 순종하게 하기 위하여 나를 통하여 역사하신 것 외에는 내가 감히 말하지 아니하노라 그 일은 말과 행위로 [19] 표적과 기사의 능력으로 성령의 능력으로 이루어졌으며 그리하여 내가 예루살렘으로부터 두루 행하여 일루리곤까지 그리스도의 복음을 편만하게 전하였노라

[고전 2:4-5] 내 말과 내 전도함이 설득력 있는 지혜의 말로 하지 아니하고 다만 성령의 나타나심과 능력으로 하여 [5] 너희 믿음이 사람의 지혜에 있지 아니하고 다만 하나님의 능력에 있게 하려 하였노라

사도 바울의 삶과 사역의 원동력은 바로 성령충만이다. 그렇다면 성령으로 거듭난 우리의 삶과 사역 원동력은 무엇이 되어야 할까?

하나님께서는 우리에게 성령으로 섬기고롬 7:6, 성령 안에서 의와 평강과 희락을 누리고롬 14:17, 성령의 권능으로 소망을 넘치게 하고롬

15:13, 성령으로 분별하고고전 2:13, 자신이 하나님의 성전인 것과 하나님의 성령이 내 안에 계시는 것을 알고고전 3:16, 성령 안에서 씻음과 거룩함과 의롭다 하심을 받았음을 믿고고전 6:11, 성령으로 말하고고전 12:3, 성령으로 행하고갈 5:16, 성령으로 살고갈 5:16, 성령을 위하여 심고갈 6:3, 성령이 하나 되게 하신 것을 힘써 지키고엡 4:3, 성령을 근심하게 하지 말고엡 4:30, 오직 성령으로 충만함을 받고엡 5:18, 항상 성령 안에서 기도하고엡 6:18, 성령으로 봉사하고빌 3:3, 성령의 기쁨으로 말씀을 받고살전 1:6, 성령으로 말미암아 부탁한 아름다운 것을 지키고딤후 1:14, 성령을 힘입어 복음을 전하고벧전 1:12, 성령으로 기도하며유 1:20, 성령이 하시는 말씀을 들으라계 2:7고 하셨다.

예수님께서는 하나님 아버지께서 행하시는 일을 보고 그대로 하셨다요 5:19-20. 사도들과 초대교회 성도들은 예수님께서 하셨던 일을 보고 그대로 했다. 우리도 예수님께서는 하셨던 일을 보고 그대로 해야 한다. 우리를 향한 주님의 소원은 예수님처럼 성령세례를 받고 성령으로 충만하여 능력 있는 삶을 사는 것이다.

[요 14:12] 내가 진실로 진실로 너희에게 이르노니 나를 믿는 자는 내가 하는 일을 그도 할 것이요 또한 그보다 큰일도 하리니 이는 내가 아버지께로 감이라

예수님을 믿는 자는 예수님께서 하신 일뿐만 아니라 더 큰 일도 할 수 있다는 것은 진리다. 이것은 지금도 성령님께서 보증하시는 예수님의 말씀이다.

우리는 흔히 병든 자를 위해 한두 번 기도했지만, 아무런 결과가 없으면 어떻게 반응하는가? "나에게는 그런 권세와 권능이 없다"고 단정한다. 그런 일에 자신은 '주전선수'가 아니고 '후보선수'라는 섣부른 결

론을 내린다. 그것은 사탄에게 미혹 당하는 것이요 주님의 열망과 분부하신 말씀을 뭉개는 것이다.

그렇다면 우리에게 주신 약속의 말씀, 권세와 권능을 촉진하여 실재가 되게 하는 원동력은 무엇인가? 성령충만이다. 성령세례를 받았다면 이제 성령충만에 힘써야 한다.

성령충만한 삶에는 기사와 표적이 있다

바울 사도의 손수건과 앞치마를 통해서도 병이 떠나고 악귀도 나갔다. 베드로 사도의 그림자만 덮여도 병이 낫고 귀신도 떠났다. 이것은 바울과 베드로 사도가 얼마나 성령으로 충만했는지 짐작할 수 있다.

성령세례를 받았어도 성령충만이 없다면 표적과 기적은 없다. 아무리 침을 튀기며 말씀을 전해도 성령으로 충만하지 않으면 아무런 역사도 일어나지 않는다.

신약성경에서 예수님을 비롯하여 증인의 삶을 살았던 사람들은 모두 성령세례를 받고 성령으로 충만했다.

[행 8:5-8] 빌립이 사마리아 성에 내려가 그리스도를 백성에게 전파하니 6 무리가 빌립의 말도 듣고 행하는 표적도 보고 한마음으로 그가 하는 말을 따르더라 7 많은 사람에게 붙었던 더러운 귀신들이 크게 소리를 지르며 나가고 또 많은 중풍병자와 못 걷는 사람이 나으니 8 그 성에 큰 기쁨이 있더라

[행 9:17-19] 아나니아가 떠나 그 집에 들어가서 그에게 안수하여 이르되 형제 사울아 주 곧 네가 오는 길에서 나타나셨던 예수께서 나를 보내어 너로 다시 보게 하시고 성령으로 충만하게 하신다 하니 18 즉시 사울의 눈에서 비늘 같은 것이 벗어져 다시 보게 된지라 일어나 세례를 받고 19 음식을 먹으매 강건하여지니라

[살전 1:5] 이는 우리 복음이 너희에게 말로만 이른 것이 아니라 또한 능력과 성령과 큰 확신으로 된 것임이라 우리가 너희 가운데서 너희를 위하여 어떤 사람이 된 것은 너희가 아는 바와 같으니라

하나님의 능력 나타남, 즉 따르는 표적은 그 어떤 것보다 사람들을 그리스도께 이끌 수 있는 가장 강력한 도구다. 성령충만한 사도들과 성도들이 전한 복음은 표적을 통해 예루살렘으로부터 유대와 사마리아, 그리고 로마제국 전역으로 전파되었다. 성령충만이 빠진 증인의 삶은 고통이다. 성령세례를 받고 성령으로 충만한 일꾼은 따르는 표적으로 예수 그리스도를 증명한다.

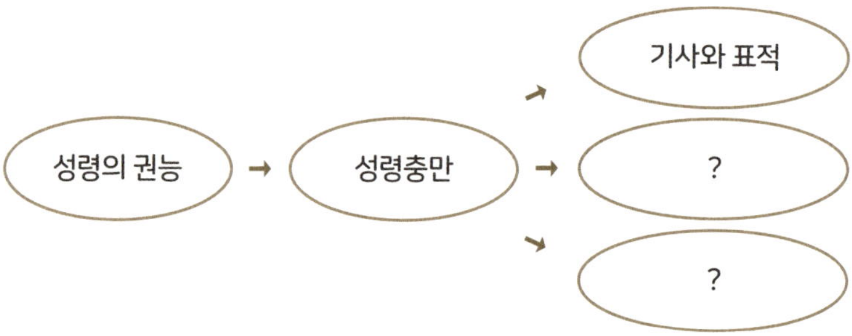

성령충만을 통해 나타나는 기사와 표적

예수님께서는 믿는 자들에게 무엇을 통해 복음을 전파하라고 하셨는가? 제자들은 무엇으로 말씀을 확실히 증언했는가?

[막 16:15-20] 또 이르시되 너희는 온 천하에 다니며 만민에게 복음을 전파하라
16 믿고 세례를 받는 사람은 구원을 얻을 것이요 믿지 않는 사람은 정죄를 받으리
라 17 믿는 자들에게는 이런 표적이 따르리니 곧 그들이 내 이름으로 귀신을 쫓아
내며 새 방언을 말하며 18 뱀을 집어 올리며 무슨 독을 마실지라도 해를 받지 아니
하며 병든 사람에게 손을 얹은즉 나으리라 하시더라 19 주 예수께서 말씀을 마치
신 후에 하늘로 올려지사 하나님 우편에 앉으시니라 20 제자들이 나가 두루 전파

할새 주께서 함께 역사하사 그 따르는 표적으로 말씀을 확실히 증언하시니라

[행 14:3] 두 사도가 오래 있어 주를 힘입어 담대히 말하니 주께서 그들의 손으로 표적과 기사를 행하게 하여 주사 자기 은혜의 말씀을 증언하시니

필자를 포함한 이 시대 기독교 사역자의 문제가 무엇인가? 이 시대 교회의 문제가 무엇인가? 하나님의 말씀은 넘쳐난다. 하지만 성령으로 충만하지는 않다. 그러므로 따르는 표적은 희귀하다. 하나님의 능력이 많은 말과 신학과 교리로 포장되어 있을 뿐 그것을 보여주지 못하고 있다. 말씀, 혹은 신학과 교리만 있고 표적과 기적이 부재한 교회와 목회자를 세상은 두려워하지 않는다. 아니, 우습게 여긴다. 기독교를 다른 종교집단과 같은 취급을 한다.

성령충만을 소멸한 이 시대의 교회는 깜빡이며 꺼져가는 등불과 같다. 마치 기름이 떨어져 심지를 태우며 그을음을 내는 등불처럼 외면당하는 모습이 이 시대 교회와 목회자의 모습이다. 현대교회와 초대교회는 무엇이 다른가?

[행 2:43 쉬운성경] 사도들을 통해 많은 기적과 표적이 나타났습니다. 그러자 모든 사람들에게 두려운 마음이 생겼습니다

[행 5:5;11] 아나니아가 이 말을 듣고 엎드러져 혼이 떠나니 이 일을 듣는 사람이 다 크게 두려워하더라 … 11 온 교회와 이 일을 듣는 사람들이 다 크게 두려워하니라

[행 5:12–13 새번역성경] 사도들의 손을 거쳐서 많은 표징과 놀라운 일이 백성 가운데서 일어났다. 그들은 모두 한 마음이 되어서, 솔로몬 행각에 모이곤 하였다.
13 다른 사람들은 누구 하나, 감히 그들의 모임에 끼어들지 못하였다. 그러나 백성은 그들을 칭찬하였다.

성령으로 충만했던 초대교회는 말씀과 함께 기적과 표적이 있었다. 그 결과 어떤 일이 있었는가? 믿는 자의 권세와 권능이 표적으로 나타날 때 세상은 교회를 칭송했고 크게 두려워했다. 세상은 기사와 표적을 통해 하나님을 보았기 때문이다.

바울 사도가 에베소에서 예수님의 이름으로 놀라운 표적을 행했다. 이것을 본 제사장 스게와의 일곱 아들이 귀신들린 사람에게 바울이 했던 것처럼 따라 했다. 그러자 갑자기 귀신들린 사람이 달려들어 짓누르고 때리고 옷까지 찢었다. 그들은 상처를 입고 발가벗긴 채 겁을 먹고 도망쳤다. 이 일을 보고 들은 유대인과 헬라인들은 어떤 반응을 보이는가?

[행 19:17-20] 에베소에 사는 유대인과 헬라인들이 다 이 일을 알고 두려워하며 주 예수의 이름을 높이고 18 믿은 사람들이 많이 와서 자복하여 행한 일을 알리며 19 또 마술을 행하던 많은 사람이 그 책을 모아 가지고 와서 모든 사람 앞에서 불사르니 그 책값을 계산한즉 은 오만이나 되더라 20 이와 같이 주의 말씀이 힘이 있어 흥왕하여 세력을 얻으니라

하나님의 말씀을 힘있게 전달하는 원동력은 무엇인가? 무엇을 통해 교회는 흥왕하고 세력을 얻는가? 성령으로 충만한 교회는 새의 두 날개처럼 말씀과 따르는 표적을 통해 비상한다. 세상은 교회가 가지고 있는 교리와 신학을 두려워하지 않는다. 주님의 말씀이 기사와 표적으로 확증될 때 세상 사람들은 교회를 두려워하며 "하나님이 참으로 너희 가운데 계시는구나!"라고 고백한다. 성령세례를 받고 성령으로 충만할 때 기사와 표적이 풍성하지만, 성령으로 충만하지 못할 때 기사와 표적은 희귀하다. 기사와 표적은 하나님을 증명하는 강력한 도구다.

폴 스콧 윌슨Paul Scott Wilson 교수는《설교의 실제The Practice of Preaching》에서 "말씀을 전하는 사람에게는 '하나님의 사건'God's event이 있어야 한다. '하나님의 사건'이란 마치 열이 있는 사람에게 약에 대한 강의나 처방만 내리는 것이 아니라 아스피린을 주어 실제로 열이 떨어지게 하는 것이다"라고 설명했다. 하나님의 사건은 표적과 기적을 통해 하나님을 경험하는 것을 말한다. 그렇다면 하나님의 사건을 일으키는 원동력은 무엇인가? 성령충만한 삶에는 따르는 기사와 표적이 있다.

성령충만한 삶에는 다양한 은사가 있다

신약성경에서 성령세례를 받은 후 방언이나 예언과 같은 성령의 은사가 나타나는 것을 본다.

> [행 2:4] 그들이 다 성령의 충만함을 받고 성령이 말하게 하심을 따라 다른 언어들로 말하기를 시작하니라

> [행 10:44-46] 베드로가 이 말을 할 때에 성령이 말씀 듣는 모든 사람에게 내려오시니 45 베드로와 함께 온 할례 받은 신자들이 이방인들에게도 성령 부어 주심으로 말미암아 놀라니 46 이는 방언을 말하며 하나님 높임을 들음이러라

> [행 19:6] 바울이 그들에게 안수하매 성령이 그들에게 임하시므로 방언도 하고 예언도 하니

성령으로 세례를 받지 않고는 성령의 은사를 경험할 수 없다. 성령세례를 받을 때 성령충만을 통해 가장 많이 나타나는 은사가 방언이다. 방언 은사 없이 다른 성령의 은사를 받는 경우는 없다.

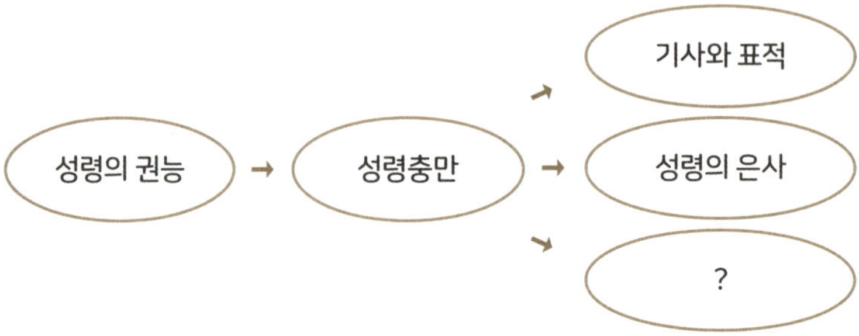

성령충만을 통해 나타나는 성령의 은사

그렇다면 방언의 은사를 받은 후 어떻게 더 많은 은사를 경험할 수 있을까? 다양한 은사를 경험할 수 있는 원동력은 성령충만이다. 성령충만한 삶에는 기사와 표적, 성령의 은사가 있다.

성령충만한 삶에는 성령의 열매가 있다

우리 안에는 예수님을 죽은 자 가운데 살리신 성령님이 계신다롬 8:11;고전 3:16. 그런데 우리는 왜 성령의 열매를 맺지 못할까? 애써 심어 놓은 농작물이 가뭄으로 시들어 가는 것을 본 적이 있는가? 메마른 땅에서는 성장과 열매를 기대할 수 없다. 성령충만하지 않고는 누구도 성령의 열매를 기대할 수 없다.

[갈 5:22-23] 오직 성령의 열매는 사랑과 희락과 화평과 오래 참음과 자비와 양선과 충성과 23 온유와 절제니 이같은 것을 금지할 법이 없느니라

[행 6:3] 형제들아 너희 가운데서 성령과 지혜가 충만하여 칭찬받는 사람 일곱을 택하라 우리가 이 일을 그들에게 맡기고

[행 11:24-26] 바나바는 착한 사람이요 성령과 믿음이 충만한 사람이라 이에 큰 무리가 주께 더하여지더라 25 바나바가 사울을 찾으러 다소에 가서 26 만나매 안

디옥에 데리고 와서 둘이 교회에 일 년간 모여 있어 큰 무리를 가르쳤고 제자들이 안디옥에서 비로소 그리스도인이라 일컬음을 받게 되었더라

[행 16:2] 디모데는 루스드라와 이고니온에 있는 형제들에게 칭찬받는 자니

초대교회 일꾼의 조건은 무엇인가? 바나바와 디모데는 어떤 사람인가? 안디옥 교회 성도들은 어떻게 세상 사람들로부터 예수님을 닮은 사람그리스도인이란 칭호를 얻을 수 있었을까? 성령충만한 삶을 통해 나타나는 성령의 열매는 세상 사람들에게 예수 그리스도를 보여주는 확실한 방법이다.

왜 세상 사람들은 복음에 무관심하거나 등을 돌리는가? 빛과 소금의 역할을 감당하지 못하는 교회와 그리스도인은 외면당할 수밖에 없다. 성령충만은 우리로 하여금 예수님의 능력, 성품, 인격을 닮게 한다. 이로써 믿지 않는 사람들은 성령의 열매를 보고 우리가 전하는 복음에 귀를 기울이게 된다. 성령의 열매는 오직 성령충만으로 가능하다.

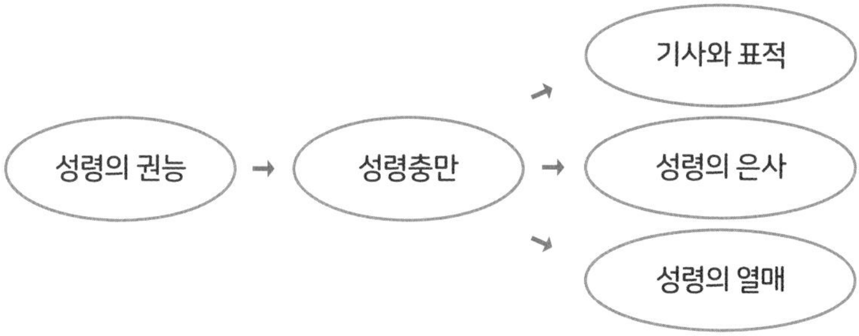

성령충만을 통해 나타나는 성령의 열매

[마 5:15–16] 사람이 등불을 켜서 말 아래에 두지 아니하고 등경 위에 두나니 이러므로 집 안 모든 사람에게 비치느니라 16 이같이 너희 빛이 사람 앞에 비치게 하여 그들로 너희 착한 행실을 보고 하늘에 계신 너희 아버지께 영광을 돌리게 하라

[요 13:34-35] 새 계명을 너희에게 주노니 서로 사랑하라 내가 너희를 사랑한 것 같이 너희도 서로 사랑하라 35 너희가 서로 사랑하면 이로써 모든 사람이 너희가 내 제자인 줄 알리라

[고후 2:15] 우리는 구원 받는 자들에게나 망하는 자들에게나 하나님 앞에서 그리스도의 향기니

복음 증거의 열매를 맺기 위해서 무엇이 필요할까? 예수님께서 구원의 주가 되심을 어떻게 확증할 수 있을까? 어떻게 잎만 무성한 무화과나무와 같은 삶에서 벗어날 수 있을까? 어떻게 가정과 직장에서 예수님의 제자로서 그리스도의 향기를 드러낼 수 있을까? 하나님을 부인하는 이 세대 가운데 어떻게 살아계신 하나님을 드러낼 수 있을까?

모든 그리스도인의 삶과 사역의 원동력은 무엇인가? 바로 성령충만이다. 성령충만한 삶에는 기사와 표적, 성령의 은사, 성령의 열매가 있다.

"오직 성령으로 충만함을 받으라."

나와 너, 우리 모두를 향한 하나님의 명령이다.

5장

복음을 확증하고 확장하는 원동력

스탠리 존스 선교사는 87세에 갑자기 뇌졸중으로 쓰러졌다. 5시간 동안 마룻바닥에 쓰러져 있던 그를 발견하고 병원으로 긴급 이송했다. 사지 마비로 혼자서는 아무것도 할 수 없었던 그는 자기를 치료하는 의사와 간호사에게 이렇게 부탁했다.

"선생님, 한 가지 부탁이 있습니다. 나를 볼 때마다 이렇게 외쳐주십시오."

"스탠리 존스! 나사렛 예수 그리스도의 이름으로 명하노니 일어나 걸어라!"

스탠리 선교사의 말을 들은 의사와 간호사는 손사래를 치며 거절했다.

"아니 선교사님, 저희는 베드로도 아니고, 요한도 아니고, 또 부흥사도 아닌데 어떻게 그런 말을 선포할 수 있습니까?"

하지만 스탠리 존스의 간절한 부탁을 거절할 수 없었다. 의사와 간호사들은 어쩔 수 없이 그를 볼 때마다 외쳤다.

"스탠리 존스, 나사렛 예수 그리스도의 이름으로 명하노니 일어나 걸어라!"

"아멘! 아멘!"

사람들은 큰 목소리로 화답하는 그를 비웃었지만, 그는 의사와 간호사들에게 계속해서 그렇게 선포해 달라고 부탁했다.

5개월 후 그는 침대에서 벌떡 일어나 걷고 뛰었다. 자신이 평생 전했던 예수 그리스도 이름의 권능을 확증한 것이다.

복음은 따르는 표적으로 확증된다

예수님께서는 자신이 그리스도이심을 무엇으로 확증하셨는가? 그분 자신이 죄를 사하는 권세가 있음을 어떻게 입증하셨는가? 예수님께서 가버나움에 계실 때의 일이다. 중풍병자를 그의 친구들이 데리고 와서 지붕을 뚫고 예수님이 계신 곳으로 내렸다. 예수님께서는 중풍병자에게 이렇게 말씀하셨다.

"작은 자야, 네 죄 사함을 받았느니라."

이때 서기관들이 마음속으로 의아하게 생각했다.

"이 사람이 어찌하여 이런 말을 하는가? 지금 하나님을 모독하고 있다. 하나님 한 분 밖에, 누가 죄를 용서할 수 있는가?"

만일 이 문제를 가지고 예수님과 서기관들이 서로 논쟁했다면 몇 시간, 몇 날, 몇 달, 몇 년 동안 계속되었을 것이다. 예수님께서는 자신이 죄를 사하는 권세가 있음을 그들에게 증명하셨다.

[마 2:10-12] 그러나 인자가 땅에서 죄를 사하는 권세가 있는 줄을 너희로 알게 하려 하노라 하시고 중풍병자에게 말씀하시되 11 내가 네게 이르노니 일어나 네 상을 가지고 집으로 가라 하시니 12 그가 일어나 곧 상을 가지고 모든 사람 앞에서

나가거늘 그들이 다 놀라 하나님께 영광을 돌리며 이르되 우리가 이런 일을 도무지 보지 못하였다 하더라

예수님께서는 죄를 사하는 권세가 있음을 어떻게 증명하셨는가?

"일어나 네 상을 가지고 집으로 가라." 표적을 통해 죄를 사하는 권세가 있음을 확증하셨다. 논쟁은 일단락되었다. 이것이 성령으로 충만하셨던 예수님의 모습이다.

[히 2:3-4] … 이 구원은 처음에 주로 말씀하신 바요 들은 자들이 우리에게 확증한 바니 4 하나님도 표적들과 기사들과 여러 가지 능력과 및 자기의 뜻을 따라 성령이 나누어 주신 것으로써 그들과 함께 증언하셨느니라

하나님께서도 말씀하신 바를 표적과 기적, 여러 가지 능력으로 증언하셨다. 열왕기하 5장에서 아람 왕의 군대 장관 나아만은 무엇을 통해 살아계신 하나님을 인정하는가? 다니엘 2장과 3장에서 바벨론 느브갓네살 왕은 무엇을 통해 하나님을 인정하고 높이는가? 다니엘 6장에서 다리오 왕은 무엇을 통해 살아계신 하나님을 인정하는가?

하나님께서도 따르는 표적을 통해 그분의 살아계심과 전능하심을 나타내셨다면, 우리도 살아계신 하나님을 드러내고 말씀을 확증하는 일에 표적이 필요하지 않을까? 성령으로 충만한 일꾼은 따르는 표적으로 하나님의 말씀을 확증한다.

어느 날, 옥에 갇혀 있던 세례 요한이 자기 제자들을 예수님께 보내어 물었다.

"오신다고 했던 분이 바로 당신입니까? 아니면 다른 분을 기다려야 합니까?"

[마 11:4-5] 예수께서 대답하여 이르시되 너희가 가서 듣고 보는 것을 요한에게 알리되 [5] 맹인이 보며 못 걷는 사람이 걸으며 나병환자가 깨끗함을 받으며 못 듣는 자가 들으며 죽은 자가 살아나며 가난한 자에게 복음이 전파된다 하라

예수님께서는 세례 요한의 질문에 어떻게 답하셨는가? 따르는 표적으로 응답하셨다.

[요 5:36] 내게는 요한의 증거보다 더 큰 증거가 있으니 아버지께서 내게 주사 이루게 하시는 역사 곧 내가 하는 그 역사가 아버지께서 나를 보내신 것을 나를 위하여 증언하는 것이요

[요 11:42-45] 항상 내 말을 들으시는 줄을 내가 알았나이다 그러나 이 말씀 하옵는 것은 둘러선 무리를 위함이니 곧 아버지께서 나를 보내신 것을 그들로 믿게 하려 함이니이다 [43] 이 말씀을 하시고 큰 소리로 나사로야 나오라 부르시니 [44] 죽은 자가 수족을 베로 동인 채로 나오는데 그 얼굴은 수건에 싸였더라 예수께서 이르시되 풀어 놓아 다니게 하라 하시니라 [45] 마리아에게 와서 예수께서 하신 일을 본 많은 유대인이 그를 믿었으나

예수님께서는 무엇으로 자신이 그리스도이심을 증명하셨는가? 예수님께서 나사로를 살리신 것을 본 많은 유대인들은 어떻게 반응하는가? 성령으로 충만한 예수님께서는 기사와 표적으로 자신이 그리스도이심을 확증하셨다. 이것이 성령으로 충만하셨던 예수님의 사역 모습이다.

예수님의 제자들은 천국이 가까이 왔음을 선포했다. 무엇으로 하나님 나라가 가까이 왔음을 증명했는가? 제자들은 무엇으로 말씀을 확증했는가?

[눅 9:1-2;6] 예수께서 열두 제자를 불러 모으사 모든 귀신을 제어하며 병을 고치는 능력(두나미스)과 권위(엑수시아)를 주시고 [2] 하나님의 나라를 전파하며 앓는 자를

고치게 하려고 내보내시며 … 6 제자들이 나가 각 마을에 두루 다니며 곳곳에 복음을 전하며 병을 고치더라

[눅 10:1;9] 그 후에 주께서 따로 칠십 인을 세우사 친히 가시려는 각 동네와 각 지역으로 둘씩 앞서 보내시며 … 9 거기 있는 병자들을 고치고 또 말하기를 하나님의 나라가 너희에게 가까이 왔다 하라

〔막 16:17-20〕믿는 자들에게는 이런 표적이 따르리니 곧 그들이 내 이름으로 귀신을 쫓아내며 새 방언을 말하며 18 뱀을 집어올리며 무슨 독을 마실지라도 해를 받지 아니하며 병든 사람에게 손을 얹은즉 나으리라 하시더라 19 주 예수께서 말씀을 마치신 후에 하늘로 올려지사 하나님 우편에 앉으시니라 20 제자들이 나가 두루 전파할새 주께서 함께 역사하사 그 따르는 표적으로 말씀을 확실히 증언하시니라

[행 14:3] 두 사도가 오래 있어 주를 힘입어 담대히 말하니 주께서 그들의 손으로 표적과 기사를 행하게 하여 주사 자기 은혜의 말씀을 증언하시니

예수님께서는 믿는 자들에게 어떻게 복음을 전파하라고 하셨는가? 성령충만한 일꾼은 따르는 표적으로 복음을 확증한다.

복음은 따르는 표적으로 확장된다

예수님을 통해 기사와 표적이 많이 나타났을 때 사람들의 반응은 어떤가? 사람들은 하나님께 영광을 돌렸고, 예수님의 소문은 사방으로 퍼져갔다.

[요 2:11] 예수께서 이 첫 표적을 갈릴리 가나에서 행하여 그의 영광을 나타내시매 제자들이 그를 믿으니라

[마 4:23-25] 예수께서 온 갈릴리에 두루 다니사 그들의 회당에서 가르치시며 천국 복음을 전파하시며 백성 중의 모든 병과 모든 약한 것을 고치시니 24 그의 소문

이 온 수리아에 퍼진지라 사람들이 모든 앓는 자 곧 각종 병에 걸려서 고통 당하
는 자, 귀신 들린 자, 간질하는 자, 중풍병자들을 데려오니 그들을 고치시더라 25
갈릴리와 데가볼리와 예루살렘과 유대와 요단 강 건너편에서 수많은 무리가 따르
니라

[마 15:31] 말 못하는 사람이 말하고 장애인이 온전하게 되고 다리 저는 사람이 걸으며 맹인이 보는 것을 무리가 보고 놀랍게 여겨 이스라엘의 하나님께 영광을 돌리니라

[막 1:25-28] 예수께서 꾸짖어 이르시되 잠잠하고 그 사람에게서 나오라 하시니
26 더러운 귀신이 그 사람에게 경련을 일으키고 큰 소리를 지르며 나오는지라 27
다 놀라 서로 물어 이르되 이는 어찜이냐 권위 있는 새 교훈이로다 더러운 귀신들
에게 명한즉 순종하는도다 하더라 28 예수의 소문이 곧 온 갈릴리 사방에 퍼지더라

[눅 5:24-26] 인자가 땅에서 죄를 사하는 권세가 있는 줄을 너희로 알게 하리라
하시고 중풍병자에게 말씀하시되 내가 네게 이르노니 일어나 네 침상을 가지고
집으로 가라 하시매 25 그 사람이 그들 앞에서 곧 일어나 그 누웠던 것을 가지고
하나님께 영광을 돌리며 자기 집으로 돌아가니 26 모든 사람이 놀라 하나님께 영
광을 돌리며 심히 두려워하여 이르되 오늘 우리가 놀라운 일을 보았다 하니라

[눅 7:12-17] 성문에 가까이 이르실 때에 사람들이 한 죽은 자를 메고 나오니 이
는 한 어머니의 독자요 그의 어머니는 과부라 그 성의 많은 사람도 그와 함께 나
오거늘 13 주께서 과부를 보시고 불쌍히 여기사 울지 말라 하시고 14 가까이 가서
그 관에 손을 대시니 멘 자들이 서는지라 예수께서 이르시되 청년아 내가 네게 말
하노니 일어나라 하시매 15 죽었던 자가 일어나 앉고 말도 하거늘 예수께서 그를
어머니에게 주시니 16 모든 사람이 두려워하며 하나님께 영광을 돌려 이르되 큰
선지자가 우리 가운데 일어나셨다 하고 또 하나님께서 자기 백성을 돌보셨다 하
더라 17 예수께 대한 이 소문이 온 유대와 사방에 두루 퍼지니라

성령으로 충만하셨던 예수님께서는 자신이 그리스도이심과 하나님

의 나라가 임한 증거를 따르는 표적으로 확증하셨다. 복음이 확증되자 복음은 소문을 통해 사방으로 확장되었다.

사도들을 통해 기사와 표적이 많이 나타났을 때 사람들의 반응은 어떤가? 예루살렘 성전 미문에 앉아 구걸하던 앉은뱅이가 일어난 후 어떤 일이 있었는가?

[행 2:43] 사람마다 두려워하는데 사도들로 말미암아 기사와 표적이 많이 나타나니

[행 3:1-10] 제 구 시 기도 시간에 베드로와 요한이 성전에 올라갈새 2 나면서 못
걷게 된 이를 사람들이 메고 오니 이는 성전에 들어가는 사람들에게 구걸하기 위
하여 날마다 미문이라는 성전 문에 두는 자라 3 그가 베드로와 요한이 성전에 들
어가려 함을 보고 구걸하거늘 4 베드로가 요한과 더불어 주목하여 이르되 우리를
보라 하니 5 그가 그들에게서 무엇을 얻을까 하여 바라보거늘 6 베드로가 이르되
은과 금은 내게 없거니와 내게 있는 이것을 네게 주노니 나사렛 예수 그리스도의
이름으로 일어나 걸으라 하고 7 오른손을 잡아 일으키니 발과 발목이 곧 힘을 얻
고 8 뛰어 서서 걸으며 그들과 함께 성전으로 들어가면서 걷기도 하고 뛰기도 하
며 하나님을 찬송하니 9 모든 백성이 그 걷는 것과 하나님을 찬송함을 보고 10 그
가 본래 성전 미문에 앉아 구걸하던 사람인 줄 알고 그에게 일어난 일로 인하여
심히 놀랍게 여기며 놀라니라

앉은뱅이가 일어나 걷고 뛰는 기적을 보고 놀란 사람들이 몰려들었다. 베드로와 요한은 이들을 향해 예수 그리스도를 증언했다. 두 사도가 전한 말씀을 듣고 그들은 어떤 반응을 보였는가? 말씀을 들은 사람 중에 믿는 남자만 약 5천 명이 되었다행 4:4. 이처럼 따르는 표적은 복음을 대항하는 방어벽을 부순다. 만일 앉은뱅이가 일어나 걷고 뛰는 표적이 없이 복음의 말씀만 전했다면 어떤 일이 일어났을까? 사도들은 어떻게 기사와 표적을 많이 나타냈을까? 사도들의 사역의 원동력은 바로

성령충만이다.

이 일로 인해 베드로와 요한은 대제사장과 장로들이 보낸 사람들에게 붙잡혀 갇히게 되었다. 그들은 두 사도를 불러서 절대로 예수의 이름으로 말하지도 말고 가르치지도 말라고 명령했다. 베드로와 요한은 그들에게 이렇게 대꾸했다.

"하나님의 말씀을 따르는 것과 당신들의 말을 따르는 것, 어느 것이 옳은 일인가를 판단해 보시오. 우리는 보고 들은 것을 말하지 않을 수 없소."

대제사장과 장로들은 앉은뱅이가 고침을 받은 일을 보고 들은 모든 백성이 하나님께 영광을 돌리고 있음을 알았다. 또한 베드로와 요한을 처벌할 마땅한 방도가 없어서 위협만 한 후에 석방했다. 풀려난 베드로와 요한은 대제사장과 장로들이 자기들에게 한 말을 동료들에게 그대로 전했다. 두 사도의 말을 듣고 그들은 한마음으로 소리 높여 하나님께 기도했다.

[행 4:29-30] 주여 이제도 그들의 위협함을 굽어보시옵고 또 종들로 하여금 담대히 하나님의 말씀을 전하게 하여 주시오며 30 손을 내밀어 병을 낫게 하시옵고 표적과 기사가 거룩한 종 예수의 이름으로 이루어지게 하옵소서

그들이 사도들과 함께 마음을 모아 기도한 내용이 무엇인가? 하나님의 말씀을 담대하게 전하는 것과 손을 내밀어 치유와 표적과 기적이 일어나도록 기도했다. 왜 그렇게 간청했을까? 하나님의 나라, 즉 복음은 표적과 기사를 통해 확증되고 확장되기 때문이다.

성령충만 → 표적과 기사 → 복음의 확증과 확장

복음을 확증하고 확장하는 성령충만

[행 5:12–14] 사도들의 손을 통하여 민간에 표적과 기사가 많이 일어나매 믿는 사
람이 다 마음을 같이하여 솔로몬 행각에 모이고 13 그 나머지는 감히 그들과 상종
하는 사람이 없으나 백성이 칭송하더라 14 믿고 주께로 나아오는 자가 더 많으니
남녀의 큰 무리더라

[행 9:32–35] 그 때에 베드로가 사방으로 두루 다니다가 룻다에 사는 성도들에게
도 내려갔더니 33 거기서 애니아라 하는 사람을 만나매 그는 중풍병으로 침상 위
에 누운 지 여덟 해라 34 베드로가 이르되 애니아야 예수 그리스도께서 너를 낫게
하시니 일어나 네 자리를 정돈하라 한대 곧 일어나니 35 룻다와 사론에 사는 사람
들이 다 그를 보고 주께로 돌아오니라

[행 9:36–42] 욥바에 다비다라 하는 여제자가 있으니 그 이름을 번역하면 도르가
라 선행과 구제하는 일이 심히 많더니 37 그 때에 병들어 죽으매 시체를 씻어 다락
에 누이니라 38 룻다가 욥바에서 가까운지라 제자들이 베드로가 거기 있음을 듣고
두 사람을 보내어 지체 말고 와 달라고 간청하여 39 베드로가 일어나 그들과 함께
가서 이르매 그들이 데리고 다락방에 올라가니 모든 과부가 베드로 곁에 서서 울
며 도르가가 그들과 함께 있을 때에 지은 속옷과 겉옷을 다 내보이거늘 40 베드로
가 사람을 다 내보내고 무릎을 꿇고 기도하고 돌이켜 시체를 향하여 이르되 다비
다야 일어나라 하니 그가 눈을 떠 베드로를 보고 일어나 앉는지라 41 베드로가 손
을 내밀어 일으키고 성도들과 과부들을 불러들여 그가 살아난 것을 보이니 42 온
욥바 사람이 알고 많은 사람이 주를 믿더라

룻다와 사론에 사는 사람들은 어떻게 주님께 돌아왔는가(행 9:35)? 욥바에 사는 많은 사람이 어떻게 주님께 돌아왔는가(행 9:42)? 만일 사도들

이 성령으로 충만하지 않았다면 따르는 표적은 없었을 것이다. 따르는 표적 없이 말씀만 전했다면 어떤 결과가 있었을까? 이것이 성령으로 충만했던 사도들의 사역 현장이다. 성령충만한 일꾼은 따르는 표적으로 복음을 확증하고 확장한다.

모든 목회자와 성도가 추구해야 할 것은 바로 성령충만이다. 충실한 신학교육을 받고 목회자로서 인격과 소양을 갖추고 있어도, 해외선교에 부르심을 받고 선교사로서 갖추어야 할 열정과 덕목을 지니고 있어도, '제자훈련'이란 명목으로 탁월한 가르침을 받아 완벽한 성경 지식을 지닌 사람도, 신학을 공부하고 박사 학위를 받은 지도자도 성령세례를 받지 않았다면 무기력한 삶을 살 수밖에 없다.

그렇다면 성령세례를 받았지만 무기력한 삶을 사는 원인이 무엇일까? 성령으로 충만하지 않기 때문이다. 성령으로 충만하지 않으면 권능은 내 안에 갇혀 있게 된다. 권능이 내 안에 갇혀 있으면, 복음은 표적으로 확증되지 않는다.

복음을 확증하고 확장하라

앞서 소개한 《방언: 오순절 다락방을 넘어》에 있는 간증 내용이다.

나는 심각한 위궤양으로 고생하고 있었다. 아기들이 먹는 이유식이나 우유조차도 토해낼 만큼 심각한 상태였다. 나는 피골이 상접했다. 의사는 암으로 진행될 수 있다고 진단했다. 남편의 수입 대부분은 나를 치료하는 비용으로 지출되었다. 치료비를 위해 살고 있던 집도 팔았고, 자동차도 팔고, 가구까지 모두 팔았다. 그리고 작은 월세 아파트에 살고 있었다.

그러던 중에 성령으로 세례를 받고 성령으로 충만하여 방언으로 기도하기 시작했다. 그리고 며칠 후 무엇이든 먹고 소화할 수 있었다. 나는 성령세례와 방언뿐만 아니라 병 고침도 받았다. 나는 이제 음식을 먹는데 조금도 힘들지 않고 아무 통증도 없다. 내 위는 완벽하게 나았고 아주 건강하다.

성령충만한 사람은 따르는 표적으로 복음을 확증한다. 복음이 확증될 때 자신과 가족과 이웃에게 하나님의 영광은 드러난다. 그뿐만 아니다. 복음은 계속해서 확장된다. 이것이 증인의 삶이다.

미국 뉴욕의 암흑가에서 노숙자, 알코올 중독자, 불량 청소년, 심지어는 조직 폭력배에 이르기까지 수많은 영혼을 변화시킨 분이 있다. 《십자가와 칼The Cross and Switchblade》의 저자 데이비드 윌커슨David Willkerson 목사이다. 그는 따르는 표적으로 복음을 확증하고 확장하는 증인의 삶을 살다가 79세에 하나님의 품에 안겼다.

우리의 삶이 무기력한 원인은 무엇일까? 예수 그리스도를 구주로 영접하고 권세를 소유한 우리는 왜 증인의 삶을 살지 못할까? 하물며 성령세례를 받고 권능을 소유한 우리가 복음을 확증하고 확장하는 증인의 삶을 살지 못하는 이유는 무엇일까?

첫째는 예수 그리스도 이름의 권세를 믿지 않고 사용하지 않기 때문이다. 설령 사용한다 해도 마치 주문처럼 사용한다. 만일 우리가 진실로 하늘과 땅과 땅 아래 있는 자들로 모든 무릎을 꿇게 하는 만왕의 왕이신 예수님 이름의 권세를 확신한다면, '예수 그리스도!' 그 이름을 선포할 때마다 가슴이 뛰는 감격이 있을 것이다.

둘째는 성령으로 충만하지 않기 때문이다. 내 안에 있는 믿음과 성령의 권능을 증폭시키고 활성화하여 표적과 기적을 나타내는 원동력이 바로 성령충만이다. 성령세례와 함께 주어지는 것이 성령의 권능이다.

사도행전 1:8절에서 "오직 성령이 너희에게 임하시면 너희가 권능을 받고"라고 했다. 그러므로 성령세례를 받은 사람은 누구나 성령의 권능을 받았다. 성령의 권능을 가지고 있는데 굳이 성령충만이 필요한 이유는 무엇인가? 성령으로 충만하지 않으면 내 안에 있는 성령의 권능은 표적으로 나타나지 않는다.

개혁주의 신학자 호크마Hoekema 박사도 승리하는 신앙생활과 권능 있는 증인의 삶을 위해 가장 중요한 열쇠가 성령충만이라고 역설했다. 성령세례에 머물러서는 안 된다. 반드시 성령으로 충만함을 받아야 한다. 성령으로 충만하지 않으면 따르는 표적은 없다. 따르는 표적이 없으면 복음을 확증할 수 없다. 복음의 확증 없이는 복음의 확장도 없다.

멀쩡하던 차가 시동이 걸리지 않아서 난처한 일을 당한 적이 있다. 새벽기도회를 가기 위해 시동을 걸었는데 "끼기긱 끼기긱"하고 소리만 났다. 배터리가 방전된 것이다. 차량의 다른 모든 부분이 멀쩡했지만, 배터리 전력이 약해서 시동을 걸 수 없었다. 보험회사에 연락해 배터리 충전을 받고 난 후에야 정상으로 운행할 수 있었다.

성령충만은 배터리와 같은 역할을 한다. 거듭난 그리스도인은 성령세례를 받을 때 성령의 권능도 함께 받는다. 그런데 성령의 권능을 작동시키는 원동력은 바로 성령충만이다. 성령세례를 받았다 할지라도 성령으로 충만하지 않은 그리스도인은 마치 방전된 배터리처럼 권능 있는 그리스도인의 삶을 살 수 없다. 어떻게 내 안에 있는 성령의 권능을 실재가 되게 할 수 있을까? 어떻게 초대교회 성도들처럼 따르는 표적으로 복음을 확증하고 확장하는 삶을 살 수 있을까? 성령충만이 답이다.

6장

성령충만을 받는 방법(1)

어느 날 대형마트에서 돌이 안 된 아들을 유모차에 태우고 무거운 기저귀 가방을 들고 끙끙대며 힘들게 좁은 엘리베이터에 탄 적이 있다. 엘리베이터 양쪽 문에 큰 표시가 있었다. '쇼핑 카트는 NO!' 그러나 웬일인가. 한 중년 여성이 물건을 잔뜩 실은 쇼핑 카트를 좁은 엘리베이터 안으로 막무가내로 밀고 들어왔다. 유모차와 씨름하던 나는 친절하게 말했다.

"아주머님, 이 엘리베이터는 쇼핑 카트가 들어오면 안 된대요. 아마 감당하기 힘든가 봐요."

그 말이 끝나기가 무섭게 중년의 여성은 눈을 흘기며 사납게 되받아쳤다.

"당신이랑 그게 무슨 상관이야? 애기 엄마나 잘해!"

어린 아들의 귀를 두 손으로 막고 다시 한번 침착하게 말을 이어갔다.

"아주머님, 여기 보시면 카트는 안 된다고 표시가 여러 곳에 있어요."

그러자마자 "아, 그러니까 댁이나 잘하라고. 당신이 뭔데 이래라 저래라야!"라고 소리를 질렀다. 나는 아이를 위해 여러 번 심호흡을 하며 마음을 다스렸다. 그러던 차에 엘리베이터 문이 열리고 그 여성은 카트를 밀고 엘리베이터를 빠져나갔다. 그때 누군가 그 여성을 보고 반갑게 소리쳤다.

"어머, 권사님! 여기는 어쩐 일이세요? 이런 데서 뵈니까 신기해요!"

가슴이 철렁 내려앉는 것 같았다. 귀에선 세 글자가 계속 울리는 듯했다.

'권. 사. 님.'

프롤로그에서 소개한 조세핀 김[41] 교수의 칼럼 〈두 얼굴의 엄마〉의 일부 내용이다. 권사 직분을 받았다면 1~2년 신앙생활을 한 사람은 아닐 것이다. 교회에서는 믿음의 사람으로 인정받았기에 권사로 선택받지 않았을까?

이런 이야기는 어쩌다 한두 번 있는 일이 아니다. 목사인 내 이야기일 수도 있고, 우리 모두의 이야기일 수도 있다. 이분이 몰라서 그랬을까? 우리 역시 알긴 아는데 그렇게 살지 못하는 안타까움이 있다.

목회자는 신앙 울타리 안에서 성도와 직분자를 대한다. 특별히 교회 안에서는 마치 수족관의 물고기처럼 서로의 삶이 투명하게 드러난다. 그래서 함부로 행동하지 못한다. 목회자는 교회 안에서 그 사람의 언행을 보고 신앙을 평가한다. 하지만 성도들은 교회 밖으로 나오면 마치 수족관을 나와 강물을 헤엄치는 물고기처럼 숨을 곳이 많다. 그래서 교회 안에서와 교회 밖에서 하는 말과 행동이 서로 다르다. 교회 안에서는 제값을 하는 직분자가 교회 밖에서는 벌레 먹은 사과처럼 제값을 못 하는 모습이 우리의 현주소다.

41) 조세핀 김 교수(김명화)는 현재 미국 하버드대학교 교육대학원 교수로 재직하고 있다. 정신건강 전문 상담가이자 대학교 내 폭력 문제 전문가로 2007년 버지니아 공대에서 발생한 조승희 총기 난사 사건 후 캠퍼스 전문 상담가, 언론 자문위원으로 활동하고 있다. 저서로는 '우리 아이 자존감의 비밀' '교실 속 자존감' 등이 있다.

[롬 7:19–24] 내가 원하는 바 선은 행하지 아니하고 도리어 원하지 아니하는 바
악을 행하는도다 20 만일 내가 원하지 아니하는 그것을 하면 이를 행하는 자는 내
가 아니요 내 속에 거하는 죄니라 21 그러므로 내가 한 법을 깨달았노니 곧 선을
행하기 원하는 나에게 악이 함께 있는 것이로다 22 내 속사람으로는 하나님의 법
을 즐거워하되 23 내 지체 속에서 한 다른 법이 내 마음의 법과 싸워 내 지체 속에
있는 죄의 법으로 나를 사로잡는 것을 보는도다 24 오호라 나는 곤고한 사람이로
다 이 사망의 몸에서 누가 나를 건져내랴

[롬 8:5–8] 육신을 따르는 자는 육신의 일을, 영을 따르는 자는 영의 일을 생각하
나니 6 육신의 생각은 사망이요 영의 생각은 생명과 평안이니라 7 육신의 생각은
하나님과 원수가 되나니 이는 하나님의 법에 굴복하지 아니할 뿐 아니라 할 수도
없음이라 8 육신에 있는 자들은 하나님을 기쁘시게 할 수 없느니라

우리 안에 누가 계신가? 성령님께서 내주內住 하신다. 고린도전서 3:16절에서 "너희는 너희가 하나님의 성전인 것과 하나님의 성령이 너희 안에 계시는 것을 알지 못하느냐?"고 묻고 있다.

그렇다면 우리 안에 계신 성령님은 왜 아무런 힘과 권능을 발휘하지 못할까? 신앙생활을 시작한 지 십수 년이 지났는데 왜 여전히 육신의 생각에 사로잡혀 사는 걸까? 그동안 수많은 성경 공부와 특별기도를 했는데 왜 내 삶은 가다 서기를 반복하는 고장난 자동차와 같을까?

먼저 성령세례를 받았는지 점검해 보아야 한다. 그렇다면 성령세례를 받고 방언도 경험했는데 왜 삶은 열매 없는 무화과나무와 같을까?

이런 경우 대부분은 "하나님, 제게 큰 권능을 주세요"라고 부르짖어 기도한다. 하지만 성령으로 세례를 받을 때 이미 성령의 권능을 받았다. 이 권능은 절대로 고갈되지 않는다. 그러므로 성령의 권능을 구하지 말고 성령충만을 힘써야 한다골 1:29.

성령충만은 육신의 생각에서 벗어나게 한다

어떻게 하나님의 말씀에 순종하는 삶을 살 수 있을까? 어떻게 죄악된 습관에서 벗어날 수 있을까? 육신의 정욕과 싸워 승리하는 방법은 없을까?

[엡 4:21–24] 진리가 예수 안에 있는 것 같이 너희가 참으로 그에게서 듣고 또한 그 안에서 가르침을 받았을진대 22 너희는 유혹의 욕심을 따라 썩어져 가는 구습을 따르는 옛사람을 벗어 버리고 23 오직 너희의 심령이 새롭게 되어 24 하나님을 따라 의와 진리의 거룩함으로 지으심을 받은 새 사람을 입으라

[갈 5:16–17] 내가 이르노니 너희는 성령을 따라 행하라 그리하면 육체의 욕심을 이루지 아니하리라 17 육체의 소욕은 성령을 거스르고 성령은 육체를 거스르나니 이 둘이 서로 대적함으로 너희가 원하는 것을 하지 못하게 하려 함이니라

성령충만없이 습관적인 죄를 이기려는 노력은 마치 숨을 참는 것과 같다. '청교도 황태자' 또는 '영국의 칼빈'으로 불리는 존 오웬John Owen[42] 박사는 《내 안의 죄 죽이기The Mortification of Sin》에서 죄를 이길 수 있는 방법에 대해 다음과 같이 언급했다.

세상 어떤 방법으로도 죄를 이길 수 없다. … 실로 죄를 죽이는 일은 오직 성령

42) 위대한 청교도 신학자 존 오웬은 1616년 목사의 아들로 태어났다. 12세에 옥스퍼드 퀸스 칼리지에 입학했으며, 1640년대 말 올리버 크롬웰의 궁정목사가 되었다. 1950년대에는 크라이스트처치 칼리지 학장을 거쳐 옥스퍼드대학 부총장을 역임했다. 1657년에는 크롬웰을 왕으로 옹립하려는 시도를 반대했고, 1660년 왕정이 복고된 후에는 비국교도라는 이유로 박해를 당했다. 오웬은 청교도 가정에서 성장했지만 1642년까지는 구원의 확신을 갖지 못했던 그가 런던의 한 교회에서 한 번도 이름을 들어본 적 없는 무명 목사의 설교를 듣고, 구원의 확신을 갖게 되었다. 그의 저서 대부분은 신앙 고전의 지위를 누려 왔는데, 국내에 출간된 책으로는 《성도의 견인》, 《그리스도의 죽으심》, 《영의 생각 육의 생각》, 《쉽게 읽는 죄와 유혹》 등이 있다.

만이 감당하실 수 있다. 성령님을 배제한 모든 방법과 수단은 무용지물에 불과하다. 성령님만이 이 사역을 효과적으로 성취할 수 있는 원천이다. 다른 어떤 방법으로도 죄를 이길 수 없다.

앤드류 머레이Andrew Murray[43] 박사는 《나를 비우고 성령으로 채우라 On the Holy Spirit》에서 성령충만의 중요성을 다음과 같이 역설한다.

> 성령으로 충만하지 않으면 반쪽 신앙생활을 해야 한다. … 모든 그리스도의 일꾼은 자신의 양 떼에게 성령을 가르치고, 성령충만한 삶을 살도록 이끌어야 한다. 그러나 먼저 그 자신이 성령으로 충만해야 한다.

거듭남과 성령세례가 거룩한 삶을 보장하지 않는다. 거룩한 삶을 살려면 무엇이 바뀌어야 할까? 내 말과 행동을 바꾸려면 가장 먼저 무엇을 바꾸어야 할까? '생각'이다. 생각이 바뀌지 않으면 말과 행동은 절대로 바뀌지 않는다.

> [롬 8:5-8] 육신을 따르는 자는 육신의 일을, 영을 따르는 자는 영의 일을 생각하
> 나니 6 육신의 생각은 사망이요 영의 생각은 생명과 평안이니라 7 육신의 생각은
> 하나님과 원수가 되나니 이는 하나님의 법에 굴복하지 아니할 뿐 아니라 할 수도
> 없음이라 8 육신에 있는 자들은 하나님을 기쁘시게 할 수 없느니라

---

43) 앤드류 머레이 박사는 남아프리카의 성자이자 기도와 성령의 사람으로 알려져 있다. 스코틀랜드에서 남아프리카로 이주한 신실한 기독교인 부모에게서 태어났다. 스코틀랜드와 화란에서 교육받은 뒤 다시 남아프리카로 돌아와 화란 개혁교회에서 안수를 받고 목회 사역을 했다. 화란 개혁교회 총회장을 6회 역임한 인물로 국제적인 신망을 얻은 복음주의자였지만 성령운동에도 적극적이었다. 당시 전 세계 도처의 수많은 기독교인들은 앤드류 머레이를 영적인 아버지라고 칭하기를 주저하지 않았다. 250여 권의 주옥같은 책을 저술하여 그리스도인들의 신앙 성장에 값으로 따질 수 없는 커다란 공헌을 했다.

[요 13:2] 마귀가 벌써 시몬의 아들 가룟 유다의 마음에 예수를 팔려는 생각을 넣었더라

가룟 유다는 어떻게 예수님을 파는 몹쓸 짓을 했는가? 모든 말과 행동은 생각에서 비롯된다. 성령세례를 받은 후 성령으로 충만하지 않으면 육신의 생각에 머물러 있게 된다. 육신의 생각은 하나님과 원수가 된다. 하나님의 뜻에 굴복하지 않고 굴복할 수도 없다. 성령으로 충만하면 육신의 생각은 영의 생각으로 바뀐다. 영의 생각은 내 언어와 행동을 하나님의 뜻에 맞게 바꾸어 놓는다갈 5:25.

성령충만은 하나님의 명령이다

"성령을 따라 행하라갈 5:16"와 "오직 성령으로 충만함을 받으라"에서 동사는 모두 명령형이다. 성령충만은 하나님의 명령이다.

[엡 5:18–21] 술 취하지 말라 이는 방탕한 것이니 오직 성령으로 충만함을 받으라
19 시와 찬송과 신령한 노래들로 서로 화답하며 너희의 마음으로 주께 노래하며
찬송하며 20 범사에 우리 주 예수 그리스도의 이름으로 항상 아버지 하나님께 감
사하며 21 그리스도를 경외함으로 피차 복종하라

그렇다면 성령으로 충만함을 받으려면 무엇을 어떻게 해야 할까? 《성령충만을 받는 방법》은 대학생 선교단체 CCC를 창설한 빌 브라이트William R. Bill Bright 박사의 저서이다. 소책자이지만 여기에는 '성령은 누구신가?', '성령은 왜 오셨는가?', '성령충만을 받는다는 것은 무슨 뜻인가?'를 잘 설명하고 있다. 그런데 '어떻게 성령충만을 받을 수 있는가?'에서 간단한 기도를 통해 성령충만을 받는 방법을 소개한다. 이렇게 쉽고 간단하게 퀀텀 점프하듯 성령충만을 받을 수 있다면 얼마나 좋겠는가?

하나님께서는 성령으로 충만한 삶을 살았던 바울 사도를 통해 성령으로 충만함을 받는 방법을 우리에게 자세히 알려 주셨다.

개역성경은 18절, 성령으로 '충만하라'(πληρουσθε 플레루스데[44])와 19–21절, '화답하며', '노래하며', '찬송하며', '감사하며', '복종하라'로 문장이 따로 구분되어 있다. 하지만 원문헬라어은 에베소서 5:18–21절이 한 문장으로 구성되어 있다. 여기서 사도 바울은 성령충만을 받기 위한 과정과 방법을 구체적으로 제시하고 있다. 성령으로 충만하기 위해서는 "시와 찬송과 신령한 노래들로 서로 화답하며, 마음으로 주께 노래하며, 찬송하며, 감사하며, 권위에 복종하라"고 한다. 그러므로 19–21절은 성령충만의 결과가 아니다. 성령충만을 받기 위한 과정이요 방법이다. 만일 19–21절 말씀을 성령충만의 결과로 해석하면 이런 핑곗거리가 생긴다.

"하나님, 성령으로 나를 충만하게 해 주세요. 그렇게 해 주시면 시와 찬송과 신령한 노래들로 서로 화답하며, 마음으로 주께 노래하며, 찬송하며, 감사하며, 권위에 복종하며 살겠습니다."

하지만 19–21절에서 성령충만을 받는 과정과 방법을 구체적으로 알려 주셨다. 성령님께서 도와주시지만 내 의지적인 노력 없이는 성령으로 충만할 수 없다. 그러므로 성령으로 충만하지 못한 책임은 전적으로 나에게 있다. 18절의 "오직 성령으로 충만함을 받으라"는 누구도 거부할 수 없는 하나님 명령이다. 19–21절의 말씀은 성령충만을 위한 하나님의 처방전이다.

44) 엡 5:18-21절의 주동사는 '*πληρουσθε*, 플레루스데'이다. 현재 수동태 명령형으로 계속, 반복, 진행의 뜻이다. '화답하며', '노래하며', '찬송하며', '감사하며', '복종하라'는 분사로 되어 있다.

크리스 오야킬로메 박사도 성령으로 충만하기 위해 힘써야 할 3가지를 《말씀의 실재》에서 반복해서 언급한다.

> 첫째는 시와 찬미와 신령한 찬송을 많이 해야 한다. 둘째는 항상 하나님께 감사하는 삶을 살아야 한다. 셋째는 우리는 권위에 복종하는 삶을 살아야 한다. 시와 찬미와 신령한 노래, 감사와 권위에 복종하는 자세는 성령님이 함께하시는 환경이 된다.

찬양을 통해 성령충만을 받게 된다

> [엡 5:18–19] 술 취하지 말라 이는 방탕한 것이니 오직 성령으로 충만함을 받으라
> 19 시와 찬송과 신령한 노래들로 서로 화답하며 너희의 마음으로 주께 노래하며
> 찬송하며

사도 바울은 성령충만을 위해서 가장 먼저 찬양을 권면한다. 또한 찬양을 "시"와 "찬송"과 "신령한 노래"로 구별했다.

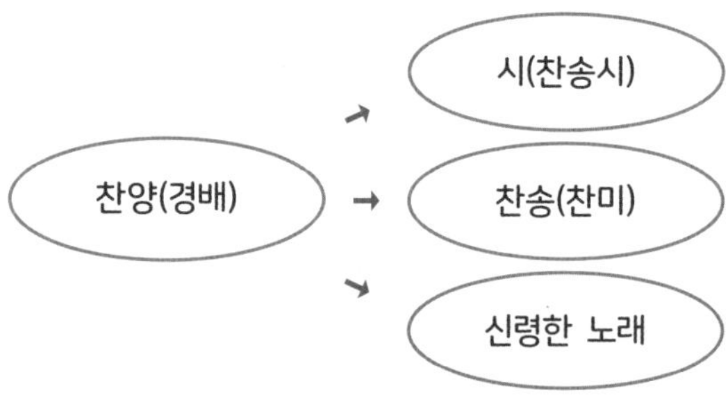

첫째로, 바울 사도는 가장 먼저 "시"(ψαλμός 프살모스)를 언급한다. 시는 구약성경 시편눅 20:42;행 1:20;13:33과 같은 찬송시를 의미한다. 고린도전서 14:26절에서 언급한 찬송시도 같은 것이다.

[고전 14:26] 그런즉 형제들아 어찌할까 너희가 모일 때에 각각 찬송시도 있으며 가르치는 말씀도 있으며 계시도 있으며 방언도 있으며 통역함도 있나니 모든 것을 덕을 세우기 위하여 하라

요한계시록에서 "아멘 찬송과 영광과 지혜와 감사와 존귀와 권능과 힘이 우리 하나님께 세세토록 있을지어다 아멘"7:12, "세상 나라가 우리 주와 그의 그리스도의 나라가 되어 그가 세세토록 왕 노릇 하시리로다"11:15, "옛적에도 계셨고 지금도 계신 주 하나님 곧 전능하신 이여 친히 큰 권능을 잡으시고 왕 노릇 하시도다"11:17, "주 하나님 곧 전능하신 이시여 하시는 일이 크고 놀라우시도다 만국의 왕이시여 주의 길이 의롭고 참되시도다"15:3, "할렐루야 구원과 영광과 능력이 우리 하나님께 있도다"19:1, "할렐루야 주 우리 하나님 곧 전능하신 이가 통치하시도다"19:3 등은 하나님의 영광과 속성을 큰 소리로 환호하며 화답하는 찬송시psalms다.

[사 6:1–4] 웃시야 왕이 죽던 해에 내가 본즉 주께서 높이 들린 보좌에 앉으셨는데 그의 옷자락은 성전에 가득하였고 2 스랍들이 모시고 섰는데 각기 여섯 날개가 있어 그 둘로는 자기의 얼굴을 가리었고 그 둘로는 자기의 발을 가리었고 그 둘로는 날며 3 서로 불러 이르되 거룩하다 거룩하다 거룩하다 만군의 여호와여 그의 영광이 온 땅에 충만하도다 하더라 4 이같이 화답하는 자의 소리로 말미암아 문지방의 터가 요동하며 성전에 연기가 충만한지라

이사야 선지자가 "거룩하다! 거룩하다! 거룩하다! 만군의 여호와여! 그의 영광이 온 땅에 충만하도다!"라고 찬송시로 화답했을 때 어떤 일이 일어났는가? 문지방의 터가 움직이며 성전에 연기가 충만했다참고:행 4:24-31.

찬양

성령충만

둘째로, "찬송"(ὕμνος 휨노스)은 신약성경에서 7회 나온다. 예수님께서 성만찬 후 제자들과 함께 감람산으로 가면서 부른 찬미나마 26:30;막 14:26, 바울과 실라가 빌립보 감옥에서 부른 찬송행 16:25을 말한다. 또한 요한계시록에서는 악기를 연주하며 하나님을 찬송하고 있다계 5:8-9;14:2-3;15:2-3.

셋째로, "신령한 노래"(πνευματικός ᾠδή 프뉴마티코스 오데)는 본문과 골로새서 3:16절에서 2회 나온다. 바울 사도는 고린도전서 14:15절에서 "내가 영(πνεῦμα 프뉴마-성령)으로 찬송"한다고 했다. 그렇다면 '신령한 노래'와 '영으로 찬송'은 어떤 찬송을 말할까?

마이어F. B Meyer는 신령한 노래를 '성령으로부터 나온 노래, 성령에 의해서 지어진 노래', 방언 찬송으로 보았다.

《찬양으로 가슴벅찬 예배Exploring Worship》의 저자 밥 소르기Bob Sorge도 "신령한 노래"를 하나님께로 올려 드리는 방언 찬송으로 보았다.

내 주위에 방언 찬송을 하는 사람들에게 물었을 때 "신령한 노래"를 방언 찬송이라고 하나같이 일치한 답을 했다.

현대교회 그리스도인들은 찬송은 즐겨 부르지만 시찬송시와 신령한 노래를 잃어버렸다. 성령으로 충만하려면 우리가 잃어버린 "시와 신령한 노래"를 회복해야 한다.

여호사밧 왕이 유다를 다스리고 있을 때 큰 위기가 닥쳤다. 모압과 암몬, 마온 세 나라 연합군이 유다를 침공했다. 여호사밧 왕은 어린아이부터 어른까지 금식하며 기도할 것을 선포했다대하 20:1-4. 온 나라가 금식하며 기도하고 있을 때 하나님의 응답은 '찬양하라'는 말씀이었다. 아니 말이 되는 기도 응답인가? 연합군의 공격으로 강한 바람 앞에 등불처럼 위태한 상황에서 찬양하라는 응답은 전혀 이치에 맞지 않는다. 또한 찬양대를 조직하여 군대 선봉에 세우게 했다. 적과 맞서 싸워야 하는 전쟁에서 찬양대를 선봉에 세운다는 것은 누가 보아도 이해할 수 없는 일이다. 하지만 찬양대와 더불어 온 군대가 심히 큰 소리로 "여호와께 감사하세! 그의 인자하심이 영원하도다!"라고 찬송시를 외치며 나아갈 때 어떤 일이 일어났는가?

> [대하 20:21-24] 백성과 더불어 의논하고 노래하는 자들을 택하여 거룩한 예복을 입히고 군대 앞에서 행진하며 여호와를 찬송하여 이르기를 여호와께 감사하세 그의 인자하심이 영원하도다 하게 하였더니 22 그 노래와 찬송이 시작될 때에 여호와께서 복병을 두어 유다를 치러 온 암몬 자손과 모압과 세일 산 주민들을 치게 하시므로 그들이 패하였으니 23 곧 암몬과 모압 자손이 일어나 세일 산 주민들을 쳐서 진멸하고 세일 주민들을 멸한 후에는 그들이 서로 쳐 죽였더라 24 유다 사람이 들 망대에 이르러 그 무리를 본즉 땅에 엎드러진 시체들뿐이요 한 사람도 피한 자가 없는지라

찬양은 기적을 불러온다. "그 노래(רִנָּה 린나)와 찬송(תְּהִלָּה 테힐라)이 시작될 때에"22절 하나님께서 나서서 적들을 물리쳐 주시는 놀라운 기적이 일어났다. 여기서 '노래'는 큰 소리로 외치는 찬송시를 말한다.

시련 가운데 있을 때 탄식하며 여호사밧처럼 기도하는 사람은 많지

만, 하나님의 크고 위대하심을 시와 찬송으로 경배하는 사람은 거의 없다. 시련과 고통 가운데서 하나님의 크고 위대하심을 찬양하는 것은 하나님의 권능을 선포하는 것이다. 찬양은 성령으로 충만하게 하여 시련을 이길 수 있는 새 힘을 얻게 한다.

시편 57편은 다윗이 살기등등한 사울의 눈을 피해 도망치고 있을 그때 상황을 묘사하고 있다. 사울 왕에게 쫓기는 다윗은 어떤가? 참으로 위험천만한 상황 가운데 있었다.

[시 57:4-11] 내 영혼이 사자들 가운데에서 살며 내가 불사르는 자들 중에 누웠으
니 곧 사람의 아들들 중에라 그들의 이는 창과 화살이요 그들의 혀는 날카로운 칼
같도다 5 하나님이여 주는 하늘 위에 높이 들리시며 주의 영광이 온 세계 위에 높
아지기를 원하나이다 6 그들이 내 걸음을 막으려고 그물을 준비하였으니 내 영혼
이 억울하도다 그들이 내 앞에 웅덩이를 팠으나 자기들이 그중에 빠졌도다(셀라) 7
하나님이여 내 마음이 확정되었고 내 마음이 확정되었사오니 내가 노래하고 내가
찬송하리이다 8 내 영광아 깰지어다 비파야, 수금아, 깰지어다 내가 새벽을 깨우
리로다 9 주여 내가 만민 중에서 주께 감사하오며 뭇 나라 중에서 주를 찬송하리
이다 10 무릇 주의 인자는 커서 하늘에 미치고 주의 진리는 궁창에 이르나이다 11
하나님이여 주는 하늘 위에 높이 들리시며 주의 영광이 온 세계 위에 높아지기를
원하나이다

4절과 6절을 보면 다윗이 얼마나 위급한 상황에 처해있는지 짐작할 수 있다. 사망의 음침한 골짜기에 갇혀 언제 죽을지 모르는 형편이다. 이런 상황에서 다윗은 마음으로 무엇을 확정하는가?7절 "하나님이여 내 마음이 확정되었고 내 마음이 확정되었사오니 내가 노래하고 내가 찬송하리이다." 도망자로서 자신을 철저히 숨겨야 하는 상황에 새벽에 큰 소리로 찬송하는 것은 얼마나 어리석은 행동인가? 하지만 다윗은 새벽에 일어나 비파와 수금으로 하나님을 찬양한다. 다윗의 찬송은

목숨을 건 찬양이다.

환난과 고통 가운데 있을 때 대부분은 탄식하며 불평과 원망으로 시간을 보낸다. 하지만 다윗은 달랐다. 환난 가운데서 크신 하나님을 찬양했다.

바울 사도는 빌립보 감옥에 실라와 함께 갇혀 있을 때도 기도하며 하나님을 찬양했다행 16:24-26. 여호사밧 왕이 기도에 찬양을 더한 것처럼 바울도 기도에 찬양을 더했다. 그 결과 어떤 일이 일어났는가? 갑자기 큰 지진이 나서 옥터가 움직이고, 문이 곧 다 열리고, 사람을 묶고 있는 것들이 다 벗어지고, 간수와 그 가족이 구원을 얻는 기적이 일어났다.

[시 148:11-13] 세상의 왕들과 모든 백성들과 고관들과 땅의 모든 재판관들이며 12 총각과 처녀와 노인과 아이들아 13 여호와의 이름을 찬양할지어다 그의 이름이 홀로 높으시며 그의 영광이 땅과 하늘 위에 뛰어나심이로다

[시 104:33] 내가 평생토록 여호와께 노래하며 내가 살아 있는 동안 내 하나님을 찬양하리로다

높은 자나 낮은 자, 남녀노소를 불문하고 모든 사람이 하나님의 은혜를 입었고, 은혜 가운데 살고 있다. 특별히 예수 그리스도를 통하여 베풀어 주신 속량의 은혜가 얼마나 크고 놀라운가? 하나님의 사랑을 아는 사람이라면 누구나 하나님의 은혜에 화답하며 찬양할 수밖에 없다. 특별히 속량의 제물로 죽임을 당하신 어린 양 예수 그리스도께 찬양을 드리는 것은 마땅한 일이다. 십자가에서 흘리신 피로 우리를 사서 하나님께 드리시고 나라왕와 제사장으로 삼아 이 땅에서 왕 노릇 하며 살게 하셨다. 시와 찬송은 이 땅에서만 아니라 천국에서도 계속된다계 4:10-11; 5:11-14.

"능력과 부와 지혜와 힘과 존귀와 영광과 찬송을 받으시기에 합당하신" 주님을 큰 소리로 화답하며 찬송하고 높일 때 성령으로 충만하여 새 힘을 얻는다. 주님을 찬양하고 높일 때 골리앗처럼 크게만 보이던 문제가 작아 보인다. 성령충만은 내 인생의 골리앗을 무너뜨리는 물맷돌과 같다.

다음은 데이브 로버슨 목사가 성령세례를 받은 후 끊기 힘들었던 죄악에서 어떻게 벗어나게 되었는지 간증하는 내용이다.

> 나는 교회에서 성령으로 세례를 받고 더듬더듬 방언을 하고 난 후 집에서 하나님을 경배하는 동안에 영적인 경험을 하게 되었다. 그 당시 나는 강한 영적 전쟁을 치르는 중이었다. 나의 육신적인 본성이 살며시 되돌아와서 나를 압도하려고 하는 것을 나는 느낄 수 있었다. 아내 노잘리가 나와 함께 기도하는 동안 나는 열정적으로 하나님을 찬양하면서 거실을 계속 왔다 갔다를 했다. 나는 육신에 지고 싶지 않았지만, 나의 힘은 거의 소진되어 있었다.
>
> 나는 구원받은 지 얼마 되지 않았고 거듭난 뒤에도 교회에 가다말다했다. 교회에 출석하지 않을 때는 별로 좋지 않은 장소에 있었다. 그런 상황 가운데서 성령세례를 받고 방언을 하게 되었다. 그 당시 나는 하나님을 향하여 손을 들고서 '할렐루야'와 '하나님을 찬양합니다'를 반복하는 것 외에는 어떻게 경배할 줄을 몰랐다.
>
> 갑자기 따뜻한 느낌이 위로 높이 쳐든 내 손에서 시작하여 내려왔다. 그 느낌은 팔과 어깨를 통과해서 흘러내리더니 가슴으로 들어와 마음속까지 이르는 듯했다. 이 느낌이 내 다리로 흘러 들어가자마자 나는 뒤로 넘어졌다. 나는 숨이 차서 넘어졌지만 알아차리지 못했다. … 거의 한밤중에 시작된 성령의 강한 기름 부음은 새벽 4시까지 내 위에 임하여 있었다. 이것은 나의 삶을 바꾸는 경험이었다.

서울 중랑구 면목동에 영안장로교회가 있다. 이 교회에는 혀에 암이 생겨서 고통을 받는 자매가 있었다. 얼마 후면 혀에 퍼져있는 암 덩어리를 제거하기 위해 수술을 받아야 했다. 혀를 잘라내면 이제 언어장애인으로 평생을 살아야 한다는 생각에 두려움과 걱정이 파도처럼 몰려왔다.

그런 가운데 혀가 잘리면 눈으로 성경을 읽을 수 있고, 손발과 몸으로 봉사도 할 수 있지만, 찬송은 소리를 내어 할 수 없다는 것을 깨달았다. 그래서 수술 전에 찬송이나 실컷 해야겠다고 다짐했다. 찬송은 생각처럼 쉽지 않았지만, 십자가의 은혜를 생각하며 억지로 찬송했다. 틈만 나면 기도하며 찬송을 했다.

수술이 잡힌 날이 되었다. 수술실에 들어가기 전에 온 가족이 병실에 모였다. 이제 혀 수술을 마치면 평생 말을 할 수 없게 될 그 자매를 바라보며 아무 말도 하지 못하고 침묵만 흐르고 있었다. 바로 그 순간 침묵을 깨고 그 자매가 찬송가 314장을 부르기 시작했다.

> 내 구주 예수를 더욱 사랑 엎드려 비는 말 들으소서
> 내 진정 소원이 내 구주 예수를 더욱 사랑 더욱 사랑

가족들은 찬송을 따라 부르기 시작했다. 흐느낌과 눈물로 시작한 찬송은 결국 통곡으로 변했다.

> 이전에 세상 낙 기뻤어도 지금 내 기쁨은 오직 예수
> 다만 내 비는 말 내 구주 예수를 더욱 사랑 더욱 사랑
>
> 이 세상 떠날 때 찬양하고 숨질 때 하는 말 이것 일세
> 다만 내 비는 말 내 구주 예수를 더욱 사랑 더욱 사랑

그때 수술을 담당할 의사가 병실에 들어와서 수술하기 전에 최종 검사를 받도록 했다. 그런데 검사 결과는 놀라웠다. 혀에 퍼져있던 암이 혀 한쪽으로 몰려 있어 그것만 제거하면 된다고 했다.

[시 22:3] 이스라엘의 찬송 중에 계시는 주여 주는 거룩하시니이다

하나님께서는 찬송 중에 계신다. 절망적인 상황에서 십자가를 붙잡고 시작한 찬송! 그 찬송 가운데 계신 하나님께서 기적을 만들었다.

[사 43:21] 이 백성은 내가 나를 위하여 지었나니 나를 찬송하게 하려 함이니라

하나님께서 사람을 창조하신 목적이 무엇인가? 날마다 하나님의 영광을 선포하자. 무엇보다 시와 찬송과 신령한 노래로 찬양하는 일을 생활화하자.

예수님께서 가르쳐 주신 기도 역시 찬송으로 시작하여 찬송으로 마친다마 6:9-13. 빛나는 별과 같은 삶을 살았던 바울 사도를 통하여 우리에게 가르쳐 주신 성령충만을 받는 첫 번째 비결은 무엇인가? 시와 찬송과 신령한 노래로 화답하며 경배하는 일은 성령충만을 보장한다.

감사를 통해 성령충만을 받게 된다

[엡 5:18;20] 술 취하지 말라 이는 방탕한 것이니 오직 성령으로 충만함을 받으라 … 20 범사에 우리 주 예수 그리스도의 이름으로 항상 아버지 하나님께 감사하며

[시 44:8] 우리가 종일 하나님을 자랑하였나이다 우리는 하나님의 이름에 영원히 감사하리이다

찬양과 감사는 하나님을 자랑하는 일이다. 사도 바울도 찬송을 언급한 후 곧바로 범사에 항상 감사할 것을 권한다. 성경에서 찬송과 감사는 짝을 이루고 있다. 두 눈과 두 귀, 두 팔과 두 다리처럼 서로 짝을 이룬다.

[시 100:1-5] 온 땅이여 여호와께 즐거운 찬송을 부를지어다 2 기쁨으로 여호와를 섬기며 노래하면서 그의 앞에 나아갈지어다 3 여호와가 우리 하나님이신 줄 너희는 알지어다 그는 우리를 지으신 이요 우리는 그의 것이니 그의 백성이요 그의 기르시는 양이로다 4 감사함으로 그의 문에 들어가며 찬송함으로 그의 궁정에 들어가서 그에게 감사하며 그의 이름을 송축할지어다 5 여호와는 선하시니 그의 인자하심이 영원하고 그의 성실하심이 대대에 이르리로다

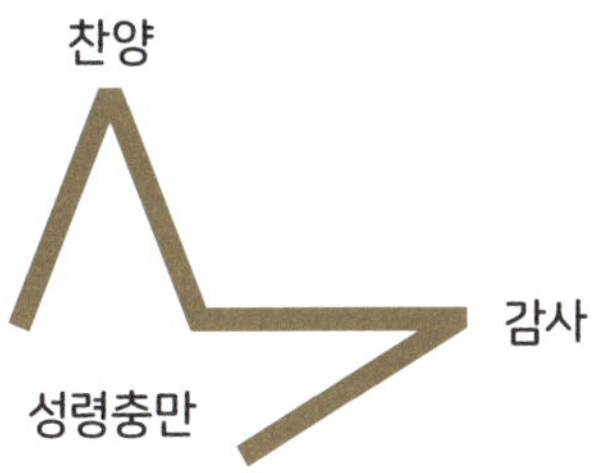

애굽에서 노예로 살던 이스라엘 백성을 구원하신 하나님께서 거듭거듭 당부하신 말씀이 무엇인가? 구원의 은혜를 잊지 말고 '기억'하라고 반복해서 말씀하신 이유가 무엇일까?

[신 5:15] 너는 기억하라 네가 애굽 땅에서 종이 되었더니 네 하나님 여호와가 강한 손과 편 팔로 거기서 너를 인도하여 내었나니

[신 7:19] 네 하나님 여호와께서 너를 인도하여 내실 때에 네가 본 큰 시험과 이적과 기사와 강한 손과 편 팔을 기억하라 네 하나님 여호와께서 네가 두려워하는 모든 민족에게 그와 같이 행하실 것이요

[신 15:15] 너는 애굽 땅에서 종 되었던 것과 네 하나님 여호와께서 너를 속량하셨음을 기억하라(신 24:18;22)

[신 32:7] 옛날을 기억하라 역대의 연대를 생각하라 네 아버지에게 물으라 그가 네게 설명할 것이요 네 어른들에게 물으라 그들이 네게 말하리로다

구원의 은혜보다 더 큰 은혜가 있을까? 그 은혜를 기억하지 못한 이스라엘 백성은 어떻게 되는가? 불평과 원망 가운데 살다가 가나안의 축복을 몽땅 놓쳤다. 40년 동안 사막을 방황하다 비참한 죽음을 맞았다. 불평과 원망은 죽음의 씨앗을 가지고 있다.

요한계시록에 나오는 일곱 교회 중 에베소교회2:1-7는 어떤가? 사람의 눈으로 보면 나무랄 것이 없는 완벽한 모습이다. 하지만 예수님께서 그들을 책망하고 엄한 경고를 하신다. 무엇을 책망하고 경고하시는가?

[계 2:4-5] 그러나 너를 책망할 것이 있나니 너의 처음 사랑을 버렸느니라 5 그러므로 어디서 떨어졌는지를 생각하고 회개하여 처음 행위를 가지라 만일 그리하지 아니하고 회개하지 아니하면 내가 네게 가서 네 촛대를 그 자리에서 옮기리라

[엡 1:7] 우리는 그리스도 안에서 그의 은혜의 풍성함을 따라 그의 피로 말미암아 속량 곧 죄 사함을 받았느니라

감사는 기억이 수반된다. 무엇을 기억하고 감사해야 하는가? 하나님께서 예수 그리스도를 통해 베풀어 주신 구원의 은혜와 사랑과 긍휼을 기억하지 않고서는 감사할 수 없다. 날마다 십자가의 사랑을 기억하고 "범사에 우리 주 예수 그리스도의 이름으로 항상 아버지 하나님께 감사"하는 사람만이 성령충만한 은혜를 누린다.

내 생애에서 구원의 은혜는 소름 돋는 감격스러운 사건으로 그 어떤 것과도 비교할 수 없다. 감사를 통해 성령으로 충만하면 무엇보다 구원의 큰 기쁨, 곧 첫사랑의 감격이 회복된다. 첫사랑의 감격이 회복되면 신앙은 다시 활력을 얻는다. 이처럼 감사는 거룩한 전염성이 있다.

감사가 없으면 첫사랑의 감격, 곧 구원의 은혜를 잊어버린다. 그 결과 애정결핍 증상이 나타난다. 칭찬에 목말라하고, 관계에 집착하고 거절에 쉽게 상처받는다. 마음은 냉담하고, 무감각해지고 불평과 원망이 쓰레기 더미처럼 쌓인다. 마귀들은 이 기회를 놓치지 않고 내 약점인 애정결핍을 물고 늘어진다.

감사는 예수님 삶의 핵심이었다. 벳새다 광야에서 사흘 동안 계속된 집회가 끝나고 해가 저물었다. 이제 사람들은 집으로 돌아가야 했다. 예수님께서는 이들이 그냥 돌아가면 배가 고파 기진하여 쓰러질 것을 아셨다.

> [마 15:32] 예수께서 제자들을 불러 이르시되 내가 무리를 불쌍히 여기노라 그들이 나와 함께 있은 지 이미 사흘이매 먹을 것이 없도다 길에서 기진할까 하여 굶겨 보내지 못하겠노라

> [막 8:3] 만일 내가 그들을 굶겨 집으로 보내면 길에서 기진하리라 그중에는 멀리서 온 사람들도 있느니라

남자만 4천 명 이상이 모인 사흘 동안의 집회였기에 먹을 것은 이미 바닥난 상태였다. 예수님께서는 제자들에게 먹을 것이 있는지 찾아보도록 하셨다. 빵 일곱 개와 생선 두어 마리가 전부였다. 필요는 엄청나고 자원은 너무 적었다. 예수님께서는 이런 기막힌 상황에서 어떻게 하셨는가?

[마 15:36 쉬운성경] 일곱 개의 빵과 생선을 들고 감사 기도를 드린 후, 예수님께서는 이것을 나누어 제자들에게 주셨습니다. 제자들은 그것을 사람들에게 주었습니다.

그 결과 4천 명 이상이 배불리 먹고도 남는 기적이 일어났다. 예수님께서는 죽어서 나흘이 된 나사로를 살리실 때도 감사하셨다요 11:41. 특히 고라신과 벳세다, 가버나움에서 권능을 가장 많이 행하시며 복음을 전하셨다. 하지만 어른들로부터 배척을 당하시고 아이들만 복음을 받아들였다. "천지의 주재이신 아버지여 이것을 지혜롭고 슬기있는 자들에게는 숨기시고 어린아이들에게는 나타내심을 감사하나이다"마 11:25. 심지어 십자가의 고난을 목전에 두고 감사 기도를 하셨다.

[눅 22:15;17;19] 이르시되 내가 고난을 받기 전에 너희와 함께 이 유월절 먹기를 원하고 원하였노라 … 17 이에 잔을 받으사 감사 기도하시고 이르시되 이것을 갖다가 너희끼리 나누라 … 19 또 떡을 가져 감사 기도하시고 떼어 그들에게 주시며 이르시되 이것은 너희를 위하여 주는 내 몸이라 너희가 이를 행하여 나를 기념하라

예수님의 기도는 감사요, 감사는 곧 삶이었다. 바울 사도 역시 범사에 감사하는 삶을 살았다. 직분을 주심에 감사하고딤전 1:12, 승리를 주심에 감사하고고전 15:57, 심지어 자신이 다른 사람보다 방언을 많이 하는 것도 감사했다고전 14:18. 누구보다 많은 어려움과 고통을 당했지만 범사에 감사했다.

[행 24:3] 벨릭스 각하여 우리가 당신을 힘입어 태평을 누리고 또 이 민족이 당신의 선견으로 말미암아 여러 가지로 개선된 것을 우리가 어느 모양으로나 어느 곳에서나 크게 감사하나이다

사도 바울은 국가 지도자의 정책으로 개선된 것들에 대해서도 크게 감사했다. 감옥에 갇혀 있을 때나 놓였을 때나 감사했다. 어떤 형편에 처하든지 모든 일에 항상 하나님께 감사하며 살았던 바울 사도는 우리에게 권면한다.

[빌 4:6] 아무것도 염려하지 말고 다만 모든 일에 기도와 간구로, 너희 구할 것을 감사함으로 하나님께 아뢰라

[골 2:7] 그 안에 뿌리를 박으며 세움을 받아 교훈을 받은 대로 믿음에 굳게 서서 감사함을 넘치게 하라

예수님을 본받고 살았던 사도 바울도 기도는 감사요, 감사는 일상이었다. 우리도 독생자를 아끼지 않고 내어주신 하나님의 은혜와 사랑을 기억하고 살면 모든 일에 감사할 수 있다. 하늘과 땅의 모든 권세를 갖고 계신 예수님께서 내 안에 계신다는 것을 기억하면 누구나 감사할 수 있다.

믿음의 눈으로 살펴보면 감사할 것들이 넘쳐난다. 감사로 하루를 시작하고 하루를 뒤돌아보고 감사하자. 우는 사자처럼 삼킬 자를 찾는 마귀에게 틈을 주는 것들 – 불평, 근심, 두려움 – 을 금하자. 감사하면 성령으로 충만하게 되고, 성령으로 충만하면 육신의 생각에서 벗어나 영의 생각을 한다. 영의 생각은 말과 행동을 바꾸어 거룩한 삶을 살게 한다. 비로소 제자의 삶이 시작된다.

만일 하나님을 알면서도 찬양하지 않고 감사하지 않으면 어떻게 될까? 끔찍한 결과를 맞게 된다.

[롬 1:21] 하나님을 알되 하나님을 영화롭게도 아니하며 감사하지도 아니하고 오히려 그 생각이 허망하여지며 미련한 마음이 어두워졌나니

[엡 4:17-18] 그러므로 내가 이것을 말하며 주 안에서 증언하노니 이제부터 너희는 이방인이 그 마음의 허망한 것으로 행함 같이 행하지 말라 [18] 그들의 총명이 어두워지고 그들 가운데 있는 무지함과 그들의 마음이 굳어짐으로 말미암아 하나님의 생명에서 떠나 있도다

찬양과 감사가 없으면 생각이 허망해지고, 마음은 어두워진다. 어두워진 마음은 의심, 두려움, 염려, 불평, 불만 등으로 차고 넘쳐서 점점 완악해진다. 완악한 마음은 냉담하고, 무감각하고, 굳어진 마음이다. 마귀가 왕 노릇 하기 딱 좋은 마음이다.

이런 마음은 길이나 돌밭, 가시 떨기나무밭과 같아서 하나님의 말씀을 심어도 열매를 맺지 못한다. 찬양과 감사가 없다는 건 영적 중병의 불길한 징후이다. 어떻게 완악한 마음에서 벗어날 수 있을까? 찬양과 감사는 완악한 마음을 온유하고 겸손한 마음으로 바꾼다.

지독하게 가난한 미혼모에게 태어나 할머니 손에서 자란 아이가 있었다. 삼촌에게 성폭행당하여 14세에 출산과 동시에 미혼모가 되었다. 아이는 태어난 지 2주 만에 죽었다. 충격으로 가출하여 마약을 복용하며 하루하루를 지옥같이 살았다. 살고자 하는 의욕이 전혀 없던 그녀는 몸무게 107kg의 거구가 되었다. 이것은 오프라 윈프리Oprah Winfrey의 불행한 과거이다.

이런 그녀가 전 세계 1억 4,000만 명의 시청자를 웃고 울리는 토크쇼 여왕, 영화배우, 자산 6억 달러의 부자, 미국인이 가장 존경하는 여성 중에 한 사람이 되었다.

무엇이 불행한 삶을 살던 오프라 윈프리의 인생을 바꾸어 놓았을까? 어둠 가운데 살던 그녀가 어떻게 눈부신 존재로 우뚝 서게 되었을

까? 날마다 감사 일기를 쓰면서 생각이 바뀌었다. 생각이 바뀌니 말과 행동도 바뀌었다. 생각이 그녀의 인생을 바꾸어 놓았다.

[시 50:23] 감사로 제사를 드리는 자가 나를 영화롭게 하나니 그의 행위를 옳게 하는 자에게 내가 하나님의 구원을 보이리라

감사는 생각이다. 그녀는 하루 동안 일어난 일 중에서 감사한 것 다섯 가지를 기록한다. 감사 내용은 거창하지 않다. 지극히 사소하고 일상적인 것들이다.

- 오늘도 거뜬하게 잠자리에서 일어날 수 있게 해 주셔서 감사합니다.
- 유난히 눈부신 파란 하늘을 보게 해 주셔서 감사합니다.
- 점심때 맛있는 스파게티를 먹게 해 주셔서 감사합니다.
- 얄미운 짓을 한 동료에게 화내지 않았던 참을성에 감사합니다.
- 좋은 책을 읽었는데 그 책을 써준 작가에게 감사합니다.

오프라 윈프리는 감사 일기를 통해 두 가지를 배웠다. 첫째는 인생에서 소중한 것이 무엇인지를 배웠고, 둘째는 삶의 초점을 어디에 맞춰야 하는지를 배웠다. 감사가 별처럼 빛나는 오프라 윈프리를 만들었다.

십자가에서 화목제물이 되셔서 율법의 모든 저주에서 우리를 속량하신갈 3:13 은혜를 기억하자. 그 은혜가 항상 나를 감사로 넘치게 한다.

[골 1:12-14] 우리로 하여금 빛 가운데서 성도의 기업의 부분을 얻기에 합당하게 하신 아버지께 감사하게 하시기를 원하노라 [13] 그가 우리를 흑암의 권세에서 건져내사 그의 사랑의 아들의 나라로 옮기셨으니 [14] 그 아들 안에서 우리가 속량 곧 죄 사함을 얻었도다

[골 3:17] 또 무엇을 하든지 말에나 일에나 다 주 예수의 이름으로 하고 그를 힘입어 하나님 아버지께 감사하라

[엡 5:4] 누추함과 어리석은 말이나 희롱의 말이 마땅치 아니하니 오히려 감사하는 말을 하라

성령님께서 바울 사도를 통하여 가르쳐 주신 성령충만의 두 번째 비결은 무엇인가? 감사는 성령충만을 보장한다.

권위에 순복할 때 성령충만을 받게 된다

[엡 5:18;21] 술 취하지 말라 이는 방탕한 것이니 오직 성령으로 충만함을 받으라 … 21 그리스도를 경외함으로 피차 복종하라

바울은 하나님께서 세우신 권위를 어떻게 인정했는가? 다음은 사도행전 23:1-5절에 나오는 내용이다. 바울 사도가 예루살렘 공회에 잡혀갔을 때 그는 자신이 모든 일에 양심을 따라 하나님을 섬겼다고 증언했다. 이때 대제사장이 바울의 입을 치라고 명령하자 바울은 대제사장을 향하여 항변했다.

"하나님께서 당신을 치실 것이오! 당신은 겉만 하얗게 회칠한 벽과 같소. 당신은 율법대로 나를 재판한다고 거기에 앉아 있으면서 어떻게 스스로 율법을 어겨 가며 나를 치라고 말할 수 있소?"

그러자 바울 가까이 서 있던 사람들이 바울에게 말했다.

"당신이 하나님의 대제사장을 감히 욕할 수 있소?"

"형제 여러분, 나는 그 사람이 대제사장인 줄 몰랐습니다. 성경에도 이르기를 '네 백성의 지도자를 욕하지 말라'고 하였습니다."

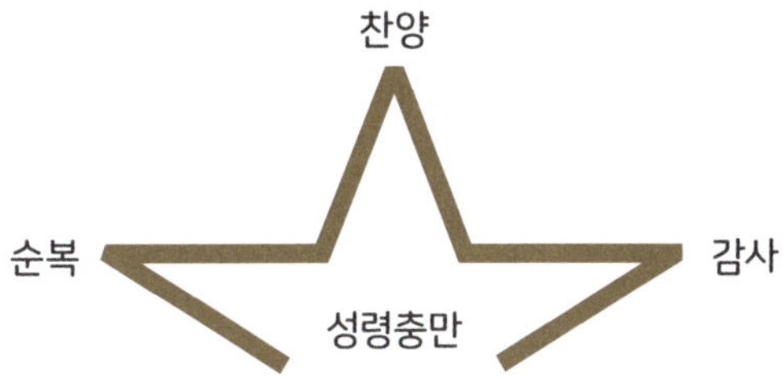

바울 사도는 모든 권세가 하나님으로부터 나오기 때문에 그 권세를 거역하는 것은 하나님을 거역하는 것이라고 했다.

> [롬 13:1-2] 각 사람은 위에 있는 권세들에게 복종하라 권세는 하나님으로부터 나지 않음이 없나니 모든 권세는 다 하나님께서 정하신 바라 2 그러므로 권세를 거스르는 자는 하나님의 명을 거스름이니 거스르는 자들은 심판을 자취하리라

> [딛 3:1] 너는 그들로 하여금 통치자들과 권세 잡은 자들에게 복종하며 순종하며 모든 선한 일 행하기를 준비하게 하며

다윗은 누구보다 하나님이 세우신 권위에 복종하고 산 사람이다. 그는 블레셋 장수 골리앗을 물리치고 나라를 위험에서 구했다. 민심은 다윗에게 쏠렸다. 그러자 사울 왕은 다윗을 미워하며 죽이려고 온갖 방법을 동원했다. 다윗은 왕에게 쫓기는 도망자 신세가 되었다. 사울 왕은 전국에 수배령을 내리고 다윗을 죽이려고 수천 명의 군사를 동원했다. 언제 죽을지 모르는 위험천만한 상황을 피하고자 다윗은 다른 나라로 피신하기도 했다.

드디어 사울 왕을 죽일 수 있는 결정적인 기회가 왔다. 다윗과 그의 부하들이 숨어 있는 엔게디 광야 동굴로 사울 왕이 용변을 보기 위해 들어온 것이다. 사울 왕을 죽이면 가슴 졸이며 쫓겨 다니는 도망자 신

세를 면할 수 있을 뿐만 아니라 이스라엘의 왕이 될 수 있는 더할 나위 없는 절호의 기회였다. 그때 한 부하가 다윗의 귀에 조용히 속삭였다.

"여호와께서 '내가 네 적을 너에게 넘겨줄 테니 네 마음대로 하여라' 라고 말씀하셨습니다. 오늘이 바로 그날이요, 지금이 바로 그 기회입니다."

"사울은 여호와께서 기름 부으신 왕이다. 사울 왕을 죽이는 것은 절대로 안 된다."

사무엘상 24:1-12절에 나오는 내용이다. 사울 왕은 계속해서 다윗의 생명을 노렸다. 다윗은 자신의 생명을 노리는 사울 왕을 죽일 기회가 여러 번 있었다. 그때마다 다윗은 "내가 손을 들어 여호와의 기름 부음 받은 자를 치는 것은 여호와께서 금하시는 일"삼상 26:9;11;23이라고 했다.

이스라엘 왕위에 오른 후에도 자신의 죄를 지적하고 책망하는 나단 선지자의 권위에 순복했다삼하 12:1-13. 다윗이 하나님께 인정받고 하늘의 별처럼 빛나는 탁월한 인생을 살았던 비밀은 하나님께서 세우신 권위에 순복하며 살았기 때문이다. 다윗은 찬양과 감사하는 사람이요, 하나님께서 세우신 권위를 인정하는 사람이었다.

그렇다면 신구약 성경에서 누구보다 권위에 순복하신 분은 누구일까?

[빌 2:6-12] 그는 근본 하나님의 본체시나 하나님과 동등됨을 취할 것으로 여기지 아니하시고 7 오히려 자기를 비워 종의 형체를 가지사 사람들과 같이 되셨고 8 사람의 모양으로 나타나사 자기를 낮추시고 죽기까지 복종하셨으니 곧 십자가에 죽으심이라 9 이러므로 하나님이 그를 지극히 높여 모든 이름 위에 뛰어난 이름을

주사 [10] 하늘에 있는 자들과 땅에 있는 자들과 땅 아래에 있는 자들로 모든 무릎을 예수의 이름에 꿇게 하시고 [11] 모든 입으로 예수 그리스도를 주라 시인하여 하나님 아버지께 영광을 돌리게 하셨느니라 [12] 그러므로 나의 사랑하는 자들아 너희가 나 있을 때뿐 아니라 더욱 지금 나 없을 때에도 항상 복종하여 두렵고 떨림으로 너희 구원을 이루라

예수님은 하나님과 동등한 분이지만 하나님 아버지의 권위에 죽기까지 복종하여 십자가에 죽으셨다. 어떻게 이런 일이 가능할까? 해답은 성령충만이다.

[벧전 5:5-6] 젊은 자들아 이와같이 장로들에게 순종하고 다 서로 겸손으로 허리를 동이라 하나님은 교만한 자를 대적하시되 겸손한 자들에게는 은혜를 주시느니라 [6] 그러므로 하나님의 능하신 손 아래에서 겸손하라 때가 되면 너희를 높이시리라

[히 13:17] 너희를 인도하는 자들에게 순종하고 복종하라 그들은 너희 영혼을 위하여 경성하기를 자신들이 청산할 자인 것 같이 하느니라 그들로 하여금 즐거움으로 이것을 하게 하고 근심으로 하게 하지 말라 그렇지 않으면 너희에게 유익이 없느니라

하나님 자녀가 성령충만하려면, 하나님이 세우신 권위를 인정하고 순복해야 한다. 이른바 아내는 자신의 머리인 남편의 권위를 인정하고 순복해야 하고, 남편은 자신의 머리이신 그리스도의 권위에 순복해야 한다. 자녀는 자신의 머리인 부모의 권위를 인정하고 순복해야 한다. 직장인은 상사의 권위를 인정하고 순복해야 한다. 권위를 거역하고 무시하는 행위는 하나님을 거역하는 것이다. 이런 사람은 절대로 성령충만을 받을 수 없다 엡 4:30;살전 5:19.

교회 지도자가 만나는 가장 큰 장애물은 교인의 반항이다. 사단은 거역하는 자다. 권위에 순복하지 않고 거역하는 것은 우는 사자처럼 삼킬 자를 찾는 마귀에게 틈을 주고 문을 열어주는 일이다.

[롬 6:16] 너희 자신을 종으로 내주어 누구에게 순종하든지 그 순종함을 받는 자의 종이 되는 줄을 너희가 알지 못하느냐 혹은 죄의 종으로 사망에 이르고 혹은 순종의 종으로 의에 이르느니라

권위에 순복하지 않으면 마귀의 종노릇 하게 된다. 바울 사도는 권위를 철저히 인정했다. 다윗도 항상 권위를 인정했다. 예수님께서도 아들로서 하나님 아버지의 권위를 항상 인정하셨다. 하나님께서 세우신 권세에 순복할 때 거룩한 변화와 함께 성령충만을 경험한다.

하나님을 경외하는 삶은 어떤 것인가? 하나님께서 세우신 권위를 항상 인정하고 순복하는 것이다. 이것이 성령님께서 바울 사도를 통해 가르쳐 주신 성령충만의 세 번째 비결이다. 권위에 순복하는 삶은 성령충만을 보장한다.

비상등을 깜박이며 도로를 막고 있는 고장 난 자동차처럼 답답한 삶에서 벗어나기를 원하는가? 이중 가면을 쓴 두 얼굴의 삶에서 벗어나 예수님 제자로서의 거룩한 삶을 원하는가? 해답은 성령충만에 있다. 바울 사도가 소개한 3가지 사항을 등불로 사용하자.

먼저 찬양부터 시작하자. 찬양이 익숙해졌다고 판단되면 이제 찬양에 감사를 더하자. 하나의 등불보다는 두 개의 등불이 더 밝은 것처럼 더 풍성한 성령충만의 은혜를 누리게 된다. 이렇게 꼭짓점을 하나씩 늘려가는 것이 가장 좋은 방법이다. 성령충만을 위한 3가지 항목을 하나

하나 실천하다 보면 어떤 것은 잘 되지만 어떤 것은 안 될 수 있다. 예를 들어 찬양과 감사는 잘 되지만 권위에 순복하는 일이 잘 안된다면, 위에서 언급한 성경 말씀을 집중해서 묵상하면 된다.

누구도 처음부터 완벽할 수는 없다. 성령충만을 위한 노력의 결과가 탑을 쌓듯이 계속 올라만 간다면 얼마나 좋겠는가? 어느 날 갑자기 무너질 수도 있다. 특히 사탄의 방해로 무너지는 일이 반복될 때 그만 포기해 버리는 경우가 있다. 그것은 마치 기분 나쁜 일이 반복된다는 이유로 사직서를 내던지고 직장을 그만두는 가장처럼 무책임하고 어리석은 일이다.

성령충만은 산을 오르는 것과 같다. 속도가 느린 것 같지만 산을 오르다 뒤를 돌아보면 걸어온 길이 멀찍한 것처럼 성령충만도 그렇게 진행된다. 포기하지 않고 지속하면 성령충만한 은혜를 입게 된다. 성령충만은 육신의 생각에서 벗어나 성령의 생각을 따라 살게 한다. 그 생각은 말과 행동을 변화시킨다.

성령충만은 어떤 개념이나 교리나 학설이 아니다. '찬양'과 '감사'와 '순복'은 성령충만한 삶을 위한 하나님의 처방전이다.

무기력한 믿음에서 벗어날 수 있는 길이 있다.

"오직 성령으로 충만하라."

누구의 명령인가? 누구를 향한 명령인가?

7장

성령충만을 받는 방법(2)

100년 전 기독교는 우리에게 희망이 되었다. 예수께서 명하신 '빛과 소금'의 역할을 제대로 했다. 기독교의 나무는 우리에게 교육, 의료, 사회봉사 등 사회 전반에 거쳐 많은 열매를 제공했다. 하지만 교세의 확장과 더불어 교권화되고, 세속화되면서 교회는 그리스도의 가르침과 멀어졌고, 세상의 손가락질을 면치 못하게 되었다. 이런 시점에서 '과연 기독교가 100년이 지난 후에도 부끄럽지 않고 자랑스러운 종교로 인정받을 수 있을까?' '크리스천들이 사회적으로 모범을 보이며 존경받을 수 있을까?'를 묻고 싶은 것이다.

김형석[45] 교수의 저서 《기독교 (아직) 희망이 있는가》에 실린 내용이다. 한국교회보다 열심 있는 교회가 세상에 있을까? 그런데 왜 세상으로

45) 김형석 교수는 1920년 평안북도 운산에서 태어났다. 평양 숭실중학교를 거쳐 제3공립중학교를 졸업했으며, 일본 조치대학교 철학과를 졸업했다. 1947년 탈북 후 7년간 서울 중앙중고등학교 교사와 교감으로 재직했다. 1954년부터 31년간 연세대학교 철학과 교수로 봉직하다 1985년 퇴임했다. 100세를 넘긴 지금도 강연과 저술 활동을 하고 있다.

부터 비난과 손가락질을 받는 걸까?

한국교회는 새벽기도를 잘하는 교회로 세계에 소문이 나 있다. 제자훈련으로 소문이 나서 세계교회 지도자들이 배우려고 찾아온다. 한때는 세계에서 10위권 안에 든 대형교회가 한국에 몰려 있어 세계교회가 주목했다. 한국교회의 지도자들은 어떤가? 열심 있고 헌신적이다. 어느 나라 목회자보다 많이 기도하고 많은 설교를 한다.

그러나 삶은 바뀌지 않는다. 도대체 원인이 무엇일까?

말씀을 몰라서 변화된 삶을 살지 못하는가

한국교회 성도들도 세계 어느 나라 사람들보다 열심 있고, 또 헌신적으로 신앙생활을 한다. 설교도 많이 듣고 성경 공부와 기도에도 열심이다. 그런데 이상하리만큼 삶의 변화가 없다. 세상 사람과 다르지 않다. 성령세례를 받은 사람도 별반 다르지 않다. 한국교회는 지금 폭우처럼 쏟아지는 비난을 받고 있다. 맛을 잃은 소금처럼 외면받고 밟히고 있다.

[마 5:14;16] 너희는 세상의 빛이라 산 위에 있는 동네가 숨겨지지 못할 것이요 …
16 이같이 너희 빛이 사람 앞에 비치게 하여 그들로 너희 착한 행실을 보고 하늘에
계신 너희 아버지께 영광을 돌리게 하라

[엡 5:8–9] 너희가 전에는 어둠이더니 이제는 주 안에서 빛이라 빛의 자녀들처럼
행하라 9 빛의 열매는 모든 착함과 의로움과 진실함에 있느니라

[살전 5:5] 너희는 다 빛의 아들이요 낮의 아들이라 우리가 밤이나 어둠에 속하지 아니하나니

예수님께서는 우리를 향하여 "세상의 빛이 되어라"고 하지 않고 "세상의 빛" 혹은 "빛의 아들"이라고 하셨다. 맞다. 우리는 세상의 빛이요 빛의 자녀이다. 그러나 빛의 자녀답게 살지 못한다. 마치 구름에 가린 밤하늘 별처럼 세상에 빛을 비추지 못하고 있다. 도대체 그 이유가 뭘까?

앞에서 소개한 《성령충만》에서 오스왈드 스미스 목사는 성령충만의 중요성에 대해 다음과 같이 밝힌다.

> "성령으로 충만함을 받으라." 이것은 성경에서 가장 중요한 명령이다. 성령충만이 내 삶의 모든 문제를 해결한다. 그러면 왜 나는 성령으로 충만해야 하는가? 거기에는 두 가지 이유가 있다. 두 가지 이유를 한 단어로 표현하면 바로 권능이다.
>
> 첫째는 죄를 제어하는 권능이다. 성령으로 충만할 때까지 나는 결코 죄를 이기지 못할 것이다갈 5:16. 오직 성령으로 충만할 때 나를 에워싸고 있는 죄를 극복할 수 있다. 성령은 나를 승리하는 그리스도인으로 만든다. 성령충만 없이는 패배할 것이며, 죄의 노예가 될 것이다.
>
> 둘째는 사역을 위한 권능이다. 내가 성령으로 충만할 때까지는 결코 권능 있는 일꾼으로 쓰임을 받지 못할 것이다행 1:8. 만약 내가 유능한 증거자가 되려면 성령으로 충만해야 한다. 그렇지 않으면 나는 육체의 능력으로 증거할 것이고, 그 결과 아무것도 이루지 못할 것이다.
>
> 나는 성령의 권능을 가지고 있는가? 그러면 나는 승리자인가? 아니면 패배자인가? 낙담하고 있는가? 절망하고 있는가? 나를 둘러싼 죄가 여전히 자신을 이기고 있는가? 아니면 자유함을 얻었는가? 또한 권능으로 봉사하고 있는가? 하나님께서 그분의 영광을 위하여 나를 사용하고 계신가? 나의 증거는 권능이 나타나는가? 내가 주 예수 그리스도를 증거할 때 어떤 일이 발생하는가? 나는 육체의 힘으로 일하고 있는가, 아니면 성령의 권능으로 일하고 있는가?

하나님의 말씀을 잘 가르치고 배웠다고 해서 말씀대로 살 능력을 갖춘 것은 아니다. 한국교회의 제자훈련의 맹점은 성경 말씀을 가르치는 데 초점이 맞추어져 있다. 그러나 배운 말씀을 삶에 적용하며 사는 사람이 과연 몇 명이나 될까? 우리가 오해하거나 속고 있는 두 가지가 있다.

첫째는 성도로서 변화된 삶을 살지 못하는 것은 진리의 말씀을 몰라서라고 생각한다. 그래서 성경 말씀을 잘 가르쳐 주면 그 말씀을 따라 변화된 삶을 살 것으로 기대한다. 그렇다면 오랫동안 탁월한 가르침을 받아 충분한 성경 지식이 있지만, 그 말씀대로 살지 못하는 것은 어떻게 설명할 수 있을까? 제자훈련으로 소문난 교회들이 겪고 있는 갈등과 분란은 또 어떻게 설명할 것인가?

둘째는 하나님 말씀을 삶에 적용하며 살기 위해서는 각오와 결단이 있어야 한다는 생각이다. 뼈를 깎는 자성과 개혁을 다짐한들 인간의 의지로 얼마나 지속할 수 있을까? 성령의 권능이 없이는 진리를 따라 살 수 없다. 인간의 힘으로는 누구도 빛의 자녀로 살 수 없다. 해답은 바로 성령충만에 있다.

성령세례를 받았다 해도 성령으로 충만하지 않으면 말씀대로 실천하며 살 수 없다. 성령세례를 받지 않은 사람에게 제자의 삶을 기대하는 것은 어리석은 일이다. 성령으로 충만하지 않은 사람에게 삶의 변화를 기대하는 것은 더욱 어리석은 일이다. 그렇다면 필자는 성경 공부나 제자훈련을 반대하는가? 오해 없기를 바란다. 절대 아니다.

이론 교육으로 수영이 가능할까? 이론강의를 듣고 나면 수영을 잘 할 수 있을 것 같다. 이론강의를 듣고 곧바로 물에 뛰어든다면 어떤 일이 벌어질까? 죽을 고생을 할 것이다. 아니 죽을 수도 있다. 그렇다면 이론이 잘못된 것인가? 수영 이론을 잘 배웠다고 해서 수영 능력을 갖춘 것은 아니다.

성경을 공부한 사람도 이와 다르지 않다. 가르침을 받고 나면 성경 말씀을 따라 살 수 있을 것 같다. 아니 그렇게 살겠다고 결단도 한다. 하지만 성령으로 충만하지 않고 진리의 가르침을 따라 살 사람은 이 세상에 없다. 진리의 말씀을 따르는 삶은 성령충만에 의해 좌우된다.

말씀을 묵상할 때 성령충만을 받는다

성경은 성령으로 기록되었다. 성령으로 기록된 말씀은 묵상을 통해 성령으로 충만하게 하여 거룩한 삶과 형통한 삶을 보장한다.

[시 1:1-3] 복 있는 사람은 악인들의 꾀를 따르지 아니하며 죄인들의 길에 서지 아니하며 오만한 자들의 자리에 앉지 아니하고 2 오직 여호와의 율법을 즐거워하여 그의 율법을 주야로 묵상하는도다 3 그는 시냇가에 심은 나무가 철을 따라 열매를 맺으며 그 잎사귀가 마르지 아니함 같으니 그가 하는 모든 일이 다 형통하리로다

[수 1:8] 이 율법책을 네 입에서 떠나지 말게 하며 주야로 그것을 묵상하여 그 안에 기록된 대로 다 지켜 행하라 그리하면 네 길이 평탄하게 될 것이며 네가 형통하리라

악인과 죄인, 오만한 자가 득실거리는 세상에서 빛의 자녀로 사는 비결이 무엇인가? 캄캄한 밤과 같은 세상에서 별처럼 빛나는 삶을 사는 비결이 말씀 묵상이다. 하루아침에 뚝딱 열매 맺는 나무는 없다. 꾸준한 말씀 묵상은 시냇가에 심은 나무처럼 거룩한 삶의 열매를 보장한다.

성경이 언급하는 '묵상'은 Q.T Quiet Time 가 아니다. 그렇다면 성경이 말하는 히브리적 묵상(הָגָה 하가)은 무엇인가? 우리가 일반적으로 생각하는 단어의 뜻과 많은 차이가 있다. 이 단어는 '깊이 생각하는 것', '작은 소리로 읊조리는 것', '큰 소리로 선포하는 것'을 포함한다. 다시 말해서 깊이 생각하고, 작은 소리로 말하고, 큰 소리로 선포하는 3단계의 과정을 말한다. 하나님께서는 이것을 주야로 할 것을 당부하신다.

묵상을 통해 하나님의 말씀은 내 혼과 영과 관절과 골수까지 들어가 내 인격과 삶이 된다. 이처럼 묵상은 하나님의 말씀을 경험하게 한다. 말씀을 경험하면 내 믿음은 장성한 분량에 이른다 히 5:12-14.

[행 20:32] 지금 내가 여러분을 주와 및 그 은혜의 말씀에 부탁하노니 그 말씀이 여러분을 능히 든든히 세우사 거룩하게 하심을 입은 모든 자 가운데 기업이 있게 하시리라

[히 4:12] 하나님의 말씀은 살아 있고 활력이 있어 좌우에 날 선 어떤 검보다도 예리하여 혼과 영과 및 관절과 골수를 찔러 쪼개기까지 하며 또 마음의 생각과 뜻을 판단하나니

따라서 성경 말씀을 밤낮으로 깊이 생각하고, 작은 소리로 읊조리고, 큰 소리로 선포 고백 해야 한다.

[대상 16:23-24] 온 땅이여 여호와께 노래하며 그의 구원을 날마다 선포할지어다
24 그의 영광을 모든 민족 중에, 그의 기이한 행적을 만민 중에 선포할지어다

[시 40:10] 내가 주의 공의를 내 심중에 숨기지 아니하고 주의 성실과 구원을 선포하였으며 내가 주의 인자와 진리를 많은 회중 가운데에서 감추지 아니하였나이다

[시 92:15] 여호와의 정직하심과 나의 바위 되심과 그에게는 불의가 없음이 선포되리로다

묵상은 하나님 말씀 위에 나를 세우는 심화 과정이다. 묵상은 성령충만으로 이끌어 "악인들의 꾀를 따르지 아니하며 죄인들의 길에 서지 아니하며 오만한 자들의 자리에 앉지" 않는 거룩한 삶을 보장한다. 뿐만 아니라 "시냇가에 심은 나무가 철을 따라 열매를 맺으며 그 잎사귀가 마르지 아니함 같이 그가 하는 모든 일이 다 형통함"을 얻게 한다. 말씀 묵상은 거룩한 삶과 형통한 삶을 보장한다.

영양가 높은 음식을 많이 먹는다고 해서 건강한 것은 아니다. 그 음식이 체내에서 소화되지 못하면 오히려 무서운 독이 되어 건강을 해친다. 건강은 음식의 양보다 소화력에 있다.

한국교회의 성도들은 교회에서 혹은 방송을 통해 국내외 설교자의 좋은 설교를 듣고, 성경을 공부하고, 매일 성경을 읽고 Q.T도 한다. 하지만 하나님의 말씀을 얼마나 소화해 낼까? 과식이 건강을 해치듯 소화되지 않은 많은 분량의 말씀이 독이 되지는 않을까? 영양가 높은 음식일수록 썩으면 더 지독한 냄새가 나듯이 우리도 말씀을 묵상으로 소화해 내지 못하면 그리스도의 향기는커녕 악취가 나는 그리스도인으로 전락할 수밖에 없다.

말씀의 씨앗은 묵상을 통해 열매를 맺는다

예수님께서 말씀하신 씨 뿌리는 비유마 13:3-8를 기억하는가? 하나님

의 말씀은 설교나 성경 공부, 혹은 성경 읽기 등을 통해 우리 마음 밭에 뿌려진다. 말씀의 씨앗은 곧바로 열매를 맺지 않는다.

먼저 마음 밭에 심고 잘 가꾸어야 한다. 그래야 100배, 60배, 30배 열매를 맺는다. 씨앗을 심지 않거나, 설령 심었지만 가꾸지 않으면 어떻게 될까? 게으른 농부에겐 소출이 없다. 씨앗은 심고 가꾸는 농부의 수고와 인내를 통해 결실한다.

[눅 8:15] 좋은 땅에 있다는 것은 착하고 좋은 마음으로 말씀을 듣고 지키어 인내로 결실하는 자니라

말씀 묵상은 씨앗을 심고 꾸준히 가꾸어 결실하는 과정처럼 인내가 요구된다. 존 오스틴 목사는 말씀 묵상을 농부의 비유를 들어 설명한다.

하나님께서는 수확을 얻기 위해 그분의 말씀을 씨앗으로 사용하신다. 먼저 씨앗을 심지 않고 밭에서 수확을 볼 것을 기대하는 농부는 아무도 없다. 씨앗을 심지 않고서는 어떤 열매도 거둘 수 없다. 그런데도 너무나 많은 사람이 하나님의 말씀이라는 씨앗도 심지 않은 채, 하나님의 역사로 구원과 치유와 기적과 축사의 수확이 나타나기를 기대한다. 그러나 거두기 위해서는 먼저 심어야 한다. "사람이 무엇으로 심든지 그대로 거두리라"갈 6:7. 사과를 원하면 사과씨를 심고 복숭아를 원하면 복숭아씨를 심어야 한다. 이것은 단순한 법칙이다.

나는 하나님으로부터 무엇을 얻기 원하는가? 치유를 원하면 치유의 씨앗을 심어라! 기적을 원하면 기적의 씨앗을 심어라! 두려움을 극복하고 싶다면 그에 맞는 씨앗을 심어라! … 이 씨앗을 내 심령에 심어라! 가꾸어라! 고백하라! 감사와 찬양으로 영양분을 공급하라. 그러면 반드시 수확하게 될 것이다.

[약 1:23-25] 누구든지 말씀을 듣고 행하지 아니하면 그는 거울로 자기의 생긴 얼굴을 보는 사람과 같아서 24 제 자신을 보고 가서 그 모습이 어떠했는지를 곧 잊어

버리거니와 [25] 자유롭게 하는 온전한 율법을 들여다보고 있는 자는 듣고 잊어버리는 자가 아니요 실천하는 자니 이 사람은 그 행하는 일에 복을 받으리라

거울에 비친 자기 얼굴을 보고 난 후 거울에서 눈을 떼면 금방 본 자기 얼굴을 잊어버린다. 그렇다면 자기 얼굴을 잊지 않고 사는 방법은 무엇일까? 거울에서 눈을 떼지 않고 계속해서 바라보는 것이다. 25절의 "들여다보고"(παρακύπτω 파라큅토)는 '몸을 굽힌 채 주시하다'는 뜻이다. 하나님의 말씀에서 눈을 떼지 않고 계속해서 들여다보는 것, 이것이 바로 성경이 말씀하는 묵상이다.

[잠 4:20-22] 내 아들아 내 말에 주의하며 내가 말하는 것에 네 귀를 기울이라 [21] 그것을 네 눈에서 떠나게 하지 말며 네 마음속에 지키라 [22] 그것은 얻는 자에게 생명이 되며 그의 온 육체의 건강이 됨이니라

[시 119:11] 내가 주께 범죄하지 아니하려 하여 주의 말씀을 내 마음에 두었나이다

묵상은 말씀에 집중하는 일이다. 말씀에 귀를 기울이고, 눈을 떼지 않고, 말씀을 마음속 깊이 간직하는 과정이다. 하나님의 말씀은 이런 과정을 통해 나와 일체화된다. 일체화란 내 생각과 언어와 행동이 말씀과 하나 되는 것을 말한다. 이것은 기도로 되지 않는다. 성경 공부로도 되지 않는다. 어떤 것으로도 대신할 수 없다. 오직 히브리적 말씀 묵상을 통해서만 가능하다. 10~20분 정도의 Q.T로는 말씀이 심령에 흡수되어 나와 일체화되지 않는다. 게다가 날마다 주제와 성경 본문이 바뀌는 Q.T로는 일체화를 절대로 기대할 수 없다.

Q.T는 서양 선교사들이 우리에게 전해 준 일종의 개인 성경 공부다. Q.T가 영적 성장에 도움을 주는 것은 부인할 수 없지만, 하나님께서 요

구하는 묵상은 아니다. 히브리적 묵상은 성령충만을 보장한다.

다음은 데이브 로버슨 목사의 간증이다. 그는 자신의 치명적인 약점을 어떻게 극복했는가?

나는 처음으로 설교하려고 강대상에 섰을 때를 결코 잊을 수가 없다. 오레곤주 작은 성결교회의 수요일 저녁 예배 시간이었다. 예배에는 3~4명이 참석했다. 고등학교에 다닐 때도 나는 말로 발표하는 것보다는 차라리 발표하지 않고 낮은 점수를 받는 것을 선택할 정도였다. 사람들 앞에 서는 생각만 해도 피가 내 얼굴에서 다 빠져나가서 얼굴이 하얗게 되고 어지러웠다. 설교 원고를 들고 모든 사람이 나를 쳐다보고 있는 가운데 강대상 뒤에 섰다.

그런데 갑자기 문이 열리고 낯선 사람 3명이 들어와서 자리에 앉았다. 강대상을 기대고 서 있는 나는 거의 정신이 나갔다. 나는 사람들을 쳐다보는 것이 두려웠다. 마침내 나는 힘을 다해 설교할 본문을 겨우 읽었는데 그 순간 정신을 완전히 잃고 아무것도 생각할 수가 없었다. 두려움으로 마비가 된 상태였다. 할 수 없이 비상책으로 설교 원고를 집어 들고 읽기 시작했다.

이 모든 고문의 과정은 7분 정도 걸렸다. 그날 밤 나는 머리를 베개에 파묻고 마음에 받은 상처가 조금이라도 사라질 때까지 울었다.

첫 번째 설교에서 완전히 낭패를 당한 몇 달 후에 나의 치명적인 약점을 깨뜨리는 어떤 것을 배웠다. 나는 하나님의 말씀을 묵상하는 것이 얼마나 중요한 것인가를 배웠다.

"나를 강하게 하시는 그리스도를 통하여 나는 모든 것을 할 수 있다"빌 4:13.

"내 안에 계신 분이 세상에 있는 자보다 크시다"요일 4:4.

이와 같은 구절을 묵상했다. 실제로 말씀이 나의 지성과 의지와 감정에 흡수되어 나를 바꿀 때까지 이 구절을 반복해서 묵상했다. 2년 후에 내가 용기를 내어 두 번째 설교에 도전했을 때 믿기지 않을 정도로 담대해져 있었다. 마치 수백 번 설교했던 사람과 같았다. 묵상을 통하여 하나님의 말씀이 나의 심령에 흡수가 되고 나니 두려움 없이 설교하기가 얼마나 쉬운지 내가 놀랄 뿐이었다.

외국 정상이나 유명 인사가 한국을 방문해서 연설할 때 '안녕하세요' 혹은 '감사합니다'와 같은 말을 한다. 암기해서 하는 말은 어눌하고 부자연스럽다. 단어나 문장의 의미도 모르고 그냥 흉내를 내는 것이다. 하지만 자주 반복하여 사용하면 마치 한국 사람처럼 말한다. 누가 들어도 거부감이 없다. 하나님의 말씀이 하루아침에 심령에 흡수되어 실재가 되는 것은 아니다. 시간, 곧 반복을 통한 인내의 과정이 필요하다.

> [신 6:6-9] 오늘 내가 네게 명하는 이 말씀을 너는 마음에 새기고 7 네 자녀에게 부지런히 가르치며 집에 앉았을 때에든지 길을 갈 때에든지 누워 있을 때에든지 일어날 때에든지 이 말씀을 강론할 것이며 8 너는 또 그것을 네 손목에 매어 기호를 삼으며 네 미간에 붙여 표로 삼고 9 또 네 집 문설주와 바깥 문에 기록할지니라

> [신 30:14] 오직 그 말씀이 네게 매우 가까워서 네 입에 있으며 네 마음에 있은즉 네가 이를 행할 수 있느니라

하나님께서 명하신 말씀을 자녀의 마음에 새기도록 하는 방법이 무엇인가? 지속과 반복이다. 이런 과정을 통해 하나님의 말씀은 심령에 새겨진다. 마음에 새겨진 말씀은 믿음과 결합하여 일상의 생각과 말과 행동을 지배한다.

> [히 4:2 새번역성경] 그들이나 우리나 기쁜 소식을 들은 것은 마찬가지입니다. 그런데 들은 그 말씀이 그들에게는 아무런 유익이 되지 못하였습니다. 그들은 그 말씀을 듣고서도, 그것을 믿음과 결합시키지 않았기 때문입니다.

하나님의 말씀이 내 믿음과 결합하지 않으면 아무런 능력을 발휘할 수 없다. 어떻게 말씀을 믿음과 결합할 수 있을까? 말씀 묵상을 통해서다. 하나님의 말씀과 내 믿음이 하나 되면 곧바로 성령충만한 삶이 시작된다.

여호수아를 향한 하나님의 처방전

여호수아는 모세 뒤를 이어 이스라엘을 이끄는 지도자가 되었다. 모세에 비해 한없이 약하고 부족함을 발견한 그는 가나안 정복을 눈앞에 두고 두려워하고 있다. 지금까지 모세를 통해 크신 하나님을 수없이 보고 듣고 경험했지만, 신앙과 현실에서 오는 갈등은 어쩔 수 없었다. 이런 여호수아를 향한 하나님의 처방전은 무엇인가?

[수 1:8-9] 이 율법책을 네 입에서 떠나지 말게 하며 주야로 그것을 묵상하여 그 안에 기록된 대로 다 지켜 행하라 그리하면 네 길이 평탄하게 될 것이며 네가 형통하리라 9 내가 네게 명령한 것이 아니냐 강하고 담대하라 두려워하지 말며 놀라지 말라 네가 어디로 가든지 네 하나님 여호와가 너와 함께하느니라 하시니라

두려워 떨고 있던 여호수아는 하나님의 처방전을 따라 말씀을 주야로 생각하고, 읊조리고 큰 소리로 선포했다. 그 결과 그는 두려움을 떨쳐내고 담대한 믿음의 지도자로 바뀌었다.

[시 119:148] 주의 말씀을 조용히 읊조리려고(묵상) 내가 새벽녘에 눈을 떴나이다

[시 39:3] 내 마음이 내 속에서 뜨거워서 작은 소리로 읊조릴(묵상) 때에 불이 붙으니 나의 혀로 말하기를

내 심령을 성령으로 불타오르게 하려면 무엇이 필요할까? 성경은 하나님의 말씀을 불과 방망이렘 23:29, 참고:눅 24:32로 묘사한다. 말씀은 묵상을 통해 불과 방망이처럼 역사한다.

왜 말씀대로 살지 못할까? "가르쳐 지키게 하라"마 28:20는 '말씀대로 살도록 하라'이다. 말씀을 따라 사는 삶은 하나님의 임재를 인식할 때 가능하다. 요셉이 어떻게 보디발 아내의 유혹을 당당히 물리칠 수 있었

을까? 하나님의 임재를 의식하고 있었기 때문이다. 다윗도 항상 하나님의 임재 가운데 있었다.

[시 16:8] 내가 여호와를 항상 내 앞에 모심이여 그가 나의 오른쪽에 계시므로 내가 흔들리지 아니하리로다

하지만 다윗이 하나님의 임재를 인식하지 못할 때 죄를 범했다. 우리아의 아내 밧세바를 취하고, 그 남편을 죽게 했고삼하 11:1-17, 인구조사로 인해 7만 명의 이스라엘 백성을 죽게 했다대하 21:1-17.

성령으로 충만하면 할수록 하나님의 임재를 더 민감하게 인식한다. 하나님과는 더 친밀해져 비로소 말씀에 순종하는 삶을 살게 된다. 성령세례를 받았어도 성령으로 충만하지 않으면 말씀을 따라 살 수 없다. 하나님의 말씀에 순종하는 삶을 살지 못하면 신앙과 삶의 불협화음은 계속 증폭된다. 신앙생활은 가뭄을 만난 농작물처럼 점점 시들고 무기력해진다. 말씀 묵상은 성령충만을 보장한다.

방언기도는 성령충만을 받게 한다

바울 사도는 자신이 어떻게 기도하고 어떻게 찬송하고 있는지 소개한다. 영으로 하는 기도와 마음으로 하는 기도, 그리고 영으로 하는 찬송과 마음으로 하는 찬송을 서로 구분했다.

[고전 14:15;18] 그러면 어떻게 할까 내가 영으로 기도하고 또 마음으로 기도하며 내가 영으로 찬송하고 또 마음으로 찬송하리라 … 18 내가 너희 모든 사람보다 방언을 더 말하므로 하나님께 감사하노라

[고전 14:15 현대어성경] 그러면 어떻게 하면 좋겠습니까? 나는 양쪽을 다 하겠습니다. 방언으로 기도하는 동시에 모든 사람이 알아들을 수 있는 말로도 기도하겠습니다. 방언으로 찬미하고 보통 말로도 찬미하겠습니다.

바울은 방언을 많이 하는 것을 감사했다. 이것은 신앙생활에서 방언기도를 얼마나 중요하게 여겼는지에 대한 증언이다.

어느 가정에 12세의 딸아이가 있었다. 이 아이는 때때로 자기의 분을 이기지 못하고 성질을 부리며 부모님께 함부로 말했다. 그리고 난 후에는 자신의 잘못을 깨닫고 하나님께 용서를 구했다. 하지만 행동은 고쳐지지 않고 계속 반복되었다. 그러던 어느 날 이 아이는 부흥집회에 참석하였다가 성령으로 세례를 받고 방언을 하기 시작했다. 부흥회를 인도한 강사를 만나서 물었다.

"어떻게 분노를 이길 수 있는지에 대해서도 말씀해 주실 수 있나요?"

"오늘부터 날마다 30분 이상 방언으로 기도할 것을 나와 약속할 수 있겠니?"

"예, 약속하겠습니다."

"만일 그렇게 한다면 네 안에 계신 성령님의 임재를 더 의식하게 될 거야. 그리고 화가 나고 분노가 치밀 때 방언으로 기도하면 그분의 임재를 의식하게 되어 너는 더 이상 자제력을 잃거나 혈기를 부리지 않게 될 거야."

그렇게 하기로 약속했다. 2년 반 후에 그 목사는 집회를 인도하기 위해 다시 그 교회에 갔다. 그 아이도 만났다.

"목사님, 몇 년 전에 여기 오셨을 때 저에게 하신 말씀을 기억하고 계세요?"

"그럼, 기억하지."

"저는 목사님께서 하라고 하신 그대로 했어요. 지금은 부모님이나 다른 누구한테도 험한 말을 하거나 성질을 부리지 않는답니다."

앞에서 소개한 해긴 목사의 저서《방언:오순절 다락방을 넘어》에 실린 간증이다. 이 아이는 방언기도를 통해 하나님의 임재를 의식하게 되어 마침내 습관적인 죄악에서 벗어났다. 물론 하루아침에 그렇게 되지는 않았을 것이다.

[유 1:20] 사랑하는 자들아 너희는 너희의 지극히 거룩한 믿음 위에 자신을 세우며 성령으로 기도하며

[고전 14:4] 방언을 말하는 자는 자기의 덕을 세우고 예언하는 자는 교회의 덕을 세우나니

"세우다"는 '건축하다'build up와 '충전하다'charge의 뜻이 있다. 방언기도는 믿음을 든든하게 세울 뿐만 아니라 마치 배터리를 충전하듯이 성령으로 충만하게 한다.

나는 길을 걷거나, 운동 혹은 운전하면서 방언으로 기도한다. 집안일을 하면서 방언으로 기도할 수 있다. 방언은 다른 사람들과 더불어 큰 소리로 할 수 있지만, 시간과 장소에 구애받지 않고 혼자서 작은 소리로 할 수 있다. 무시로 하는 방언기도를 통해 성령충만한 삶을 살 수 있다.

방언기도는 성령충만으로 이끌어 각종 은사가 더해지고 표적과 기적

이 나타난다. 또한 성령의 열매를 맺게 한다. 별처럼 빛나는 성령충만한 그리스도인의 삶을 보장하는 중요한 요소 중 하나가 바로 방언기도이다.

데이브 로버슨 목사는 《성령의 삶 능력의 삶》에서 〈주님과 함께 세 시간을 보내는 방법〉을 다음과 같이 소개한다.

나는 가끔 하나님의 임재 안에서 3~4시간을 가장 능력있게 보내는 방법이 무엇이냐는 질문을 받아왔다. 여러 해 동안 기도하며 하나님을 섬기고 있는 나의 대답은 3가지로 압축되었다.

① 경배와 찬양 - 이것은 우리의 연약함을 그리스도의 힘으로 맞바꿈으로써 시련과 당당히 맞설 수 있는 힘을 제공해 준다. 첫 시간에 나는 경배와 찬양과 감사로 하나님의 임재 속으로 들어간다.

② 성경 말씀 고백 - 질병이나 아픔, 재정이나 고통, 염려나 두려움 등과 같이 제거되어야 할 '산과 같은 문제'에 말씀을 선포하는 것을 말한다. 나의 문제에 하나님의 말씀을 선포하면서 다음 시간을 보낸다. 예수님께서 마가복음 11:14절에서 무화과나무에 말씀하신 것과 같은 방법으로 나의 산문제에게 말한다.

③ 방언기도 - 방언기도는 믿음을 더욱 강건하게 세워줄 뿐만 아니라 계시의 지식을 제공하는 초자연적인 언어이다. 나는 세 번째 시간을 방언으로 기도하면서 보낸다. 만일 시간이 한 시간밖에 없다면 나는 그 한 시간을 20분씩 셋으로 나누어서 경배와 말씀 고백과 방언기도를 위해 사용하겠다.

진짜 변화는 성령 안에서 경배하면서 말씀을 고백하고 방언으로 기도하는 시간에 정비례하여 우리의 삶은 변화된다. 여러분이 이렇게 하면 새로운 차원의 기도 응답과 강하고 지속적인 하나님의 임재를 즐기게 될 것이다.

성령충만한 삶을 원하는가? 성령의 열매를 맺고 따르는 표적으로 말씀을 확증하는 증인의 삶을 원하는가? 별의 모형을 통해 설명한 5가지

사항을 등불로 사용할 것을 권한다. 먼저 찬양시와 찬송과 신령한 노래과 감사부터 시작하면 된다. 첫 번째 단계가 익숙해지면 다음 단계는 어렵지 않다. 찬양과 감사가 초석이 되면 다음 단계는 점점 더 쉬워진다.

앤드류 머레이 박사는 《오순절 성령충만The Full Blessing of Pentecost》에서 성령충만은 모든 믿는 자의 의무이고 소명이며 특권이라고 했다. 성령충만한 삶을 위해서 대가를 지불하라고 한다.

> 어떤 대가를 치르고라도 성령충만의 축복을 소유해야만 한다. 값비싼 진주를 소유하기 위해 모든 소유를 팔아야 했던마 13:46 상인처럼 성령충만은 대가를 지불해야 한다. 그것을 얻으려고 하는 자는 모든 것을 팔지 않으면 안 되고 모든 것을 저버리지 않으면 안 된다.

구원거듭남은 믿음으로 값없이 얻는다. 성령세례도 믿음으로 값없이 얻는다. 그렇다면 어떻게 성령충만한 은혜를 누릴 수 있는가?

첫 번째 경험하는 성령충만은 보통 성령세례와 함께 주어진다. 하지만 성령충만한 삶을 위해서는 지불해야 할 대가가 있다. 하나님께 찬양경배과 감사를 드리고, 권위에 순복하고, 말씀을 묵상고백하고, 방언으로 기도해야 한다.

성령충만의 비결은 지속 반복이다

어렸을 때 어머님께서 무명 옷감에 염색하는 것을 본 적이 있다. 염색할 물감을 물에 타서 끓인 후 그 물에 옷감을 넣었다가 빨랫줄에 널어놓았다. 그런데 햇빛에 마른 옷감은 제대로 염색이 되어 있지 않았다. 어떤 곳은 진하고 어떤 곳은 엷게 물들어 있었다. 그때 마른 옷감을 다시 염색물에 넣은 후 빨랫줄에 널기를 여러 차례 반복하는 것을 보았다. 반복과정을 통해 옷감은 마침내 어머님이 원하는 색깔로 진하게 물들여졌다.

성령충만에 퀀텀 점프는 없다. 한두 번의 찬양경배과 감사, 권위에 순복, 말씀 묵상과 방언기도를 통해 성령으로 충만해질 수 있다면 얼마나 좋겠는가? 성령충만은 동화 속의 궁전처럼 하룻밤에 뚝딱 만들어지지 않는다.

'모죽'이라는 대나무 이야기를 들어보았는가? 모죽은 씨를 뿌린 후 5년 동안 아무리 물을 주고 가꿔도 싹이 나지 않는다. 하지만 5년이 지난 어느 날 새끼손가락만 한 죽순이 나와서 갑자기 무서운 속도로 자란다. 하루에 70~80cm 정도씩 쑥쑥 자라서 한 해 동안에 무려 30m까지 자란다. 모죽은 5년이란 세월 동안 무엇을 하고 있었을까? 땅을 파 보았더니 뿌리가 땅속 깊이 사방으로 십여 미터나 뻗어 있었다. 모죽은 5년 동안 뿌리를 내리며 견고하게 내실을 차근차근 다진 것이다. 그리고 난 후 세상에 자기 모습을 당당하게 드러낸다.

하루아침에 피는 꽃은 없다. 하루아침에 열매 맺는 묘목도 없다. 성령충만도 하루아침에 이루어지지 않는다. 처음은 낯설고 서툴다. 첫걸음, 첫 데이트, 첫 여행, 첫 출근과 첫 업무, 첫 설교 등은 당연히 낯설고 서툴다. 성령충만을 위한 시작도 낯설고 서툴 수밖에 없다. 익숙해지는 비결이 있다면 날마다 '지속 반복'이라는 대가를 지불하는 것이다.

성령으로 충만한 삶을 위해서 매일 실천하고 점검해야 할 5가지 사항이 있다.

1. 나는 시와 찬송과 신령한 노래로 하나님을 경배하는가?

2. 나는 범사에 하나님께 감사하는가?
3. 나는 하나님께서 세우신 권위에 복종하고 있는가?
4. 나는 하나님의 말씀을 주야로 읊조리는가?
5. 나는 무시로 방언기도를 하는가?

퓨처처치연구소장 명성훈 박사는 저서 《퓨처 처치》에서 성령님과의 동행 점검 리스트를 만들어 날마다 체크하고, 회개하고 결단하는 시간을 가지라고 한다.

1. 오늘 나는 성령님께 사역의 주도권을 드렸는가?
2. 성령님이 감동 주시는 어떤 일이 있었는가?
3. 나는 성령님께 어떻게 반응하였는가?
4. 지금 나는 성령님의 어떤 능력과 은사를 사모하고 있는가?
5. 내 설교와 사역에서 성령님이 얼마나 주도적으로 역사하시는가?
6. 성령님을 무시하고 내 지식과 경험과 습관으로 하지 않았는가?
7. 성령님께 구하는 기도 없이 사역을 결정한 적이 있는가?
8. 내 안에 성령님이 싫어하시는 마음과 생각과 태도가 있는가?
9. 오늘 하루도 성령님과 교제하며 감사하고 기뻐하는 시간을 가졌는가?

세상은 예수님을 보여 달라고 요구하고 있다

인도를 식민 지배하던 영국인들이 고국으로 돌아갈 때 간디가 남긴 유명한 일화가 있다.

> 나는 기독교의 원리에는 박수를 보내지만, 남아프리카와 인도에서 만난 그리스도인들의 언행에서는 조금도 감명받지 못했소. 내가 지켜보니 당신들이 떠드는 예수는 당신들이 만든 예수지 성경 속의 예수는 아닌 게 분명하오. 당신들이 만든 예수는 가져가고, 성경 속에 있는 예수는 인도에 두고 가시오.

[단 12:3] 지혜 있는 자는 궁창의 빛과 같이 빛날 것이요 많은 사람을 옳은 데로 돌아오게 한 자는 별과 같이 영원토록 빛나리라

[마 5:14;16] 너희는 세상의 빛이라 산 위에 있는 동네가 숨겨지지 못할 것이요 …
16 이같이 너희 빛이 사람 앞에 비치게 하여 그들로 너희 착한 행실을 보고 하늘에 계신 너희 아버지께 영광을 돌리게 하라

별처럼 빛나는 제자의 삶을 원하는가? 우리가 잘 아는 것처럼 성령이 열매를 맺고 따르는 표적으로 말씀을 확증했던 복음의 증인들은 모두 성령충만한 사람들이었다.

[행 6:3] 형제들아 너희 가운데서 성령과 지혜가 충만하여 칭찬받는 사람 일곱을 택하라 우리가 이 일을 그들에게 맡기고

[행 6:8] 스데반이 은혜와 권능이 충만하여 큰 기사와 표적을 민간에 행하니

[롬 15:18–19] 그리스도께서 이방인들을 순종하게 하기 위하여 나를 통하여 역사하신 것 외에는 내가 감히 말하지 아니하노라 그 일은 말과 행위로 19 표적과 기사의 능력으로 성령의 능력으로 이루어졌으며 그리하여 내가 예루살렘으로부터 두루 행하여 일루리곤까지 그리스도의 복음을 편만하게 전하였노라

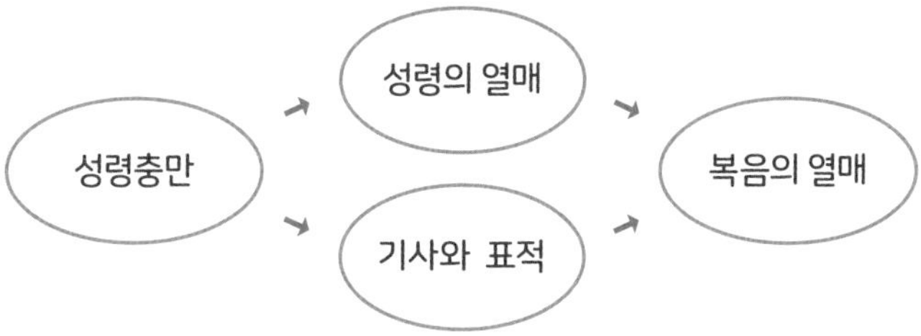

성령충만을 통해 나타나는 열매들

예수님을 따르는 제자의 삶은 먼저 가정에서 이웃으로 나타나야 한다. 부모의 삶이 그리스도인답지 않으면 자녀는 신앙을 계승하려고 하

지 않는다. 또 이웃들은 이런 우리를 조롱하고, 비웃고 복음을 외면한다. 교회 밖의 세상 사람들은 우리의 삶을 보고 판단한다. 세상은 교회를 향해 말은 그만하고 예수님을 보여 달라고 요구한다.

[엡 1:19] 그의 힘의 위력으로 역사하심을 따라 믿는 우리에게 베푸신 능력의 지극히 크심이 어떠한 것을 너희로 알게 하시기를 구하노라

[벧후 1:3] 그의 신기한 능력으로 생명과 경건에 속한 모든 것을 우리에게 주셨으니 이는 자기의 영광과 덕으로써 우리를 부르신 이를 앎으로 말미암음이라

"오직 성령이 너희에게 임하시면 권능을 받고…"행 1:8. 성령세례를 받은 사람은 이미 성령의 권능을 가지고 있다. 우리 안에 있는 성령의 권능은 성령충만을 통해 성령의 열매와 은사, 표적과 기적으로 나타난다 골 1:29. 성령으로 충만하지 않으면 누구도 성령의 열매를 보여 줄 수 없고, 성령으로 충만하지 않으면 누구도 따르는 기사와 표적으로 살아계신 하나님을 보여 줄 수 없고, 성령으로 충만하지 않으면 우리의 설교와 가르침은 실재가 없는 이론과 교리와 신학에 머물게 된다.

나와 제인은 오랄 로버츠 대학교 시절에 결혼했다. 우리는 사랑했고 대학 캠퍼스에서의 아름다운 추억을 가지고 있다. 그 당시 우리가 학교 식당에서 먹었던 음식에 무슨 문제가 있었는지 모르겠지만, 6개월 만에 캠퍼스 커플 11쌍이 결혼했다. 10년이 지난 후 알아보니 부부로 남아 있는 커플은 우리밖에 없었다. 우리를 포함해서 11쌍 모두가 성령세례를 경험했다. 그것도 방언이라는 증거와 함께 말이다. 우리는 성령체험이 우리로 하여금 더 높은 수준의 신앙생활을 할 수 있게 만들어 줄 것이라고 배웠다. 그러나 가장 기본적인 부부관계도 유지 못 한, 성령세례를 받은 10쌍에 대해서 우리는 무슨 설명을 할 수 있겠는가?

여기서 우리가 알게 된 사실 하나는, 구원을 얻게 하는 성령의 회심의 역사가

모든 문제를 해결해 주지 않는다는 것이다. 성령세례를 받았다고 인생의 모든 문제를 넘어설 수 있다는 견해는 잘못된 것이다. 이런 인생의 승리는 지속적인 성령님과의 교제, 즉 성령충만을 통해서만 가능하다.

빌 헐Bill Hull[46]이 저서 《성령의 능력에 관한 솔직한 대화Straight talk on spiritual power》에서 성령충만의 중요성을 밝힌 내용이다.

성령충만을 달아볼 수 있는 저울은 존재하지 않는다. 하지만 우리는 성령충만을 측정할 수 있다. 바울 사도는 남편과 아내, 부모와 자녀, 고용주와 고용인의 관계를 통해 성령충만한 삶을 설명한다엡 5:22-6:8. 베드로 사도는 여기에 목회자와 성도의 관계를 더한다벧전 2:18-3:7;5:1-6. 내가 성령충만한 삶을 살고 있는지 측정할 수 있는 가장 확실한 장소는 어디인가? 우리가 매일 생활하는 가정과 직장, 그리고 교회이다.

우리는 정보 전달자로 부르심을 받았는가, 아니면 증인으로 부르심을 받았는가? 가정에서, 직장에서 그리고 사역 현장에서 어떻게 예수님을 보여주는 증인의 삶을 살 수 있을까? 어떻게 무기력한 사역에서 출애굽 할 수 있을까? 성령의 열매와 따르는 표적이 있는 증인의 삶, 세상의 빛과 소금으로써의 삶은 가능할까? 성령충만이 답이다. 성령충만은 성령님께서 도와주시지만 내 의지적인 노력 없이 받을 수 없다. 반드시 대가를 지불해야 한다.

"오직 성령으로 충만하라."

누구의 명령인가? 누구를 향한 명령인가?

---

46) 빌 헐은 오랄로버츠대학교와 탈봇신학대학원(M.div)을 졸업했다. 30년 넘도록 올곧게 제자 삼는 교회를 세우는 데 헌신하고 있다. 제자훈련과 양육에 관한 여러 권의 책을 저술했다. 성령의 은사를 인정했던 그는 은사중지론의 견해를 따랐다. 하지만 다시 은사지속론자가 되었다.

제4부

성령과 증인

너희가 받을 것은 성령이다.
성령이 너희에게 오시면 너희는 예루살렘과 온 유대와
사마리아와 세상 끝까지 가서 내 증인이 될 것이다.
|
사도행전 1:8 《메시지성경》

1장

성령운동의 확산과 침몰

거친 파도가 몰아치는 암벽 위에 등대가 있었다. 매월 초하루가 되면 등댓불을 밝힐 수 있도록 기름이 공급되었다. 등대지기는 매일 밤 등댓불을 밝혔다.

하루는 남루한 차림의 할머니가 등대지기를 찾아왔다.

"지금 굶어 죽을 지경이오. 좀 도와줄 수 없겠소?"

"내가 가진 돈이 하나도 없는데 어떻게 하지요?"

"기름탱크에서 기름을 조금만 덜어 주시면 안 되겠소? 그것을 팔아 식량을 살 수 있도록 말이요."

할머니의 딱한 사정을 차마 거절할 수 없었다.

다음 날은 마을 성당 신부가 등대지기를 찾아왔다.

"저녁에 미사를 드려야 하는데 등불을 밝힐 기름을 조금만 줄 수 없겠소?"

등대지기는 신부님의 부탁을 거절할 수 없었다.

며칠 후, 가난한 젊은 과부가 찾아왔다. 아이들은 추위에 떨고 있고, 큰아이는 등록금을 내지 못하여 학교를 중단하게 되었다고 한숨을 쉬며 도움을 청했다. 등대지기는 하는 수 없이 기름탱크에서 기름을 덜어 주었다. 기름통은 바닥을 드러냈다. 등대지기는 며칠 동안 등댓불을 밝히지 못했다.

그러던 어느 날 아침 끔찍한 소식이 들려왔다. 지난밤 세 척의 배가 길을 잃고 침몰했다는 것이다. 상부에서는 사고 책임을 물어 등대지기를 크게 질책했다.

"당신에게 기름을 공급한 이유가 뭐요?"

"……"

"당신의 사명이 뭐요?"

"……"

등대지기는 어떤 말로도 변명할 수 없었다. 등대의 불이 꺼지면 배는 길을 잃고 침몰할 수밖에 없다.

예수님께서 성령으로 세례를 베풀어 주신 이유가 무엇인가? 성령의 권능을 주신 이유가 무엇인가? 아니 우리에게 성령의 권능이 필요한 이유가 무엇인가?

[눅 24:48-49] 너희는 이 모든 일의 증인이라 49 볼지어다 내가 내 아버지께서 약속하신 것을 너희에게 보내리니 너희는 위로부터 능력으로 입혀질 때까지 이 성에 머물라 하시니라

[행 1:8] 오직 성령이 너희에게 임하시면 너희가 권능을 받고 예루살렘과 온 유대와 사마리아와 땅끝까지 이르러 내 증인이 되리라 하시니라

오순절 성령강림을 통해 성령의 권능을 주신 목적은 증인의 사명을 감당하기 위함이다.

오순절 운동의 확산과 침몰

기독교 역사상 매우 특징 있는 신앙운동 중 하나가 있다. '제1의 물결'The First Wave이라고 일컫는 오순절 운동이다. 이 운동의 기원은 3가지 이견으로 나뉜다. 1901년 1월 1일 캔자스주 토페카Topeka의 베델성경학교에서 찰스 파함Charles Parham의 지도로 학생들이 갑자기 방언을 말하기 시작한 것을 오순절 운동의 불씨로 본다.

다른 견해는, 로스앤젤레스 공단지대 아주사 312번가에 버려진 건물에 감리교회가 있었다. 1906년 성도들이 성령체험을 하고 방언을 한 후, 이 교회가 주목을 받게 되었는데 이곳을 20세기 오순절 운동의 요람으로 본다.

세 번째 견해는, 윌리엄 시무어William J. Seymour 목사가 아주사 거리에서 시작한 집회에 많은 사람이 몰려와 성령을 체험했다. 이 집회는 1906년부터 1909년까지 계속되었는데 이것을 오순절 운동의 기점으로 본다.

아주사 거리 집회를 주도한 윌리엄 시무어는 남부 출신의 흑인으로 성결파holiness 목사였다. 이곳에서 성령의 은사를 체험한 사람들에 의해 소문은 급속히 퍼졌다. 1906년 9월에 이르러 13,000여 명이 성령세례를 받았다. 성령의 은혜를 사모하는 수많은 사람이 1909년까지 아주사 거리로 모여들었다.

윌리엄 더함William Durham도 아주사 집회에 참석하여 1907년 3월 2일 성령세례를 받았다. 시무어 목사의 예언대로 그는 시카고 부흥

Chicago Revival의 주역이 되었다. 더함이 루스드라의 앉은뱅이가 걷게 되는 사도행전의 말씀을 전한 후 걷지 못하는 청년을 향해 '일어나 걸어라'고 외쳤다. 그러자 즉시 청년이 고침을 받았다. 더함에게 표적과 더불어 성령의 강력한 역사가 나타났다.

시무어 목사는 철저한 회심과 성결한 삶, 그리고 다른 사람을 구원하는 증인의 삶을 역설했다. '아주사거리선교회'Azusa Street Mission를 세워서 거리나 교도소에서 복음을 전했다. 선교회 설립 후 6개월 동안 38명의 선교사를 국내외로 파송했다. 처음에는 미국 주요 도시에 선교사를 파송하였지만, 나중에는 이집트와 노르웨이 및 남아프리카까지 파송했다.

아주사 거리 집회는 3년 6개월 만에 막을 내렸다. 여기에는 두 가지 이유가 있다.

첫째는 아주사 거리로 몰려드는 사람들의 관심은 오직 성령의 체험과 방언에 있었다. 성령을 체험한 이후에도 증인의 삶에는 관심이 없었다. 대신에 더 강한 신비적인 체험을 원했다.

둘째는 흑백갈등으로 지속되지 못했다. 백인으로 시무어의 사역에 동참했던 찰스 파함과 윌리엄 더함은 아주사 거리 부흥운동의 주역인 흑인 시무어 목사의 리더십을 인정하지 않았다. 흑백의 장벽을 극복하지 못한 시무어는 어디론가 사라졌다. '아주사거리선교회'도 해체되었다. 그는 1922년 죽을 때까지 사람들 눈에 띄지 않았다.

이후 아주사 부흥운동에 대한 보수 교단의 비난도 거셌다. 전통적인 교회는 성령을 체험한 사람을 배제했다. 성령세례를 받고 방언을 체험한 신자들은 그들이 속한 교회에서 환영받지 못하고 핍박받아야 했다.

아주사 부흥운동을 통해 성령세례를 받고 방언을 체험한 사람의 90% 정도는 소속한 교회를 강제로 떠나야 했고, 6% 정도는 자발적으로 교회를 떠났다.

이것은 결과적으로 오순절 교단의 설립을 촉진했다. 아주사 부흥운동을 주도한 시무어 목사는 교단 설립에 목표를 두지 않았지만, 더함은 1914년 가장 큰 오순절 교파가 된 '하나님의 성회'Assemblies of God를 조직하는 데 앞장섰다. 그는 백인 목사가 흑인 리더십 아래서 섬길 수 없다는 조항을 넣어 교단 리더십은 모두 백인이 차지했다. 흑인 목사들도 교단을 설립하지 않을 수 없었다. 그중 가장 두드러진 교파가 '기독교 하나님의 교회'Church of God in Christ였다. 교단이 세워지고 난 후 오순절 운동은 더욱 확산되었다.

오순절 교단이 형성된 후에는 은사와 치유를 통한 교회성장으로 흐름이 바뀌었다. 성령의 권능을 교회성장을 위한 수단으로 사용했다. 마치 예루살렘 교회처럼 교회는 성장했지만 해외선교는 등한시했다.

일부 지도자는 성령의 권능으로 성공(?)은 했지만, 타락의 길을 걷기도 했다. 신비주의에 빠진 일부 지도자는 교회를 어지럽히고 혼란과 분열을 초래했다. 마치 사명을 잃어버린 등대지기처럼 주님께서 맡겨주신 성령의 권능을 잘못 사용한 것이다.

오순절 운동은 사명을 잃어버렸다. 선교에 초점을 맞추지 못하고 엉

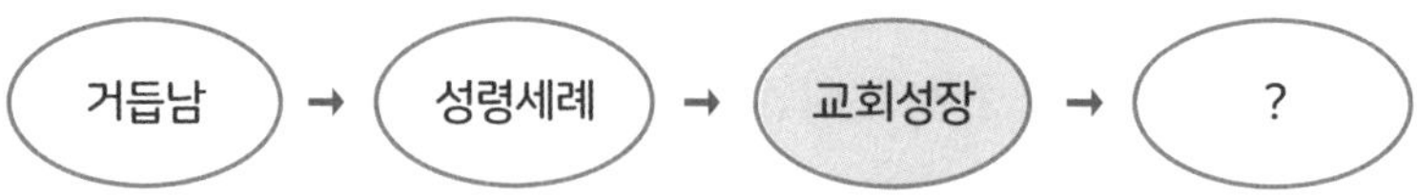

성령세례를 주신 목적을 잃고 침몰한 오순절 운동

뚱한 방향으로 흘러갔다. 고장 난 나침반처럼 방향을 잃어버린 것이다.

오순절 운동은 축사와 치유를 통한 표적과 기적으로 교회성장을 이루었다. 하지만 성령의 열매는 맺지 못했다. 마치 한쪽 날개가 꺾인 새처럼 균형을 잃고 추락하는 모습을 보였다.

이러한 결과로 빚어진 부산물들은 교회 안팎에 큰 상처를 주었다. 보수주의 교회는 오순절 운동을 외면하기에 이르렀다. 이것은 오순절 운동을 이끌었던 지도자들의 큰 잘못이 아닐 수 없다.

'제1의 물결'로 일컫는 오순절 운동은 등대를 찾지 못하고 표류하다 파선한 한 척의 배가 되었다. 역동적으로 출발했지만, 증인의 사명을 감당하지 못하고 침몰했다. 사도행전 1:8절은 성령운동이 나아갈 방향을 알려주는 등대이다.

은사주의 운동의 확산과 침몰

'은사주의 운동'Charismatic Movement은 '제2의 물결'The Second Wave로 일컫는다. 이 운동은 이른바 성경에 나오는 성령의 은사를 회복하는 '은사갱신'Charismatic Renewal으로 불리기도 한다.

1952년 감리교회의 젊은 목사 토미 타이슨Tommy Tyson은 성령세례를 받고 방언기도를 시작했다. 그러자 장로들은 사임을 요구했고 결국 타이슨 목사는 교회를 사임했다. 교단을 떠나려 했으나 교단에 남아 있으라는 감독의 권면을 받아들였다. 타이슨 목사는 2002년 하나님의 부름을 받을 때까지 감리교단에 남아 있었다.

은사주의 운동이 미국에서 널리 알려진 계기는 데니스 베넷Dennis Bennett 신부를 통해서다. 1960년 4월 캘리포니아주 밴 나이즈Van Nuys에 있는 성 마가 성공회교회St. Marks Episcopalian Church의 교구를 담당한 데니스 베넷 신부가 성령세례를 받고 방언기도를 시작했다베넷 신부도 캘리포니아에서 워싱턴주 시애틀Seattle 교구로 자리를 옮겨야 했다. 이 일은 타임TIME과 뉴스위크Newsweek가 소개할 정도로 큰 반향이 있었다.

은사주의 운동은 오순절 운동과 비슷한 교리를 가지고 있다. 특히 거듭남과는 구별되는 성령세례와 은사체험이 중요한 가르침이다. 이 운동은 루터교회와 장로교회, 감리교회, 뉴잉글랜드 지역 대학들의 IVP 모임과 예일대학교까지 번져나갔다. 심지어 로마 가톨릭교회도 해마다 노트르담대학교University of Notre Dame에서 집회를 가졌으며, 1970년대 중반에는 여러 해 동안 3만 5천여 명을 수용하는 축구장에서 집회를 열었다.

1975년에는 국제 컨퍼런스가 로마의 성 베드로 바실리카Basilica에서 열렸다. 세계 전역에서 약 1만 명이 참석했다. 마지막 미사는 가톨릭 은사갱신운동을 인정한 교황 바오로 6세에 의해 거행되었다.

1977년, 미주리주 캔자스 애로우헤드 경기장Arrowhead Stadium에서 열린 초교파 은사주의 집회에는 5만 명이 참석했다.

1978년에는 5천 명의 지도자가 캔터베리에서 모여 은사자대회를 갖기도 했다. 은사갱신운동은 로마 가톨릭교회는 물론 영국 교회까지 점령할 정도였다.

이런 상황에서 세계 어느 교회가 은사주의 운동의 영향을 받지 않을 수 있겠는가? 제2의 물결로 불리는 은사주의 운동은 교파와 교단을 초월하여 세계 각국으로 번져갔다.

이처럼 미국과 유럽에서는 오순절 성령운동과 은사주의 운동이 뚜렷하게 구별된다. 하지만 우리나라에서는 다르다. 은사주의 운동이 오

순절 운동에 묻혀서 뚜렷이 구별되지 않는 특징이 있다

은사주의 운동도 오순절 운동처럼 성령세례와 성령의 은사 회복을 통해 침체된 교회와 무기력한 교회에 영적 각성을 하게 했다. 계몽주의와 합리주의 영향으로 이성에 사로잡혀 있는 성도를 깨우는 일을 했다. 이것은 높이 평가를 받아야 할 것이다.

은사주의 운동도 많은 부작용을 낳았다. 더 큰 권능과 더 많은 은사를 추구하다 교회는 결국 신비주의에 빠지게 되었고, 은사를 체험하지 못한 목회자의 권위가 위협을 받게 되었다. 그 결과 교회 질서가 무너지는 등의 부작용이 있었다. 더욱 불행한 일은 은사주의 운동은 신비한 체험과 표적을 추구하며 따라가다 하나님의 말씀에서 멀어졌다.

'성령운동을 하는 사람 = 은사주의자 = 신비주의자'라는 등식이 형성되었다. 그 결과 보수진영의 지도자와 교회는 말씀에서 벗어난 은사갱신운동에 대해 강한 거부감을 갖게 되었다. 은사주의 운동에서 등을 돌리고 외면했다. 은사주의 운동 역시 오순절 운동처럼 보수진영의 교회와 신학자들로부터 지지받지 못하고 침몰한 또 한 척의 배가 되고 말았다.

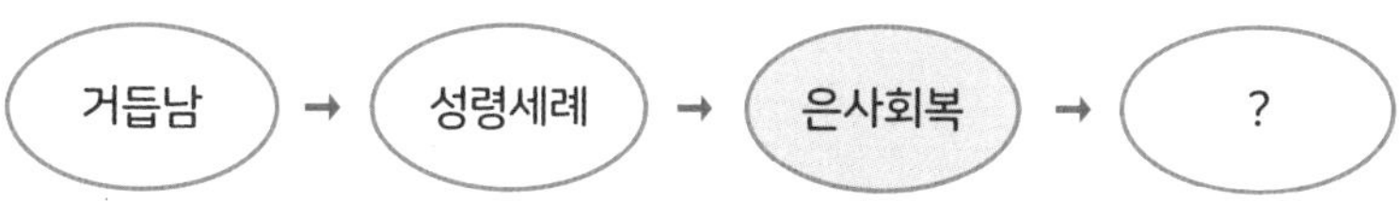

성령세례를 주신 목적을 잃고 침몰한 은사주의 운동

은사주의 운동을 주도한 지도자들도 오순절 운동을 주도한 지도자들처럼 등대지기로서의 사명을 감당하지 못했다. 성령의 권능과 은사가 선교의 사명을 감당하기 위한 것임을 깨닫지 못한 것이다. 이것은 지도자들의 큰 잘못이다. 은사주의 운동도 은사갱신에 한눈을 팔다가 그만 목적지를 잃어버렸다. 결국은 표류하다 파선하는 또 한 척의 배가 되었다. 참으로 안타까운 사실은 은사갱신 운동도 앞선 오순절 운동의 실패를 그대로 답습했다는 것이다.

예수님께서 성령의 권능을 주신 이유가 무엇인가? 권능은 선교의 등불을 밝히라고 주신 것이다. 등대의 불이 꺼지면 배는 침몰할 수밖에 없다. 선교의 등불이 꺼지면 교회도 침몰할 수밖에 없다.

빈야드 운동의 확산과 침몰

'제3의 물결'The Third Wave은 1980년대 복음주의자들에 의해 시작된 성령운동이다. 제3의 물결의 특징은 표적과 이적, 특별히 성령의 권능을 통한 치유와 전도를 강조했다. 오순절 운동이나 은사주의 운동에서처럼 방언이나 은사를 강조하지는 않았다. 이 운동은 흔히 '이적과 표적운동'Signs and Wonders Movement 또는 '빈야드 운동'Vineyard Movement으로 불린다.

이 운동 중심에 있었던 지도자는 존 윔버John Wimber 목사와 피터 와그너 교수이다. 존 윔버는 척 스미스 목사의 갈보리 채플에서 나와 포도원교회Vineyard Christian Fellowship를 설립했다.

성령운동의 제1의 물결, 제2의 물결, 제3의 물결은 1983년 피터 와그너Peter Wagner 박사에 의해 명명되었는데 그는 제3의 물결의 현장에 있었다. 피터 와그너 교수는 풀러신학교에서 자신이 가르치는 과목이었던 '표적 그리고 이적과 교회성장'을 존 윔버 목사와 함께 가르쳤다.

미국에서 시작된 빈야드 운동은 전 세계로 번져갔다. 특히 존 아놋John Arnot 목사에 의해 설립된 캐나다 토론토공항교회Toronto Airport Christian Fellowship가 그 중심에 있었다. 이 교회 집회에서 나타난 특이한 영적 현상은 전 세계에서 수만 명의 방문객을 불러 모았다. 특히 세계 언론의 주목을 받았다. '토론토 블레싱'Toronto Blessing이란 이름으로 신문과 TV 방송을 통해 세계적으로 알려졌다.

존 윔버 목사는 "토론토 블레싱"을 거부했다. 성령의 역사가 아니라고 했다. 캐나다 토론토공항교회를 중심으로 일어난 발작성 경련과 쓰러짐, 술 취한 듯한 행동과 춤, 짐승 소리 같은 괴성, 제어할 수 없는 웃음 등에 거부감을 표시한 뒤 단절을 선언했다. 감각적인 체험과 나타난 현상을 강조하는 토론토 블레싱은 1995년 12월 빈야드 운동에서 축출됐다. 존 윔버 목사가 존 아놋 목사와 관계를 단절한 것은 토론토 블레싱에서 나타난 현상들이 성경적으로 정당화될 수 없었기 때문이다.

김영한 박사는 〈토론토 블레싱 운동의 위험성〉에서 감각 위주의 표적주의 신앙을 지적했다. 기독교를 말씀에서 벗어나 감각적 종교로 변질시켰다는 것이다.

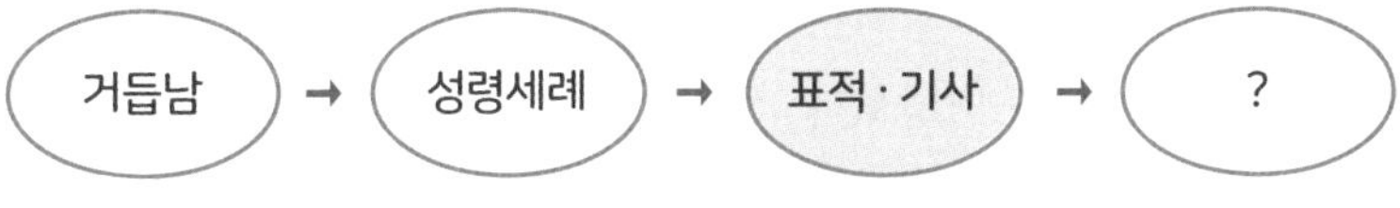

성령세례를 주신 목적을 잃고 침몰한 빈야드 운동

제1의 물결인 오순절 운동과 제2의 물결인 은사주의 운동, 그리고 제3의 물결의 빈야드 운동은 세 척의 배에 비유할 수 있다. 두 척의 배는 등대를 찾지 못하고 망망대해를 떠돌다 파선했고, 나머지 한 척의 배마저도 등대를 찾지 못하고 침몰했다.

초창기 빈야드 운동은 능력전도에 초점이 맞추어져 있었다. 빈야드 운동으로 아프리카 모잠비크는 5,000여 교회가 세워지는 계기가 되었다. 하지만 시간이 흐를수록 전도의 초점은 흐려지고 더 큰 능력, 더 깊은 신비적인 체험, 더 놀라운 표적만을 추구했다. 빈야드 운동도 오순절 운동이나 은사갱신 운동처럼 똑같은 잘못을 거듭했다. 세 척의 배는 무게중심을 잃고 한쪽으로 기운 배처럼 모두 침몰했다.

이런 모습은 고린도 교회 모습과 다르지 않다. 고린도 교회의 문제는 무엇인가? 성령의 은사는 나타났지만, 성령으로 충만하지는 않았다. 그 결과 두 가지 열매를 맺지 못했다.

첫째는 성령의 열매가 없었다. 바울파, 아볼로파, 게바파, 그리스도파로 나뉘어 서로 분쟁했다고전 1:11-12. 서로의 은사를 인정하지 않고 투기와 분쟁만 있었다.

둘째는 복음의 열매가 없었다. 성령의 은사와 권능을 복음 증거를 위해 사용하지 않았다. 성령의 은혜를 오용하고 남용한 것이다.

시대를 막론하고 성령운동의 출발은 무기력한 교회를 깨웠다. 교회 성장에도 큰 일익을 담당했다. 오순절교회에 속한 교인은 1990년도 기준 1억 9천 4백만 명에 달하는 가히 폭발적인 교회성장을 가져왔다. 여기에 은사주의 운동에 속한 교인 숫자를 합하면 오순절 신앙을 추구하는 기독교인은 약 3억 7천 2백만 명이나 된다는 보고가 있다.

오순절과 은사주의 교단에 속한 교회의 약진은 계속되고 있다. 고든콘웰신학교 글로벌기독교연구센타의 '1970~2020년 기독교 조사 발표'에 따르면, 2020년에는 오순절과 은사주의 교단에 속한 교인이 7억

980만 명으로 증가할 것이라고 했다. 하지만 현재 전 세계적으로 약 6억 4천만 명–6억 5천만 명의 신자를 보유하고 있다. 전 세계 기독교인의 수는 다양한 통계와 추정에 따라 조금씩 다르지만, 약 26억~27억 명으로 추산할 때 기독교인 중 1/4에 해당하는 숫자이다.

한국교회도 1970년대 중반 순복음교회를 중심으로 일어난 성령운동은 따르는 표적을 통해 전도되어 부흥의 불을 지폈다. 하지만 과오도 있다. 은사 체험과 따르는 표적에 치중한 나머지 성경 말씀에서 벗어난 성령운동, 성령의 열매를 맺지 못한 성령운동, 무엇보다 증인의 삶에 초점을 맞추지 못한 성령운동은 심각한 부작용을 낳았다.

잘못된 성령운동은 마치 독버섯처럼 우리 주위에 퍼져 큰 혼란을 주었다. 여기에는 지도자들의 책임이 크다. 성령운동이 중심을 잃고 한쪽으로 기울어져 침몰하고 있을 때 균형을 유지할 수 있도록 인도하지 못했다.

어떤 성령운동도 은사와 체험에 집착하면 신비주의에 빠지게 된다. 아무리 신비하고 황홀한 체험을 했어도 성령의 열매가 없으면 가족이나 이웃으로부터 외면받게 된다.

하지만 성령충만을 추구하면 은사와 표적은 물론 성령의 열매와 복음의 열매가 나타난다. 그러므로 "성령의 권능을 받고 땅끝까지 이르러 내 증인이 되라"는 말씀과 함께 "오직 성령으로 충만함을 받으라"는 말씀은 교회의 등불이다.

세 차례나 반복된 성령운동은 어떤 부작용을 낳았는가? 세 척의 배가 거듭해서 침몰하는 모습을 보고 나타난 반응은 무엇인가? 특히 보수주의 진영의 교회와 신학자들로부터 성령운동에 대해 등을 돌렸다. 오직 말씀만을 주장하며 심지어 필요악으로까지 여기게 되었다. 결과적으로 성령운동과 함께 성령의 권능까지 외면하게 되었다. 배도 버리고 등대도 철거해 버리는 잘못을 범했다. 배도 버리고 등대도 철거해 버린 오늘날 교회의 모습은 어떤가?

예수님께서 하나님의 나라를 세우시며 사용하신 도구가 무엇인가? 하나님의 말씀과 성령의 권능이었다마 9:35;12:28. 예수님께서 제자들에게 주신 하나님의 나라를 세우는 도구도 하나님의 말씀과 성령의 권능이었다는 사실을 잊지 말아야 한다.

지금까지 살펴본 것처럼 오순절 운동, 은사주의 운동, 빈야드 운동이 사명을 잊은 등대지기처럼 사명을 제대로 감당하지 못했다. 이것은 참으로 안타까운 일이다. 하지만 등대지기가 사명을 감당하지 못했다고 해서 등대까지 철거해 버렸다. 더 큰 위험을 초래하는 어리석은 일을 감행한 것이다. 그 어리석음으로 인한 오늘날 교회의 모습은 어떤가?

2장

성령운동의 등대
사도행전 1:8절

프랑스 서해안 베르섬에 케르도니라는 등대가 있었다. 어느 날 등대지기 스토로는 망루에 올라 등대 회전기를 청소하고 있었다.

"여보, 여보…"

외마디 비명을 듣고 황급히 아래층으로 내려와 보니 아내가 쓰러져 있었다. 아내를 간호했으나 병세는 점점 더해 갔다. 해가 지고 날은 점점 어두워지고 있었지만, 스토로는 아내 곁을 떠날 수 없었다. 그렇다고 등대에 불을 밝히는 일을 쉴 수는 없었다.

"등대에 불을 켜지 않으면 뱃길을 잡지 못하고 헤매다가 난파당하는 배가 생길지도 모르는데…"

등대지기 스토로 마음은 두 곳에 있었으나 몸은 하나뿐이니 이럴 수도 저럴 수도 없었다. 고민 끝에 일어섰다. 아내가 무사하기를 기도하면서 망루에 올랐다. 그런데 여러 부품이 흩어져 있지 않은가? 아내의 비명에 놀라 해체한 회전기 부품을 그대로 둔 채 황급히 아내에게 달려갔던 것이다. 부품을 이것저것 맞추어 급하게 조립했다. 그런데 웬일인지 불빛을 모아 사방을 비추는 회전기가 돌지 않았다. 마음은 급한 데 아무리 애를 써도 회전기는 돌지 않았다.

"아이고, 이 일을 어찌할꼬?"

회전기를 해체한 후 다시 조립해 보기를 몇 번이나 반복해 보았지만 허사였다. 그렇다고 그대로 그냥 방치하면 어떤 참사가 일어날지 모를 일이다. 하는 수 없이 등대지기는 밤 9시부터 다음 날 아침 7시까지 손으로 회전기를 돌려 간신히 소임을 마쳤다. 마음을 졸이며 망루에서 내려갔다. 아내는 이미 숨져 있었다. 스토로는 아내를 끌어안고 비통의 눈물을 흘려야 했다.

등대지기의 사명은 무엇인가? 등대의 불을 밝히는 일이다. 그렇다면 성령세례를 받은 그리스도인의 사명은 무엇인가? 복음의 등불을 밝히는 것이다. 가정에서, 일터에서, 혹은 땅끝으로 가서 복음의 등불을 밝히는 일이 성령의 권능을 받은 그리스도인의 사명이다. 사도행전 1:8절은 성령운동의 등대이다.

> [행 1:8] 오직 성령이 너희에게 임하시면 너희가 권능을 받고 예루살렘과 온 유대와 사마리아와 땅끝까지 이르러 내 증인이 되리라 하시니라

기독교 선교의 요람 모라비안 공동체 헤른후트

모라비아 왕국에는 9세기에 기독교가 전해졌다. 모라비안 교회는 지금 체코 공화국에 속한 옛 모라비아 왕국에서 시작되었다. 모라비아 왕국은 1029년 보헤미아 왕국에 합병되었다. 15세기 초 로마 교황은 희

랍교회의 감독 아래 있던 보헤미아 교회를 로마교회에 합병하려고 했다. 특히 로마교회 예배 형식을 그대로 따르도록 강요했다. 그러자 모라비안 교회는 강하게 반발했다.

모라비안 교도 개혁자 존 후스John Huss는 교황의 면죄부 판매와 성직자 부패를 지적하며 반대했다. 존 후스는 교회 머리는 교황이 아니고 예수 그리스도이며, 오직 믿음으로만 구원에 이를 수 있다고 주장한 복음주의자였다. 로마교회는 존 후스에게 목숨을 보장하겠다고 유인하여 체포했다. 교황은 그를 이단으로 정죄한 후 '이단과 약속은 지키지 않아도 된다'고 하면서 1415년 화형에 처했다.

그 후 로마교회는 자신들의 교리를 따르지 않는 모라비안 교회를 맹렬히 핍박했다. 재산을 몰수당하고 엄동설한에 쫓겨난 모라비안 교도들은 추위와 굶주림으로 죽어갔다. 잔인한 핍박으로 그들은 안정된 생활을 할 수 없었지만, 신앙은 절대 포기하지 않았다. 20만 명에 이르던 모라비안 교도들은 오랜 핍박으로 대부분 죽음을 맞이했다.

1722년 온갖 박해에도 살아남은 소수가 진젠도르프Nicholas Ludwig Von Zinzendorf 백작의 영지로 피신해 들어왔다. 진젠도르프 백작은 신앙 때문에 독일로 망명한 남부 오스트리아 귀족 집안의 후예였다. 그는 1700년 독일 드레스덴Dresden에서 태어났다. 19살 때 졸업여행을 하는 중 뒤셀도르프 미술관에서 '이 사람을 보라'는 제목의 성화를 보았다. 예수 그리스도께서 십자가에 달려 죽으신 그림이었다. 머리에는 가시면류관, 양손에는 대못이 박혀있고, 창에 찔린 허리에서는 붉은 피가 흘러내리고 있었다. 그림 하단에는 "나는 너를 위하여 목숨을 버렸건만 너는 나를 위해 무엇을 하느냐?"라고 쓰여 있었다. 충격을 받은 진젠도르프는 조용히 무릎을 꿇었다.

"예수님께서 저의 죄 때문에 피를 흘리고 죽으셨는데, 저는 예수님을 위해 아무것도 한 것이 없습니다. 이제 남은 일생을 주님을 위해 바치겠습니다."

진젠도르프의 삶은 완전히 바뀌었다. 하나님과 이웃을 위해 사는 사람으로 변화되었다. 한 영혼이라도 더 구원해야 한다는 소명감으로 할레대학에 입학했다. 자신의 토지를 떼어 가난한 사람에게 나누어 주기도 했다.

하나님께서는 피난처를 찾지 못하고 떠도는 모라비안 교도들을 위해 하나님의 사람을 예비해 놓으셨다. 진젠도르프는 자신의 영지 드레스덴에 피신한 90명의 모라비안 교도들에게 정착할 땅을 내어주었다. 그들은 '하나님의 피난처'라는 헤른후트Herrnhut 신앙공동체를 세웠다. 사방에 흩어져 있던 모라비안 교도들도 이곳으로 와서 비로소 정착했다. 헤른후트는 독일과 체코, 폴란드 국경에 인접한 곳이다.

모라비안 교도들은 진젠도르프 백작의 신앙 지도를 받았다. 1727년 8월 13일, 금식하며 기도하는 가운데 그들은 강력한 성령체험을 하게 된다. 성령체험은 주님의 지상명령에 대한 사명을 일깨워 주었다.

1517년 종교개혁이 있었지만, 교회는 해외선교에 대한 관심은 전혀 없었다. 당시 해외선교에 유일하게 관심을 보인 최초 공동체가 바로 모라비안 교도다.

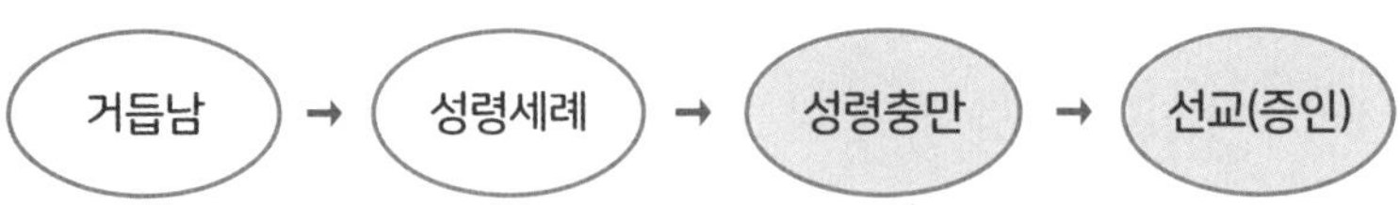

성령세례를 받은 후 선교 사역에 초점을 맞춘 모라비안 공동체

헤른후트 공동체는 성령을 체험한 그 이듬해인 1728년에 서인도, 그린란드, 터키 등에 선교사 파송을 결의했다. 1732년, 종교개혁 이후 최초로 기독교 선교사를 세계 곳곳으로 파송했다. 모라비안 선교사들은 수리남, 이집트, 남아프리카 등지에서 눈부신 활동을 했다. 남아메리카의 기이아나Guyana에 파송한 선교사들이 그곳에 도착한 지 얼마 못되어 열병과 풍토병으로 쓰러졌다. 160명의 선교사 중 75명이나 죽었지만 그들의 선교 열정은 식을 줄 몰랐다.

모라비안 선교사들은 대부분은 평신도 자비량 선교사였다. 목공기술, 농업기술 등으로 복음을 전했다. 아프리카에서 잡혀 온 노예들에게 복음을 전하기 위해 스스로 노예가 되기도 했다. 그 후 모라비안 교회는 150년간 2,158명의 선교사를 해외로 파송했다. 독일 헤른후트 공동체는 기독교 최초의 선교 요람이다.

기도는 모라비안 교도들에게 가장 중요한 선교 전략이었다. 세계선교를 위해 1년 365일, 하루 24시간을 쉬지 않고 기도했다. 선교를 위한 24시간 기도운동은 100년 이상 지속되었다.

사도행전 1:8절 말씀은 이들에게 등대가 되었다. 모라비안 교도들은 자신들의 공동체가 어디를 향해 나갈 것인지를 분명히 알고 있었다.

[행 8:1;4] 사울은 그가 죽임당함을 마땅히 여기더라 그날에 예루살렘에 있는 교회에 큰 박해가 있어 사도 외에는 다 유대와 사마리아 모든 땅으로 흩어지니라 … 4 그 흩어진 사람들이 두루 다니며 복음의 말씀을 전할 새

핍박을 피해 이리저리 떠돌던 모라비안 교도들은 드레스덴에 헤른후트 공동체를 세우고 비로소 정착했다. 하지만 성령세례를 받은 후 그 땅을 정착지로 삼지 않았다. 성령세례를 받은 후 증인의 사명을 감당하

기 위해 땅끝으로 흩어진 사람들이다. 그들은 성령의 권능을 오직 선교의 등불만을 밝히는 데 사용한 성령충만한 증인들이다.

미국 선교의 요람 건초더미 기도회

윌리엄스대학은 미국 해외선교의 요람이다. 청교도 정신을 이어받은 미국인들은 인디언에게 복음을 전하려는 시도는 있었다. 하지만 다른 대륙을 향한 선교에는 관심이 없었다.

윌리엄스대학은 미국 매사추세츠Massachusetts 윌리엄스 타운Williams Town에 있다. 당시 이 대학에 재학 중인 사무엘 밀즈Samuel Mills는 몇몇 학생과 기도모임을 갖고 있었다. 이들은 윌리엄스 마을과 대학 안에 영적 부흥운동이 일어나기를 기도했다.

1805년 8월 어느 토요일 오후, 사무엘 밀즈를 비롯한 5명의 학생이 함께 기도하고 있었다. 그때 갑자기 쏟아지는 소나기를 피해 근처에 있는 건초더미로 들어갔다. 기도는 계속되었다. 그곳에 갑자기 성령의 불이 쏟아졌다.

성령을 체험한 후 사무엘 밀즈는 1808년 9월 7일 캠퍼스 한 강의실에서 아시아인에게 복음의 빛을 전하자고 제안했다. 그리고 이렇게 말했다.

"만일 우리가 한다면 할 수 있다! We could do if we would!"

이날 5명은 '형제회'The Society of the Brethren라는 공식 모임을 결성했다. 언제라도 선교지에 갈 수 있도록 준비하여 주님의 부름이 있을 때 삶을 드리기로 약속한 후 '형제회 규약'The Constitution of the Brethren에 서명했다.

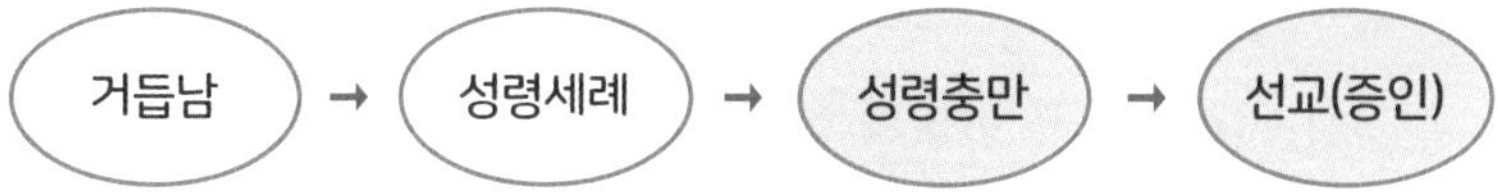

성령세례를 받은 후 선교 사역에 초점을 맞춘 윌리엄스대학 형제회

윌리엄스대학을 졸업한 후 이들은 예일대학, 프린스턴대학, 하버드대학 등으로 재입학했다. 그리고 미국 전역을 다니면서 세계선교에 동참할 헌신자를 모았다. 그때 사무엘 뉴엘Samuel Newell, 사무엘 놋트Samuel Nott, 아드니람 저드슨Hadoniram Judson 등이 선교사로 헌신했다.

당시 미국에는 이들을 파송할 어떤 선교부도 존재하지 않았다. 그들은 이제 교회 지도자와 교단 총회 본부를 찾아가 교파를 초월한 연합 선교위원회를 조직해 달라고 요청했다.

그 결과 미국해외선교위원회The American Board of Commissioners for Foreign Mission가 탄생했다. 2년 후 1812년 2월, 미국해외선교위원회는 5명의 선교사를 버마, 인도, 스리랑카에 파송했다. 5명 중 3명은 윌리엄스대학 형제회 출신이다. 아드니람 저드슨, 사무엘 뉴웰, 사무엘 노트, 골든 홀, 루터 라이스는 미국 교회가 파송한 최초의 선교사들이다. 미국 교회는 비로소 해외선교의 역사적인 거보를 내딛게 되었다.

5명의 형제회로 시작된 '선교운동'을 통해 헌신한 선교사 중에는 1885년 한국으로 파송받은 아펜젤러와 언더우드 선교사가 있다. 형제회로 출발한 선교운동은 학생자원자운동SVM: Student Volunteers Movement으로 발전했다. 이 운동은 미국 선교 역사상 가장 위대한 운동으로 기억되고 있다. 1888년에 시작된 이 운동은 1930년까지 20만 명의 선교 헌신자와 2만 5백여 명의 선교사를 파송했다. 건초더미에서 성령의 불을 받은 사람들이 미국 선교 역사를 주도한 것이다.

선교학자들은 미국 선교의 출발점을 '건초더미 기도회'라고 한다. 선교학자 토렛 박사는 "미국이 해외선교 운동에 대하여 처음 자극을 받았던 곳은 건초더미 모임에서였다"고 했다.

윌리암스대학 기숙사 앞에는 건초더미 기도회 기념비가 있다. 이 기념비는 건초더미 기도회 100주년이 되는 해, 1906년에 세워졌다. 기념비에는 '미국의 해외선교가 탄생한 곳'The birth place of American Foreign Missions이란 글귀와 함께 사무엘 밀즈를 비롯한 5명의 이름이 새겨져 있다. 기념비 하단에는 성령의 사람 사무엘 밀즈가 동료들과 함께 선교에 헌신하며 다짐했던 말이 적혀 있다.

'We could do if we would!'만일 우리가 한다면 할 수 있다!

사무엘 밀즈는 해외선교사로 나가지 않았다. 더 많은 선교사를 동원하는 일을 했다. 또한 미국성서공회를 설립하고 미국 노예해방을 돕기 위한 협회를 세우는 일을 주도했다. 그는 아프리카를 방문하고 돌아오던 배 안에서 35세의 나이로 생을 마쳤다. 하지만 사도행전 1:8절 말씀을 항상 가슴에 새기고 살았던 사무엘 밀즈는 지금도 '미국학생선교운동의 아버지'로 살아있다.

영국 선교의 요람, 케임브리지대학

영국에서 일어난 선교운동은 3가지로 요약할 수 있다.

1729년 옥스퍼드대학에서 홀리클럽을 조직하고 이끌던 존 웨슬리는 동생 찰스 웨슬리와 함께 선교사로 헌신했다. 아메리카 식민지 조지아로 건너가 2년 동안1735~1737 사역했지만, 실패한 후 다시 영국으로 돌아왔다.

윌리엄 캐리William Carey 1761~1834는 해외선교에 잠자는 영국 교회를 흔들어 깨웠다. 당시 영국은 조지 휫필드와 존 웨슬리가 이끄는 영적 부흥운동이 휩쓸고 있었다. 하지만 영국 교회는 세계선교에 관해선 관심이 없었다. 선교는 예수님께서 사도들에게만 주신 특별한 사명으로 국한했다.

1792년 봄, 윌리엄 캐리는 해외선교에 무감각한 교회를 일깨우기 위해 한 권의 책을 썼다. 그의 저서 《이교도 개종에 대한 그리스도인의 의무에 관한 연구An Enquiry Into The Obligation Of Christians To Use Means For The Conversion Of The Heathens》는 베스트 셀러가 되어 전 유럽으로 확산했다. 이에 힘입어 1793년 영국침례교선교협회를 창설했다.

1793년 윌리엄 캐리는 32세에 인도 선교사로 파송을 받았다. 캐리는 복음을 전하기 위해 34년 동안 성경을 원주민의 언어와 외국어 – 보탄어, 버마어, 중국어, 말레이어 – 등 총 44여 개 언어로 번역 출판했다. 신구약 성경을 6개 언어로, 신약성경을 23개 언어로, 성경 일부를 10개 언어로 번역하였다. 1798년 영국 교회는 4가정을 선교사로 파송하여 윌리엄 캐리 사역에 동참시켰다. 그 후 30년에 걸쳐 30여 명의 선교사가 인도에 파송되었다.

1834년 윌리엄 캐리는 73세에 인도 세람포에서 하나님의 품에 안겼다. 우리는 세계선교에 잠자는 영국 교회를 흔들어 깨운 윌리엄 캐리를 근대 선교운동의 아버지로 부른다. 하지만 윌리엄 캐리의 죽음으로 영국 교회는 다시 해외선교에 잠들기 시작했다.

영국 케임브리지대학 찰스 시므온Charles Simeon 1759-1836 교수는 대학생선교운동의 대부로 통한다. 시므온 교수는 지성인 한 사람의 변화가 얼마나 큰 영향력이 있는지 알고 있었다. 그는 미래 지도자를 양성하고자 대학생들에게 성경 가르치는 일을 무려 54년 동안 힘썼다. 그의 가르침에 영향을 받은 학생들은 해외선교를 위한 성경번역기구1811를 설립했고, 빈민가에 주일학교 '예수거리'Jesus Lane 1827를 세웠다.

데이빗 하워드David M. Howard 교수는 저서 《Student Power in World Evangelism USA》에서 찰스 시므온 교수의 사역을 다음과 같이 평가했다.

> 찰스 시므온의 케임브리지대학 사역에서 가장 두드러진 것 중 하나는 1836년 그가 세상을 떠난 후에도 그의 정신이 지속된 점이다. '시므온을 따르는 사람들'Simonites: 학생들의 비공식 모임은 '예수거리 주일학교'를 세우고 어느 곳에 있든지 복음을 증거하는 활동을 지속했다. 또한 1848년에는 대학 안에 수많은 기도 모임이 조직됐다. 이는 증인의 사역에 영적인 활력을 불어넣어 주는 요인이 되었다. 1877년에는 각 단과대학의 기독인 연합 모임인 CICCU The Cambridge Inter-Collegiate Christian Union가 조직되었다. 이 운동은 곧 영국 전 대학으로 퍼져나갔다. 그 후 전 세계로, 결국에는 온 세상으로 퍼져나갔다.

찰스 시므온은 죽었지만, 그가 케임브리지대학에서 시작한 기도운동과 선교운동은 계속해서 확장되었다.

1882년 케임브리지대학은 미국에서 부흥운동을 주도하던 구두 수선공 출신 디엘 무디 목사를 집회 강사로 초청했다. 당시 일부 학생들은 무디 목사를 강사로 초청한 것을 못마땅하게 생각했지만, 1,700여 명이 참석한 집회는 영적 대축제가 되었다. 한 주일 동안의 집회에서 수많은 학생이 개종하고 성령을 체험했다. 200여 명의 학생이 해외선교에 헌신했다. 그들 중에는 찰스 토마스 스터드C. T. Studd와 함께 중국선교에 헌신한 케임브리지 7인Cambridge Seven이 포함되어 있다. C.T 스터드는 영국 최우수 크리켓 선수였고, 명문 가문의 아들이었다. 그의 헌신에 힘입어 6명의 학생이 동참했다.

미래가 보장된 이들의 헌신은 주위 사람들을 당혹하게 했다. '포기를 통한 헌신'을 보았기 때문이다. 이들 모두는 당시 영국 사회에서 최고의 삶이 보장된 학생들이었다. 졸업 후에는 안락과 명예와 권력을 누릴 수 있는 위치에 있었지만, 모든 것을 포기했다. 사람들은 이들의 헌신을 통해 성육신하신 예수님의 모습을 보았고, 십자가를 지고 예수님을 따르는 삶이 무엇인지를 깨달았다.

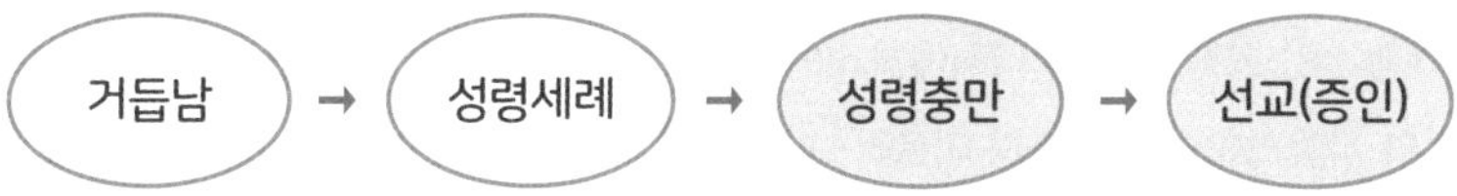

성령세례를 받은 후 선교 사역에 초점을 맞춘 케임브리지 7인

1885년 2월 7명의 선교사를 태운 배가 환송받으며 중국을 향해 떠났다. 스터드의 가족을 포함한 많은 사람이 이들의 헌신을 경솔한 행동이며 학식과 재능의 엄청난 낭비라고 했다. 다만 한 신문 기자는 케임브리지 7명의 헌신을 이렇게 썼다.

"선교 역사상 이렇게 머리가 좋은 학생들이 한꺼번에 해외선교사로 나간 일은 없었다."

케임브리지 7인, 이들은 모두 사도행전 1:8절 말씀을 가슴에 품고 살았다. 땅끝만을 바라보고 선교의 등불을 밝히고 산 사람들이다.

성령 받은 자의 사명은 복음의 등불을 밝히는 것이다

성령세례를 받고 선교에 헌신한 모라비안의 헤른후트 공동체,

건초더미에서 기도하다 성령세례를 받은 후 선교에 헌신한 미국 윌리엄스대학 5명의 형제회,

디엘 무디 목사가 인도한 집회에서 성령세례를 받고 선교에 헌신한 케임브리지대학의 7인, 이들 모두는 복음의 등불을 밝힌 선한 등대지기다.

[마 25:21] 그 주인이 이르되 잘하였도다 착하고 충성된 종아 네가 적은 일에 충성하였으매 내가 많은 것을 네게 맡기리니 네 주인의 즐거움에 참여할지어다

예수님께서는 제자들에게 성령을 받고 증인이 되라고 말씀하신다.

[행 1:8] 오직 성령이 너희에게 임하시면 너희가 권능을 받고 예루살렘과 온 유대와 사마리아와 땅끝까지 이르러 내 증인이 되리라 하시니라

성령으로 세례를 받은 후 제자들의 반복된 고백은 무엇인가?

[행 2:32] 이 예수를 하나님이 살리신지라 우리가 다 이 일에 증인이로다

[행 3:15] 생명의 주를 죽였도다 그러나 하나님이 죽은 자 가운데서 그를 살리셨으니 우리가 이 일에 증인이라

[행 5:32] 우리는 이 일에 증인이요 하나님이 자기에게 순종하는 사람들에게 주신 성령도 그러하니라 하더라

[행 10:39] 우리는 유대인의 땅과 예루살렘에서 그가 행하신 모든 일에 증인이라

[행 10:41] 모든 백성에게 하신 것이 아니요 오직 미리 택하신 증인 곧 죽은 자 가운데서 부활하신 후 그를 모시고 음식을 먹은 우리에게 하신 것이라

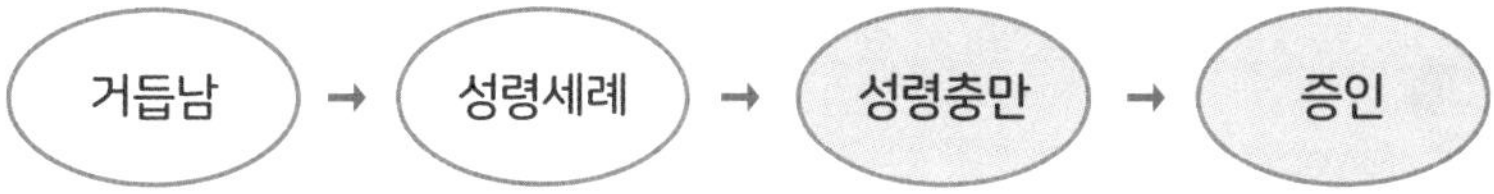

성령세례를 받은 후 선교 사역에 초점을 맞춘 예수님의 제자들

성령세례를 받은 제자들은 "우리는 예수 그리스도의 증인"이라고 일관된 고백을 하고 있다. 그렇다면 성령세례를 받은 그리스도인의 사명은 무엇인가? 성령충만에 힘써야 할 이유가 무엇인가? 가정에서, 직장에서, 그리고 일상 삶에서 복음의 등불을 밝혀야 하기 때문이다.

특히 가족이나 직장 동료를 주님께 인도하는 일은 참으로 어렵고 힘든 일이다. 무엇이 필요할까? 뛰어난 말재주로 가능할까? 기독교 교리를 자세하게 설명하는 것으로 가능할까? 아니면 탁월한 신학으로 가능할까? 성령세례와 성령충만이 답이다. 이것이 없이는 누구도 증인의 사명을 감당할 수 없다.

3장

수직전도와 수평전도의 사명

미국 IVY 리그 대학, 하버드대학교, 예일대학교 등의 법대, 경영대, 의대 등 인기 학과의 경우 절반가량이 유대인이다. 명문대학 교수의 70~80%가 유대인이다. 노벨상 수상자 중 25~30%는 유대인이 차지한다. 특히 노벨 경제학상은 수상자의 41%가 유대인이다.

세계적인 브랜드 비달 사순, 중세 시대 이후 상류층의 전유물이었던 초콜릿을 대중화시켜 세계시장을 점유한 허쉬 초콜릿, 37개국에 5,000개가 넘는 점포를 가지고 있는 던킨도너츠, 세계 최초로 브랜드 아이스크림을 대중화시킨 하겐다즈, 배스킨라빈스 등, 우리가 자주 접하는 이런 브랜드 공통점은 모두 유대인 소유이다.

언론계도 마찬가지다. 미국 3대 신문인 〈뉴욕타임스〉, 〈워싱턴포스트〉, 〈월스트리트저널〉과 〈AP통신〉, 〈타임〉, 〈뉴스위크〉, 〈US뉴스&월드리포트〉까지 유대인이 소유하고 있다. 게다가 미국 3대 방송사인 ABC, CBS, NBC 모두 유대인이 설립했다.

20세기 세계 최대 부자였던 석유 업계 제왕 록펠러John D. Rockefeller, 뉴욕의 자랑거리 중 하나인 구겐하임 미술관의 구겐하임Guggenheim, 세계 마이크로프로세서의 90% 이상을 생산하는 반도체 업계 제왕 인텔의 앤드류 그로브Andrew Grove 회장, 세계 최대의 마이크로 소프트 회사를 일군 스티브 발머Steve Ballmer, 델 컴퓨터 회장 마이클 델Michael Dell, 오라클 회장 래리 엘리슨Larry Ellison 역시 유대인이다. 세계 검색 사이트 순위 1위인 구글의 창업자도 유대인 두 청년 세르게이 브린Sergei Brin과 래리 페이지Larry Page이다. 래리 페이지는 25세이던 1998년 구글을 설립, 불과 10여 년 만에 세계 제1의 인터넷 기업으로 키웠다. 이렇듯 IT업계 대부분을 유대인들이 장악하고 있다.

아브라함의 혈통을 갖고 지구상에 사는 유대인은 약 1,550만 명이다. 이스라엘에 660만 명, 미국에 684만 명, 150만 명은 세계에 흩어져 살고 있다. 유대인은 세계 81억 인구의 약 0.19%에 불과하다. 그런데 세계인구의 1/526밖에 안 되는 작은 민족이 세계를 장악하고 있다. 이것이 꼬리가 되지 않고 머리가 되어 사는 유대인의 모습이다.

유대인은 구약의 지상명령을 가슴에 새기고 산다

유대인들이 세계의 정치, 경제, 과학, 방송, 심지어 문화 예술 분야까지 지배하며 사는 이유가 무엇일까? 인구 13억의 아랍국가에 둘러싸여 있으면서도 어떻게 전혀 기죽지 않고 당당하게 살 수 있을까? 모든 분야에서 머리가 되어 복을 받고 사는 원인이 무엇일까? 가정에서 구약의 지상명령을 따라 하나님의 말씀을 자녀에게 부지런히 가르친 수직전도의 결과다. 유대인의 가슴에는 조부모와 부모가 상속해 준 하나님이 있다.

구약성경만으로는 하나님을 정확히 볼 수 없다. 밤에는 맨눈으로도 밤하늘의 별들을 관찰할 수 있다. 밤하늘이 맑을수록 더 많은 별을 볼 수 있다. 하지만 사람의 눈으로 별들을 관찰하는 데는 한계가 있다. 망원경으로 관찰하면 어떨까? 천체 망원경으로는 눈으로 볼 수 없는 작은 별까지 자세히 볼 수 있다. 눈으로 보이는 별도 천체 망원경으로 보면 더 크게 분명히 볼 수 있다. 이처럼 유대인들이 구약성경만으로 하나님을 보는 것은 마치 맨눈으로 별을 관찰하는 것과 같다.

신약성경은 천체 망원경과 같다. 신약성경을 통하여 하나님을 보아야 하나님을 정확히 발견할 수 있다. 구약성경으로는 하나님의 사랑도 정확히 볼 수 없다. 예수님의 십자가는 하나님의 사랑을 가장 확실하게 볼 수 있는 천체 망원경과 같다롬 5:8.

구약성경만 신뢰하는 유대인들은 하나님을 정확히 알지 못한다. 그들이 알고 있는 하나님의 사랑도 불완전한 사랑이다. 그들에게는 예수님의 십자가 은혜와 부활의 권능도 없다. 성령님의 내주하심도 없다.

그렇지만 그들은 표면적 유대인으로서 하나님의 택한 백성임을 가슴에 새기고 산다. 비록 불완전한 사랑이지만 하나님의 사랑이 뼛속까지 채워져 있다. 아브라함의 혈통이요 다윗의 후손이라는 자긍심으로 똘똘 뭉쳐있다. 무엇보다 구약의 지상명령을 가슴에 새기고 그들의 신앙을 자자손손 계승해 주고 있다.

[신 4:9] 오직 너는 스스로 삼가며 네 마음을 힘써 지키라 그리하여 네가 눈으로 본 그 일을 잊어버리지 말라 네가 생존하는 날 동안에 그 일들이 네 마음에서 떠나지 않도록 조심하라 너는 그 일들을 네 아들들과 네 손자들에게 알게 하라

[신 6:6-9] 오늘 내가 네게 명하는 이 말씀을 너는 마음에 새기고 7 네 자녀에게 부지런히 가르치며 집에 앉았을 때에든지 길을 갈 때에든지 누워 있을 때에든지 일어날 때에든지 이 말씀을 강론할 것이며 8 너는 또 그것을 네 손목에 매어 기호를 삼으며 네 미간에 붙여 표로 삼고 9 또 네 집 문설주와 바깥 문에 기록할지니라

[욜 1:3] 너희는 이 일을 너희 자녀에게 말하고 너희 자녀는 자기 자녀에게 말하고 그 자녀는 후세에 말할 것이니라

구약의 지상명령 핵심은 수직전도다. 부모의 신앙을 3~4대까지 상속하는 것이다.

누가 진정한 유대인요 아브라함의 자손인가

유대인이라면 누구나 자신은 하나님께서 선택한 백성이요, 아브라함의 자손이라는 자긍심이 하늘을 찌른다. 하지만 성경은 누가 진정한 유대인인지, 누가 진정한 아브라함의 자손인지 말씀한다.

[롬 2:28-29] 무릇 표면적 유대인이 유대인이 아니요 표면적 육신의 할례가 할례가 아니니라 29 오직 이면적 유대인이 유대인이며 할례는 마음에 할지니 영에 있고 율법 조문에 있지 아니한 것이라 그 칭찬이 사람에게서가 아니요 다만 하나님에게서니라

신약성경은 표면적 유대인, 혈통을 통해 태어난 육체적인 유대인은 유대인이 아니요, 아브라함의 자손도 아니라고 한다. 설령 육체에 할례를 받았다고 해도 그는 진정한 유대인도, 아브라함의 자손도 아니다.

[갈 3:7-9] 그런즉 믿음으로 말미암은 자들은 아브라함의 자손인 줄 알지어다 8 또 하나님이 이방을 믿음으로 말미암아 의로 정하실 것을 성경이 미리 알고 먼저 아브라함에게 복음을 전하되 모든 이방인이 너로 말미암아 복을 받으리라 하

였느니라 9 그러므로 믿음으로 말미암은 자는 믿음이 있는 아브라함과 함께 복을 받느니라

[갈 3:29] 너희가 그리스도의 것이면 곧 아브라함의 자손이요 약속대로 유업을 이을 자니라

그렇다면 누가 진정한 유대인인가? 누가 진정한 아브라함의 자손인가? 하나님께서는 예수님을 구주로 믿는 우리가 진짜 유대인이요, 아브라함의 자손이라고 말씀하신다. 또한 우리를 아브라함의 복을 상속받을 자라고 하신다.

그런데 아브라함의 복을 받아 누가 누리고 있는가? 우리가 받아 누려야 할 복을 누가 대신하여 받아 누리고 있는가? 아브라함의 후손이라는 것을 잊지 않고 사는 표면적 유대인이 받아 누리며 살고 있다.

우리는 구약의 지상명령을 잃어버리고 살았다

2000년의 기독교 역사를 뒤돌아보자. 어떤 나라도 200년 이상 복음의 능력을 간직한 나라가 없다. 200년을 버티지 못하고 교회가 무기력하게 무너졌다. 초대교회들마저 완전히 무너져 지금은 관광지가 되어버렸다. 구경거리가 된 것이다.

유럽 교회는 어떤가? 그렇게 웅장한 건물을 지니고 부흥의 불꽃을 피웠던 유럽 교회는 지금 힘을 잃고 휘청거리고 있다. 교인들로 가득했던 교회가 텅텅 비어있다. 더 이상 운영할 수 없어 팔려서 술집으로 사용한다는 끔찍한 소리를 듣는다. 영국의 경우 일 년에 120여 개 교회가 팔린다고 한다. 어떤 곳은 모슬렘들이 알라신을 섬기는 장소가 되기

도 한다. 누가 이런 일이 일어날 것이라고 감히 생각이나 했을까? 그러나 이것이 현실이다.

20세기 최대의 기독교 국가였던 미국 교회는 어떤가? 청교도 신앙으로 똘똘 뭉쳐있던 미국, 전무후무한 세계선교 사역을 담당했던 미국 교회도 200여 년간의 황금기를 뒤로하고 급속도로 쇠퇴하고 있다.

한국교회도 비슷한 현상이 일어나고 있다. 과거에는 주일학교 유초등부 숫자가 장년 성도와 비슷하거나 더 많았다. 지금은 그런 교회를 찾아볼 수가 없다. 막대한 재정을 투자하고 유능한 교사들이 매달려도 점점 힘을 잃어가고 있다. 1985년 기독교가 들어온 후 불같은 성장을 거듭했다. 이젠 성장이 멈추고 비틀거리고 있다.

무엇이 문제일까? 진정한 유대인이요 아브라함의 자손인 우리는 그동안 구약의 지상명명을 잃어버렸다. 구약의 지상명령을 한마디로 말하면 "너의 자녀를 제자삼으라"이다. 이 명령은 하나님께서 부모에게 주신 명령이다. 온전한 하나님을 믿고 온전한 하나님의 사랑을 받고 있지만, 후손에게 계승해 주지는 못했다.

다음은 《잃어버린 지상명령 쉐마》에 실린 이한의 목사의 간증이다.

나는 한 교회를 담임하는 목사로서 그저 목회에 십여 년을 충실하게 달려온 사람이다. 교회도 30여 명에서 800여 명으로 성장하는 하나님의 은혜를 맛보았다. 가정보다 교회, 자식보다는 교회 학생들, 아내보다는 교회 성도들에게 더 관심을 많이 가지고 한 주간을 뛰어다녔다.

은항교회는 제자훈련으로 다져지고 성장한 교회라고 볼 수 있다. 나는 제자훈련에 미쳐서 밤낮을 가리지 않고 성도들을 교회에서 양육했다. 내 자식은 가르치지 않았지만 남을 가르치기 위해 생명을 걸었다. 나는 이것이 훌륭한 목회자의 표상이라고 생각했다.

… 유대인은 소수 민족이면서 아브라함 이후부터 지금까지 3대가 세대 차이가 없이 자기 정체성을 잃지 않고 같은 하나님, 같은 문화와 언어, 같은 사상을 가지고 살아오고 있고 또 그렇게 살아가고 있다는 것을 깨닫고 참으로 위대한 민족이구나 하는 것을 새삼 깨달았다. "수많은 고난의 역사 속에서도 큰 인물들을 배출하며 살아남은 그들의 힘은 과연 무엇인가?" 이런 의문을 제기하면서 배우기 시작했다. 유대인의 교육 현장은 감동 그 자체였다.

만약 지금까지 내 자식들을 그렇게 키웠다면 …. 후회와 아쉬움이 밀려왔다. 유대인은 가정을 중요시했다. 특히 아버지의 역할은 가정의 제사장으로서 그 위치를 견고히 했다는 것을 배웠을 때 "나는 참으로 나 자신이 얼마나 잘못된 아버지인가" 하는 것을 가슴에 되뇌게 되었다. 아버지가 가정에서 자녀들을 무릎에 앉혀놓고 성경을 가르쳐 주는 모습은 참으로 감동 그 자체였다.

내가 만약 지금까지 내 자식을 그렇게 키웠다면 지금의 우리의 아이들은 또 다른 모습으로 자라가고 있을 텐데 하는 후회와 아쉬움이 밀려왔다. 그러나 지금이라도 늦지 않았다. 예방은 할 수 없었지만, 치료라도 하면서 가정을 다시 세우고 좋은 아버지로 살아야겠다는 결심을 몇 번이고 했다.

유대인 교육의 두 기둥은 가정과 회당이다. 가정과 교회는 기독교 교육의 두 기둥이 되어야 한다.

증인의 삶은 가정에서부터 시작되어야 한다

유대인의 자녀교육 중심은 회당이 아니라 가정이다. 유대인은 아브라함 때부터 4200년 동안 가정에서 자녀를 양육하는 일을 계속해 왔다. 2000년 동안 나라를 잃고 온갖 핍박을 받았다. 하지만 선조의 신앙을 자자손손 전수하는 데 성공했다. 하나님의 지상명령을 따라 가정에서 부모가 자녀에게 말씀을 전하며 신앙을 계승했다. 만일 유대인에게 자녀교육의 중심이 가정이 아니라 회당이었다면 어떻게 되었을까?

자녀의 신앙교육을 위한 두 기둥

현재 기독교 가정의 자녀들이 대학에 들어가면 70% 정도가 교회를 떠나고, 대학을 졸업하면 90% 정도가 교회를 떠나고 10% 정도만 교회에 남는다는 보고가 있다. 사실이 아니길 바라지만 무엇이 문제일까? 지금까지 자녀교육의 중심은 교회였다. 이제 가정과 교회가 함께 나서야 할 때다.

성장이 멈춘 한국교회는 저마다 머리를 맞대고 대안을 찾고 있다. 주일학교 교육도 실패했다. 아니 실패할 수밖에 없는 구조다. 교회가 주일학교 교육을 위해 아무리 많은 인력과 재정을 투자해도 가정에서 부모가 자녀를 제자로 삼는 신앙교육이 없다면 그것은 반쪽짜리 교육이다. 가정과 교회는 자녀교육의 두 기둥이다.

[행 5:42] 그들이 날마다 성전에 있든지 집에 있든지 예수는 그리스도라고 가르치기와 전도하기를 그치지 아니하니라

초대교회의 교육은 주로 어디서 이루어졌는가? "성전에 있든지 집에 있든지" 가르치기와 전도하기를 계속했다. 하나님께서는 신앙교육 장소로 가정과 교회를 선택하셨다. 신앙교육은 가정과 교회가 함께 손을 맞

잡아야 성공할 수 있다.

현용수[47] 박사는 《잃어버린 구약의 지상명령 쉐마》에서 부모가 자녀를 제자 삼아 양육하는 것은 하나님께서 부모에게 주신 구약의 지상명령이요, 이웃과 타민족을 제자 삼아 양육하는 것은 하나님께서 모든 그리스도인에게 주신 신약의 지상명령이라고 했다.

신약시대에는 전도의 방향을 전도 대상자에 따라 둘로 나눌 수 있다. 수직전도와 수평전도다.

첫째, 수직전도는 전도 대상자가 할아버지, 아버지, 손자로 이어지는 방법, 즉 가정에서 혈통적인 자녀에게 말씀을 가르치는 것이다. 이것이 구약의 지상명령이다창 18:19;신 6:4-9.

[창 18:19] 내가 그로 그 자식과 권속에게 명하여 여호와의 도를 지켜 의와 공도를 행하게 하려고 그를 택하였나니 이는 나 여호와가 아브라함에게 대하여 말한 일을 이루려 함이니라

[신 6:4-9] 이스라엘아 들으라 우리 하나님 여호와는 오직 유일한 여호와이시니
5 너는 마음을 다하고 뜻을 다하고 힘을 다하여 네 하나님 여호와를 사랑하라 6 오
늘 내가 네게 명하는 이 말씀을 너는 마음에 새기고 7 네 자녀에게 부지런히 가르
치며 집에 앉았을 때에든지 길을 갈 때에든지 누워 있을 때에든지 일어날 때에든
지 이 말씀을 강론할 것이며 8 너는 또 그것을 네 손목에 매어 기호를 삼으며 네
미간에 붙여 표로 삼고 9 또 네 집 문설주와 바깥 문에 기록할지니라

47) 현용수 박사는 아주사 퍼시픽대학교 신학대학원(Mar. M. Div.)을 졸업하고, 바이올라대학교 탈봇신학대학원에서 기독교 교육학 박사(Ph. D.) 박위를 받았다. 풀러신학교에서 유대교 전공 박사과정과 유대인 대학교 랍비신학대학원, 예시바대학교에서 탈무드를 수학했다. KBS, SBS 교육특강과 각종 신문에 유대인 자녀교육을 연재했으며, 자녀 교육에 관한 다수의 책을 저술했다.

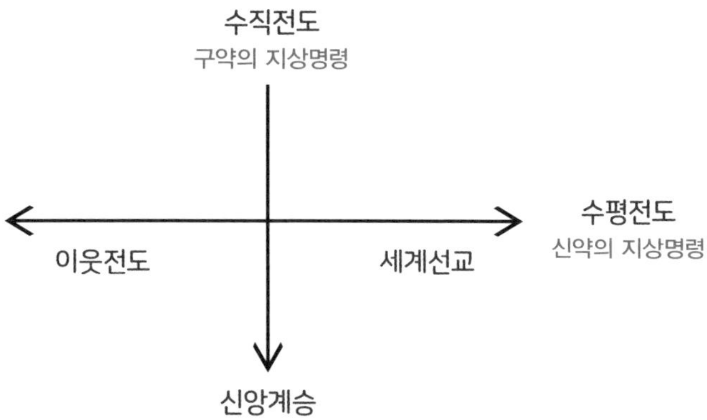

둘째, 수평전도란 신약시대에 수평적으로 타인에게 복음을 전하여 천국을 확장하는 데 사용되는 용어이다. 이웃 전도와 세계선교가 여기에 속한다마 28:18-20;행 1:8.

[마 28:18-20] 예수께서 나아와 말씀하여 이르시되 하늘과 땅의 모든 권세를 내게 주셨으니 [19] 그러므로 너희는 가서 모든 민족을 제자로 삼아 아버지와 아들과 성령의 이름으로 세례를 베풀고 [20] 내가 너희에게 분부한 모든 것을 가르쳐 지키게 하라 볼지어다 내가 세상 끝날까지 너희와 항상 함께 있으리라 하시니라

[행 1:8] 오직 성령이 너희에게 임하시면 너희가 권능을 받고 예루살렘과 온 유대와 사마리아와 땅끝까지 이르러 내 증인이 되리라 하시니라

… 따라서 전도의 우선순위는 마땅히 첫째가 자녀교육이요구약의 지상명령, 둘째가 이웃 전도와 세계선교여야 한다신약의 지상명령.

그동안 교회는 수직전도보다 수평전도에 더 열중했다. 서구 유럽 교회와 한국교회는 전도를 통해 이웃을 구원하는 일에 힘써왔다. 수많은 선교사를 파송하여 세계선교를 감당하는 증인의 사명을 충실히 감당해 왔다.

하지만 부모가 자녀를 믿음으로 양육하는 일, 즉 부모의 신앙을 자녀에게 계승하는 수직전도에는 실패했다. 자녀들은 교회를 떠나고 부모만 남아 있어 이런 교회는 갈수록 늘어나고 있다.

우리는 '증인'이나 '전도'라는 단어를 이웃 전도와 세계선교와 관련하여 생각해 왔다. 또 '내가 하나님의 일을 잘 감당하면, 내 자녀의 신앙은 하나님께서 책임져 주실 것'이라고 믿었다.

하지만 하나님께서는 자녀의 신앙교육, 즉 수직전도를 부모에게 맡기셨다는 것을 잊지 말아야 한다. 가정은 하나님께서 세우신 최초의 학교요, 부모는 하나님께서 세우신 최고의 교사다.

누구의 말을 따를 것인지 결정해야 한다

공자가 하나밖에 없는 외아들 이鯉를 직접 가르치지 않았다고 한다. 이것이 궁금했던 공손추가 스승 맹자에게 "군자가 자기 아들을 직접 가르치지 않은 까닭이 무엇입니까?"라고 물었다.

> "그렇게 할 수밖에 없기 때문이다. 가르치는 사람은 바르게 되라고 가르치는 것이다. 만일 그대로 실행하지 않으면 노여움이 따르게 되고, 그러면 부자간의 정리情理가 상하게 된다. 자식은 속으로 아버지가 내게 바른 일을 하라고 가르치지만, 아버지 역시 바르지 못하다고 생각할 것이다. 그래서 옛날 사람들은 서로 자식을 바꾸어 가르쳤다. 부자지간에 서로 잘못한다고 책망하면 정리情理가 멀어지게 되는데 그러면 불행한 일이 아닌가?"

맹자와 제자 공손추의 대화에서 비롯된 '역자교지'易子教之는 자기 자식은 부모가 가르치기 어려우므로 자식을 남과 서로 바꾸어서 가르친다는 뜻이다. 그렇다. 교사는 학생을 지도할 때 부모보다는 좀 더 이성적으로 학생을 대하기 때문에 화를 삭인다. 반대로 부모가 직접 자식을 가르치다 보면 자식에 대한 애정과 기대가 커서 자꾸 화를 낸다. 부모와 자식 사이에 서로 노여움이 생기고 감정이 상하게 되는 등 폐단이 많다. 그래서 다른 사람과 서로 자식을 바꾸어 가르쳐야 한다는 것이다.

그런데 하나님께서는 자녀의 신앙교육만큼은 부모에게 맡기셨다. 우리는 누구의 말을 따라야 할까? 맹자의 말을 따를 것인가, 하나님의 말씀을 따를 것인가? 구약성경 잠언서를 보면 '아비나 어미의 가르침을 잊지 말고 간직하고 살라'는 말씀이 끊임없이 반복된다. 이것은 구약에서 부모가 신앙 계승을 위해 자녀에게 말씀으로 얼마나 부지런히 양육하였는지를 엿볼 수 있다. 사실 잠언의 모든 내용은 부모가 스승이 되어 자녀를 가르친 기록이다. 그리고 부모는 자녀에게 '너도 부모가 되거든 내게서 배운 것을 네 자녀에게 꼭 가르쳐라'하고 당부한다.

[잠 22:6] 마땅히 행할 길을 아이에게 가르치라 그리하면 늙어도 그것을 떠나지 아니하리라

구약의 지상명령 대상은 누구인가? 이웃이나 다른 나라 사람이 아니다.

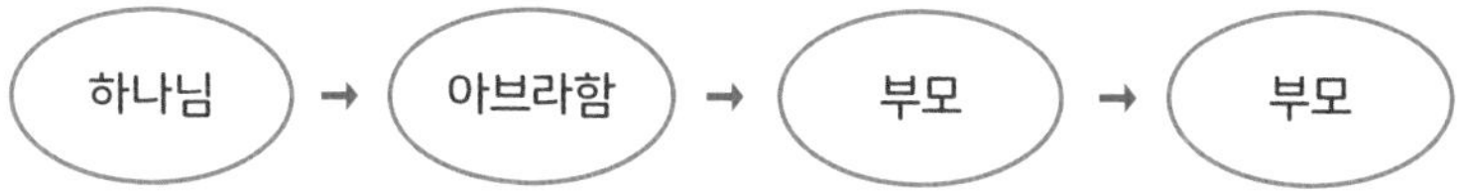

하나님께서 아브라함에게 주신 구약의 지상명령

[신 4:9] 오직 너는 스스로 삼가며 네 마음을 힘써 지키라 그리하여 네가 눈으로 본 그 일을 잊어버리지 말라 네가 생존하는 날 동안에 그 일들이 네 마음에서 떠

나지 않도록 조심하라 너는 그 일들을 네 아들들과 네 손자들에게 알게 하라

[신 6:2] 곧 너와 네 아들과 네 손자들이 평생에 네 하나님 여호와를 경외하며 내가 너희에게 명한 그 모든 규례와 명령을 지키게 하기 위한 것이며 또 네 날을 장구하게 하기 위한 것이라

[사 59:21] 여호와께서 이르시되 내가 그들과 세운 나의 언약이 이러하니 곧 네 위에 있는 나의 영과 네 입에 둔 나의 말이 이제부터 영원하도록 네 입에서와 네 후손의 입에서와 네 후손의 후손의 입에서 떠나지 아니하리라 하시니라 여호와의 말씀이니라

[욜 1:3] 너희는 이 일을 너희 자녀에게 말하고 너희 자녀는 자기 자녀에게 말하고 그 자녀는 후세에 말할 것이니라

구약의 지상명령 핵심은 무엇인가? 부모의 신앙을 3~4대까지 대물림하는 것이다. 이것은 초대교회의 직분자를 선출하는 기준이 되었다.

[딤전 3:2-5;12] 그러므로 감독은 책망할 것이 없으며 한 아내의 남편이 되며 절제하며 신중하며 단정하며 나그네를 대접하며 가르치기를 잘하며 3 술을 즐기지 아니하며 구타하지 아니하며 오직 관용하며 다투지 아니하며 돈을 사랑하지 아니하며 4 자기 집을 잘 다스려 자녀들로 모든 공손함으로 복종하게 하는 자라야 할지며 5 (사람이 자기 집을 다스릴 줄 알지 못하면 어찌 하나님의 교회를 돌보리요) … 12 집사들은 한 아내의 남편이 되어 자녀와 자기 집을 잘 다스리는 자일지니

[딛 1:6] 책망할 것이 없고 한 아내의 남편이며 방탕하다는 비난을 받거나 불순종하는 일이 없는 믿는 자녀를 둔 자라야 할지라

바울 사도는 왜 좋은 남편과 아버지를 교회 지도자 자격 조건으로 제시했을까? 현용수 박사는 바울이 구약의 지상명령을 신약의 연장선

으로 보았기 때문이라고 했다.

사도행전 6장에서 사도들이 직분자를 선택하면서 제시한 조건은 무엇인가? "형제들아 너희 가운데서 성령과 지혜가 충만하여 칭찬받는 사람 일곱을 택하라." 그렇다면 부모가 가정에서 자녀를 믿음으로 양육하는 증인의 사명을 감당하려면 무엇이 필요할까? 성령과 지혜가 충만해야 한다.

사람의 지혜와 능력으로 자녀를 가르친다면 '역자교지'를 주장한 맹자의 지적이 옳다. 하지만 우리에게는 성령의 지혜와 권능이 있다. 그러므로 부모가 성령세례를 받고 성령으로 충만하면 얼마든지 하나님께서 주신 지상명령을 가정에서 수행하며 증인의 삶을 살 수 있다. 성령충만이 없으면 수직전도도 없고 수평전도도 없다.

4장

성령님과 함께 하는 증인의 삶

> 그날 저녁 나는 올더스게이트에 별로 가고 싶은 마음이 없었으나 참석했다. 거기서 어떤 사람이 《루터의 로마서 강해 서문》을 읽고 있었다. 밤 9시 15분쯤, 그 낭독자가 우리가 그리스도를 믿을 때 하나님께서 우리 마음에 변화를 가져오시는 일을 묘사하는 말을 듣는 중에 내 마음이 이상스럽게 뜨거워짐을 느꼈다. 나는 내가 그리스도를 참으로 믿고 있음을 느꼈고 구원을 위해서 그리스도만을 의지해야 한다고 느꼈다. 그리고 주께서 내 모든 죄를 없애 주셨다는 확신이 생겼고, 나 같은 자의 죄를 다 사하시고 죄와 죽음의 법에서 나를 구원해 주셨음을 확신하게 되었다.

《존 웨슬리의 일기The Journal of John Wesley》에 실린 1738년 5월 24일 일기 내용이다. 이때 존 웨슬리의 나이는 35세였다.

1735년 존 웨슬리는 동생 찰스 웨슬리와 함께 식민지 주민과 인디언에게 복음을 전하기 위해 미국으로 갔다. 조지아에서 2년 동안의 사역은 미미했다. 실망하여 1738년 2월 영국으로 돌아왔다. 그리고 3개월 후 존 웨슬리는 구원을 확신하는 놀라운 은혜를 체험했다.

하지만 존 웨슬리는 "구원을 확신하는 은혜를 체험했지만, 생활에서 특별한 변화도 없었고 설교에도 여전히 감화력이 없었다"고 고백한다.

존 웨슬리의 증인의 삶은 언제 시작되는가

존 웨슬리는 성령의 권능을 받기 위해 몸부림쳤다. 1738년 여름, 친구와 함께 독일 모라비안 교단 본부를 방문했다. 그곳에서 3개월 동안 신앙 지도를 받았다. 특히 〈노샘프턴 대부흥 운동사〉로 알려진 조나단 에드워즈 목사의 저서 《A Faithful Narrative of the Surprising Work of God in the Conversion of Many Hundred Souls in Northampton[48)]》를 읽고 성령세례를 더욱 갈망했다.

1738년 12월 31일, 존 웨슬리는 모라비안 기도회에 참석하여 마침내 성령세례를 받았다. 1739년 1월 1일월 일기에서 그날의 감동을 다음과 같이 기록하고 있다.

> 미스터 홀, 킨친, 잉함, 휫필드, 허친스, 그리고 내 동생 찰스가 우리의 형제모라비안 60여 명과 함께 페터레인 애찬회에 참석하였다. 우리가 계속해서 갈급하게 기도하고 있을 때 새벽 3시경, 성령의 권능이 우리 위에 강하게 임하셨다. 그 권능 아래 사람들은 넘쳐흐르는 기쁨으로 울부짖었고, 땅바닥에 쓰러졌다. 우리는 하나님 권능의 현존 앞에서 깨어나자마자 한목소리로 '하나님은 우리의 주님이 되십니다'라고 찬양을 불렀다.

---

48) 조나단 에드워즈 목사는 1734년 11월부터 1735년 봄까지 '오직 믿음으로 의롭게 됨'을 주제로 집중 설교를 했다. 그 결과 노샘프턴과 주위에 있는 여러 마을에서 성령의 강력한 역사가 일어났다. 특히 그의 설교를 듣고 300명이 넘는 사람들이 예수님을 구주로 믿고 신앙고백을 했다. 그는 노샘프턴에서 일어난 대부흥의 이야기를 1737년 책을 통해 세상에 알렸다. 우리나라에는 《놀라운 부흥과 회심 이야기, 서울: 부흥과개혁사, 2006》로 출간되었다.

하나님께서 주신 지상명령을 수행하려면 무엇이 필요할까? 존 웨슬리 목사의 증인의 삶은 언제 시작되었는가? 성령세례를 받은 후 "나의 교구는 전 세계요, 세계는 나의 일터다. 이 세상에 예수 그리스도를 모르는 단 한 사람만 있더라도 나는 그 사람을 위하여 땅끝까지 달려갈 것이다"라고 외쳤다. 이른바 세계선교를 향한 증인의 삶이 시작된 것이다.

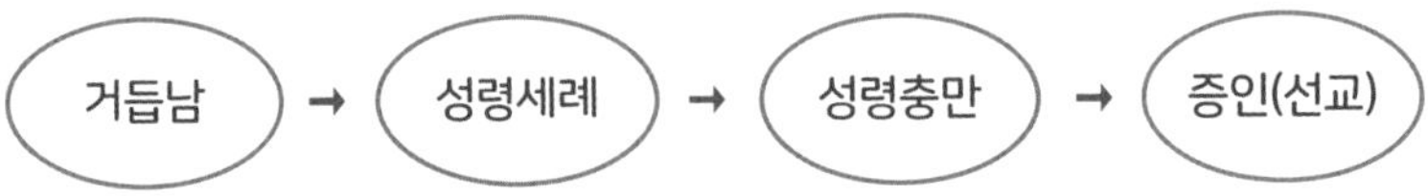

성령세례를 받은 후에야 증인의 삶을 살았던 존 웨슬리

성령세례와 성령충만 없이는 누구도 증인이 삶을 살 수 없다. 오순절은 제자들에게 예수 그리스도의 증인으로서 사명을 감당할 수 있는 권능을 갖게 했다. 지상명령은 사람의 힘으로 감당할 수 있는 사역이 아니다. 오직 성령의 권능으로만 감당할 수 있다.

선교 정책가 로버트 글로버Robert H. Glover는 선교는 인간의 일이 아니라, 성령의 권능과 지도력에 의해 수행되는 하나님의 일이라고 했다. 설령, 복음의 증인으로 헌신했을지라도 성령세례를 받지 않았다면, 그의 최선의 노력은 헛수고일 뿐이다. 성령충만이 없다면 처참한 결과를 맞게 될 것이다. 자녀를 제자 삼는 수직전도나 이웃을 넘어 땅끝까지 이르러 복음을 전하는 수평전도는 인간의 힘으로 감당할 수 없다. 성령의 권능과 지혜가 없이는 누구도 증인의 사명을 감당할 수 없다. 더더욱 복음의 열매를 기대할 수 없다. 복음증거의 원동력과 선교 전략은 보혜사 성령님 손에 달려있다.

티엘 오스본의 증인의 삶은 언제 시작되는가

인도 선교에서 채 1년도 못 되어 실패하고 미국으로 돌아온 우리는 매우 낙심했고 패배감을 가졌다. 우리는 하나님의 해결책을 갈망했다. 그때 주 예수 그리스도께서 내게 나타나셨고, 성경은 내게 살아 있는 책이 되었다. 우리는 하나님의 속량 원리를 발견했고, 하나님의 기적의 능력이 복음의 씨 속에 담겨 있는 것을 발견했다. 그 복음의 씨는 하나님께서 우리에게 주셔서 사람들 안에 심게 하신 것이었다. … 그 경험 후에 우리는 포틀랜드에서 목회하던 교회, 몬태빌리 태버내클에서 병자들을 초청했다. 교회는 만원이었다. 설교하고 나서 병자들을 위해 기도했더니 우리가 만지는 사람마다 즉시 낫는 일이 일어났다. 나는 내 안에서 역사하시는 예수님을 보았다.

우리는 재산을 팔고 세계로의 대여정을 시작하여 수많은 무리에게 예수 그리스도의 능력과 사랑을 알렸다. 우리 다음 해외 선교지는 카리브해의 섬나라 자메이카가 되었다. 우리는 13주 동안 거기서 사역했다. 귀가 들리지 않거나 말을 못 하던 125명이 치료되었고, 눈이 멀었던 90명 이상이 보게 되었으며, 다리를 절뚝거리거나 걷지 못했던 수백 명이 회복되었고, 가장 뜻깊은 것은 약 만 명이 예수 그리스도를 구세주로 영접했다. 성령의 권능으로 이런 기적이 나타났다.

자메이카에서 믿음의 모험 이후 우리는 수백만, 수천만 명에게 복음을 전해 왔다. 서구 기독교 세계만 아니라 수십 개의 비기독교 국가에서 복음을 전해 오면서 사도행전에 기록된 것과 똑같은 기적을 체험했다.

거듭남 → 성령세례 → 성령충만 → 증인(선교)

성령세례를 받은 후에야 증인의 삶을 살았던 티엘 오스본

영적 거장 티엘 오스본 목사의 간증이다. 그의 증인의 삶은 언제 시작되었는가? 1945년 인도 선교에서 실패한 후 성령세례를 받고 1949년 재헌신한 그는 60여 년 동안 90여 나라에서 기적과 표적으로 예수

그리스도를 증거했다.

자녀를 제자 삼아 신앙을 계승해야 하는 부모에게 무엇이 필요할까? 이웃 전도와 세계선교를 감당할 사역자에게 필요한 것은 무엇일까? 존 웨슬리와 티엘 오스본처럼 개인적인 오순절이 필요하다. 그래야 자신의 위치에서 증인의 사명을 감당할 수 있다.

성령세례는 복음증거를 위해 주어졌다

예수님께서 제자들을 부르신 목적이 무엇인가? 제자들에게 성령세례를 받으라고 분부하신 이유가 무엇인가?

[막 1:17] 예수께서 이르시되 나를 따라오라 내가 너희로 사람을 낚는 어부가 되게 하리라 하시니

[행 1:8] 오직 성령이 너희에게 임하시면 너희가 권능을 받고 예루살렘과 온 유대와 사마리아와 땅끝까지 이르러 내 증인이 되리라 하시니라

[눅 24:46-49] 또 이르시되 이같이 그리스도가 고난을 받고 제삼일에 죽은 자 가
운데서 살아날 것과 47 또 그의 이름으로 죄 사함을 받게 하는 회개가 예루살렘에
서 시작하여 모든 족속에게 전파될 것이 기록되었으니 48 너희는 이 모든 일의 증
인이라 49 볼지어다 내가 내 아버지께서 약속하신 것을 너희에게 보내리니 너희는
위로부터 능력으로 입혀질 때까지 이 성에 머물라 하시니라

[요 20:21-22] 예수께서 또 이르시되 너희에게 평강이 있을지어다 아버지께서 나
를 보내신 것 같이 나도 너희를 보내노라 22 이 말씀을 하시고 그들을 향하사 숨을
내쉬며 이르시되 성령을 받으라

예수님께서 제자들을 부르신 목적과 성령세례를 받아야 하는 목적은 사람을 낚는 어부, 곧 예수 그리스도의 증인이 되기 위해서다. 증인

의 사명을 감당하기 위해서는 반드시 성령세례를 통해 성령의 권능을 힘입어야 한다.

R. A. 토레이 박사는 "성령세례는 복음증거를 위해 권능을 입혀주는 것을 목적으로 한다"고 했다. 예수님의 제자들은 성령세례를 받은 이후에 사명을 감당할 수 있었다. 베드로와 다른 사도들은 예수 그리스도의 죽음과 부활을 전하면서 "우리는 다 이 일에 증인이다"[행 2:32]고 했다. 솔로몬 행각에 모인 무리 앞에서도[행 3:15], 공회 앞에서도[행 5:32], 고넬료 집에서 말씀을 전할 때도[행 10:39;41] 우리는 예수 그리스도의 증인이라고 고백한다.

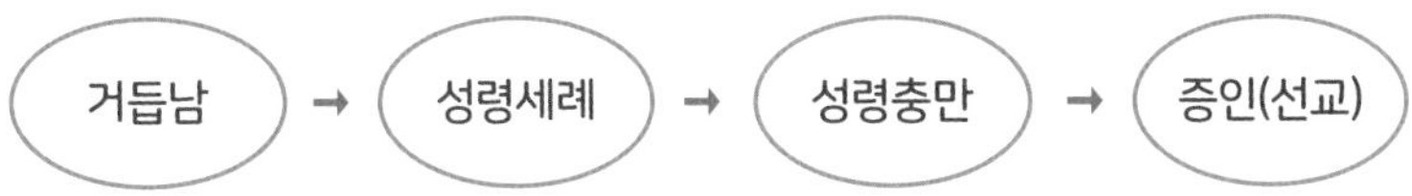

성령세례를 받은 후에야 증인의 삶을 살았던 제자들

바울 사도 역시 다메섹에서 부활하신 예수님을 만난 후 아나니아의 안수를 통해 성령세례를 받고 성령충만을 받았다. 그리고 난 후 물로 세례를 받았다. 이후 바울은 예수님의 증인으로 부름을 받고 사명을 감당할 수 있었다.

[행 22:15] 네가 그를 위하여 모든 사람 앞에서 네가 보고 들은 것에 증인이 되리라

[행 23:11] 네가 예루살렘에서 나의 일을 증거한 것 같이 로마에서도 증거하여야 하리라

[골 1:23] … 이 복음은 천하 만민에게 전파된 바요 나 바울은 이 복음의 일꾼이 되었노라

성령충만도 복음증거를 위해 필요하다

복음의 일꾼 바울 사도는 성령으로 충만한 삶을 살았다. 예루살렘의 유대인들과 공회원들 앞에서도, 베스도 총독과 헤롯 아그립바 왕 앞에서도, 로마 옥에 갇혀 있을 때도 예수 그리스도를 담대히 증거했다.

빌립 집사와 스데반 집사도 성령세례를 받고 성령으로 충만한 삶을 살았다. 빌립 집사는 사마리아 사람들에게 복음을 전했고행 8:5, 예루살렘에 예배하러 왔다가 돌아가는 에티오피아 여왕 간다게의 국고를 맡은 내시에게 복음을 전했고행 8:35, 아소도의 여러 성을 다니며 복음을 전했다행 8:40. 사도행전 21:8절에서는 "일곱 집사 중 하나인 전도자 빌립"이라고 소개한다. 스데반 집사도 성령으로 충만하여 예수 그리스도를 전하는 증인의 사명을 감당했다행 6-7장. 사도행전 22:20절에서는 "주의 증인 스데반"이라고 말씀한다.

달라스신학교 선교학 교수 죠지 피터스George Peters 박사는 《A Biblical Theology of Missions》에서 성령님은 세계선교의 개척자요, 동기 부여자요, 감독자요, 고도의 전략가라고 했다. 사도들이나 초대교회 성도들에게 성령세례가 없었다면, 두려움에 갇혀 집 안에서 나오지 못하는 연약한 무리에 지나지 않았을 것이다. 하지만 성령의 권능을 힘입고 세계로 뻗어나가 날마다 기적과 표적을 드러내며 예수 그리스도를 힘 있게 증언했다고 했다.

허버트 케인Herbert Kane[49] 박사는 지금까지 우리는 '가라'는 말씀에는

---

49) 허버트 케인 박사는 미국 무디성서대학과 배링턴대학(B.A.)을 졸업하고 브라운대학교(M.A.)를 거쳐 배링턴대학교(L.H.D)에서 박사 학위를 받았다. 미국선교학회(ASM) 회장 및 복음주의 선교학 교수회(AEPM) 회장, 퀘벡 Onward Gospel Church 담임목사로 섬

주의를 기울였지만, 위로부터 권능을 입을 때까지 예루살렘에 '머무르라'는 경고는 완전히 무시해 왔다고 했다.

칼빈신학교 선교학 교수 해리 보오Harry Boer도 《Pentecost and missions》에서 대위임명령에 기초를 두고 있는 것이 아니라 성령의 임재와 권능에 두고 있다고 했다.

악기가 전문가에 의해 연주되어야 아름다운 화음을 내는 것처럼 복음의 증인은 성령의 권능으로 사역할 때 따르는 표적이 있다. 복음증거는 성령으로 시작되고, 성령으로 진행되어, 성령으로 열매를 맺는다. 지상명령의 성취는 사람의 힘이나 능력으로는 불가능하다. 오직 성령의 권능으로만 가능하다슥 4:6.

세계선교를 감당하는 선교사나 목회 사역을 감당하는 목회자만 성령세례와 성령충만이 필요한 것이 아니다. 가정에서 자녀를 주님의 제자로 양육해야 하는 부모도 성령세례를 받고 성령의 충만함을 입어야 주님께서 맡기신 사명을 감당할 수 있다.

모든 양육 목표는 증인의 삶에 두어야 한다

예수님께서는 우리를 통해 가정과 이웃, 땅끝에 있는 영혼을 구원하신다. 사람을 예수님께 인도하여 거듭나게 했다면, 먼저 물로 세례를 받게 해야 한다. 그리고 성령으로 세례를 받도록 도와주어야 한다. 성령세례를 받은 후에는 성령충만을 받아 반드시 증인의 삶을 살도록 양육해야 한다.

겼으며, 15년 동안 중국 선교사(1935-1950, CIM 소속)로 사역했다. 그 후 트리니티복음주의신학교 선교학 교수(1967-1980)로 재직했고, 은퇴 후에는 1983년까지 "세계 선교 역사"를 강의했다. 여러 논문을 비롯해 《선교사의 생활과 사역》, 《기독교 선교 이해》, 《세계 선교의 오늘과 내일》 등 다수의 책을 집필했다.

[벧전 2:9] 그러나 너희는 택하신 족속이요 왕 같은 제사장들이요 거룩한 나라요 그의 소유가 된 백성이니 이는 너희를 어두운 데서 불러내어 그의 기이한 빛에 들어가게 하신 이의 아름다운 덕을 선포하게 하려 하심이라

만일 거듭난 그리스도인이 증인의 삶을 살지 못한다면 무엇을 점검해야 할까? 먼저 어느 단계에 머물러 있는지 살펴보아야 한다. 거듭난 그리스도인이라 할지라도 성령세례를 받지 못한 단계에 있다면, 증인의 삶을 살 수 없다. 성령세례를 받았다 해도 성령으로 충만하지 않다면, 빛의 자녀로서 살 수 없고, 성령의 열매를 맺을 수 없고, 증인의 삶도 살 수 없다. 설령, 증인의 삶을 산다고 해도 따르는 표적이 없다. 전도자는 따르는 표적으로 말씀을 확증해야 한다막 16:20;살전 1:5.

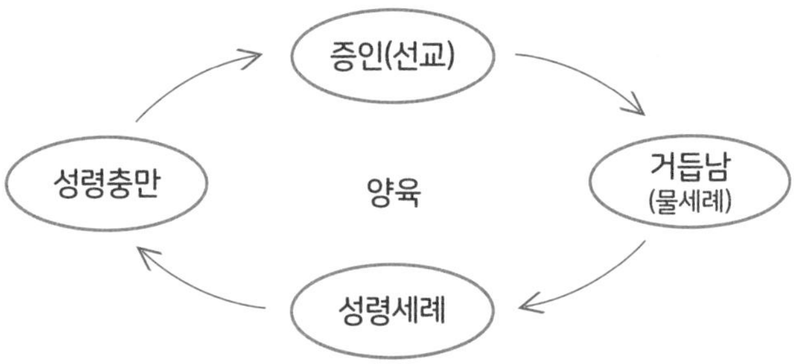

증인(선교)의 삶에 목표를 둔 단계별 양육

모든 양육의 초점과 목표는 증인의 삶에 두어야 한다. 무엇보다 증인의 삶을 방해되는 원인을 찾아 제거해 주어야 한다. 성령세례를 받고 난 후 지속해서 힘써야 할 일은 성령으로 충만함을 받도록 돕는 일이다. 이것은 수직전도나 수평전도에서 반드시 학습해야 할 주님의 방법이다. 참고로 학습學習은 이론을 몸에 익히는 것을 말한다.

우리 교회 집사 한 분의 간증을 소개한다. 성령세례를 통해 방언을 받고 어떤 삶을 살고 있는지 살펴보자.

나는 새벽기도회에 나와서 성령세례와 방언에 관한 목사님 설교를 들었다. 설교 후 성령세례를 받고 방언하기를 원하는 사람은 앞으로 나오라고 해서 안수기도를 받았다. 성령세례를 받자마자 한없는 감사와 함께 눈물이 터져 나왔다. 그리고 곧바로 혀가 꼬이며 방언이 시작되었다. 처음 시작한 방언은 '랄랄루루' 정도의 몇 마디 언어가 전부였다. 다른 사람들은 유창한 언어를 사용하여 방언할 때 '랄랄루루'만 하는 내 방언이 솔직히 마음에 들지 않았다. 하지만 계속해서 방언을 하면 누구나 유창한 방언을 할 수 있다는 목사님의 가르침을 따라 계속해서 방언으로 기도하였다. 그러던 어느 순간에 갑자기 유창한 방언이 내 입에서 터져 나왔다.

살다 보면 크고 작은 여러 가지 일로 때때로 힘들고 고통스러울 때가 있다. 그럴 때마다 하나님 앞에 나가 기도한다. 그때 내가 하는 기도의 10% 정도는 우리말로 기도하고 90% 정도는 방언기도와 방언찬양을 한다. 이렇게 시간을 보내고 나면 성령의 충만함을 입는다. 기도하기 전에는 두렵고 크게 보였던 문제가 기도 후에는 작아 보인다. 문제와 환경은 여전히 그대로이지만 그 문제와 환경을 다스리고 지배할 넉넉한 힘이 생긴다. 또 문제 앞에서 두려워하던 내가 어느새 담대해져 있는 것을 발견한다. 나는 지금 방언기도로 마음과 환경을 다스리며 승리하는 삶을 살고 있다.

이런 당당한 모습을 보고 사람들은 나와 이야기하는 것을 좋아한다. 나에게 상담을 요청하기도 한다. 한번은 다른 교회에 나가는 분에게서 연락이 왔다. 그 분은 나보다 교회 생활을 오랫동안 해 왔고, 학벌도 나보다 월등하고, 나이도 나보다 많은 분인데 꼭 한번 만나자고 했다. 그분은 자신의 문제와 고민을 울면서 털어놓았다. 나는 하나님의 자녀인 우리 자신이 누구이며, 또 우리가 어떤 권세와 권능을 가지고 있으며, 또한 성령이 권능으로 어떻게 문제를 극복하고 승리할 수 있는지를 나의 간증과 함께 들려주었다. 내 이야기를 다 듣고 난 후 그분은 충격적인 고백을 했다.

"집사님, 사실은 나 자살하려던 참이었어. 그런데 집사님 생각이 자꾸 나서 꼭 만나보고 싶은 마음이 들었어. 그래서 연락했어. 나를 살려 줘서 정말 고마워."

성령세례를 받고 방언기도를 하기 전에는 예수님을 전한다는 것이 큰 부담이었다. 무슨 말을 어떻게 해야 할지 몰랐고, 무엇보다 자신감이 없고 부끄럽기도 했다. 하지만 성령세례를 받고 방언기도를 계속하면서 나의 마음과 생각은 완전히 달라졌다. 지금은 주위 사람들에게 내가 만난 하나님을 전혀 두려움 없이 전한다.

말씀을 통해 성령충만함을 받는 방법을 익힌 후 성령충만한 삶을 힘쓰고 있다. 때때로 남편과 두 아들에게 말씀을 전한다. 특히 두 아들을 붙들고 틈틈이 말씀으로 양육하고 있다. 이들을 지속해서 양육하는 일은 쉽지 않다. 그러나 두 아들을 믿음으로 양육하여 신앙을 계승하는 일은 하나님께서 내가 맡겨 주신 일이기에 절대 포기하지 않을 것이다.

많은 그리스도인이 있지만, 성령세례를 받은 그리스도인은 많지 않다. 성령세례를 받은 그리스도인 중에 성령충만하여 증인의 삶을 사는 그리스도인은 많지 않다.

수직전도와 수평전도는 균형을 유지해야 한다

그동안 교회는 이웃을 전도하고 양육하는 수평전도를 강조했다. 이웃을 구원하기 위한 전도훈련과 양육훈련도 했다. 수평전도를 위한 수많은 전도 프로그램이 개발되어 있다. 이들을 양육하는 각종 성경 공부 교재도 즐비하다. 잘못된 일이 아니다. 하지만 가정에서 부모가 자녀에게 복음을 전하고 자녀를 제자로 양육하는 수직전도는 강조되지 않았다.

현용수 박사의 주장처럼 신약의 지상명령은 간직하고 살았지만, 구약의 지상명령은 잃어버렸다. 신앙계승의 소중함을 알았지만, 자녀를 믿음으로 이끄는 일은 부모의 책임이요, 하나님의 명령이라는 것을 몰랐다. 그 결과 수직전도의 책임을 소홀히 여겼다. 또 이를 위한 양육 프로그램이나 훈련도 거의 없었다.

우리는 구약의 지상명령과 신약의 지상명령을 함께 지켜야 한다. "너희는 가서 모든 민족을 제자로 삼으라"는 지상명령은 모든 그리스도인에게 주신 명령이다. 하지만 신약의 지상명령보다 먼저 주신 명령이 있다. "오늘 내가 네게 명하는 이 말씀을 너는 마음에 새기고 네 자녀에게 부지런히 가르치라." 이 명령은 부모에게 주신 지상명령이다. 두 가지 지상명령은 서로 짝을 이루고 균형을 유지해야 한다.

교회는 수직전도와 수평전도의 균형을 잃었다. 만일 자녀들이 가정에서 기도응답을 받고, 성령의 권능을 체험하며 산다면, 그들은 평생 교회를 떠나거나 신앙을 등지는 일은 없을 것이다.

서로 짝을 이루고 균형을 유지해야 할 지상명령

부모가 자녀를 양육할 때 자녀의 믿음만 성장하는 것이 아니다. 부모의 믿음도 함께 성숙한다. 다른 사람을 양육할 때는 이른바 '잘난 척' 하며 배우처럼 연기할 수 있다. 하지만 자녀 앞에서는 모든 것이 들통나기 때문에 그렇게 할 수 없다. 그래서 자녀를 제자로 양육하는 일이 몇 배 더 어려울 수 있다. 이런 한계를 극복하기 위해 부모는 하나님을 의지하고, 지혜를 구하고, 성령충만을 힘쓰지 않을 수 없다.

하나님의 명령은 사람의 힘과 능력으로는 누구도 받들 수 없다. 하지만 성령세례를 받고 성령으로 충만한 그리스도인이라면 누구나 감당할 수 있다. 지상명령은 성령충만으로만 받들 수 있다.

5장

선교를 통해 완성되는 하나님 나라

루스 시먼스Ruth J. Simmons는 소작농 아버지와 하녀 어머니 사이에서 12남매 중 막내로 태어났다. 아버지는 뜨거운 목화밭에서 목화를 따고 어머니는 남의 집 하녀로 일했다. 겨우 생계를 잇는 형편이었다. 하루는 루스가 시무룩한 얼굴로 선생님께 물었다.

"선생님, 우리 부모님은 매일 새벽부터 밤늦도록 열심히 일해요. 그런데 우리 집 형편은 조금도 나아지지 않아요."

'아이다'Aida라는 이름의 선생님은 루스를 꼭 안아 주며 위로했다.

"루스, 부모님이 고생하시는 모습 때문에 마음이 아픈 모양이구나. 하지만 루스가 꿈을 갖고 열심히 공부해서 훌륭한 사람이 되면 부모님에게 큰 힘이 될 수 있단다."

선생님은 루스에게 꿈을 심어 주었다. 루스는 부모 형제로부터 한 푼의 학비 도움도 받을 수 없었다. 꿈을 이루기 위해서는 열심히 공부하여 장학금을 받아야만 했다. 그리고 시간만 나면 아르바이트 자리를 찾아 나섰다.

흑인에 대한 인종차별도 견디어 내야 했다. 자유와 평등을 바탕으로 세운 미국이지만, 건국이념이 무색할 정도로 흑인에 대한 차별은 난무했다. 흑백 분리 정책으로 루스는 고등학교 때까지 백인 학생과 같은 교실에서 공부해 본 적이 없다. 하지만 그녀는 28세에 당시 흑인으로서는 꿈도 꾸기 힘든 하버드대학교에서 영문학 박사 학위를 받았다. 백인 학생도 받기 쉽지 않았던 풀브라이트 장학금을 그것도 흑인 여학생인 자신이 받게 되었는데 "그것은 기적이요 하나님의 은혜였다"고 고백한다.

2001년, 그녀는 차별의 벽을 뚫고 아이비리그Ivy League 대학의 첫 흑인 총장에 올랐다. 브라운대학교Brown University 총장이 된 것이다. 루스 총장을 만나는 사람들의 질문은 한결같다.

"어떻게 차별과 힘든 역경을 이겨낼 수 있었어요?"

그녀는 환한 미소로 이렇게 대답한다.

"인종차별, 성차별 때문에 힘들 때가 많았습니다. 그러나 어떠한 것도 나의 꿈과 열정을 막지는 못했습니다. 배움을 통해 내가 가진 무한한 능력을 펼쳐 보이고 싶은 꿈 …. 나는 그 꿈을 이루기 위해 모든 열정을 쏟았습니다. 여러분도 꿈을 포기하지 마십시오."

루스 시먼스 총장은 2001년 타임TIME의 '미국 최고의 총장'으로 선정되었고, 2002년 뉴스위크Newsweek의 '올해의 여성'으로 선정되었다.

루스 시먼스는 어떻게 흑인과 여성이라는 '유리천장'을 극복했을까? 꿈과 열정이다. 그렇다면 예수님의 꿈과 열정은 무엇인가?

예수님의 꿈은 오직 하나님 나라였다

예수님께서 공생애를 시작하시면서 선포하신 말씀은 '하나님 나라'였다. 마태는 '천국'과 '하나님 나라'를 혼용해서 사용한다. 마가는 천국이란 단어는 사용하지 않고 '하나님 나라'만 사용한다.

> [마 4:17] 이 때부터 예수께서 비로소 전파하여 이르시되 회개하라 천국이 가까이 왔느니라 하시더라

> [막 1:15] 이르시되 때가 찼고 하나님의 나라가 가까이 왔으니 회개하고 복음을 믿으라 하시더라

고신대학교 이복수 교수는 《하나님 나라》에서 '하나님 나라'와 '천국'의 의미를 다음과 같이 설명한다.

> 단순한 표현상의 차이로 '하나님 나라'Kingdom of God와 '하늘나라'Kingdom of heaven일 뿐이다. '하나님'을 대신하여 '하늘'이 들어간 표현으로 동일한 의미를 지니고 있다. 하나님 나라는 왕권kingship, 통치reign, 왕의 주권royal dominion 등을 내포한다.

예수님의 꿈은 오직 하나님 나라를 세우는 일이었다. 예수님께서 공생애를 시작하면서 선포하신 하나님 나라는 사역 핵심이었다. 이 일을 위해 모든 열정을 쏟아부으셨다. 십자가에 죽으시고 부활하신 일도 하나님 나라를 세우는 일이었다. 부활하신 예수님께서는 40일 동안 제자들에게 하나님 나라의 일을 줄곧 가르치셨다.

> [행 1:3] 그가 고난받으신 후에 또한 그들에게 확실한 많은 증거로 친히 살아 계심을 나타내사 사십 일 동안 그들에게 보이시며 하나님 나라의 일을 말씀하시니라

그렇다면 '하나님 나라의 일'은 무엇일까? 사탄이 지배 가운데 있는 사람을 구원하는 일이 곧 하나님 나라의 일이다. 예수님께서는 "나의 양식은 나를 보내신 이의 뜻을 행하며 그의 일을 온전히 이루는 이것이니라"요 4:34고 하셨다.

예수님께서 귀신 들려 눈멀고 벙어리 된 사람을 고쳐주신 것을 보고 바리새인들은 "하나님의 나라가 어느 때에 임하나이까?"라고 물었다. 예수님께서는 "하나님의 나라는 너희 안에 있느니라"고 대답하셨다.

> [눅 17:20-21] 바리새인들이 하나님의 나라가 어느 때에 임하나이까 묻거늘 예수께서 대답하여 이르시되 하나님의 나라는 볼 수 있게 임하는 것이 아니요 21 또 여기 있다 저기 있다고도 못하리니 하나님의 나라는 너희 안에 있느니라

> [마 12:28] 그러나 내가 하나님의 성령을 힘입어 귀신을 쫓아내는 것이면 하나님의 나라가 이미 너희에게 임하였느니라

바리새인들이나 유대인들, 제자들까지도 이스라엘이 로마 식민 지배에서 벗어나는 것을 하나님 나라가 임하는 것으로 보았다. 심지어 세례 요한도 그렇게 생각했다.

> [마 11:2-5] 요한이 옥에서 그리스도께서 하신 일을 듣고 제자들을 보내어 3 예수께 여짜오되 오실 그이가 당신이오니이까 우리가 다른 이를 기다리오리이까 4 예수께서 대답하여 이르시되 너희가 가서 듣고 보는 것을 요한에게 알리되 5 맹인이 보며 못 걷는 사람이 걸으며 나병환자가 깨끗함을 받으며 못 듣는 자가 들으며 죽은 자가 살아나며 가난한 자에게 복음이 전파된다 하라

옥에 갇혀 있던 세례 요한은 제자들을 예수님께 보내어 물었다. "오신다고 했던 분이 바로 당신입니까? 아니면 다른 분을 기다려야 합니까?" 예수님께서는 어떻게 대답하셨는가? 맹인을 보게 하고, 걷지 못

하는 사람을 걷게 하고, 나병환자가 고쳐 주고, 듣지 못하는 사람을 듣게 하고, 죽은 자를 살리고, 가난한 자에게 복음이 전파되는 것으로 응답하셨다. 예수님께서는 사탄의 통치에서 벗어나게 하는 일을 통해 하나님 나라를 설명하셨다.

말씀과 성령의 권능으로 하나님 나라를 세우셨다

예수님께서는 회당, 성전, 마을, 바닷가, 광야에서 하나님의 말씀을 가르치셨고, 병든 사람을 고치고 귀신 들린 사람을 치유하셨다. 예수님께서는 하나님의 말씀과 성령의 권능으로 하나님 나라를 세우셨다.

[마 9:35] 예수께서 모든 도시와 마을에 두루 다니사 그들의 회당에서 가르치시며 천국 복음을 전파하시며 모든 병과 모든 약한 것을 고치시니라

[마 12:28] 그러나 내가 하나님의 성령을 힘입어 귀신을 쫓아내는 것이면 하나님의 나라가 이미 너희에게 임하였느니라

[눅 5:17] 하루는 가르치실 때에 갈릴리의 각 마을과 유대와 예루살렘에서 온 바리새인과 율법교사들이 앉았는데 병을 고치는 주의 능력이 예수와 함께하더라

예수님께서 제자들에게 주신 사명은 무엇인가? 하나님 나라를 세우는 도구로 무엇을 주셨는가? 마태, 마가, 누가의 증언에 의하면 예수님께서는 12제자와 70인 제자를 세우고 파송하실 때 권세와 권능을 도구로 주셨다.

[마 10:1] 예수께서 그의 열두 제자를 부르사 더러운 귀신을 쫓아내며 모든 병과 모든 약한 것을 고치는 권능(엑수시아)을 주시니라

[막 6:7;12-13] 열두 제자를 부르사 둘씩 둘씩 보내시며 더러운 귀신을 제어하는 권능(엑수시아)을 주시고 … [12] 제자들이 나가서 회개하라 전파하고 [13] 많은 귀신을 쫓아내며 많은 병자에게 기름을 발라 고치더라

[눅 9:1-2;6] 예수께서 열두 제자를 불러 모으사 모든 귀신을 제어하며 병을 고치는 능력(두나미스)과 권위(엑수시아)를 주시고 [2] 하나님의 나라를 전파하며 앓는 자를 고치게 하려고 내보내시며 … [6] 제자들이 나가 각 마을에 두루 다니며 곳곳에 복음을 전하며 병을 고치더라

[눅 10:1;19] 그 후에 주께서 따로 칠십 인을 세우사 친히 가시려는 각 동네와 각 지역으로 둘씩 앞서 보내시며 … [19] 내가 너희에게 뱀과 전갈을 밟으며 원수의 모든 능력(두나미스)을 제어할 권능(엑수시아)을 주었으니 너희를 해칠 자가 결코 없으리라

3년 반 동안 말씀으로 제자들을 훈련하신 예수님께서는 권세와 권능을 주어 하나님 나라를 전파하는 증인이 되게 하셨다.

[행 1:8] 오직 성령이 너희에게 임하시면 너희가 권능을 받고 예루살렘과 온 유대와 사마리아와 땅끝까지 이르러 내 증인이 되리라 하시니라

[막 16:20] 제자들이 나가 두루 전파할새 주께서 함께 역사하사 그 따르는 표적으로 말씀을 확실히 증언하시니라

[롬 15:18-19] 그리스도께서 이방인들을 순종하게 하기 위하여 나를 통하여 역사하신 것 외에는 내가 감히 말하지 아니하노라 그 일은 말과 행위로 [19] 표적과 기사의 능력으로 성령의 능력으로 이루어졌으며 그리하여 내가 예루살렘으로부터 두루 행하여 일루리곤까지 그리스도의 복음을 편만하게 전하였노라

[살전 1:5] 이는 우리 복음이 너희에게 말로만 이른 것이 아니라 또한 능력과 성령과 큰 확신으로 된 것임이라 우리가 너희 가운데서 너희를 위하여 어떤 사람이 된 것은 너희가 아는 바와 같으니라

스데반과 빌립 집사도 예수님처럼 말씀과 성령의 권능으로 하나님의 나라를 확장했다.

[행 6:8] 스데반이 은혜와 권능이 충만하여 큰 기사와 표적을 민간에 행하니

[행 8:5-8] 빌립이 사마리아 성에 내려가 그리스도를 백성에게 전파하니 [6] 무리
가 빌립의 말도 듣고 행하는 표적도 보고 한마음으로 그가 하는 말을 따르더라 [7]
많은 사람에게 붙었던 더러운 귀신들이 크게 소리를 지르며 나가고 또 많은 중풍
병자와 못 걷는 사람이 나으니 [8] 그 성에 큰 기쁨이 있더라

사마리아 사람들은 따르는 표적을 보고 빌립의 말에 귀를 기울였다. 표적을 통해 복음이 증거되었을 때 그곳에 큰 기쁨이 있었다.

만일 12명의 제자들과 바울 사도, 스데반과 빌립 집사의 사역에 확실한 표적이 없었다면 오늘날의 노방 전도 수준에 머물렀을 것이다. 신약성경에서 따르는 기사와 표적은 항상 전도와 직결된다.

성경 말씀과 성령의 권능은 수레의 두 바퀴처럼 함께 지녀야 할 복음 증거를 위한 도구다. 만일 하나님의 말씀은 잘 준비되었으나 성령의 권능을 지니지 못했다면, 하나님 나라를 세우는 온전한 일꾼이 될 수 없다.

말씀과 권능이 함께 짝을 이루어 세워지는 하나님 나라

어떤 사람은 성경 말씀만이 하나님 나라를 세우는 최고의 무기라고

한다. 그렇다면 예수님께서 제자들을 파송하시면서 왜 "하나님 나라가 가까이 왔다"라는 말씀과 함께 귀신을 쫓아내고 병든 자를 고치는 권세와 권능을 주셨을까? 말씀이 육신이 되어 오신 예수님, 말씀으로 충만하신 예수님께서는 왜 성령이 임하시고 난 후 사역을 시작하셨을까? 3년 반 동안 가르침을 받아 말씀으로 잘 준비된 제자들에게 왜 예루살렘을 떠나지 말고 약속하신 성령의 권능을 받을 때까지 기다리라고 하셨을까? 우리가 꼭 기억해야 할 것은 하나님 나라의 사역자는 성경 말씀과 성령의 권능을 함께 지녀야 한다.

예수님께서는 하나님 나라가 임하였다고 선포하셨다. 그런 다음 성령의 권능으로 병든 자를 치유하시고 악한 영에 사로잡혀 있는 자를 자유롭게 하셨다. 따르는 표적으로 하나님 나라가 임한 사실을 증명하셨다. 제자들도 자신이 전한 말씀을 따르는 표적으로 확증했다막 16:20;살전 1:5. 이 사실을 모든 사역자는 숙지해야 한다.

성령의 권능은 증인의 삶을 살게 한다. 성령세례와 함께 주어지는 것이 성령의 권능이다. 그러므로 성령세례를 받은 사람은 이미 성령의 권능을 가지고 있다. 그렇다면 성령의 권능을 가지고 있는데 굳이 성령충만이 필요한 이유는 무엇인가? 성령충만은 우리 안에 있는 성령의 권능을 활성화한다. 성령충만은 성령의 권능을 활성화하여 따르는 표적으로 말씀을 확증한다. 하나님 나라는 말씀과 성령의 권능을 통해 세워진다.

하나님 나라는 선교를 통해 완성된다

하나님 나라는 주님의 권세와 권능으로 통치되는 영역이다. 사탄은 인간을 유혹하여 하나님의 통치에서 벗어나게 했다. 복음증거는 사탄의 통치에서 벗어나 하나님의 주권과 통치 아래로 들어오게 하는 일이다. 따라서 하나님 나라의 완성을 위한 선행조건이 바로 선교다.

[마 24:14] 이 천국 복음이 모든 민족에게 증언되기 위하여 온 세상에 전파되리니 그제야 끝이 오리라

수직전도에만 머물러서는 안 된다. 수평전도를 통해 이웃과 모든 민족에게 천국 복음이 전파되었을 때 하나님 나라가 완성된다. 마침내 우리 주님께서 다시 오신다. 공생애를 마치고 승천하는 예수 그리스도를 바라보는 제자들에게 두 천사가 전한 메시지는 무엇인가?

[행 1:11] 이르되 갈릴리 사람들아 어찌하여 서서 하늘을 쳐다보느냐 너희 가운데서 하늘로 올려지신 이 예수는 하늘로 가심을 본 그대로 오시리라 하였느니라

사도 바울은 예수님의 다시 오심을 우리의 "복스러운 소망"딛 2:13이라고 했다. 그러므로 이 땅의 교회는 어둠 가운데 있는 백성을 하나님 나라로 인도하는 '열방의 빛'이 되어야 한다.

마하트마 간디가 대영제국에 맞서 나라를 식민 지배에서 구한 승리 비결은 무엇인가? 간디가 막대한 재정, 막강한 무기와 군사 조직을 가진 영국을 이길 수 있었던 것은 목표를 분명히 설정했고, 온 국민은 지도자 간디가 제시한 그 목표에 집중했기 때문이다. 간디와 국민은 영국 식민지에서 벗어나야 한다는 흔들릴 수 없는 꿈이 있었다. 그는 인도 국민을 향하여 이렇게 외쳤다.

"오직 한 목표를 향한 힘은 어떤 군사력보다 강하다."

인도 국민은 지도자 간디와 같은 꿈, 같은 목표를 가지고 있었기 때

문에 영국 식민지에서 벗어날 수 있었다.

그렇다면 하늘나라 시민권을 지닌 우리의 목표는 무엇인가? 모든 그리스도인의 꿈과 소원은 무엇인가? 하나님 나라를 완성하는 것이다. 이것은 모든 그리스도인의 꿈이요, 목표요, 사명이다. 하나님 나라는 선교를 통해 완성된다.

예수님의 꿈과 일치한 꿈을 꾸어야 한다

미국 극작가 아더 밀러Arthur Miller의 희곡 《어느 세일즈맨의 죽음Death of a Salesman》에서 주인공 윌리 로만의 목표는 오직 성공이었다. 직장에서 크게 성공하는 것, 모든 사람에게 인정받는 것, 그리고 자신의 두 아들을 자신처럼 크게 성공시키는 것이었다. 그러나 그의 꿈은 하나씩 깨진다. 30년 동안 다니던 회사에서 해고당하고, 두 아들은 아버지 기대를 저버리고 타락했다.

패기와 열정으로 미래를 향해 숨이 차도록 달렸던 그였다. 하지만 과거의 영광은 기억 속에서만 존재했다. 자신을 신처럼 믿고 따르던 두 아들의 삶도 지금은 껍데기다. 이제 남은 것은 절망뿐이다. 윌리는 마침내 절망에서 빠져나오지 못하고 생을 포기한다. 아버지 무덤을 찾아간 아들은 이렇게 말한다.

"아버지는 잘못된 꿈을 가졌습니다. 당신의 꿈이 잘못되었다는 것을 아버지는 끝까지 몰랐습니다."

[전 2:11] 그 후에 내가 생각해 본즉 내 손으로 한 모든 일과 내가 수고한 모든 것이 다 헛되어 바람을 잡는 것이며 해 아래에서 무익한 것이로다

잘못된 생의 목표는 삶을 절망으로 이끈다. 우리의 모든 수고가 하나님 나라와 무관하다면 그것은 다 헛되고 무익한 것이다고전 10:31. 모든 그리스도인의 꿈과 열정은 하나님 나라를 완성하는 것이 되어야 한다.

오케스트라에서 연주하는 악기는 많지만 악보는 하나다. 악기는 악보를 따라 자기 고유의 소리를 내야 한다. 만일 피아노와 바이올린이 악보와 상관없는 소리를 낸다면 그것은 소음이다. 여러 종류의 악기가 악보를 따라 소리를 낼 때 하모니를 이루어 아름다운 곡조가 탄생한다. 세상에는 다양한 악기만큼이나 다양한 직업과 다양한 달란트를 가진 그리스도인들이 있다. 모든 직업과 모든 달란트를 어디에 어떻게 사용해야 할까?

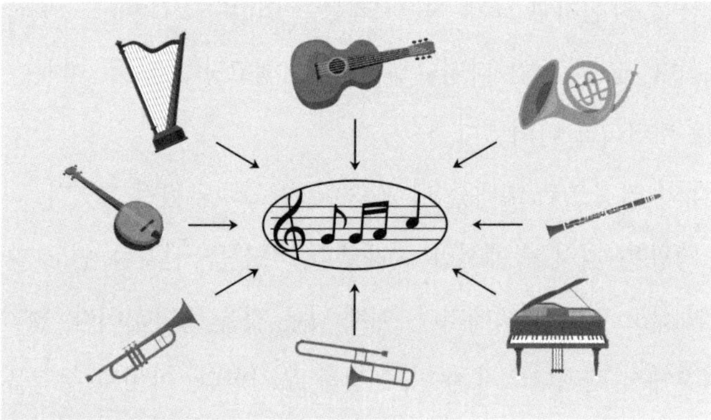

악기가 악보를 연주하기 위해 존재하듯 모든 그리스도인은 증인으로 부름을 받았다. 모두가 선교사가 되어야 하는 것은 아니다. 하지만 자신의 직업과 달란트를 사용하여 선교적인 삶을 살아야 한다. 하나님의 자녀는 언제 어디서 무엇을 하든지 주님과 함께 하나님 나라를 꿈꾸고 살아야 한다. 하나님의 자녀가 증인의 사명을 감당하는 것보다 더 영광

스럽고 복된 삶은 없다.

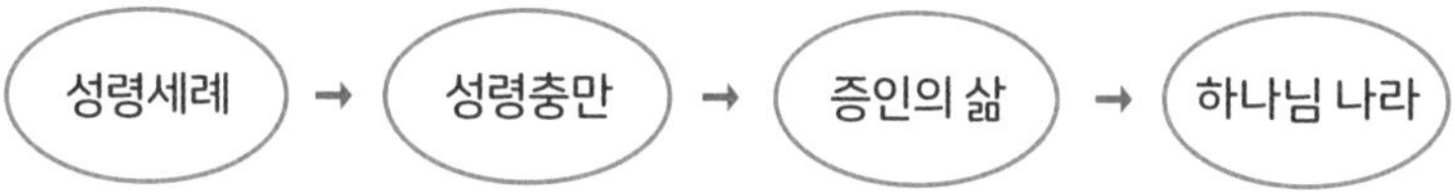

증인의 삶을 통해 완성되는 하나님 나라

주님 다시 오실 때까지 나는 이 길을 가리라
좁은 문 좁은 길 나의 십자가 지고
나의 가는 이 길 끝에서 나는 주님을 보리라
영광의 내 주님 나를 맞아주시리
주님 다시 오실 때까지 나는 일어나 달려가리라
주의 영광 온 땅 덮을 때 나는 일어나 노래하리
내 사모하는 주님 온 세상 구주시라
내 사모하는 주님 영광의 왕이시라

그날에 하늘과 땅이 하나 되어 부를 영광의 찬송

하나님 나라가 완성되는 그날! 하늘과 땅이 하나 되고, 모든 족속과 모든 천사, 모든 만물이 하나 되어 주님의 왕 되심을 찬양할 것이다.

[말 1:11] 만군의 여호와가 이르노라 해 뜨는 곳에서부터 해지는 곳까지의 이방 민족 중에서 내 이름이 크게 될 것이라 각처에서 내 이름을 위하여 분향하며 깨끗한 제물을 드리리니 이는 내 이름이 이방 민족 중에서 크게 될 것임이니라

[계 7:9–12] 이 일 후에 내가 보니 각 나라와 족속과 백성과 방언에서 아무도 능
히 셀 수 없는 큰 무리가 나와 흰옷을 입고 손에 종려 가지를 들고 보좌 앞과 어린
양 앞에 서서 10 큰소리로 외쳐 이르되 구원하심이 보좌에 앉으신 우리 하나님과
어린 양에게 있도다 하니 11 모든 천사가 보좌와 장로들과 네 생물의 주위에 서 있
다가 보좌 앞에 엎드려 얼굴을 대고 하나님께 경배하여 12 이르되 아멘 찬송과 영

광과 지혜와 감사와 존귀와 권능과 힘이 우리 하나님께 세세토록 있을지어다 아멘 하더라

하나님 나라 완성 + 영광의 경배와 찬양

하나님 나라가 완성되는 그날에 부를 영광의 찬송

오직 의와 진리로 통치하시는 영광의 주님을 온 마음으로 소리 높여 찬양하게 될 그날!

모든 족속이 수만 가지의 전통 악기를 연주하며 큰 기쁨으로 찬양할 그날!

모든 주님의 백성이 기쁨을 이기지 못하고 주님 앞에서 덩실덩실 춤을 추게 될 그날!

영원토록 계속될 그날의 축제가 얼마나 광대할지 누가 감히 측량할 수 있겠는가?

이제 거룩한 유산을 계승합시다

미국 대통령을 두 번이나 역임한 레이건은 2004년 6월 하나님의 부르심을 받았다. 레이건의 장례식에서 아들 마이클 레이건이 아버지를 추억하며 읽은 추모사는 많은 이들을 감동하게 했다.

> 저는 마이클 레이건입니다. 여러분은 저를 대통령의 친아들로 알고 계시겠지만 아버지는 저를 1945년에 입양했습니다. 아버지는 평생 한 번도 제가 있을 때나 없을 때 저를 입양한 아들이라는 것을 언급하지 않으셨습니다. 아버지는 제 삶의 순간마다 소중한 것을 다 주셨습니다. 아버지는 저에게 많은 선물을 주셨습니다. 말과 차도 주셨습니다.
>
> 그러나 아버지께서 저에게 준 가장 위대한 선물은 1988년 워싱턴 상공의 비행기 안에서 하나님의 사랑과 예수님을 가르쳐 주신 것입니다. 아버지가 아들에게 줄 수 있는 선물 가운데 이보다 더 위대한 선물은 없습니다. 저도 제 아들과 딸에게 아버지로서 동일한 선물을 준 것을 영광으로 생각합니다. 이제 아버지는 하나님과 함께 계십니다. 저는 아버지에게 이렇게 약속하고 싶습니다.
>
> "아버지, 저도 언젠가 천국에 갈 것입니다. 그때 저는 아버지와 알츠하이머병이 없는 그곳에서 수많은 천사와 함께 춤을 출 것입니다."

자녀에게 신앙을 상속해 주는 것보다 더 위대한 유산이 있을까? 만일 자녀가 부모의 믿음을 물려받지 못했다면 정말 불행한 일이다. 성령세례와 성령충만은 하나님께서 우리에게 상속해 주신 위대한 유산이다.

박윤선 박사는 오순절 마가 다락방에 임한 성령강림의 은혜가 초대교회로부터 후대에 계승되어야 할 유산임에도 불구하고 그렇지 못했다고 했다.

프랜시스 맥너트 박사는 《거의 완벽한 범죄Nearly Perfect Crime》에서 오순절 성령의 권능을 계승 받지 못한 오늘날 교회의 모습을 지적했다.

> 오늘날 기독교는 마치 엘바Elba 섬에 유배된 나폴레옹 황제가 아주 느린 속도로 죽어가고 있는 것과 같다. 전해오는 이야기에 따르면 매일 아침 나폴레옹의 술잔에 독성이 아주 강한 소량의 비소砒素를 조금씩 넣도록 하인에게 지시했다. 날마다 그는 조금씩 야위고 쇠약해져서 마침내 죽게 되었다. 우리는 거의 죽은 것이나 다름없는 기독교를 나폴레옹의 슬픈 몰락에 비유할 수 있다. 한 가지 차이점이 있다면 그것이 나폴레옹의 죽음보다 훨씬 더 느리게 진행되어왔다는 사실이다. 세기를 거듭할수록 기독교의 생명은 점점 약화하였다.

오늘날 기독교는 경건의 모양은 있으나 경건의 능력은 잃어버리고 가까스로 심장만 뛰고 있다. 무엇으로 잃어버린 성령의 권능을 다시 회복할 수 있을까? 하나님께서 오순절 성령강림을 통해 베풀어 주신 권능은 모든 그리스도인이 상속받아 누려야 할 거룩한 유산이다. 이 유산을 상속받지 않고서는 누구도 하나님의 자녀다운 삶을 살 수 없다. 빛과 소금의 직분을 감당하는 것도 불가능하다. 그리스도의 증인으로 복음을 전하는 사명도 감당할 수 없다. 그러므로 우리는 초대교회의 거룩한 유산을 상속받고 후대에 계승해 줄 책임과 의무가 있다.

사도들의 뒤를 이은 교부들은 성령의 은혜를 계승했을까? 교부 저스틴 마터Justin Martyr, 100~165는 《두 번째 변호Second Apology》에서 성령의 권능으로 인한 축사와 치유에 관해 기록하고 있다.

> 수많은 귀신들린 사람들이 세계 도처에, 그리고 우리 도시에도 있다. 우리 기독교인 중 많은 사람이 본디오 빌라도 치하에서 십자가에 못 박히신 예수 그리스도의 이름으로 귀신을 내어 쫓음으로 치유하고 있다. 그들은 마술과 약품으로 치료하는 세상 사람들에게 치유받지 못한 사람들이다.

교부 이레니우스Irenaes, 140~203도 《이단을 대항하여Against Heresies》에서 성령의 권능 안에서 일어난 초자연적인 역사에 대해 기록하고 있다.

> 어떤 사람은 확실하고도 올바르게 귀신을 내어 쫓고 있으며, 악한 영으로부터 깨끗함을 받은 사람들은 대부분 교회에 다니게 된다. … 더군다나 죽은 사람들을 살리기도 하는데 그들은 우리와 함께 여러 해 동안 살았다.

당대 가장 영향력 있는 기독교 저술가로 알려진 터툴리안Tertullian, 160~225은 세례를 준비하고 있는 사람들에게 이렇게 당부했다.

> 축복받은 여러분이여, 하나님의 은혜가 여러분을 기다리고 있다. 여러분이 지극히 거룩한 곳인 중생의 욕조에서 올라올 때, 여러분의 손을 내밀어 여러분의 아버지, 여러분의 주님께 그 기업의 특별한 선물인 성령의 세례를 달라고 구하라.

이처럼 성령의 권능은 계승되었다. 성령의 역사는 교부시대 이후에도 계속해서 계승된 것을 교회사를 통해 확인할 수 있다. 하지만 18세기 계몽주의 사상은 하나님 중심의 세계관을 인간중심의 세계관으로 바꾸어 놓았다. 인간의 이성으로 판단하여 합리적인 요소만 신앙으로 받아들였다. 이런 인간 중심의 세계관은 신앙의 세속화를 불러왔다. 세속화는 결국 하나님의 존재와 성령의 역사를 부인하게 했다.

계몽주의 사상은 '성경은 절대 진리'라는 주장을 받아들이지 않는다. 오늘날 교회 안에 이성 중심의 계몽주의 사상은 여전히 남아 있다. 하나님의 말씀에서 벗어난 신비주의 신앙도 문제지만, 교회 안에서 지금도 활개를 치고 있는 계몽주의 사상이 더 큰 문제이다. 이성의 잣대로 성령 역사를 제한하고 거부하기 때문이다. 이런 교회는 주인 없는 빈집과 다를 바 없다.

A. W. 토저Aiden Wilson Tozer[50] 목사는 이런 현대교회를《임재체험Man-The Dwelling Place of God》에서 통렬하게 비판했다.

> 오늘날 교회에서 성령님이 몸을 빼시면 우리가 하는 일의 95%는 계속될 것이고 아무도 무슨 변화가 생겼는지 눈치채지 못할 것이다. 그렇지만 초대교회에서 성령님을 제외한다면 그들이 하는 일의 95%가 중단될 것이다. 그리고 누구나 그 차이를 직감할 것이다.

오늘날 교회는 성령의 전략을 위원회로 대치했다. 성령의 권능을 프로그램으로 해결했다. 제직회나 운영위원회는 나름대로 계획을 세워놓고 성령의 도움을 청한다. 성령님을 마치 자신들이 세워놓은 계획을 시

---

50) A. W. 토저 목사는 '이 시대의 선지자'로 불린다. 1919년부터 생을 마감할 때까지 미국 복음주의 교단 중 하나인 CMA(Christian and Missionary Alliance) 소속 교회에서 44년간 사역했다. 그는 세상과 절충하고 타협하는 교회의 부패를 직시하고 경고했다. 성령의 갈망이 없는 것이 그리스도인에게 가장 악한 병이라고 했다. 성령의 은혜를 갈망하지도, 체험하지도 않는 것은 그리스도인의 의무를 놓아버린 것과 같다고 지적했다.

중드는 분 정도로 인식하는 것 같다. 그래서 어떤 사람은 '현대교회는 성도 500명만 넘으면 성령님이 없어도 잘 굴러간다.'고 했다. 성령님께서 이끄는 교회가 아니라 사람이 교회를 주도하고 있다는 지적이다.

로이드 존스 박사는 "성령님은 2천 년 동안이나 교회사에서 무시당해 왔다. 교회는 또 다른 오순절이 필요하다. 모든 부흥은 오순절의 반복이며, 오늘날에 있어서 교회에 가장 필요한 것이 성령님이다"고 했다.

이처럼 사람이 판을 치는 현대교회의 문제를 해결하는 방법은 무엇인가? 언제 무기력한 믿음과 답답한 사역에서 출애굽 할 수 있는가? 어떻게 신앙과 삶의 불협화음에서 벗어날 수 있는가? 어떻게 "네 자녀와 이웃을 제자 삼으라"는 주님의 분부를 감당할 수 있을까? 무엇으로 주는 그리스도요 살아계신 하나님이심을 자녀와 이웃에게 증명할 수 있을까?

"성령의 권능을 받아라."

"오직 성령으로 충만하라."

우리는 주님께서 분부하신 말씀에 귀를 기울여야 한다. 이 말씀을 가슴에 새기고 살아야 한다. 마가 다락방에 임한 성령의 은혜를 갈망하자. 1907년 평양 장대현교회에 임했던 성령의 은혜를 사모하자. 그리스도인의 삶에서 성령세례의 경험보다 더 고귀한 경험은 없고, 성령충만한 삶보다 더 영광스러운 축복은 없다.

에필로그

《성령이 답이다》는 필자의 처녀작이다. 그래서 어설픈 부분이 참 많았다. 하지만 2015년 5월에 출간한 이 책은 하나님의 과분한 은혜와 독자들의 사랑을 힘입어 '성령 부분 베스트셀러 1위' 자리에서 한동안 내려오지 않았다. 베스트셀러 자리에서 내려온 후에는 스테디셀러로 지금까지 독자들의 꾸준한 사랑을 받아 왔다.

- 예스24 – "이 시대에 다시 우리의 마음과 신앙의 원동력을 주목하게 하는 책이 있다. 초대교회는 별다른 프로그램과 집회가 없었다. 그런데도 놀라운 구원의 역사와 능력이 나타났다. 그들에게는 좋은 프로그램은 없었지만, 성령충만과 성령의 능력이 있었다. 그러나 오늘날은 프로그램은 많다. 사람들이 할 수 있는 무언가는 많아졌다. 그런데 성령충만한 능력은 점점 사라져 가고 있다. 이런 모습들을 다시 점검하고, 우리가 무엇에 집중해야 하는지 보여주는 책이다."
- 예스24 – "이 책은 쉽고, 어렵지 않다. 이 책은 단순하고, 복잡하지

않다. 이 책은 살아 있고, 죽은 책이 아니다. 이 책은 균형이 있고, 편협하지 않다. 이 책은 성경에 근거하고, 사람의 논리에 근거하고 있지 않다. 이 책은 저자 자신이 체험한 경험을 이야기한다. 이 책을 손에 잡고 단숨에 다 읽고 난 뒤에 마음이 뜨거워지고, 방언으로 기도하는 것을 사모하고, 성령의 충만을 사모하는 마음을 갖게 되었다."

- 예스24 – "성령충만한 삶의 중요성과 방언의 중요성을 깨달을 수 있는 책이다. 목회자나 신학생뿐만 아니라 일반 성도들이 읽기에도 어렵지 않다. 현재 우리가 잃어버린 방언의 능력, 그리고 더 이상 갈망하지 않는 성령충만한 삶…. 쉽고, 종합적으로 잘 정리된 책을 읽을 수 있어 만족합니다."
- 예스24 – "만족합니다. 성령 하나님을 알아가는 데 정말 많은 도움이 되었습니다."
- 예스24 – "우리가 잃어버린 그리스도인의 능력에 대해 다시금 생각할 수 있었으며 성령 하나님의 은혜를 깨닫는 데 큰 도움이 되었다."
- 갓피플몰 – "교회에서는 예수님을 영접할 때 성령의 세례를 받았다고 가르침을 받았다. 심령 부흥회 등의 집회에 참석하면 또 성령을 받으라고 많은 부흥강사들이 외친다. 하지만 헷갈리는 순간들이 많았다. 본서를 통하여 거듭남, 성령세례, 성령의 충만함에 대해서 명확히 개념 정리할 수 있었다. 또한 하나님의 사역에 행동으로 참여하기 전에 먼저 성령세례를 받고 성령충만함이 지속될 때, 내 힘이 아닌 하나님의 능력으로 기쁘게 사역에 참여할 수 있음을 깨닫게 되었다."

- 갓피플몰 – "이 책을 읽으면서 방언이 성령으로 영적으로 강건하게, 세워주는 통로임을 알게 되었고 왜 성령세례와 성령충만을 받아야 하는지, 왜 하나님과 깊은 교제를 위해서 소리 높여 지속적으로 방언기도를 해야 하는지, 이전에 깨닫지 못한 궁금한 부분들이 시원하게 해소되었다."
- 갓피플몰 – "성령이 답이다. 세상의 움직여지는 모든 것이 성령의 역사다. 구속의 역사를 분명히 말할 수 있는 것이 성령의 역사다."

《성령이 답이다》는 애초 《성령세례와 방언, 성령충만에 대해 궁금하십니까?》라는 제목으로 손바닥 크기의 소책자로 발행할 예정이었다. 성령세례와 방언, 성령충만에 대해 궁금해하는 분들에게 무료로 나누어 줄 생각이었다.

출간을 앞두고 있을 때 한 청년으로부터 질문을 받았다.

"목사님, 신약성경에 '성령으로 세례를 받으라'고 했는데 어떻게 하면 성령세례를 받을 수 있습니까? 방언도 하고 싶은데 어떻게 할 수 있습니까?"

그래서 정리해 놓은 원고를 e메일로 보냈다. 그 청년은 믿음의 가정에서 태어나 누구나 알만한 서울의 유명 교회에서 신앙훈련을 잘 받았고 명문 대학까지 졸업했다. 그런데 그 청년으로부터 끊임없는 질문이 쏟아져 나왔다. 계속된 질문에 답하며 소책자 발행은 포기했다. 대신 책을 써야 할 몇 가지 동기를 발견했다.

첫째, 성령세례가 예수님의 명령이라는 사실을 많은 그리스도인이 알지 못했다. 오순절주의자들이나 강조하는 것으로 생각했다. 흔히 성령세례나 방언을 하는 사람을 오순절주의자나 은사주의자로 취급하거나 수준 낮은 그리스도인으로 여겼다. 유명한 학자들의 주장을 들먹이며 성령세례를 거부하는 경우도 많았다. 성경은 성령세례에 대해 어떻게 말씀하고 있는지, 특별히 예수님께서는 성령세례에 대해 어떻게 말씀하는지 알리기 위해 책을 썼다.

둘째, 성령세례가 선물이라는 것을 알지 못했다. 심지어 성령세례를 성령님의 사역으로 생각했다. 거듭남구원은 성령님의 사역이다. 성령세례는 예수님의 사역이라고 신약성경은 분명히 밝히고 있다. 성령세례는 성령으로 거듭난 성도에게 예수님께서 베풀어 주시는 선물이라는 것을 밝히기 위해 책을 썼다.

셋째, 성령세례와 방언에 대해 성경 중심으로 설명된 책을 찾을 수 없었다. 성령세례와 방언에 대해 궁금해하는 분들에게 책을 소개하거나 선물로 주곤 했다. 그런데 이해는커녕 머리가 더 복잡해졌다고 이야기했다. 목사인 내가 읽어도 헷갈리게 하는 책이 많았다. 그래서 누구나 성령세례와 성령충만, 방언을 쉽게 이해를 할 수 있도록 스토리텔링 형식으로 썼다. 무엇보다 학자의 주장이나 의견이 중심이 되고 성경 말씀은 참고사항이 된 주객이 바뀐 책이 대부분이었다. 하지만 이 책은 성경 말씀이 중심이다. 그래서 수많은 구절을 본문 그대로 옮겨놓았다. 성경 말씀이 가장 확실한 답이기 때문이다.

넷째, 성령세례와 방언을 갈급해 하는 분들을 위해 이 책을 썼다. 성령세례와 방언에 갈증을 느끼고 전화하거나 찾아오는 분들이 있었다. 성령세례를 받은 후 방언을 하고, 기적과 표적을 체험한 후 큰 기쁨으로 돌아가는 모습을 보았다. 그리고 자기 삶에 나타난 아름다운 간증을 들려주었다.

다섯째, 방언에 대해 많은 오해가 많았다. 성령세례와 함께 가장 많이 나타나는 은사가 방언이다. 하지만 방언을 사용하지 않는 분들이 의외로 많았다. 하나님께서 주신 방언의 소중한 선물을 소홀히 여기거나 잘 활용하지 못하여 유익을 누리지 못했다. 방언을 별 볼 일 없는 무가치한 은사로 취급하는 경향을 볼 때 큰 안타까움이 있었다. 그래서 방언에 대해서는 다양한 사례 중심으로 자세히 정리했다.

여섯째, 성령세례를 받은 분들이 성령세례를 주신 목적을 알지 못했다. 성령세례와 은사를 받은 분들도 시간이 지나면 다시 무기력한 삶으로 돌아갔다. 혹은 더 큰 권능과 은사를 받으려고 이곳저곳을 기웃거리는 모습을 보았다. 성령세례를 주신 목적은 성령의 충만함을 입고 증인의 사명을 감당하기 위함이다. 그래서 성경에 나오는 성령충만을 받는 방법을 소개했다.

《성령이 답이다》가 세상에 나오기까지 격려와 수고를 아끼지 않은 분들이 있다. 나의 연약함과 부족함을 아시고 등 뒤에서 묵묵히 기도해 주신 이기재 원로 목사님께 머리 숙여 감사를 드린다. 유익한 자료를 챙겨주신 오태용 원로 목사님, 서성범 목사님, 곁에서 형님처럼 가르침을 주신 이재환 선교사님, 매의 눈으로 원고를 꼼꼼히 살피고 충고와 조언을 아끼지 않은 김학충 목사님께도 감사를 전한다.

특별히 목회자의 길을 가도록 끊임없는 기도와 헌신을 아끼지 않은 사랑하는 아내 이성옥 사모와 하나님의 은혜 가운데 탈 없이 잘 성장하여 가정을 꾸리고 우리 부부에게 예린, 하준, 하린, 하성이를 안겨준 요한정아름이와 혜지조승현에게도 감사를 전한다.